400 Jahre Akademisches Leben in Passau

Britta Kägler/Christian Handschuh (Hg.)

400 Jahre Akademisches Leben in Passau

Vom Jesuitenkolleg zur modernen Hochschule

Verlag Friedrich Pustet
Regensburg

Bibliografische Information der Deutschen Nationalbibliothek
Die Deutsche Nationalbibliothek verzeichnet diese Publikation
in der Deutschen Nationalbibliografie; detaillierte bibliografische
Daten sind im Internet über https://dnb.dnb.de abrufbar.

© 2024 Verlag Friedrich Pustet, Regensburg
Gutenbergstraße 8 | 93051 Regensburg
Tel. 0941/920220 | verlag@pustet.de

ISBN 978-3-7917-3476-7
Umschlaggestaltung: Heike Jörss, Regensburg
Covermotiv: Passau, Ansicht von Studienkirche und Jesuitenkolleg über den Inn; Federzeichnung.
In: *Liber oeconomicus collegii Passaviensis Societatis Jesu*. Papierhandschrift, Passau 1709
(Staatliche Bibliothek Passau, Sign.: S/Mst. 88).
Satz: Vollnhals Fotosatz, Neustadt a. d. Donau
Druck und Bindung: Friedrich Pustet, Regensburg
Printed in Germany 2024

eISBN 978-3-7917-7534-0 (pdf)

Unser gesamtes Programm finden Sie unter
www.verlag-pustet.de

Inhalt

Grußwort des Bischofs von Passau Stefan Oster 7

Grußwort des Präsidenten der Universität Passau Ulrich Bartosch 9

Britta Kägler und Christian Handschuh
Vorwort 11

Hannelore Putz
Jesuiten und akademische Bildung in Passau (1612–1773) 13

Sandra Krump
Das Jesuitentheater in Passau. (Vor-)Schule akademischen Denkens 25

Markus Eberhardt
„Weillen sye wissentlich mit eigener Music versehen". Ein Beitrag
zur Musikgeschichte der Jesuiten in Passau 35

Martin Hille
Städtischer und studentischer Alltag in Passau in der ersten Hälfte
des 17. Jahrhunderts 45

Britta Kägler
Akademische Bildung zwischen aufklärerischem Anspruch und
neuhumanistischem Bildungsideal 65

Hans-Christof Kraus
Die Passauer Hochschule im Kontext der deutschen und der bayerischen
Bildungsgeschichte zwischen 1833 und 1933 83

Mario H. Puhane
Vom Königlich Bayerischen Lyzeum zur Universität Passau. Ein Überblick
über die Hochschulgeschichte der letzten 200 Jahre in der Dreiflüssestadt 95

Matthias Stickler
Studentisches Leben und Studentenverbindungen in Passau 101

Günter Koch
Die Sprache der Studierenden an der Universität Passau 125

Inhalt

Helmut Böhm
Die Einschränkung des Theologiestudiums und die Restriktionen
der NS-Zeit mit dem Beispiel Franz Xaver Eggersdorfer 145

Walter Schweitzer
Die Gründung der Universität Passau und die ersten Jahrzehnte 181

Elena Mühlbauer
Studieren auf der grünen Wiese. Die Entstehung des architektonischen
Grundkonzepts der Universität Passau 195

Alexandra Binder
Nachhaltige Architektur für den Campus am Spitzberg 205

Jörg Scheffer, Werner Gamerith
Nachhaltigkeit als weicher Standortfaktor und potenzieller Imageträger
von Stadt und Universität Passau 231

Die Autorinnen und Autoren 243

Grußwort

Bischof Leopold von Passau bat die Jesuiten im Jahr 1612, in seiner Haupt- und Residenzstadt ein Kolleg mit Gymnasium zu eröffnen. Nur zehn Jahre später konnte die Schule um akademische Kurse erweitert werden. Damit wurden Fächer und Abschlüsse angeboten, die jenen der Artistenfakultäten an den Universitäten vergleichbar waren.

Bischof Leopold hatte damals ein ganzes Bündel von Motiven dazu bewegt, in Bildung zu investieren. Da gab es natürlich Prestigegründe: Als Reichsfürst gehörte es dazu, Bildungsinstitutionen zu fördern. Wesentlich aber wollte er dafür sorgen, dass die Schüler und Studenten der Region vor Ort ausgebildet wurden. Die Passauer Studieneinrichtung erfüllte damit eine wichtige Aufgabe in der Bildungsdurchdringung der Diözese Passau.

350 Jahre nach Bischof Leopold war es in der zweiten Hälfte des 20. Jahrhunderts die bayerische Staatsregierung, die im Rahmen einer großen Bildungsoffensive eine ganze Reihe neuer bayerischer Universitäten gründete. Wie andernorts, ging auch in Passau die bisherige Philosophisch-Theologische Hochschule in die viel breiter angelegte neue Universität Passau ein. Erneut ging es darum, das Bildungskapital vor Ort zu heben und Impulse in der Region zu setzen.

Als Bischof von Passau freut es mich, dass einer meiner Vorgänger vor 400 Jahren eine damals zeitgemäße, zukunftsfähige Institution errichtet hat. Auch ist es gut, dass das Bistum und die Philosophisch-Theologische Hochschule vor mehr als 40 Jahren mit dazu beigetragen haben, dass die Universität entstehen und ihren Betrieb aufnehmen konnte. Und heute macht es mich glücklich, dass wir als Kirche von Passau in vielfältiger Weise mit der Universität in Forschungsprojekten zusammenarbeiten und in der Lehre Studierenden besondere Möglichkeiten für ihre Ausbildung bieten können. Ich verbinde damit auch die große Hoffnung, diese Kooperationen noch weiter zu intensivieren.

Mit den besten Segenswünschen

Dr. Stefan Oster SDB
Bischof von Passau

Grußwort

Eröffnet 1978, konnte die Universität Passau 2023 ihren 45. Geburtstag feiern. Gleichzeitig reicht die akademische Tradition in Passau jedoch weit in die Vergangenheit zurück: 1622 wurden die ersten Vorlesungen an der Jesuitenhochschule gehalten. Somit war 2022 ein besonderes Jahr für die akademische Tradition in Passau, für die Universität, die Stadt und das Bistum. Eingeleitet im Mai 2022 durch einen Staatsempfang mit Frau Professorin Dr. em. Rita Süssmuth, Bundestagspräsidentin a. D., als Festreferentin erstreckte sich ein bunter Strauß von fast 40 Veranstaltungen mit Bezug zu diesem Jubiläum bis zum Ende des Wintersemesters 2022/2023. Ermöglicht hat dies das große Engagement sehr vieler Beteiligter.

Einer der besonderen Glanzpunkte war die Tagung „400 Jahre Akademische Tradition in Passau", ein zweitägiges historisches Symposium des Instituts für Kulturraumforschung Ostbaierns und der Nachbarregionen (IKON) und des Vereins für Ostbairische Heimatforschung. Die Diskurse und Vorträge münden jetzt in den vorliegenden Sammelband: Jesuitische Bildungsinstitutionen in Passau, das Jesuitentheater und die Musikgeschichte der Jesuiten werden unter anderem beleuchtet, Bildungsgeschichte wird im Wandel der Zeiten und auch in sehr konkreten Passauer Facetten dargestellt, aber auch der Alltag in Passau in der ersten Hälfte des 17. Jahrhunderts. Schließlich spannt sich der Bogen in die jüngere Vergangenheit: Die Einschränkungen des Theologiestudiums und Restriktionen in der NS-Zeit führen vor Augen, wie wenig selbstverständlich und kostbar die Freiheit der Wissenschaft ist. Die Gründung der Universität Passau und ihre ersten Jahrzehnte – vorgestellt aus „erster Hand" von Professor Dr. Walter Schweitzer, dem langjährigen Rektor und Präsidenten der Universität Passau – haben die Stadt Passau, Dreiflüsse- und Touristenstadt, um das Spektrum „Universitätsstadt" erweitert und sie seit 1978 wesentlich geprägt. Ganz aktuell ist der Fokus auf Nachhaltigkeit und Innovation heute: Mit dem Wissenschaftszentrum am Spitzberg, dessen Spatenstich im Beisein des bayerischen Ministerpräsidenten Dr. Markus Söder im Mai 2023 erfolgte, öffnet sich eine weit in die Zukunft weisende Perspektive.

Mit ihren Forschungsschwerpunkten Europa, Digitalisierung und Nachhaltigkeit stellt sich die Universität Passau sichtbar den Anforderungen der Gegenwart und hat die Zukunft im Blick. Jede Studentin, jeder Student, jede Mitarbeiterin und jeder

Grußwort

Mitarbeiter, jede Professorin und jeder Professor – wir alle, die wir zur Universitätsfamilie gehören, begleiten diesen Weg der Universität ein kleines Stück weit, der damit auch ein Teil unseres Lebensweges wird. Europa durchlebt eine schwierige Zeit, die uns nicht vergessen lässt, dass eine „gute" Zukunft immer wieder neu errungen werden muss. Dies lehrt uns die Geschichte und ist eine besondere Verpflichtung für jede Universität. Das Festjahr „400 Jahre Akademische Tradition in Passau" hat mit dem Blick zurück den Blick nach vorne geschärft – und uns alle nicht zuletzt auch mit Stolz auf „unsere" Universität erfüllt.

Daher ist es mir eine besondere Freude, dass mit „400 Jahre Akademisches Leben in Passau – Vom Jesuitenkolleg zur modernen Hochschule" eine Dokumentation entstanden ist, die nicht zuletzt das Jubiläumsjahr nachhaltig in der Universitätsgeschichte verankert.

Mein großer Dank gilt den Referentinnen und Referenten der Tagung 2022 – und mein Glückwunsch gilt Ihnen allen heute als den Autorinnen und Autoren dieses Bandes!

Prof. Dr. Ulrich Bartosch
Präsident der Universität Passau

Vorwort

Wenn eine Universität ein Jubiläum feiert …

… dann ist das nicht nur ein Grund zur Freude, sondern auch zum – teils nachdenklichen und erinnernden – Blick auf die eigene Vergangenheit, Gegenwart und Zukunft. Das gilt in besonderer Weise für eine so junge Universität wie Passau, die zwar erst zum Wintersemester 1978/79 ihren Vorlesungsbetrieb aufnahm, aber bereits auf mehr als 400 Jahre Vorgeschichte zurück- und eben auch mit Optimismus in die Zukunft blicken kann.

Im Herbst 2022 richteten das Institut für Kulturraumforschung Ostbaierns und der Nachbarregionen (IKON) und der Verein für Ostbairische Heimatforschung ein zweitägiges wissenschaftliches Symposium zum Thema „400 Jahre Hochschule in Passau. Akademische Bildung und ihre Institutionen 1622–2022" aus. Dem Grundgedanken dieses Symposiums folgt auch der hier vorliegende Sammelband mit den ausgearbeiteten Vorträgen. Wir haben uns bewusst für eine dreiteilige Gliederung entschieden: Die ersten beiden Sektionen wählen eher „historische" Perspektiven auf die Frühe Neuzeit sowie das 19. und 20. Jahrhundert. Die dritte Sektion nimmt dagegen die Universität Passau am Übergang zum 21. Jahrhundert in den Blick, und damit die Gegenwart und Zukunft der Universität. Entstanden ist ein bunter Strauß sehr unterschiedlicher Beiträge, die die Vielfalt und Breite Passauer akademischer Denkweise erfahrbar machen.

Die ersten fünf Beiträge skizzieren sowohl in Form eines Überblicks als auch mit klar konturierten Details die Bildungslandschaft der Frühen Neuzeit und der Aufklärungszeit, mit einem Fokus auf Passau selbst, aber auch immer wieder mit dem Blick über Stadt und Region hinaus. Sichtbar wird bei Hannelore Putz eine Bildungslandschaft, die jesuitisch und katholisch geprägt in der Bischofsstadt klassische Elemente der konfessionalisierten Frühen Neuzeit deutlich werden lässt, aber eben auch detailliert und kulturell reich vor allem theologische Bildung und das Entstehen einer neuen Elite ermöglichte. Mit den Schwerpunkten Jesuitentheater (Sandra Krump), der Musikgeschichte der jesuitischen Ära (Markus Eberhardt) sowie einem Blick auf die Alltagsgeschichte des 17. Jahrhunderts (Martin Hille) lassen sich Tiefenbohrungen vornehmen, die für andere deutsche Städte in dieser Form nicht vorliegen und eine reichhaltige Bildungslandschaft erkennen lassen. Abgerundet wird das entstehende Bild durch den

Beitrag von Britta Kägler, der geistesgeschichtliche Grundlinien der Aufklärung skizziert, um dann am Fall Passau aufzuzeigen, dass die aufgeklärten Fürstbischöfe in der zweiten Hälfte des 18. Jahrhunderts begannen, gegen das autonome jesuitische Bildungsmonopol vorzugehen. Aber auch die hohe Fluktuation des jesuitischen Lehrpersonals und die nicht mehr zeitgemäß erscheinenden, scholastisch geprägten Lehrmethoden führten zu systemischen Mängeln, die nach Reformen verlangten.

Die daran anschließende Epoche des 19. und 20. Jahrhunderts kann noch nicht mit einer ähnlichen Detailtiefe aufwarten. Dennoch gelingt ein in sich schlüssiges Bild, das zugleich auf Forschungsdesiderate verweist sowie noch mögliche Forschungsthemen aufzeigt. Mario Puhane gibt als Universitätsarchivar einen zusammenfassenden Überblick über die grundlegenden Informationen der Entwicklung dieser beiden Jahrhunderte, flankiert von einem bildungsgeschichtlich argumentierenden Beitrag von Hans-Christof Kraus. Helmut Böhm wirft einen detailreichen Blick auf die NS-Zeit und macht die besonderen Herausforderungen insbesondere der kirchlich und katholisch geprägten Philosophischen Hochschule deutlich. Zwei bereits zeitgeschichtlich beeinflusste Beiträge schließen diese Sektion des Sammelbandes: Während Günter Koch die aktuelle Sprache von Studierenden sowie ihre teils deutlich älteren Erscheinungsformen untersucht, entwirft der ehemalige Passauer Universitätspräsident Walter Schweitzer das aus reicher Lebens- und Amtserfahrung heraus entwickelte Bild des Wachstums der heutigen Universität seit ihrer Gründung[1].

Drei weitere Beiträge runden den Sammelband zu 400 Jahren akademischer Bildung ab, und alle drei sind sowohl gegenwarts- als auch zukunftsbezogen. Elena Mühlbauer rekonstruiert aus kunst- und architekturhistorischer Perspektive die Entstehung des Campus am Inn im Kontext der Universitätsgründung, während Alexandra Binder die aktuelle Erweiterung der Universität auf den Spitzberg als Weiterentwicklung, aber auch als städtebauliche Innovation vor dem Hintergrund der Probleme des 21. Jahrhunderts sichtbar werden lässt. Werner Gamerith und Jörg Scheffer schließlich stellen im letzten Beitrag die Zukunftsperspektive einer nachhaltig agierenden Universität vor, die sich ihrer Verantwortung für Stadt und Bildungsinstitution dauerhaft und zukunftsorientiert bewusst ist und bleibt.

Gerade die letzte Sektion macht deutlich, wie sehr die Universität ihrer eigenen Tradition auch in der heutigen Gegenwart verbunden geblieben ist. In Passau hat akademische Bildung als gesellschafts- und gegenwartsbezogene Erscheinung eine jahrhundertelange Tradition. Neben einem pragmatischen Grundzug, der sich zu einem Teil sicher auch aus der besonderen geographischen Lage von Stadt und Universität ergibt, ist die innovative Ausrichtung auf die Zukunft geradezu Programm geworden. Solange sich die Universität an dieses Erbe hält und an ihm orientiert, befindet sie sich auf einem guten Weg.

Passau, im Sommer 2024　　　　　　　　　　Britta Kägler und Christian Handschuh

---

1　Der Vorlesungsbeginn an der Universität Passau begann zum Wintersemester 1978/79. Das Gesetz über die Errichtung einer Universität in Passau vom 22. Dezember 1972 trat jedoch bereits am 1. Januar 1973 in Kraft. Vgl. BayRS 2210-2-7-WFK.

Jesuiten und akademische Bildung in Passau (1612–1773)

Hannelore Putz

1612 eröffnete Bischof Leopold in seiner Haupt- und Residenzstadt Passau ein Jesuitenkolleg. Im Vorfeld hatte er große Widerstände überwinden müssen, war das Domkapitel dieser Idee zumindest abwartend, wenn nicht vielmehr ablehnend gegenübergestanden. Eine kleine Jesuitenniederlassung, eine *Missio Passaviensis* freilich hatte es bereits seit 1608 gegeben. Denn der Passauer Bischof wurde von einem jesuitischen Beichtvater begleitet und deshalb war es notwendig gewesen, eine kleine Station des Ordens in der Residenzstadt zu unterhalten. Bischof Leopold hatte sich von der Ansicht des Domkapitels nicht abhalten lassen und setzte mit der nun notwendigen persönlichen Finanzierung des Kollegs ein deutliches kirchenpolitisches Zeichen[1].

In seinem Stifterbrief begründete Leopold ausführlich, warum er die Patres der Gesellschaft Jesu in Passau für notwendig hielt: Er wolle zum einen in seiner Haupt- und Residenzstadt für eine gute und katholische Ausbildung und Erziehung der Jugend sorgen. Zum anderen ging es ihm darum, die Gläubigen einem zuverlässig katholischen Einfluss zu unterstellen, und zum dritten wollte er aktiv gegen den dramatischen Priestermangel in seiner Diözese angehen: „Das wir derhalben von der zeit an, da Uns, aus des Allmechtigen schickhung, das Bisthumb Passau zuegestanden, und dessen Posseß eingeben worden, ain sonderbare begür geschöpfft, In unserer Bischoflichen

---

1 Grundlegend zur Geschichte des Passauer Jesuitenkollegs vgl. Franz Xaver EGGERSDORFER, Die philosophisch-theologische Hochschule Passau. Dreihundert Jahre ihrer Geschichte, Passau 1933, hier S. 61; Albrecht AIGN, Geschichte des Gymnasiums, Teil I: Das Jesuiten-Gymnasium 1612–1773, Passau 1962, hier S. 56; Die Jesuiten in Passau. Schule und Bibliothek 1612–1773. 375 Jahre Gymnasium Leopoldinum und Staatliche Bibliothek Passau, Passau 1987. Derzeit entsteht bei Prof. Dr. Britta Kägler an der Professur für bayerische Landesgeschichte und europäische Regionalgeschichte an der Universität Passau eine Dissertation zum Thema.

Residentz-Statt Passau, ain Collegium für die Ehrwürdigen Patres der Löblichen Societet Jesu anzurichten und zu stifften. Welches werkh wir dan, umb sovil notwendig- und nutzlicher befunden: weill wir in unsern weitschichtigen geistlichen district, an frommen gelehrten Priestern ainen merckhlichen mangl: und diß zugleich bishero gespürt, das in unserer dioces hin un wider, noch vil Landtsässen, Burger und underthonen vorhanden, die der wahren Allainsäligmachunden Catholischen Religion nit zuegethon: [...] Nebendem auch die Jugend: zuvorderist in gedachter Statt der gueten Zucht, und thugentlichen unterweisung sehr bedürfftig"[2]. Was Leopold hier an Missständen und Problemen deutlich benannte, traf damals auf viele katholische Länder des Reichs zu – Priestermangel und Hinwendung der Gläubigen zur Lehre Luthers.

Die Jesuiten wiederum waren zu diesem Zeitpunkt an vielen Orten bereits seit Jahrzehnten in Ausbildung und Erziehung tätig. Die Passauer Studenten begegneten ihnen an den katholischen Universitätsorten Wien, Ingolstadt und Prag. Aber es fehlte die Möglichkeit, sie bereits in ihrer schulischen Entwicklung im jesuitischen Lehr- und Erziehungskonzept zu prägen, sie also vorzubereiten auf ihre späteren Studien an den Universitäten. Die bis dahin maßgebliche höhere Schule am Dom in Passau war nach Ansicht des Bischofs dazu weniger geeignet, und es sollten zukünftig keine Priester mehr für den Dom daraus hervorgehen. Dramatisch formulierte Leopold, dass es nicht angehe, weiterhin die „subjecta auß der übelbestelten Domb-Schuel zu Vicarien deß Dombß zu promovirn"[3].

Das Passauer Jesuitengymnasium begann 1612 mit 72 Schülern, die auf zwei Klassen verteilt wurden. Nur ein Jahr später wurden bereits 200 Schüler unterrichtet. 1616 standen bereits alle sechs Klassen der jesuitischen Gymnasialausbildung zur Verfügung[4]. Somit konnten die Jugendlichen nun bis zum Abschluss ihrer Schullaufbahn in Passau bleiben. Danach aber waren sie weiterhin gezwungen, in eine der Artistenfakultäten vor allem in Wien, aber auch in Ingolstadt oder Prag zu gehen, um die Grundstudien zu absolvieren, die ihnen dort schließlich den Zugang zu den höheren Fakultäten der Theologie, der Jurisprudenz oder der Medizin ermöglichten. Diese als misslich empfundene Ausbildungslücke konnte allerdings vergleichsweise schnell geschlossen werden. 1622 berichteten die *Litterae annuae*, die jesuitischen Jahresberichte an den Provinzial in Wien: „Gegen Ende des Jahres kam eine siebente Klasse hinzu, die Theologia moralis, die einer unserer Patres um 9 Uhr liest, damit auch die H.H. Vicare der Kathedralkirche dabei sein können. Von dem nämlichen Pater werden nach Tisch ‚Dialecticae Institutiones' vorgetragen. Der ersten Vorlesung wohnte der Hochwürdigste Herr Weihbischof und der Hochwürdigste Herr Domdekan mit den übrigen hochgeschätzten Herrn Kanonikern bei. Sie alle zeigen ihre Wertschätzung dieser Vorlesungen nicht nur in Worten sondern in der Tat, da sie nicht selten die täglichen Lektionen durch ihre Gegenwart auszeichnen. Den Anfang machte man mit nur sieben Hörern, darunter drei Priestern"[5].

---

2   Zit. nach Eggersdorfer, Die philosophisch-theologische Hochschule Passau (wie Anm. 1), S. 26.
3   Zit. nach Eggersdorfer, Die philosophisch-theologische Hochschule Passau (wie Anm. 1), S. 61.
4   Vgl. Aign, Geschichte des Gymnasiums Passau (wie Anm. 1), Bd. I, S. 35.
5   Zit. nach Eggersdorfer, Die philosophisch-theologische Hochschule Passau (wie Anm. 1), S. 42.

Kolleg und Schule waren damit binnen weniger Jahre zum erfolgreichen Vorzeigeprojekt des Bischofs geworden und der entscheidende Schritt des Kollegs getan, akademische Kurse und damit die universitären Grundstudien anzubieten.

Die Erfolgsgeschichte ähnelte übrigens durchaus der anderer jesuitischer Bildungsanstalten. Sie galten damals überall als attraktiv und fanden großen Zuspruch. In München beispielsweise begannen die Jesuiten 1559 mit etwa 300 Schülern, nur wenige Jahre später musste der Orden das ihnen zugewiesene Augustinerkloster verlassen, weil es zu klein geworden war. Ein neuer, größerer Schulbau entstand[6]. Bereits 1573/74 boten die Münchner Jesuiten erste akademische Kurse an, ab 1591 konnten junge Männer hier das notwendige Studium absolvieren, das zur Priesterweihe führte. Diese Kurse dienten der Ausbildung der „Masse des niederen Kirchenpersonals"[7]. 1630/31 wurden hier insgesamt 1400 Schüler unterrichtet – der Höchststand.

Mit der Gründung des Jesuitenkollegs in Passau wurden die zukünftigen Eliten des Bischofs in seinem direkten Umfeld ausgebildet. Die Schüler und Studenten stammten auch vorwiegend aus der Bischofsstadt, aus den hochstiftischen Gebieten und aus dem Kurfürstentum Bayern. Knaben und junge Männer kamen zudem aus den habsburgischen Ländern und Böhmen, bisweilen aus Ungarn, Italien etc.[8]

Die Jesuiten setzten überall und damit auch in Passau die Lehr- und Personalautonomie durch. Die Schüler und Studenten wurden also allein von jesuitischen Lehrern und nach den Regeln der jesuitischen „Ratio Studiorum" unterrichtet. Der Orden war sowohl für die programmatische Ausrichtung wie für das inhaltliche Profil verantwortlich. Der Bischof dagegen finanzierte das Kolleg und sicherte den rechtlichen und formalen Rahmen[9]. 1625 unterstellte der Bischof die Schüler und Studenten zudem der Jurisdiktion des Rektors. 1638 wurde über die Schule und das Lyzeum hinaus ein Seminar errichtet, das der Klerikerausbildung diente. Damit konnten Schüler noch mehr als bisher unabhängig von ihrer sozialen Herkunft schulisch gefördert werden. Über den Unterricht hinaus erhielten die Zöglinge hier eine ganzheitliche jesuitisch geprägte Ausbildung[10].

---

6 Vgl. Heinz DOLLINGER, Die Baugeschichte des Wilhelmsgymnasiums in München und ihre kulturgeschichtliche Einordnung, in: Festschrift zur Vierhundert-Jahr-Feier des Wilhelms-Gymnasiums 1559–1959, München 1959, S. 63–147, bes. S. 63–76; Maximilian LEITSCHUH, Die Schüler des Wilhelmsgymnasiums, in: ebd., S. 9–43, hier S. 36.
7 Vgl. Arno SEIFERT, Das höhere Schulwesen. Universitäten und Gymnasien, in: Notker Hammerstein (Hg.), Handbuch der deutschen Bildungsgeschichte, Bd. I, 15. bis 17. Jahrhundert. Von der Renaissance und der Reformation bis zum Ende der Glaubenskämpfe, München 1996, S. 197–374, hier S. 318 f.
8 Vgl. AIGN, Geschichte des Gymnasiums Passau (wie Anm. 1), S. 58.
9 Vgl. Hannelore PUTZ, Die Domus Gregoriana zu München. Erziehung und Ausbildung im Umkreis des Jesuitenkollegs St. Michael bis 1773 (= Schriftenreihe zur bayerischen Landesgeschichte 141), München 2003, S. 21; Winfried MÜLLER/Hannelore PUTZ, Der konfessionskulturelle Vergleich. Das höhere Schulwesen der Jesuiten in Bayern und die sächsischen Landesschulen, in: Jonas Flöter/Günther Wartenberg (Hg.), Die sächsischen Fürsten- und Landesschulen. Interaktion von lutherisch-humanistischem Erziehungsideal und Eliten-Bildung (= Schriften zur sächsischen Geschichte und Volkskunde 9), Leipzig 2004, S. 233–252, S. 241.
10 Vgl. Bernhard DUHR, Geschichte der Jesuiten in den Ländern deutscher Zunge, 4 Bde., Freiburg i. Br./München/Regensburg 1907–1927, hier Bd. II/1, S. 325 f.; EGGERSDORFER, Die philosophisch-theologische Hochschule Passau (wie Anm. 1), S. 77–84.

Gleichzeitig erweiterte das Lyzeum sein Unterrichtsangebot um das Fach Kirchenrecht und später unter Bischof Joseph Dominikus von Lamberg 1730/31 um eine zweite Professur zur Philosophie. Der zweijährige philosophische Kurs wurde schließlich durch zwei Patres vertreten, die sich auf diese Weise besser spezialisieren konnten als zuvor nur ein Lehrer. Für das eigentliche Theologiestudium kam eine Professur für Kontroverstheologie hinzu, Dogmatik und systematische Theologie wurden ebenso eigenständig unterrichtet. Innerhalb von elf Ausbildungsjahren konnten nun die jungen Männer „über die Dreiheit des Sprachen-, Philosophie- und Theologie-Studiums zur fertigen Ausbildung als Priester gelangen"[11].

Bis zur Mitte des 18. Jahrhunderts blieb die beherrschende Position der Jesuiten unangefochten. Dann allerdings stellte Bischof Joseph Maria von Thun-Hohenstein die bisherige Monopolstellung des Ordens zur Diskussion und stieß Reformen im aufklärerischen Sinne an. 1762/63 begründete er das „Josepho-Leopoldinische Seminar" und entschied, dass von nun an die Weltpriester hier ausgebildet werden sollten und zwar unter der Leitung von ebensolchen[12]. Gleichzeitig verzeichneten die Bildungseinrichtungen in diesen 1760er Jahren ihre höchsten Schülerzahlen: 1768 waren insgesamt 650 Schüler gemeldet, davon 463 im Gymnasium und 187 in den philosophisch-theologischen Kursen. Nichtsdestoweniger schlug das Verhalten des Bischofs erste Kerben in die seit 1612 bestehende Monopolstellung der Jesuiten[13].

***

Geht man an den Beginn der Geschichte des Jesuitenordens zurück, dann markierte die Bestätigung des Ordens durch Papst Paul III. mit der Bulle *Regimini militantis Ecclesiae* im Jahr 1540 einen wesentlichen Punkt in der Gründungsgeschichte der Jesuiten. Doch muss man noch zwei Jahrzehnte früher ansetzen. Am Pfingstmontag des Jahres 1521 wurde der damalige Soldat Ignatius von Loyola bei der Verteidigung der Burg Pamplona so sehr verwundet, dass eine weitere militärische Karriere ausgeschlossen schien. Während der Genesungszeit las der junge Mann geistliche und weltliche Texte und wurde dabei immer mehr ergriffen von den existenziellen Fragen des Lebens. Erst später reflektierte er diese schwierige Zeit, als er ans Krankenbett gefesselt war, als Beginn seines geistlichen Weges. In der Rückschau erschien ihm dieser als von Gott geführt, und er berichtete aufrichtig in seiner Autobiographie über die guten wie schwierigen Phasen[14]. Viele Jahre später, 1534, legte er mit sieben Gefährten die Gelübde der evangelischen Räte ab wie auch das Gelübde des besonderen Gehorsams gegenüber dem Papst in Bezug auf die Sendung und plante eine gemeinsame Wallfahrt nach Jerusalem. Da sich

---

11 AIGN, Geschichte des Gymnasiums Passau (wie Anm. 1), Bd. I, S. 36; EGGERSDORFER, Die philosophisch-theologische Hochschule Passau (wie Anm. 1), S. 99–108.
12 Vgl. EGGERSDORFER, Die philosophisch-theologische Hochschule Passau (wie Anm. 1), S. 154–159.
13 Vgl. EGGERSDORFER, Die philosophisch-theologische Hochschule Passau (wie Anm. 1), S. 98.
14 Ignatius von LOYOLA, Gründungstexte der Gesellschaft Jesu, übersetzt von Peter Knauer (= Ignatius von Loyola, Deutsche Werkausgabe, Bd. II), Würzburg 1998; Ignatius von LOYOLA, Der Bericht des Pilgers, in: ebd., S. 1–84.

diese aufgrund der politischen Verhältnisse nicht verwirklichen ließ, gingen die Gefährten 1539 nach Rom. Auf dem Weg dorthin, in La Storta, erkannte sich Ignatius in einer Vision als von Christus in dessen besondere Nachfolge gerufen. Etwa in dieser Zeit begann die Gruppe sich auch als „Societas Jesu" zu bezeichnen[15]. In Rom angekommen, erfreute sich die Gemeinschaft schnell der besonderen Förderung des Papstes.

Nichts deutete zum damaligen Zeitpunkt aber darauf hin, dass die Jesuiten sich zu dem entscheidenden „Lehr-Orden" der katholischen Kirche in der Frühen Neuzeit entwickeln würden[16]. Auch wenn Pater Pierre Favre SJ bereits 1542/43 in Mainz und Pater Claude Jay SJ 1543/44 in Ingolstadt als Dozenten wirkten, so blieben diese Einsätze doch erst einmal eher Episode[17]. Denn in der Gründungsverfassung des Ordens, der *Formula* hieß es in Bezug auf die inhaltlich-seelsorgerliche Ausrichtung der jungen Ordensgemeinschaft, dass sie „vornehmlich dazu errichtet worden sei, um besonders auf den Fortschritt der Seelen in Leben und christlicher Lehre und auf die Verbreitung des Glaubens abzuzielen durch öffentliche Predigten und den Dienst des Wortes Gottes, die Geistlichen Übungen und Liebeswerke und namentlich durch die Unterweisung von Kindern und einfachen Menschen im Christentum und die geistliche Tröstung der Christgläubigen durch Beichthören". Als Kernpunkte des Tätigkeitsbereichs erscheinen hier vor allem die Kategorialseelsorge und der Katechismusunterricht[18].

Erst nachdem der Orden nicht zuletzt durch den Schulbetrieb in Messina auf Sizilien ab 1548 erkannt hatte, dass in Schulen und Universitäten große Potenziale lagen, um den katholischen Glauben neu in der Gesellschaft zu verankern, wandelte sich seine Haltung. Die Jesuiten fanden in der Folge im katholischen Teil des Heiligen Römischen Reichs Deutscher Nation konkrete Antworten auf die damals so virulente Notlage in Erziehung und Ausbildung.

Denn in der ersten Hälfte des 16. Jahrhunderts erlebte das Reich nicht zuletzt infolge der Reformation eine bedrohliche und als elementar erfahrene Bildungskrise. Die Studentenzahlen an den Universitäten gingen sowohl in den protestantischen wie in den katholischen Ländern massiv zurück, zudem fanden sich gerade in den theologischen Fächern kaum geeignete Professoren für freie Lehrstühle. An den universitätsvorbereitenden Schulen wiederum fehlte es bald schon an guten Lehrern und gleichermaßen an zukunftsfähigen Bildungskonzepten[19]. Von dieser existenziellen Krise waren alle Landesherren im Reich betroffen, wenn auch in den protestantischen Ländern in der Regel aus anderen Gründen als in den katholischen. Während die protestantischen Fürsten

---

15 Vgl. André RAVIER, Ignatius von Loyola gründet die Gesellschaft Jesu, Würzburg 1982, S. 59–64, 72–75.
16 Vgl. John W. O'MALLEY, Die frühe Gesellschaft Jesu, in: Reinhold Baumstark (Hg.), Rom in Bayern. Kunst und Spiritualität der ersten Jesuiten, München 1997, S. 31–40, hier S. 34; Markus FRIEDRICH, Die Jesuiten. Aufstieg, Niedergang, Neubeginn, München 2018.
17 Vgl. John W. O'MALLEY: Die Schulen der ersten Jesuiten, in: Rüdiger Funiok/Harald Schöndorf (Hg.), Ignatius von Loyola und die Pädagogik der Jesuiten. Ein Modell für Schule und Persönlichkeitsbildung, Donauwörth 2000, S. 54–89, hier S. 54 f.
18 Zit. nach Ignatius von LOYOLA, Gründungstexte der Gesellschaft Jesu (Anm. 14), S. 304 f.
19 Vgl. Arno SEIFERT, Das höhere Schulwesen (wie Anm. 7), S. 253–258; Notker HAMMERSTEIN, Bildung und Wissenschaft vom 15. bis zum 17. Jahrhundert (= Enzyklopädie deutscher Geschichte 64), München 2003, S. 17–35, hier S. 17 ff.

neben einer Kirchen- auch eine Schulorganisation neu aufbauen konnten, blieben die katholischen Landesherren an die bestehenden Strukturen gebunden und mussten diese zu erneuern versuchen[20].

Die entscheidende Rolle der Schulen und Universitäten aber für die Ausbildung und Erziehung der jungen Eliten erkannte angesichts der Krise auch die Reichsspitze. So formulierte Kaiser Karl V. 1548 auf dem Reichstag in Augsburg sehr deutlich, dass an den Schulen und Universitäten gläubige, gebildete, überzeugte, loyale und vor allem fromme Christen heranwachsen sollten, die bereit waren, im geistlichen Dienst und auch in weltlichen Führungspositionen ein vorbildhaftes katholisches Leben zu führen und sich ganz in den Dienst ihrer Herren zu stellen: „Scholae seminaria sunt, non praelatorum tantum et ministrorum ecclesiae, verumetiam magistratum et eorum, qui consiliis suis repúblicas gubernant, quae si negligantur aut depraventur, necesse erit et ecclesias et respublicas inde perclitari. Propterea de earundem instauratione magna cura habenda est"[21]. Der Kaiser verstand nun also Schulen und Universitäten als Orte, deren Förderung notwendig war, um das Reich innen- und religionspolitisch zu stabilisieren[22].

Die Schulen an den Jesuitenkollegien wurden zu diesen ausgezeichneten Orten, um die vom Kaiser und den Landesherren geforderten überzeugten und frommen Christen heranzubilden. Nicht zuletzt deshalb unterrichteten Jesuiten von Beginn an kostenlos und ohne Ansehung der Person, stellten unter dieser Maßgabe doch religiöser Eifer und intellektuelle Leistung die wesentlichen Kriterien dar[23]. In nur wenigen Jahrzehnten errangen Unterricht und Erziehung eine so hohe Bedeutung für den Orden, dass schließlich ein Großteil der Jesuiten im Bildungsbereich eingesetzt wurde. Das Apostolat, junge Menschen zu erziehen und zu unterrichten, prägte von nun an den Orden in spezifischer Weise.

Die Jesuiten erlangten, weil sie sich bewusst auf dieses Apostolat einließen, in der katholischen Welt des Reichs eine weitgehend unangefochtene Stellung im Schul- und Universitätswesen. Sie unterrichteten 1648 an 17 von 18 katholischen Universitäten des Reichs – allein die Benediktineruniversität in Salzburg bildete hier eine Ausnahme. Im Gegensatz zu den protestantischen Gebieten mit ihren heterogenen, auf den jeweiligen Landesherrn ausgerichteten Bildungssystemen, entstand im katholischen Teil des Reichs aufgrund des zentralistisch ausgerichteten Jesuitenordens eine weitgehend homogene Bildungslandschaft[24].

---

20 Vgl. MÜLLER/PUTZ, Der konfessionskulturelle Vergleich (wie Anm. 9), S. 236–238.
21 Zit. nach Georg PFEILSCHIFTER (Hg.), Acta reformationis catholicae ecclesiam Germaniae concernentia saeculi XVI. Die Reformverhandlungen des deutschen Episkopats von 1520 bis 1570, 6 Bde., Regensburg 1959–1974, hier VI, S. 358; PUTZ, Die Domus Gregoriana zu München (wie Anm. 9), S. 19.
22 Vgl. MÜLLER/PUTZ, Der konfessionskulturelle Vergleich (wie Anm. 9), S. 234.
23 Vgl. Rainer A. MÜLLER: Jesuitenstudium und Stadt – Fallbeispiele München und Ingolstadt, in: Heinz Duchhardt (Hg.), Stadt und Universität (= Städteforschung A 33), Köln 1993, S. 107–125, hier S. 121; PUTZ, Die Domus Gregoriana zu München (wie Anm. 9), S. 120.
24 Vgl. Winfried MÜLLER, Universität und Orden. Die bayerische Landesuniversität Ingolstadt zwischen der Aufhebung des Jesuitenordens und der Säkularisation 1773–1803 (= Ludovico Maximilianea, Forschungen 11), Berlin 1986, S. 18; Karl HENGST, Jesuiten an Universitäten und Jesuitenuniversitäten. Zur Geschichte der Universitäten in der Oberdeutschen und Rheinischen Provinz der Gesellschaft Jesu im Zeitalter der konfessionellen Auseinandersetzung, Paderborn/München/Wien 1981, S. 53.

Erste Kollegien im deutschsprachigen Reich, an denen von Beginn an Ausbildungsstätten für Jesuiten wie auch für externe Schüler und Studenten eingerichtet wurden, entstanden in Köln 1544, in Wien 1552 und in Ingolstadt 1556. Viele weitere Einrichtungen kamen in den folgenden Jahrzehnten hinzu[25]. Zur besseren Organisation vor Ort errichtete Ignatius von Loyola noch in seinem Todesjahr 1556 die oberdeutsche Provinz, die die südlichen Territorien des Reichs umfasste. 1563 wurde davon aufgrund des schnellen Wachstums die österreichische Provinz abgetrennt. Schon 1622 wurde Letztere noch einmal in eine böhmische und eine österreichische Provinz geteilt. Das Jesuitenkolleg in Passau gehörte von Anfang an zur österreichischen Provinz, der Sitz des Provinzialats befand sich in Wien[26].

Über das erste Jahrhundert ihres Bestehens hinweg bauten die Jesuiten ein engmaschiges Netz an Kollegien im deutschsprachigen Raum auf. Im Kurfürstentum Bayern eröffneten sie nach den ersten Gründungen in Ingolstadt und München in allen bedeutenderen Städten und Zentralorten weitere Ordensniederlassungen[27].

Ebenso baten die Habsburger die Jesuiten, auf ihrem Territorium Standorte zu begründen, und statteten diese großzügig mit finanziellen Mitteln aus. Auf Bayern und Österreich, also auf die oberdeutsche und die österreichische Provinz bezogen, entstanden die großen Kollegien zwischen 1550 und 1650. In der oberdeutschen Provinz gab es 27 Kollegien mit Schulen; im weiteren Umkreis von Passau lagen die Kollegien in Altötting, Burghausen, Landshut, Straubing und Regensburg. In der österreichischen Provinz der Jesuiten wiederum waren es 35 Kollegien, und hier waren für die Bischofsstadt vor allem die Standorte in Linz, Krems, Steyr etc. und natürlich auch das Kolleg in Wien, das in einer engen Verbindung zur Passauer Institution stand, von großer Bedeutung.

Das Jesuitenkolleg in Passau lag an der Grenze von oberdeutscher und österreichischer Provinz. Die Zugehörigkeit zur österreichischen Provinz verdankt sich dabei vor allem dem Gründer des Kollegs und Passauer Bischof Leopold, aber natürlich auch der Tatsache, dass sich ein Großteil des Passauer Diözesangebiets im habsburgischen Machtbereich befand.

Bischof Leopold war 1586 in Graz als Sohn Erzherzog Karls II. von Innerösterreich und seiner Frau Maria von Bayern geboren worden. Kaiser Ferdinand II. war sein Bruder. Leopold wurde durch seinen Beichtvater Pater Henricus Vivarius SJ von Jugend an jesuitisch geprägt, die enge Verbindung zum Orden blieb sein ganzes Leben lang bestehen. Von Beginn an für die geistliche Laufbahn bestimmt, erhielt Leopold 1596 die Tonsur und die niederen Weihen. 1598 wurde ihm das Bistum Passau verliehen, 1605 konnte er es im Alter von nur 19 Jahren in Besitz nehmen. Ebenfalls 1598 wurde

---

25 Zu dieser frühen Zeit der Kollegien vgl. Bernhard Duhr, Geschichte der Jesuiten in den Ländern deutscher Zunge (wie Anm. 10), Bd. I, S. 33–65; Putz, Die Domus Gregoriana zu München (wie Anm. 9), S. 33.
26 Duhr, Geschichte der Jesuiten in den Ländern deutscher Zunge (wie Anm. 10), Bd. I, S. 92–94; Bd. II, 1, S. 315.
27 Vgl. Putz, Die Domus Gregoriana zu München (wie Anm. 9), S. 29–33; Tobias Appl, Die Kirchenpolitik Herzog Wilhelms V. von Bayern. Der Ausbau der bayerischen Hauptstädte zu geistlichen Zentren (= Schriftenreihe zur bayerischen Landesgeschichte 162), München 2011.

Leopold als Koadjutor Karls von Lothringen im Bistum Straßburg postuliert, 1599 erfolgte die päpstliche Bestätigung, 1608 die Besitzergreifung. 1614 wurden dem Habsburger auch noch die Abteien Lüders und Murbach übertragen. Leopold ist damit ein typisches Beispiel dafür, wie schwierig es für die Kirche gewesen war, die Beschlüsse des Konzils von Trient durchzusetzen. So brach sich das geistliche Ziel von Trient, Ämterhäufungen zu verbieten, an den realpolitischen Verhältnissen und dem dynastischen Ehrgeiz nicht zuletzt der streng katholischen Häuser Habsburg und Wittelsbach.

Im Jahr 1619 wandte sich Leopold schließlich wiederum vor allem aus dynastischen Gründen von der geistlichen Laufbahn ab und wurde Statthalter des Hauses Österreich für Tirol und die Vorlande in Innsbruck. 1625 schließlich resignierte er auf seine geistlichen Besitztümer und heiratete 1626 Claudia von Medici. Dies war mit Dispens des Papstes möglich. Mit Claudia von Medici hatte Leopold drei Kinder. Er starb 1632 im Alter von nur 45 Jahren[28].

Selbst wenn Bischof Leopold weniger dem geistlichen als vielmehr dem weltlichen Leben zugewandt war, so tat er doch sein Mögliches dafür, den katholischen Glauben in Abgrenzung zur evangelischen Konfession zu fördern und zu profilieren. In diesen Kontext gehört auch die intensive Förderung der Jesuiten und sein gleichzeitig großes Engagement für die Ansiedlung der Kapuziner in Passau und der sich daran anschließenden Entwicklung der großen Maria-Hilf-Wallfahrt ab 1622[29].

***

Die Jesuiten unterrichteten nach der im Jahr 1599 erlassenen Regel der „Ratio Studiorum". In einer ersten Stufe wurden die Schüler in fünf bzw. in sechs Jahrgangsstufen in der *docta et eloquens pietas* unterwiesen, der gelehrten und rhetorisch geformten Frömmigkeit. In einer zweiten Stufe folgte der grundsätzlich zwei- bis dreijährige philosophische Abschnitt mit Dialektik, Logik, Naturphilosophie und Metaphysik. Darauf baute schließlich als Zielpunkt der Ausbildung der vierjährige theologische Kurs auf. Innerhalb von elf bis 13 Ausbildungsjahren konnten nach diesem Schema die jungen Männer – wie bereits erwähnt – „über die Dreiheit des Sprachen-, Philosophie- und Theologie-Studiums zur fertigen Ausbildung als Priester gelangen"[30].

---

28 Vgl. August Leidl, Das Bistum Passau zwischen Wiener Konkordat (1448) und Gegenwart. Kurzporträts der Passauer Bischöfe, Weihbischöfe, Offiziale (Generalvikare) dieser Epoche, Passau 1993, S. 105; Louis Châtellier, Leopold Erzherzog von Österreich, in: Erwin Gatz (Hg.), Die Bischöfe des Heiligen Römischen Reiches 1448 bis 1648. Ein biographisches Lexikon, Berlin 1996, S. 416 ff.
29 Zu Maria Hilf vgl. Joseph Siegler, Mariahilf bei Passau. Eine geschichtliche Beschreibung dieses berühmten Wallfahrts-Ortes, Passau [11]1893; Pirmin Maria Schirmer, Mariahilf ob Passau. Geschichte und Sinn einer Wallfahrt, Passau 1950; Walter Hartinger, Mariahilf ob Passau (= Neue Veröffentlichung des Institutes für Ostbairische Heimatforschung der Universität Passau 43), Passau 1985; Christian Handschuh, Mariahilf. Regionale Karriere einer Wallfahrt, in: Joachim Werz/Josef Kreiml (Hg.), Mariahilf. Geschichte – Theologie – Frömmigkeit (= Regensburger Marianische Beiträge 2), Regensburg 2021, S. 219–238.
30 Aign, Geschichte des Gymnasiums Passau (wie Anm. 1), Bd. I, S. 36.

Die „Ratio Studiorum" führte bekanntes und bewährtes pädagogisches Wissen unterschiedlichster Herkunft zusammen; beispielsweise fanden die Pariser Erfahrungen der ersten Jesuiten hier Eingang, aber auch die italienische Studienorganisation und anderes pädagogisches Wissen, das die Jesuiten erlangt hatten. Auf diese Weise entstand eine neue, aus mehreren Quellen schöpfende Lehrmethode, die durch ein bis dahin in Europa „unbekanntes pädagogisches Sendungsbewusstsein einer kirchlichen Gruppe" ins Leben überführt wurde. Jesuiten und jesuitische Bildungskonzepte hatten lange Zeit in der katholischen Welt des Reichs einen exzellenten Ruf[31].

Dies lag nicht zuletzt daran, dass die Jesuiten mit ihren Kollegien über die reine Wissensvermittlung in den schulischen und akademischen Bildungseinrichtungen hinaus ein geistlich-pädagogisch-wissenschaftliches Gesamtkonzept verfolgten. Schule, Lyzeum und Seelsorgeeinrichtungen verzahnen sich und ermöglichten eine die Schüler und Studenten ganzheitlich prägende Erziehung und Ausbildung.

Das Passauer Kolleg bildete das organisatorische Dach einer ganzen Reihe von Einrichtungen. Mittelpunkt des Kollegs als administrativer Einheit und gleichzeitig als Wohn- und Lebensort der hier lebenden Ordensmitglieder bildete selbstverständlich die Kirche. Über ein halbes Jahrhundert musste man sich hier mit einer alten Kirche und einem großzügigen Raum im Kolleg begnügen, bevor 1677 die prächtige St. Michaelskirche eingeweiht wurde. In den bereits erwähnten *Litterae annuae* an die Ordensoberen gaben die Passauer Rektoren an, dass die Zahl der Kommunikanten in den ersten Jahrzehnten von 5.000 im Jahr 1625 auf bis zu 11.800 im Jahr 1646 angestiegen seien. Damit einher ging auch die entsprechende Steigerung der Beichten. Selbst wenn die Zahlen sicherlich jeweils eher positiv aufgerundet wurden, so können sie doch – bedenkt man, dass zu dieser Zeit in Passau wohl etwa 5–6.000 Menschen lebten – einen Hinweis auf die Attraktivität des jesuitischen Seelsorgeangebots geben. Über die Jesuitenkirche hinaus verkündeten Jesuiten auch im Dom St. Stephan das Wort Gottes und galten als eloquente Prediger.

In die Breite wirkten die Jesuiten vor allem auch durch die marianischen Kongregationen. Hier betreuten sie gruppenspezifisch Schüler, Studenten, Priester, Bürger etc. Die Kongregationen hatten einen dem Jesuitenorden gegenüber rechtlich unabhängigen Status, wie auch Präses, Präfekt und Magistrat einer Kongregation nie dem Jesuitenorden angehörten. Der große Einfluss resultierte vor allem aus der Funktion eines Jesuitenpaters als geistlicher Betreuer der Gemeinschaft. Die häufige Beichte beim jesuitischen Beichtvater, der gemeinsame Empfang der Kommunion, die zur Pflicht erhobene tägliche Gewissenserforschung, das vorgeschriebene Gebetsleben, die Bußübungen, der Besuch der Konvente, die Lektüre frommer Schriften, die Anwesenheit bei den Vorträgen und Predigten der Jesuiten in den einzelnen Kongregationen, Wallfahrten

---

31 Zur „Ratio Studiorum" vgl. Stephan Ch. KESSLER, Die „Geistlichen Übungen" des Ignatius von Loyola und die Studienordnung der Jesuiten: Pädagogik aus Exerzitien, in: Rüdiger Funiok/Harald Schöndorf (Hg.), Ignatius von Loyola und die Pädagogik der Jesuiten. Ein Modell für Schule und Persönlichkeitsbildung (= Erziehungskonzeptionen und Praxis 81), Frankfurt am Main 2017, S. 74–91 (Zitat: S. 85); PUTZ, Die Domus Gregoriana zu München (wie Anm. 9), S. 110–116.

und Prozessionen: All das trug maßgeblich zur Ausbildung des Bayern so sehr kennzeichnenden religiösen Lebens während der gesamten Frühen Neuzeit bei.

In Passau wurde die Studentenkongregation *Maria Himmelfahrt* 1614 an die römische Kongregation angeschlossen, jüngere Schüler wiederum fanden sich in der *Congregatio angelica* zusammen, bevor 1622 die *Congregatio minor* unter dem Titel *Maria Geburt* ebenfalls mit der römischen Mutterkongregation verbunden wurde. Im Kindesalter versprachen sich die Schüler lebenslang der Muttergottes. Dementsprechend traten sie nach dem Schulbesuch während ihrer Studienzeit in die dann für sie passenden Kongregationen der jeweiligen katholischen Universitätsorte ein. Und auch nach der Ausbildung blieben die ehemaligen Schüler, die nun vielfach in geistlichen oder weltlichen Führungspositionen tätig waren, der jeweiligen Marianischen Kongregation verbunden. Jesuiten wirkten gerade über die Marianischen Kongregationen tief in die Gesellschaft hinein: Bereits 1624 begründeten sie in Passau die *deutsche oder Bürgerkongregation* und 1684 die *Kongregation von der Todesangst Christi*[32]. Der Orden schaffte es auf diese Weise, kategorialseelsorgliche Ansätze mit denen der Aus- und Elitenbildung zu verzahnen[33].

Einen weiteren, als besonders wichtig erachteten Seelsorgebereich stellte die Hofseelsorge dar. Hier betätigten sich Jesuiten als Hofprediger und -beichtväter. Darüber hinaus berieten sie auch nicht selten die Fürsten, in deren Territorien der Orden Niederlassungen unterhielt, und übernahmen das ein oder andere Mal auch diplomatische Missionen. Aus dieser sichtbaren Nähe zum Hof und der Möglichkeit, weltliche Fürsten bereits als Kinder nach den eigenen Leitvorstellungen auszubilden und so für sich einzunehmen, entstanden Ansehen und Einfluss. Passau ist ein Beispiel dafür: Pater Henricus Vivarius war, wie bereits erwähnt, von Jugend an Beichtvater Bischof Leopolds. Auf diesem Weg kam er auch nach Passau und wurde hier schließlich zum ersten Superior des Kollegs bestimmt. Allerdings war es für ihn schwierig, die tatsächliche Leitung auszufüllen, begleitete er doch den Bischof auf seinen Reisen und war daher häufig von Passau abwesend[34].

Der Ruf der Jesuiten, der katholische Lehr- und Wissenschaftsorden schlechthin zu sein, basierte vor allem darauf, dass Ordensmitglieder weltweit intensiv am wissenschaftlichen Diskurs teilnahmen und vielfach selbst Impulse setzten. Auf Bayern bezogen sei hier nur auf Christoph Scheiner SJ verwiesen, der 1611 als Professor in Ingolstadt die Sonnenflecken entdeckte und beschrieb. 1613 baute er nach den Vorgaben von Johannes Kepler ein astronomisches Fernrohr, 1619 setzte er als Lehrer in Innsbruck wichtige Impulse im Bereich der Optik[35]. Der Orden förderte die Forschungen der

---

32 Vgl. PUTZ, Die Domus Gregoriana zu München (wie Anm. 9), S. 42 ff.; zu Passau vgl. DUHR, Geschichte der Jesuiten in den Ländern deutscher Zunge (wie Anm. 10), Bd. II, 1, S. 326 f.; EGGERSDORFER, Die philosophisch-theologische Hochschule Passau (wie Anm. 1), S. 127 f.; AIGN, Geschichte des Gymnasiums Passau (wie Anm. 1), Bd. I, S. 48 f.
33 Vgl. FRIEDRICH, Die Jesuiten (wie Anm. 16), S. 231–234.
34 Vgl. AIGN, Geschichte des Gymnasiums (wie Anm. 1), Bd. I, S. 55.
35 Vgl. Andreas KRAUS, Art. Christoph Scheiner, in: Laetitia Boehm/Winfried Müller/Wolfgang J. Smolka/Helmut Zedelmaier (Hg.), Biographisches Lexikon der Ludwig-Maximilians-Universität München (= Ludovico Maximilianea, Forschungen 18), Berlin 1998, S. 371 f.

Mitglieder. Sie sollten ganz bewusst ihre wissenschaftlichen Interessen über ihre eigentliche Ausbildung hinaus weiterverfolgen können. Der Typus des jesuitischen Forschers, Gelehrten und Schriftstellers prägte im Lauf der Zeit nachgerade die Wahrnehmung des Ordens. Nicht zuletzt deshalb gelang es den Jesuiten häufig, die besten Absolventen ihrer Schulen auch für ihre Gemeinschaft zu gewinnen. Bis 1773 erschienen weit über 30.000 Bücher jesuitischer Autoren[36]. Blickt man auf das Passauer Jesuitenkolleg, so fällt das Ergebnis differenziert aus. Die hohe Fluktuation unter den Lehrkräften, die gleichzeitig für Jesuitenkollegien durchaus typisch gewesen ist, verhinderte eine Profilierung des einzelnen Jesuiten in Passau. Zwei Drittel der Lehrer war nicht länger als für ein Schuljahr in der Bischofsstadt tätig. Damit machte sich der Standort Passau keinen Namen als eigenständiger Ort der Wissenschaft, aber natürlich profitierte das Kolleg trotzdem von den lehrenden Jesuiten, die sich intensiv mit wissenschaftlichen Fragen der Zeit auseinandersetzten[37].

Literarisch wiederum prägen die großen Jesuitendramen über Generationen die Passauer Gesellschaft. Wie überall führten die Schüler auch hier regelmäßig Stücke in lateinischer Sprache auf, aber es gab jeweils gut lesbare deutsche Zusammenfassungen und die Präsentation setzte sowieso stark auf Eindringlichkeit, Theatereffekte und gewaltige Inszenierungen mit vielen Darstellenden. Schon 1612 führten Schüler in Passau einen kleinen und nicht aufwendig zu gestaltenden *Dialogismus* auf, nur wenig später brachten sie bereits den berühmten *Cenodoxus* von Jacob Bidermann auf die Bühne. Aus Anlass des Besuches Kaiser Ferdinands II. wurde 1630 der *Ferdinandus Castellanus* gegeben, schließlich 1641 *Valentin, der Apostel der Diözese*. Bis 1690 fanden die Spiele im Wesentlichen im Freien statt. Später gab es einen eigenen großen Theatersaal, der bis zu 2.000 Personen fasste[38].

Die Jesuiten machten in Passau die organisatorische Einheit der vielen Aufgabenfelder im repräsentativen und aufgrund der Fülle der Verpflichtungen großen Baukomplex sichtbar[39]. Sie prägten über die lange Zeit des 17. und 18. Jahrhunderts ganz wesentlich das geistliche und geistige Leben der Stadt Passau, boten sie doch die gesamte Bandbreite der vom Orden entwickelten pädagogischen und seelsorgerlichen Zugänge an.

Gleichzeitig können aber die akademischen Studien des „Gymnasium maius" doch auch wieder nicht mit einer Universität wie Ingolstadt oder Wien verglichen werden. Das gilt für die Größe ebenso wie für die wissenschaftliche Strahlkraft und die Zahl der Immatrikulationen. Vielmehr konzentrierte sich das Kolleg in Passau vor allem auf die gymnasiale Ausbildung und erweiterte diese um die philosophischen und theologi-

---

36 Vgl. FRIEDRICH, Die Jesuiten (wie Anm. 16), S. 306 ff.
37 Vgl. EGGERSDORFER, Die philosophisch-theologische Hochschule Passau (wie Anm. 1), S. 128–148; AIGN, Geschichte des Gymnasiums Passau (wie Anm. 1), Bd. I, S. 53–58.
38 Zum Passauer Jesuitentheater vgl. grundlegend Sandra KRUMP, In scenam datus est cum plausu. Das Theater der Jesuiten in Passau (1612–1773) (= Studium Litterarum 3), 2 Bde., Berlin 2000, hier S. 13 f. sowie ihren Aufsatz im vorliegenden Band; AIGN, Geschichte des Gymnasiums (wie Anm. 1), Bd. I, S. 50 f.
39 Ein Plan des Jesuitenkollegs aus dem Jahr 1730 ist abgedruckt in: EGGERSDORFER, Die philosophisch-theologische Hochschule Passau (wie Anm. 1), nach S. 410.

schen Kurse mit den dazugehörigen Professuren. Zeitgenössisch haben sich diese akademischen Kurse immer als „hochschulähnlich" verstanden. Sie fühlten sich verwandt zu und gleichwertig mit den Artistenfakultäten und theologischen Fakultäten der alten Universitäten. Doch blieben sie, anders als die Universitäten, vollkommen an die Kollegien gebunden, dem Rektor unterstellt. Dieser wiederum befand sich in völliger Abhängigkeit zu den weiteren hierarchischen Ebenen des Ordens bis hin zum Ordensgeneral in Rom. Formen universitärer Freiheit oder institutioneller Eigenständigkeit gab es hier nicht[40].

***

Mit der Auflösung des Jesuitenordens 1773 endete auch in Passau eine über eineinhalb Jahrhunderte bestehende Bildungs- und Seelsorgekontinuität. Bei aller Kritik, die den Jesuitenorden von Beginn an begleitet hatte, wurden doch erst die Angriffe der spanischen, portugiesischen und französischen Regierungen seit der Mitte des 18. Jahrhunderts für den Orden existenzbedrohend. Papst Clemens XIV. löste vor allem aufgrund des Drucks dieser Regierungen den Orden 1773 mit der Bulle *Dominus ac Redemptor* auf; ein in seiner Dimension und Radikalität damals noch unerhörter Vorgang[41].

In Passau wurde den Angehörigen des Kollegs am 13. September 1773 durch die bischöfliche Regierung die Aufhebung des Ordens und damit auch des Passauer Kollegs mitgeteilt. Die nunmehrigen Ex-Jesuiten, deren gesamte Lebensplanung zu diesem Zeitpunkt Makulatur geworden war, haben sich dabei „ganz gelassen bewiesen, haben sich und ihre Laybrüder anempfohlen und sonderheitlich gebethen für ihre Ausfertigung zu sorgen". Mit einer Ausnahme führten die Kollegmitglieder nun erst einmal als Weltpriester unter der Leitung des geistlichen Rates Winterl ihre Aufgaben nichtsdestoweniger und in durchaus gewohnter Weise fort[42].

---

40 Vgl. Rainer A. MÜLLER, Hochschulen und Gymnasien, in: Walter Brandmüller (Hg.), Handbuch der bayerischen Kirchengeschichte, Bd. II, St. Ottilien 1993, S. 535–556, hier S. 545; Rainer A. MÜLLER, Akademische Ausbildung zwischen Staat und Kirche. Das bayerische Lyzealwesen 1773–1849 (= Quellen und Forschungen aus dem Gebiet der Geschichte N.F. 7), 2 Bde., München/Paderborn 1986; HENGST, Jesuiten an Universitäten und Jesuitenuniversitäten (wie Anm. 24), S. 75–79.
41 Vgl. PUTZ, Die Domus Gregoriana zu München (wie Anm. 9), S. 21; MÜLLER/PUTZ, Der konfessionskulturelle Vergleich (wie Anm. 9), S. 241; Winfried MÜLLER, Die Aufhebung des Jesuitenordens in Bayern. Vorgeschichte, Durchführung, Administrative Bewältigung, in: ZBLG 48 (1985), S. 285–352.
42 EGGERSDORFER, Die philosophisch-theologische Hochschule Passau (wie Anm. 1), S. 170–173, hier S. 171.

Das Jesuitentheater in Passau.
(Vor-)Schule akademischen Denkens

Sandra Krump

1. Vorüberlegung: Befassung mit dem Jesuitentheater im Kontext 400 Jahre Hochschule in Passau[1]

Grundlegend ist die Frage zu stellen, inwiefern das Jesuitentheater im Kontext der Geschichte der Entwicklung der Hochschule in Passau verortet werden kann. Man könnte durchaus Gründe anführen, die gegen eine solche Beschäftigung in diesem Zusammenhang sprechen. Zum einen ist das Jesuitentheater in Passau älter als 400 Jahre und damit älter als das Datum, das man als Markierung des Beginns des akademischen Lebens in Passau festgesetzt hat. Bereits 1612 – nicht erst 1622 – kann man im Zuge des Gründungsakts der Passauer Jesuitenniederlassung seine Wurzeln identifizieren: Am 20. März 1612 überreicht Fürstbischof Leopold dem Provinzial der Gesellschaft Jesu den Stüfftbrief und das Fundationsvermögen. Vier Tage später ist das Eröffnungsmandat des Passauer Jesuitengymnasiums datiert, und am 27. März 1612 beginnt mit 72 Schülern der Unterricht. Auch die Theatertradition nimmt im selben Jahr ihren Anfang, als am 29. Oktober zur Grundsteinlegung ein *Dialogismus* aufgeführt wird[2]. Zum anderen könnte man anführen, dass das Jesuitentheater zumeist unter Schultheater firmiert, es gehört als solches nicht wirklich in die akademische Ahnenreihe, sondern wäre eher der Vorbereitung, dem Vorfeld der akademischen Bildung zuzuordnen.

---

1 Der vorliegende Beitrag folgt im Wesentlichen dem Vortrag, der im Rahmen des Symposiums „400 Jahre Hochschule in Passau. Akademische Bildung und ihre Institutionen 1622–2022" gehalten wurde. Von der Entfernung einiger der Vortragssituation gemäßer Wendungen und der Hinzufügung der Anmerkungen abgesehen, ist der Text des Vortrags unverändert.

2 Zur Vorgeschichte und Gründung des Passauer Jesuitenkollegs vgl. Franz Xaver EGGERSDORFER, Die philosophisch-theologische Hochschule Passau, Passau 1933, S. 18–26.

Es spricht aber dennoch einiges dafür, sich auch im Kontext der Hochschulgeschichte mit dem Jesuitentheater zu beschäftigen. Sowohl das Theaterspielen der Schüler als auch die aufgeführten und von den Jesuiten verfassten Stücke bildeten das zentrale Element eines pädagogischen Konzepts, das eindeutig in Richtung einer akademischen Qualifikation weist[3]. Die Kontexte der Aufführungen, die Anlässe, die Zusammensetzung der Zuschauer, die auf der Bühne verhandelten Themen – diese spezifischen und für das Jesuitentheater charakteristischen Ausprägungen leisten sehr häufig etwas, das man im besten Sinne von Hochschulen und Universitäten erwartet: Aktuelle Diskurse auf einem entsprechenden Reflexionsniveau zu führen, ihnen Raum zu geben – damals freilich unter dem Anspruch, eine klare Orientierung in diesen Fragen der Zeit zu geben, wobei diese Intention mit nicht zu überbietender Transparenz offen gelegt wird.

2. Das Passauer Jesuitentheater – ein Überblick

Die Theateraufführungen der Jesuitenschüler bildeten Höhepunkte nicht nur des Schuljahres, sondern auch des kulturellen Lebens in Passau[4]. Bis 1690 fanden sie im Freien statt, vor der Westseite des Stephansdoms, danach im Theatersaal der Schule, der nicht nur mit der modernsten Bühnenmaschinerie ausgestattet, sondern offensichtlich auch der größte Saal Passaus war, da er angeblich bis zu 2.000 Personen fasste. Bereits im dritten Jahr der Existenz der Schule hatte man einen enormen Bühnenerfolg mit der Aufführung von Jacob Bidermanns *Cenodoxus* zu verzeichnen. So sehr gefiel die Vorstellung, dass die Stadt die Kosten für eine zweite übernahm. Jahr für Jahr folgten nun Theateraufführungen, darunter etliche weitere Glanzlichter, etwa 1630 das vor Kaiser Ferdinand II. aufgeführte Stück *Ferdinandus Castellanus*, 1647 die Aufführung des *Mariophilus* im Rahmen eines wirklich rührenden Abschieds von Fürstbischof Leopold Wilhelm, der als Statthalter in die Niederlande berufen worden war, 1676 *Gearchus et Pandora* anlässlich der Passauer Kaiserhochzeit, 1710 ein zwei Tage dauerndes Huldigungsspiel zum Regierungsantritt des Fürstbischofs Joseph Dominikus Graf von Lamberg. Bezogen diese Ereignisse ihren spezifischen Charme aus dem Zusammentreffen der Theateraufführungen mit großen Ereignissen, anlässlich derer sie stattfanden, so ist vom streng literarischen Gesichtspunkt aus das Rektorat Nikolaus Avancinis – mit den beiden von ihm verfassten Dramen *Euergetes et Endoxa sive Connubium Meriti et Honoris* (1665) und *Alphonsus X.* (1666) – als Höhepunkt der Geschichte des Jesuitentheaters in Passau auszumachen. Aber man würde ihm nicht gerecht werden, würde man zu seiner Beurteilung nur streng literarische Maßstäbe anlegen.

Diese Stücke leben erst wirklich in ihrer Aufführung. Nicht von ungefähr kommt eben der literarisch hochwertige Avancini zur Aussage: *Nempe quae in scena aguntur,*

---

3 Vgl. dazu allgemein und grundlegend Ruprecht WIMMER, Jesuitentheater: Didaktik und Fest. Das Exemplum des ägyptischen Joseph auf den deutschen Bühnen der Gesellschaft Jesu, Frankfurt am Main 1982.
4 Die folgenden Ausführungen folgen im Wesentlichen Sandra KRUMP, In scenam datus est cum plausu. Das Theater der Jesuiten in Passau (1612–1773), Berlin 2000, Bd. I, S. 13 ff.

*viva sunt et animata: quae leguntur, mera ossa et cadavera*⁵. – „Was auf der Bühne dargestellt wird, ist lebendig und beseelt, was man nur liest, ist bloß Gerippe und ein Leichnam". Alles wird bei der Inszenierung dieser Stücke aufgeboten: reiche Kostüme, Musik, Gesang, Tanz, opulente Bühnenausstattung sowie Effekte wie Himmelfahrten und Höllenstürze vor den Augen der gebannten Zuschauer. Jesuitentheater ist ein barockes multimediales Spektakel⁶. Und nur im Augenblick der Aufführung, wenn der Zuschauer mit in die Handlung hineingezogen wird, wenn er das Geschick des Helden oder auch der Heldin(!) mit allen Sinnen miterlebt, nur dann ist das Stück lebendig, nur dann ist es wirklich.

Angelegt ist diese Multimedialität bereits in den berühmten *Exercitia spiritualia* des Ordensgründers Ignatius von Loyola⁷, die darauf abzielen, durch die Anwendung der eigenen Sinne sich nicht nur rein rational mit dem Glauben zu beschäftigen, sondern das Wesentliche der eigenen Religion und Religiosität sinnlich zu erfahren. Ignatius schreibt dazu: Bei der Betrachtung der Hölle soll der Meditierende „mit der Sicht der Vorstellungskraft die großen Gluten sehen und die Seelen wie in feurigen Leibern. Mit den Ohren das Gejammer, Geheul, Schreie [...] hören. Mit dem Geruchssinne Rauch, Schwefel [...] und Fäulnis der Hölle riechen. Mit dem Geschmack Bitteres schmecken, wie Tränen, Traurigkeit und den Wurm des Gewissens. Mit dem Tastsinn berühren, nämlich auf welche Weise die Gluten die Seele berühren und verbrennen"⁸. Daneben gibt es aber auch die Besinnung über die Menschwerdung Christi, bei der man mit „dem Geruch und mit dem Geschmack riechen und schmecken [soll] die unendliche Sanftheit und Süße der Gottheit, der Seele und ihrer Tugenden"⁹.

Mit allen Sinnen, ganzheitlich erfahren – das soll der Meditierende und das soll der Zuschauer der Stücke¹⁰. Man spielt also aus pastoralen Überlegungen heraus Theater – aber auch aus pädagogischen, die bemerkenswert aktuell sind. Die Beschreibung der Theatertradition im englischen Eliteinternat Eton aus der Frankfurter Allgemeinen Zeitung vom 16.09.2022 kann fast unverändert als Beschreibung der Rolle des Theaterspielens in der Jesuitenpädagogik gelesen werden: „Und dort draußen in der Fremde mussten sie [die Etonianer] anpassungsfähig und durchsetzungsstark sein, sie mussten Souveränität ausstrahlen, Überlegenheit, Charme und Intelligenz. Kurz: Um fürs Leben gewappnet zu sein, musste die britische Elite möglichst gut schauspielern können. [...] Die Schule [Eton] ist berühmt für den Aufwand, den sie ums Theaterspielen treibt. [...] Mehr als zwanzig Produktionen werden in Eton pro Jahr auf die Bühne

---

5 Nicolaus Avancini, Poesis Dramatica, Viennae 1655, Pars I, Ad Lectorem, unpaginiert.
6 Vgl. dazu Barbara Bauer, Multimediales Theater. Ansätze zu einer Poetik der Synästhesie bei den Jesuiten, in: Heinrich F. Plett (Hg.), Renaissance-Poetik, Berlin 1994, S. 197–238.
7 Ignatius von Loyola, Geistliche Übungen und erläuternde Texte. Übersetzt und erklärt von Peter Knauer, Graz ²1983. Der Stellennachweis erfolgt nach der üblichen Abkürzung EB und der entsprechenden Nummer.
8 Ignatius von Loyola, EB 66f.
9 Ignatius von Loyola, EB 124.
10 Vgl. dazu Sandra Krump, Sinnenhafte Seelenführung. Das Theater der Jesuiten im Spannungsfeld von Rhetorik, Pädagogik und ignatianischer Spiritualität, in: Hartmut Laufhütte (Hg.), Künste und Natur in den Diskursen der Frühen Neuzeit, Wiesbaden 2000, Bd. II, S. 937–950.

gebracht. Die Schule beschäftigt renommierte Regisseure, unterhält drei Theater, von denen das größte 400 Sitze bietet, ein komplettes Flugsystem und einen Orchestergraben"[11]. – Die Ausstattung des Passauer Jesuitentheaters war in seiner Glanzzeit dieser für Eton heute angeführten jedoch deutlich überlegen.

Die Quellenlage zum Passauer Jesuitentheater ist disparat[12]. In den Archiven und Bibliotheken Passaus finden sich wenige Zeugnisse dieser spezifischen Theatertradition. Einige Informationen können den in Wien, Prag, Pannonhalma und Rom liegenden *Litterae annuae*, den Jahresberichten des Kollegs, entnommen werden: die Titel der Stücke sowie gelegentlich einige Bemerkungen zu Anlass und Wirkung der Aufführungen[13]. Die erhaltenen Drucke und Manuskripte von Dramen und Periochen, Vorläufern unserer heutigen Theaterprogramme mit Kurzinhalten der einzelnen Szenen, diese Zeugnisse des Passauer Theaters sind über viele Archive und Bibliotheken verstreut: Neben Passau finden sie sich in Wien, Rein/Graz, München, Amberg, Augsburg und Ljubljana. So mühsam das Zusammentragen dieser verstreuten Periochen ist, so interessant ist die Schlussfolgerung, die aus dieser durchaus typischen weiten Streuung der Theaterzettel zu ziehen ist: Sie verweist auf die weit gespannte, internationale Vernetzung zwischen den Jesuitenkollegien und lässt uns die Reichweite des personellen, auch des intellektuellen Austauschs in der damaligen Zeit erahnen.

Aus den gut 150 Jahren Theatertradition sind nur fünf vollständige, genuin Passauer Dramentexte erhalten. Insgesamt ist also nur ein kleiner Bruchteil der literarischen Produktion des Passauer Jesuitentheaters erhalten. Dennoch ist dieses corpus ein Glücksfall: Ohne allzu große Lücken lässt sich der Zeitraum vom 1630 bis 1764 mit Dramen und Periochen abdecken. Alle Untergattungen – panegyrische Stücke, Heiligen- und Geschichtsdramen – sind sowohl mit Dramen als auch mit Periochen vertreten. Durch die sehr gleichmäßige Verteilung über den Zeitraum und die Untergattungen wird sowohl ein tiefer als auch ein breitgefächerter Einblick in das Jesuitentheater Passaus ermöglicht[14].

Unter der eingangs benannten Perspektive der aktuellen Diskurse im öffentlichen Raum kann man zusammenfassend Folgendes an der Passauer Theatertradition beobachten:

Die Theaterstücke, die von den Jesuiten selbst verfasst wurden, dienen stets bestimmten, meist höheren Zwecken – seien diese pädagogischer, theologischer, pastoraler, politischer oder religionspolitischer Natur. Sie sind kulturelle Ereignisse. Sie sind in gleicher Weise Mittel, historische Ereignisse angemessen zu würdigen wie anwesende Herrscher zu mahnen, auch zu ermutigen oder in ihrer Politik zu bestärken. Sie sind Bildungsveranstaltungen – nicht nur für die an den Aufführungen beteiligten Schüler,

---

11 Eva LADIPO, Lebenslang auf der Bühne. Die fehlende Eloquenz von Liz Truss grämt die Briten. Warum haben sie so hohe Ansprüche an die Selbstdarstellung ihrer Politiker, Frankfurter Allgemeine Zeitung Nr. 216, 16.09.2022, S. 9.
12 Vgl. dazu KRUMP, In scenam (wie Anm. 4), Bd. I, S. 19–21.
13 Vgl. dazu KRUMP, In scenam (wie Anm. 4) Bd. I, S. 23–36.
14 Neun Periochen und drei Dramentexte sind mit Übersetzung ediert in KRUMP, In scenam (wie Anm. 4), Bd. II.

sondern gerade auch für die Zuschauer, seien diese nun Kaiser, Fürstbischöfe oder sonstige Zuschauer aus allen Schichten der Stadtbevölkerung.

Die Stücke legen ihre Absichten transparent offen: Schon die Formulierung der Titel ist kennzeichnend für diese Dramen und lässt keinen Zweifel an der jeweiligen Intention. Ein Stoff, eine Begebenheit aus der Geschichte, den Heiligenviten oder der Bibel wird auf einen bestimmten inhaltlichen Aspekt fokussiert und erhält eine die Zuschauer belehrende, ermahnende, aufrüttelnde Ausdeutung. In Passau lauten solche Titel zum Beispiel *Dei Bonitas de Humana Pertinacia Victrix sive Alphonsus X. Legionis, et Castellae Rex, Pertinaciter Blasphemus, Clementer a Deo Emendatus*"[15] oder „*Providentia Divina in Henrici Comitis per Mirabiles Casus Fortuna*[16].

3. Das Passauer Jesuitentheater – ein vertiefender Blick

Im Folgenden sollen zwei dieser Theaterstücke unter dem Aspekt genauer analysiert werden, dass darin zentrale Themen der Zeit verhandelt werden, wie etwa in dem 1630 in Passau aufgeführten Stück *Ferdinandus Castellanus Maurorum Triumphator*, das in Anwesenheit von Kaiser Ferdinand II. zur Zeit des Dreißigjährigen Krieges gezeigt wurde und eine ausführliche Diskussion der Frage des Krieges und seiner Rechtfertigung auf die Bühne brachte. – Manchmal erschrickt man fast angesichts der Aktualität dieser jahrhundertealten Stücke.

Ferdinandus Castellanus Maurorum Triumphator (1630)[17]

Die Bühne betritt ein spanischer Namensvetter des anwesenden Kaisers aus dem 11. Jahrhundert. Wir sehen zunächst den Sieg von Ferdinandus über seinen Schwager, einen christlichen Fürsten, der sich gegen den König empört hat. Das Thema des Bruderkriegs, des Krieges innerhalb der Christenheit wird hier verhandelt und gleich zu Beginn des Stücks sehr eindeutig geklärt: Selbstverständlich ist der – katholische – König siegreich, aber er geht mit diesem Sieg verantwortungsvoll um, integriert den unterlegenen Aufrührer in seine Herrschaft und befriedet so die Situation im Inneren. – Eine sehr schöne Gebrauchsanweisung für die Ausübung guter Herrschaft in der Situation des Dreißigjährigen Krieges im Jahr 1630.

---

15 Etwas frei übersetzt: „Die Güte Gottes als Siegerin über den menschlichem Starrsinn oder Alphons X., König von Leon und Kastilien, der aus Starrsinn Gott lästert, von Gott aber mit Milde auf den rechten Weg zurückgeführt wird."
16 Frei übersetzt: „Die göttliche Vorsehung dargestellt durch wundersame Fügungen im Geschick des Grafen Heinrich."
17 Edition des lateinischen Textes mit Übersetzung in: KRUMP, In scenam (wie Anm. 4), Bd. II, S. 6–129; Interpretation in: KRUMP, In scenam (wie Anm. 4), Bd. I, S. 37–73. Eine weitere Interpretation dieses Dramas findet sich in Jean-Marie VALENTIN, Le Théâtre des Jésuites dans les pays de langue allemande (1554–1680). Salut des âmes et ordre des cités, 3 Bde., Bern 1978, Bd. 2, S. 680–682.

Der eigentliche Fokus des Stücks liegt aber an anderer Stelle. Das eigentliche Problem, dem man sich erst nach der Befriedung innerhalb der Familie zuwenden kann, ist ein äußerer Feind, hier dargestellt durch die Mauren. Diese tragen weniger muslimisch-orientalische Züge, sondern werden im Drama eher heidnisch-römisch dargestellt, etwa in ihrer Art der Orakelbefragung vor Kriegsbeginn oder durch die Organisation einer Christenverfolgung in ihrem Herrschaftsbereich, bei der Weihrauchopfer eine zentrale Rolle spielen – in enger Anlehnung an antike Christenverfolgungen und in keiner greifbaren Beziehung zu Situationen in muslimischen Ländern der damaligen Zeit. Das legt den Schluss nahe, dass dieses Stück weniger auf die tatsächliche Bedrohung durch türkische Heere, die seit der Schlacht von Mohács 1526 eine reale war, fokussiert, sondern mehr auf grundsätzliche Aspekte der Herrschaftsausübung und die Frage, welche Rolle der Krieg und der Umgang mit besiegten Feinden dabei spielt. Denn natürlich siegt im Stück Ferdinand auch über die Mauren – alles andere wäre angesichts des Titels eine erhebliche Überraschung. Aber genauso, wie er den besiegten Schwager integriert, genauso, geleitet durch die gleichen Herrschertugenden, verhält er sich gegenüber den besiegten äußeren Feinden. Pietas und Clementia werden im Stück explizit als zentrale und das Handeln Ferdinands prägende Herrschertugenden benannt. Diese Tugenden sind es auch, die dazu führen, dass wir nicht etwa einen „kriegswütigen" Ferdinand auf der Bühne sehen, sondern einen, der mit sich ringt, der die Entscheidung zum Kampf nicht leicht trifft, der sich rückversichert, ob eine solche Entscheidung, grundsätzlich und in der konkreten Situation, wirklich mit dem Glauben vereinbar ist, der seinen Triumph dann auch nicht auskostet. Er lehnt es etwa mit den folgenden Worten ab, dass die besiegten Feinde getötet werden: *Est pulchra uirtus omnis, at primas habet clementiam, decus illa praecipuum facit*[18]. Auch den üblichen Triumph nach beiden Siegen will Ferdinand zunächst nicht akzeptieren. Als er dem Drängen dann doch nachgibt, besteht er darauf, dass der Triumph zur Ehre Gottes, nicht zu seiner Ehre erfolgt: *Triumphos accipiat istos DEVS*[19].

Die Verhandlung der Fragen des Krieges im Stück ist komplex und differenziert, greift viele Aspekte aus den theoretischen, ethischen und politischen Schriften der Zeit zu diesem Thema auf[20]. Auch die Zeichnung der Mauren ist nicht platt, sondern gerade die Frauenfiguren, die in den die Haupthandlung deutenden Nebenhandlungen eine wichtige und positive Rolle spielen, sind maurische Frauen.

Der anwesende Kaiser Ferdinand II., zu dessen Ehre dieses Stück aufgeführt wurde, wird das alles wohl mit etwas gemischten Gefühlen gesehen haben: Noch im Vorjahr, 1629, war er in einer Situation, die mit derjenigen zu Beginn des Dramas vergleichbar

---

18 „Jede Tugend ist schön, aber die Milde steht an erster Stelle, sie verleiht eine besondere Zierde.", vgl. KRUMP, In scenam (wie Anm. 4), Bd. II., S. 114.
19 KRUMP, In scenam (wie Anm. 4), Bd. II. S. 12.
20 Zu nennen wären etwa Lodovicus MOLINA, De Justitia et Jure Opera Omnia, Moguntiae 1659; Paul LAYMANN, Theologia moralis in quinque libros partita, Monachium 1625; Adam TANNER, Amuletum castrense, Ingolstadii 1620. Ein ausführliches Kapitel zu Positionen damaliger Jesuiten zum Krieg allgemein und zum Dreißigjährigen Krieg im Besonderen findet sich bei VALENTIN, Le Théâtre des Jésuites (wie Anm. 16), Bd. II, S. 659–665.

war, siegreich gegenüber den aufrührerischen Fürsten im Inneren, jedoch in der Reaktion auf diesen Sieg nicht so klug wie Ferdinandus Castellanus, denn das Restitutionsedikt spricht eine andere Sprache als die der Clementia und der Integration der Unterlegenen. Entsprechend kommt 1630 die Wende auf dem Kurfürstentag in Regensburg: die Aussetzung des Restitutionsedikts, die erzwungene Entlassung Wallensteins, die Verweigerung der Wahl des Kaisersohnes zum römischen König vivente imperatore.

Man kann das Drama in zwei Blickrichtungen lesen: Im Blick auf die Vergangenheit führt das Stück dem Kaiser vor Augen, was er hätte anders machen können, damit es für ihn anders gekommen wäre. Oder im Blick auf Gegenwart und Zukunft: Der Bruderkrieg im Stück kann ebenso als Spiegelung der Widerstände gerade auch der katholischen Fürsten (Maximilian I. von Bayern!) auf dem Kurfürstentag gedeutet werden, die „Mauren", also die Gefahr von außen, können auf Frankreich und seine intensive Beeinflussung des Regensburger Kurfürstentags gemünzt sein, ebenso auf die Landung der Schweden unter Gustav Adolf in Pommern noch während des Kurfürstentags.

Vor allem aber zeigt sich, dass die Jesuiten klug und pädagogisch versiert sind. Sie führen weder ihre Schüler noch ihre Zuschauer, schon gar nicht den Kaiser einfach in Frustration und Depression, indem sie durch den Kontrast der Handlung zur aktuellen Situation deren Misslichkeit umso stärker hervortreten lassen. Die Klarheit, mit der hier auf der Handlungsebene das gute, das bessere Handeln eines Herrschers dargestellt wird, ist mahnend (Fehler der Vergangenheit nicht wiederholen) und ermutigend (jetzt und in Zukunft bessere Entscheidungen treffen). Pädagogisch geschickt wird diese Ermahnung aus der Haupthandlung freundlich abgefedert durch die Chöre zwischen den Akten, die Habsburg-Panegyrik vom Feinsten sind: Lob und Verkündung des Ruhmes des Herrscherhauses als Trost in schweren Zeiten und zugleich als Anreiz für den Kaiser, diesem so positiven Bild auch zu entsprechen. Nichts ist schließlich peinlicher, als für etwas gelobt zu werden, von dem man selbst weiß, dass es gar nicht stimmt.

Parmenio (1763) [21]

Wirft man einen vergleichenden Blick auf ein anderes Jesuitentheaterstück aus Passau, das gut 130 Jahre nach *Ferdinandus Castellanus* aufgeführt wurde, dann stellt man einige bemerkenswerte Entwicklungen fest. Für Passau sind zwei Textquellen zu relativ späten Theaterstücken erhalten, die weniger als Zeugnisse eines Abgesangs als vielmehr Versuche einer Weiterentwicklung im Dialog mit der Zeit in der zweiten Hälfte des 18. Jahrhunderts zu werten sind: Von Joseph Benedikt Heyrenbach *Parmenio* (1763), ein neulateinisches Jesuitendrama, das in Stoff, Aufbau, inhaltlichen Akzentsetzungen einem (deutschen) Drama der Aufklärung entspricht, sowie die Perioche zu dem Stück *Die deutschen Helden* (1764).

---

21 Edition des lateinischen Textes mit Übersetzung in: KRUMP, In scenam (wie Anm. 4), Bd. II, S. 282–365; Interpretation in: KRUMP, In scenam (wie Anm. 4), Bd. I, S. 213–241.

Auch dieses Stück spielt in einer Kriegssituation: Griechen gegen Perser, die Perser sind besiegt worden, auch hier stellt sich die Frage nach dem Umgang mit besiegten Feinden. Der eigentliche Kern des Stücks ist aber ein anderer. Die erhaltene Perioche umreißt den Inhalt knapp und in einem Satz wie folgt: *Parmenio, ein Feldherr in Macedonien, da er seinem König dem Alexander untreu geworden, hat sich, und seinen Sohn, den Philotas, unglücklich gemacht*[22]. Der Fokus liegt hier auf der Verschwörung gegen den eigenen König, Alexander, in die Vater (Parmenio) und Sohn (Philotas) mit hineingezogen werden und deren Opfer sie schließlich selbst werden. Die Handlung ist – anders als der Satz zum Inhalt aus der Perioche vermuten lässt – sehr komplex, weist mehrere Wendungen auf, dem Zuschauer und den Protagonisten stellen sich die Dinge im Lauf der Handlung immer wieder in neuem Licht dar: Wer ist tugendhaft, wer ist verworfen, wer ist gut, wer ist böse, wer handelt richtig, wer falsch, wessen Beweggründe sind wahr, wessen Beweggründe nur vorgeschoben? Das Ende ist furchtbar. Zwar klärt auch hier der gute Herrscher, denn als solcher und nicht als Tyrann erweist sich Alexander, die Dinge. Aber die Zuschauer erleben den Tod des Sohnes Philotas, der sich zunächst aus Verzweiflung selbst des Augenlichts beraubt und dann durch Alcestes, den Hauptverschwörer und Intriganten, ermordet wird. Angesichts des sterbenden Sohnes und der Erkenntnis, dass die eigene heillose Verstrickung in ein Intrigengeflecht dessen Tod letztlich verursacht hat, begeht der Vater, Parmenio, Selbstmord.

Zwar wird in Alexander ein hervorragender Herrscher von mustergültiger Großmut (gegenüber Parmenio und Philotas, gegenüber den Persern) vorgestellt, gleichwohl werden die Zuschauer Zeugen des Versagens der Griechen, die sich in ein Intrigengeflecht verstricken, ohne klare ethische Orientierung handeln, Wertekonflikte nicht lösen können. Im Kontrast dazu sehen wir die ethische Bewährung der Perser. Eindeutig und klar ist hier auf der Ebene der Handelnden gar nichts mehr, nur der gottgleiche Herrscher Alexander hat den Überblick.

Heutige Leser und damalige Zuschauer nehmen im Verlauf der Handlung Wertekonflikte aus der Sicht der Protagonisten wahr, die nicht einfach oder klar auflösbar sind, weil es ein Erkenntnisdefizit gibt. Sie können erst aufgelöst werden, wenn sich der Erkenntnisrahmen ausweitet, was durch Alexander geschieht, der in umfassendem Sinn für Aufklärung sorgt, die Erkenntnis wieder ermöglicht, wodurch die nur scheinbar gegebenen Wertekonflikte aufgelöst werden.

Also doch ein gutes Ende? Nicht so ganz:
- Das Erkenntnisdefizit hat Leben gekostet (Parmenio und Philotas). Gute Menschen sterben, ihr Tod wird letztlich verursacht durch Erkenntnisdefizite und Entscheidungsschwäche, sie sterben nicht mehr als heroische Märtyrer für den wahren Glauben.
- Wertekonflikt und Erkenntnisdefizit betreffen über weite Teile der sehr komplexen Handlung auch den Zuschauer.

---

22 Krump, In scenam (wie Anm. 4), Bd. II, S. 368.

- Die höhere Ordnung, die höhere Instanz wird durch den Herrscher, nicht mehr durch Gott oder Heilige vertreten und wirksam, die Erfahrung von Transzendenz wird abstrakter und diffuser.
- Die Perser als „edle Wilde", wie man diesen in der Aufklärungsepoche beliebten Typus nannte, sind modellhaft in Tugend, Haltung, Klarheit und Konfliktfreiheit der Werte, die Gefahr droht weniger von den besiegten und edlen äußeren Feinden Griechenlands, mehr von den inneren Feinden, die in unterschiedlichen Graden der Gefährlichkeit und der Boshaftigkeit durch die Gruppe der Verschwörer repräsentiert werden, die gekennzeichnet ist durch eine rein immanente Sicht, die Bezug auf die Götter nur als Vorwand zur Durchsetzung ihrer verwerflichen Ziele nimmt.

Die Tragik von Parmenio und Philotas resultiert letztlich aus der Frage der Entscheidung und der Erkenntnis des Richtigen, dem klassischen Thema der Exerzitien und der früheren Jesuitendramen, hier in einer modernen Version dargeboten. Dieses Exempel ist weniger holzschnittartig als in früheren Stücken, das individuelle Geschick ist wichtiger, die Übertragbarkeit der Lehre des Dramas erfordert mehr Abstraktionsvermögen vom Zuschauer.

Dieses späte Jesuitendrama führt uns die Überforderung des Menschen durch den Wegfall der Vorstellung von göttlicher Heilsordnung und Providenz in seiner ganzen Tragik vor Augen: Früher wussten sowohl Protagonisten wie Zuschauer, also alle, was richtig und falsch war, die Bösen haben sich nur absichtlich nicht daran gehalten und wurden dafür entsprechend bestraft. Jetzt wissen gerade die Guten im Stück nicht mehr, was richtig und falsch ist – und gehen daran am Ende zugrunde. Zentrale Themen und Motive, die typisch für das Jesuitentheater sind, werden in den antiken Stoff gekleidet, aber die Durchführung weist in die neue Zeit, greift Motive und Themen der Epoche der Aufklärung auf und setzt sie geschickt und differenziert in Bezug zu den traditionellen Motiven des Jesuitentheaters.

4. Fazit

Betrachtet man den Verlauf und gerade auch das Ende der jesuitischen Theatertradition in Passau, so kann man sehr wohl sagen, dass es sich hier zwar auch, aber keineswegs nur um Schülertheater gehandelt hat, sondern wir sehen hier Anlässe und Orte öffentlicher Diskurse, die sich im besten Sinne in eine mittlerweile 400-jährige akademische Tradition fügen.

„Weillen sye wissentlich mit eigener Music versehen".
Ein Beitrag zur Musikgeschichte der Jesuiten in Passau

Markus Eberhardt

Die Quellenlage zur Musikgeschichte der Passauer Jesuiten muss insgesamt betrachtet als desolat bezeichnet werden. Wenige Spuren verraten oft nur Kleinigkeiten bzw. Nebensächliches, sodass es derzeit kaum möglich erscheint, eine zusammenhängende oder gar annähernd vollständige Darstellung zu verfassen. Darüber hinaus ist generell zu konstatieren, dass die jesuitische Musikgeschichte in den Missionsgebieten[1] weitaus besser erforscht ist als im deutschsprachigen Raum[2]. Nach der grundlegenden, bereits 1934 erschienenen Arbeit von Max Wittwer[3] sind nur vereinzelt Studien[4] erschienen, eine systematische Erforschung der Kollegien und Hochschulen im Alten Reich ist bis heute ein Desiderat der historischen Musikwissenschaft.

---

[1] An neueren Studien sind zu nennen Lisa HERRMANN-FERTIG, Jesuita cantat! „Musik" in der interkulturellen Kommunikation jesuitischer Mission in Südindien während des späten 17. und 18. Jahrhunderts (= Würzburger Beiträge zur Musikforschung 6), Würzburg 2020 sowie die Beiträge des Tagungsbandes von Christan STORCH (Hg.), Die Musik- und Theaterpraxis der Jesuiten im kolonialen Amerika. Grundlagen, Desiderate, Forschungsperspektiven, Sinzig 2014.
[2] Allgemein T. Frank KENNEDY, Music and Jesuits: Historiography, and a Global Perspective, in: Journal of Jesuit Studies 3 (2016), S. 365–376.
[3] Max WITTWER, Die Musikpflege im Jesuitenorden unter besonderer Berücksichtigung der Länder deutscher Zunge, Greifswald 1934.
[4] Für Bayern beispielsweise Robert MÜNSTER, Das Wirken der Jesuiten für die Musik in München – ein Überblick, in: Friedrich Wilhelm Riedel (Hg.), Kirchenmusik zwischen Säkularisation und Restauration (= Kirchenmusikalische Studien 10), Sinzig 2006, S. 91–100; Alfons HUBER, Komponisten der Musik für die Theaterstücke des Kollegs, Gymnasiums, Seminars und der Kongregationen der Jesuiten zu Straubing (1631–1773), in: Jahresbericht des Historischen Vereins für Straubing und Umgebung 119. Jahrgang, 2017

Innerhalb des Musiklebens der fürstbischöflichen Residenzstadt Passau im 17. und 18. Jahrhundert scheinen die Jesuiten überdies nicht die „erste Geige" gespielt zu haben. Häufig wechselndes Personal innerhalb des Ordens, für den ja das benediktinische Ideal einer *stabilitas loci* nicht galt, und die Konkurrenz einer professionell geführten Hofmusikkapelle[5] waren zwei grundlegende Faktoren, die eine Blüte jesuitischer Musik in Passau nicht begünstigten. Darüber hinaus darf nicht vergessen werden, dass die Schüler und Studenten am Jesuitenkolleg und der Hochschule ja erst ausgebildet werden mussten, und Musik als Teil des Quadriviums zudem kein Hauptfach innerhalb des jesuitischen Bildungssystems[6] war.

Dennoch erlauben die aktuell greifbaren Quellen Einblicke, welche zumindest die Grundlinien der jesuitischen Musiktradition in Passau rekonstruierbar machen. Drei Bereiche werden im Folgenden untersucht: Zu Beginn steht eine Darstellung der belegbaren Personen (Musikpräfekten, Komponisten, Dichter geistlicher Lieder) und Strukturen, der dann eine Analyse des überlieferten an der Passauer Jesuitenkirche gepflegten Repertoires folgt. Dabei soll auch die Rolle der von den Jesuiten betreuten Kongregationen und Bruderschaften im Kontext der Genese einer bürgerlichen Musikkultur in Passau erörtert werden.

1. Personen und Strukturen

„Jesuita nec rubicat, nec cantat", oder kurz „Jesuita non cantat"[7], dieser dem Hl. Ignatius von Loyola zugeschriebene Satz wurde häufig als grundlegend ablehnende Haltung des Ordens zur Musik fehlinterpretiert. Im Kern bedeutet er lediglich eine Befreiung der Jesuiten von der Pflicht zum Chorgebet. Musik war um 1700 aber ein wesentlicher „Ausdruck des jesuitischen Selbstverständnisses"[8]. An besonderen kirchlichen Festtagen pflegte man insbesondere das vertonte Drama und das geistliche Lied.

In dieser Tradition standen auch die Passauer Jesuiten und entwickelten eine blühende Theaterkultur[9], ihre Musiktradition[10] blieb jedoch signifikant hinter der der

---

(2019), S. 243–290; Josef FOCHT, Die Musik im Umkreis der Jesuiten-Universität, in Rolf Kießling (Hg.), Die Universität Dillingen und ihre Nachfolger (= Jahrbuch des Historischen Vereins Dillingen an der Donau 100), Dillingen 1999, S. 533–558.

5 Zur Passauer Hofmusik vgl. Heinz-Walter SCHMITZ, Passauer Musikgeschichte. Die Kirchenmusik zur Zeit der Fürstbischöfe und in den Klöstern St. Nikola, Vornbach und Fürstenzell, Passau 1999, S. 317–352 sowie die Überblicksdarstellung von Markus EBERHARDT, Eine kleine Geschichte der klassischen Orchester in Passau, in: Ders./Ludwig Propstmeier (Hg.), Musik für Passau. Die Geschichte des Passauer Konzertvereins 1919 bis 2019, Passau 2019, S. 13–39, bes. S. 14–20.
6 Als Überblick Peter Claus HARTMANN, Die Jesuiten, München 2001, S. 68–77.
7 Dazu HERRMANN-FERTIG, Jesuita cantat! (wie Anm. 1), S. 120.
8 Ebd.
9 Vgl. hierzu die umfassende Arbeit von Sandra KRUMP, In scenam datus est cum plausu. Das Theater der Jesuiten in Passau (1612–1773), 2 Bde. (= Studium Litterarium 3/I), Berlin 2000 sowie Heinz KELLERMANN, Der Theatersaal der Jesuiten (1690–1913) (= Kurze Beiträge zur Passauer Stadtgeschichte 20), Passau 2004.
10 Vgl. WITTWER, Die Musikpflege (wie Anm. 2), S. 38 sowie SCHMITZ, Passauer Musikgeschichte (wie Anm. 5), S. 136.

Hof- und Dommusik zurück. Die erhaltenen Periochen belegen, dass Theateraufführungen[11] mit eigens komponierter Musik vorrangig bei den Amtseinführungen neuer Fürstbischöfe stattfanden. Hofkapellmeister Georg Muffat (1653–1704) vertonte beispielsweise 1690 das Drama *Il Volo Perpetuo della Fama Verace*[12] anlässlich der Festivitäten der Inthronisation Johann Philipps von Lamberg. Von seinem Nachfolger, Benedict Anton Aufschnaiter (1665–1742), sind die Titel zweier Dramen bekannt: 1713 *Deodatus á DEO datus Nolanæ urbi Episcopus*[13], welches zugleich das 100-jährige Bestehen des Kollegs feierte und „in Renovatione Studiorum" aufgeführt[14] wurde, sowie 1723 *Triumphus zelosus Pastoris*[15]. Die Kompositionen sind bis dato jedoch verschollen.

An der Passauer Jesuitenkirche gab es ein eigenständiges, wohl kleinbesetztes[16] Musikensemble. Das 1717 von Fürstbischof Raymund Ferdinands von Rabatta (1669–1722, reg. 1713–1722) erlassene Hofmusikdekret erwähnt dieses in einem Nebensatz: *Wür wollen aber dabei [...] denen P. P. Jesuitern und anderen eben auß dieser Ursachen, weillen sye wissentlich mit eigener Music versehen, unsere Hoff Music nit aufgetrungen, sondern denenselben freygestellt haben, ob Sye sich solch unsere Music gebrauchen, dieselbe völlig oder nur zum Theil zu Ihren Solennitäten einladen, und adhibieren wollen*[17]. Diese Passage ist insofern bemerkenswert, da das Dekret genau vorschreibt, in welchen Besetzungen die Hofmusiker je nach Rang des Zelebranten zu musizieren hatten[18]. Einzig den Jesuiten wurde die Freiheit zugestanden, die musikalische Gestaltung eines Pontifikalamtes in der St.-Michaels-Kirche frei zu bestimmen. Die *eigene Music* könnte dabei ein eigenständiges Musikensemble und/oder eine eigenständige Musik- bzw. Repertoiretradition meinen.

---

11 Einen historischen Spielplan des Passauer Jesuitentheaters hat KRUMP, In scenam datus est 1 (wie Anm. 9), S. 23–36 rekonstruiert.
12 Gertraud HABERKAMP, Ein neu aufgefundener Text zu einer Huldigungskomposition von Georg Muffat (1653–1704), in: Stephan Hörner/Bernhold Schmid (Hg.), Festschrift für Horst Leuchtmann, Tutzing 1993, S. 207–251; vgl. zudem die Einordnung in die Feierlichkeiten des Mai 1690 bei Markus EBERHARDT, Georg Muffat und seine Zeit, in: Heinz-Walter Schmitz (Hg.), Georg Muffat. Ein reichsfürstlicher Kapellmeister zwischen den Zeiten, Passau ²2008, S. 7–69, hier S. 43 ff.
13 Vgl. Markus EBERHARDT, Musarum es modulaminis aemulis arte. Leben und Werk des Passauer Hof- und Domkapellmeisters Benedict Anton Aufschnaiter (1665–1742), in: Heinz-Walter Schmitz (Hg.), Musik unter Krummstäben. Zur Kirchenmusik des 18. Jahrhunderts im Fürstbistum Passau, Passau 2009, S. 23–92, hier S. 44 f.
14 Vgl. KRUMP, In scenam datus est 1 (wie Anm. 9), S. 160 f.
15 Vgl. Franz Xaver EGGERSDORFER, Die philosophisch-theologische Hochschule Passau. Dreihundert Jahre ihrer Geschichte. Ein Blick in die Entwicklung der katholischen Geistlichen-Bildung in Deutschland seit dem Ausgang des Mittelalters, Passau 1933, S. 118.
16 Zur Besetzungsstärke der Ensembles an vergleichbaren Jesuitenkirchen vgl. WITTWER, Die Musikpflege (wie Anm. 2), S. 104 ff. In der Regel blieb die Anzahl der Sänger unter zehn, diese Besetzungsstärke ist wohl auch für Passau anzunehmen.
17 Bayerisches Hauptstaatsarchiv München, Hochstift Passau, Repertorium 113, Faszikel I Nr. 4 I/3, zit. nach Elisabeth KREMS, Passaus Musikkultur von den Anfängen bis zur Auflösung des geistlichen Fürstentums (1803), 2. Teil, in: Ostbairische Grenzmarken 5 (1961), S. 130–143, hier S. 136.
18 Vgl. EBERHARDT, Musarum es (wie Anm. 13), S. 36 f.

In den erhaltenen Quellen gibt es keine Hinweise zu einem systematischen Musik- oder Instrumentalunterricht[19] am Passauer Kolleg. Am theologischen Seminar wurden die Studenten zumindest in den Grundzügen des Choralgesangs[20] unterwiesen.

Der häufige Ortswechsel der Ordensmitglieder erschwerte überdies die Etablierung funktionierender musikalischer Strukturen. Im 17. Jahrhundert sind dennoch zwei bedeutende Musiker und Komponisten zeitgleich am Passauer Kolleg belegbar. Von 1658 bis 1661 wirkte Johann Baptist Dolar (ca. 1620–1673)[21] als Musikpräfekt an St. Michael. Von ihm sind mehrere, teils groß besetzte Werke erhalten geblieben, und auch ein 1680 begonnenes Musikinventar der Passauer Dom- und Mariahilfkirche[22] belegt, dass dort zwei seiner Instrumentalsonaten[23] im Repertoire vorhanden waren. Mit Andreas Knechtl (1628–1690)[24], von 1658 bis 1661 Rektor des Passauer Kollegs, wird ein zweiter überregional bekannter Musiker greifbar. 1686 gab er die Liedersammlung *Ehrliche Gemueths-Erquickung*[25] in Wien heraus.

1721 errichtete der bekannte Passauer Orgelbauer Johann Ignaz Egedacher (1675–1744) ein Instrument für die Westempore, dessen zweiteiliger Prospekt samt dem Oberwerk bis heute in der Studienkirche St. Michael vorhanden ist[26]. Das originale Pfeifenmaterial aus dem 18. Jahrhundert wurde wohl im Zuge der Säkularisation

---

19 Dies bemerkt bereits Albert AIGN, Geschichte des Gymnasiums Passau 1, Passau 1962, S. 46 f. Auch Joseph FISCH, Geschichte des höheren Unterrichtes in Passau bis zur Aufhebung des Jesuiten-Ordens im Jahre 1773, Passau 1861, S. 14 f. erwähnt lediglich Zeichenlehrer und Tanzmeister.

20 Staatliche Bibliothek Passau [künftig SPB], Mst. 88: *Liber oeconomicus*, fol. 184r-186v. Bestätigung des Seminarstatuts durch Fürstbischof Johann Philipp von Lamberg vom 23.11.1693. Vgl. EGGERSDORFER, Die philosophisch-theologische Hochschule (wie Anm. 15), S. 89; AIGN, Geschichte des Gymnasiums (wie Anm. 19), S. 46; Hans WERTHMANN, Die Musik am Leopoldinum. Marginalien zu einer wechselvollen Geschichte, in: Die Jesuiten in Passau. Schule und Bibliothek 1610–1773. 375 Jahre Gymnasium Leopoldinum und Staatliche Bibliothek Passau, Passau 1987, S. 190–197, hier S. 190 f.

21 Vgl. Tomaž FAGANEL, Art. „Dolar (Dollar, Tolar, Tollar, Thollary), Janez Krstnik (Ioannes Baptista, Jan Křtitel)", in: Österreichisches Musiklexikon online; https://www.musiklexikon.ac.at/ml/musik_D/Dolar_Janez.xml (zuletzt aufgerufen am 07.01.2024); Janez HÖFLER, P. Johannes Baptista Dolar (um 1620–1673). Beiträge zu seiner Lebensgeschichte, in: Die Musikforschung 25 (1972), S. 310–314; Konrad RUHLAND, Musikgeschichte „grenzenlos". Einige Anmerkungen hierzu aus der Passauer Region, in: Egon Boshof u. a. (Hg.), Grenzenlos. Geschichte der Menschen am Inn (Ausstellungskatalog), Regensburg 2004, S. 195–201, bes. S. 196 f.

22 Archiv des Bistums Passau [künftig ABP], Domkapitlisches Archiv, Altes Domkapitel IV, 7: *Musicalium ad Reverendissimum | Cap: Ecclis: Cathed: et Capellam | B:V:M: Auxiliatricis Pertinentium*. Ediert und kommentiert von Konrad RUHLAND, Das Musikinventar des Domes und der Maria-Hilf-Kirche in Passau 1676–1727, in: Georg Muffat (wie Anm. 12), S. 201–247.

23 Ebd., S. 222.

24 Vgl. Alexander RAUSCH, Art. „Knechtl, Andreas SJ", in: Österreichisches Musiklexikon online; https://www.musiklexikon.ac.at/ml/musik_K/Knechtl_Andreas.xml (zuletzt aufgerufen am 14.02.2024) sowie EGGERSDORFER, Die philosophisch-theologische Hochschule (wie Anm. 15), S. 141.

25 Wienbibliothek im Rathaus Wien, Signatur 148253. Andreas KNECHTL [Verfasser ermittelt], Ehrliche Gemüths-Erquickung | Das ist Unterschiedliche annehmliche Gesänger | Mit Trostreichen sittlichen Lehren untermischt, Sambt beygesetzten Melodeyen, von neuen gemacht und zusammen getragen. Gedruckt zu Wienn Bey Susanna Christina Cosmerovin, R.K.M. Hoffbuchdruckerin 1686. (Digitalisat: https://www.digital.wienbibliothek.at/urn/urn:nbn:at:AT-WBR-148253, zuletzt aufgerufen am 04.01.2024). Vgl. zudem Paul NETTL, Das Wiener Lied im Zeitalter des Barock, Wien 1934, S. 30 f.

26 Georg BRENNINGER, Orgeln in Altbayern, München ²1982, S. 69.

verkauft, die heutige Orgel ist ein Werk der Firma Eisenbarth aus Passau. Eine weitere bedeutende Persönlichkeit kam 1739 als Schüler an das Passauer Jesuitengymnasium: der damals zehnjährige Michael Denis (1729–1800)[27]. Nach dem erfolgreichen Abschluss 1747 trat er in Wien dem Jesuitenorden bei. Bekannt geworden ist er insbesondere – nach seiner Passauer Zeit – als Textdichter des noch heute sehr beliebten Adventsliedes *Thauet Himmel, den Gerechten*[28], das 1774 in der Sammlung „Geistliche Lieder zum Gebrauche der hohen Metropolitankirche bey St. Stephan in Wien und des ganzen wienerischen Erzbistums" erschien. Die älteste belegbare Melodie findet sich im *Landshuter Gesangbuch* (1777), sie stammt von Norbert Hauner (1743–1827), der als Augustiner-Chorherr in Herrenchiemsee wirkte.

2. Untersuchungen zum Repertoire

Aktuell ungeklärt ist, wie groß das Musikarchiv der Passauer Jesuiten war und wohin es nach der Auflösung[29] des Ordens im Jahr 1773 gekommen ist. Die Reste sind heute in der Staatlichen Bibliothek Passau vorhanden und erlauben zumindest punktuell Einblicke in das an der Jesuitenkirche gepflegte Repertoire.

An Originaldrucken aus dem 16. und 17. Jahrhundert sind der dritte Teil des *Patrocinium Musices* (München 1576)[30], der die Officiumsgesänge zu Weihnachten, Ostern, Pfingsten und Fronleichnam beinhaltet, oder das *Magnum opus musicum* (München 1604)[31] von Orlando di Lasso vorhanden. Daran kann man erkennen, dass insbesondere das Repertoire der klassischen Vokalpolyphonie gepflegt und neuere Musik nur bedingt rezipiert wurde. Das große Format lässt auch die damalige Aufführungspraxis erkennen: Auf der ca. einen halben Quadratmeter großen Doppelseite sind alle fünf Stimmen abgedruckt, d. h. alle Sänger positionieren sich um das Buch und musizieren aus demselben.

Diese These wird durch eine weitere Quelle erhärtet, die einen etwas umfangreicheren Einblick in die Musizierpraxis an der Passauer Jesuitenkirche erlaubt. 1679 erwarb[32]

---

27 Vgl. Uwe Harten, Art. „Denis, Johann Michael Kosmas SJ (Pseud.: Sined der Barde)", in: Österreichisches Musiklexikon online; https://www.musiklexikon.ac.at/ml/musik_D/Denis_Johann.xml (zuletzt aufgerufen am 14.02.2024).
28 Vgl. Markus Eberhardt, Tauet Himmel den Gerechten. Grundzüge der Melodiegeschichte eines geistlichen Volksliedes, in: zwiefach 57 (2014), Heft 6, S. 32–34.
29 Vgl. Johann Evangelist Diendorfer, Die Aufhebung des Jesuitenordens im Bisthum Passau nach d. Akten d. k. b. allg. Reichsarchivs zu München u. d. Bischöfl. Ordinariatsarchivs zu Passau, Passau, 1891. Diendorfer erwähnt in seiner Arbeit keinerlei musikhistorisch relevante Sachverhalte, wie beispielsweise ein Inventar von Musikalien oder Instrumenten.
30 SBP, S nv/a Ol (b) 2-3.
31 SBP, S nv/a Ol (b) 3.
32 SBP [= Répertoire International des Sources Musicales (künftig RISM), D-Ps], Mst. 115 (alte Signatur: II 39 G 3), Vermerk auf dem Titelblatt: *Catalogo Collegij S. J. | Passauij inscriptus. | 1679.* Der Ankauf der Tabulatur steht möglicherweise in Zusammenhang mit der Fertigstellung der Kirche 1677 und belegt, dass bereits vor der 1721 erbauten Egedacher-Orgel ein Instrument (wenn auch nur eine Truhenorgel) vorhanden gewesen sein muss.

der Passauer Jesuitenkolleg eine damals bereits rund 90 Jahre alte Handschrift mit dem Titel *Sacræ cantiones, quatuor, quinque. sex. & octo | vocum, | Ad usum F: Caroli Andreæ Vrsinensis Coenobitæ*[33]. Der ursprüngliche Besitzer, Benutzer und wohl auch Verfasser der 115 folii umfassenden Handschrift im Format 31 x 20,5 cm war der Irseer Konventuale Carolus Andræ (Endres)[34], der 1612 zum Abt des Klosters gewählt wurde und bis zu seinem Tod 1627 regierte. Er gilt als bedeutender Sammler süddeutscher Barockmusik. Der Einband aus Tierleder nennt neben dem Monogramm „I L H" auch das Jahr 1590 als den Zeitpunkt, an dem Andræ offenkundig mit der Niederschrift der Intavolierungen begonnen hat.

Der stattliche Band beinhaltet 90 Motetten, die in deutscher Tabulatur notiert sind. Dieses im 17. Jahrhundert noch gebräuchliche Notationssystem ist gekennzeichnet durch eine Kombination von Buchstaben und Zeichen, die den Notenwert, die Oktavlage und den Notennamen angeben. Anhand der Datierungen der verifizierbaren gedruckten Vorlagen ist jedoch davon auszugehen, dass er bis in die frühen 1600er Jahre an der Sammlung arbeitete. Am Ende der Handschrift ist eine Motette *Diligam igitur te* in italienischer Tabulatur beigefügt, die möglicherweise bereits durch einen Musikpräfekten der Passauer Jesuiten niedergeschrieben, jedoch nicht zu Ende geführt wurde.

Dass die Sammlung für den praktischen Gebrauch verfasst wurde, belegt die doppelseitige Anlage, durch die zumeist Wendestellen vermieden werden konnten. Intavoliert und figuriert wurden z. B. Werke bekannter Komponisten wie Orlando di Lasso, Giovanni Pierluigi da Palestrina, Hans Leo Haßler oder Blasius Amon. Mit insgesamt 21 Motetten ist der am häufigsten vertretene Komponist der gebürtige Salzburger Sebastian Hasenknopf (ca. 1546–1598)[35], dessen Werke sich in Irsee besonderer Beliebtheit erfreuten.

Dass die Passauer Jesuiten noch gegen Ende des 17. Jahrhunderts ein bereits „veraltetes" Orgelbuch erwarben, lässt durchaus Rückschlüsse auf die aufführungspraktischen Gegebenheiten zu. Offenkundig wurde an St. Michael ein eher konservatives Repertoire gepflegt. Die in der Tabulatur notierten Werke sind für das solistische Spiel gedacht und wurden wohl dann aufgeführt, wenn kein Vokalensemble zur Verfügung stand.

---

33 SBP, Mst. 115. Beschreibung bei Dieter KUDORFER, Die Handschriften der Staatlichen Bibliothek sowie der Bischöflichen Bibliothek Passau. Passau 2020, S. 157–159 und bei https://opac.rism.info (zuletzt aufgerufen am 14.02.2024).
Vgl. zudem Cleveland JOHNSON, Vocal Compositions in German Organ Tablatures 1550–1650. A Catalogue and Commentary, New York/London 1989, Bd. 1, S. 85 f., Bd. 2, S. 128–132; Markus ZIMMERMANN, Die Musikhandschrift Kremsmünster L9. Eine Tabulatur am Wendepunkt der Musikgeschichte (= Beiträge zur Geschichte der Kirchenmusik 15), Paderborn 2010, S. 20, 301 f.; Teiledition: Roland Götz (Hg.), Ausgewählte Stücke aus der Irseer Orgeltabulatur (1590) (= Edition Ursin. Irseer Musik der Renaissance 7), Augsburg 2013; online verfügbar unter https://www.edition-ursin.de/wp-content/uploads/2013/noten/Ed_Ursin_VII.pdf (zuletzt aufgerufen am 14.02.2023); eine Faksimileedition ist 2021 beim Cornetto-Verlag Stuttgart (CF 1588, Rara 95) erschienen.

34 Alfred GOLDMANN, Art. „Andreae, Carolus", in: Laurenz Lütteken (Hg.), Die Musik in Geschichte und Gegenwart [MGG] Online, New York, Kassel, Stuttgart 2016 ff., zuerst veröffentlicht 1999, online veröffentlicht 2016, https://www.mgg-online.com/mgg/stable/17796 (zuletzt aufgerufen am 14.02.2024).

35 Zu Sebastian Hasenknopf vgl. das Biogramm bei ZIMMERMANN, Die Musikhandschrift (wie Anm. 33), S. 273 f.

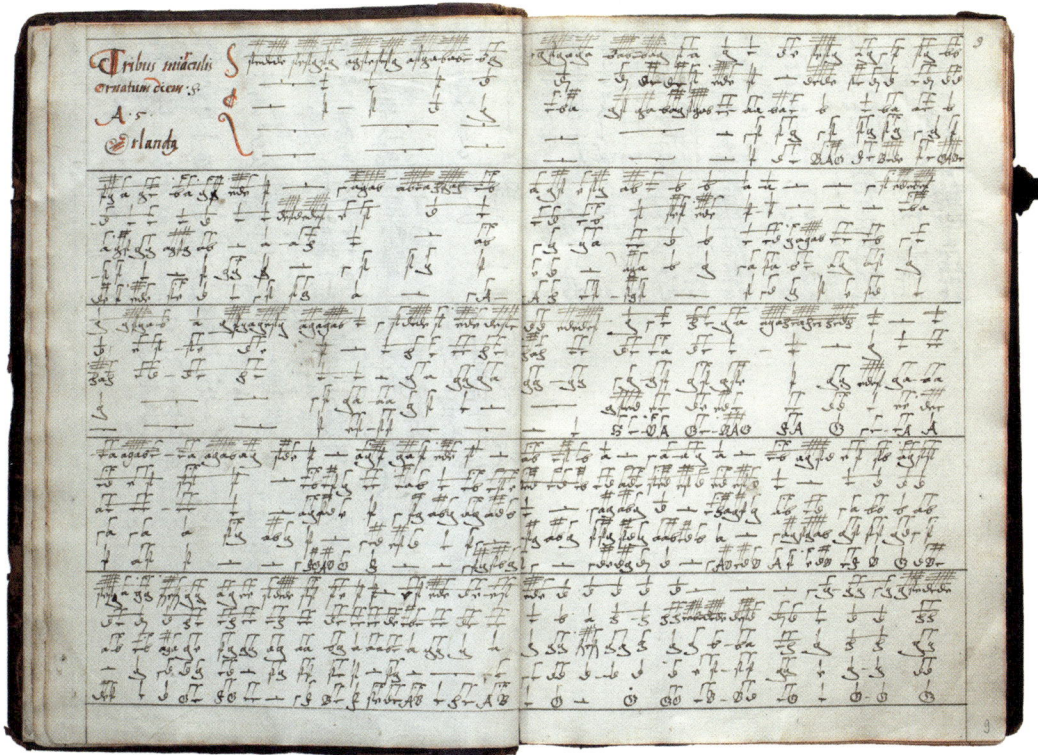

Abb. 1: 1679 erwarben die Passauer Jesuiten eine Orgeltabulatur aus dem Stift Irsee. Hier die reich kolorierte Übertragung der Motette „Tribus miraculis" von Orlando die Lasso (Staatliche Bibliothek Passau, Reproduktion: Dionys Asenkerschbaumer).

In der Jesuitenschule[36], möglicherweise auch bei Andachten in der Kirche, musizierte man offenkundig gerne die Lieder des Münchner Priesters Johannes Kuen (1606–1675)[37], dessen Sammlungen in den bayerischen Jesuitenkollegien weit verbreitet waren. Im Bestand der Staatlichen Bibliothek Passau sind heute noch drei Liederbücher[38] erhalten. Sein Werk ist insbesondere aufgrund der teils sehr deutlichen

---

36 Zur Musizierpraxis in den Jesuitenschulen vgl. HERRMANN-FERTIG, Jesuita cantat! (wie Anm. 1), S. 130–134.

37 Zu Johannes K(h)uen vgl. Adalbert ELSCHENBROICH, Khuen, Johannes, in: Neue Deutsche Biographie 11, Berlin 1977, S. 572 f. sowie Bernd GENZ, Johannes Kuen. Eine Untersuchung zur süddeutschen geistlichen Lieddichtung im 17. Jahrhundert, Köln 1958.

38 SBP, S nv/Gf (b) 16: *Die Geistlich Turteltaub. Mit zwölf newen Gesänglen vnd anmütigen Melodeyen CHRISTO IESV Dem Bräutigam der Seelen zu Ehren Dann auch allen Gottliebenden Hertzen zu trost* (München 1639); *COR CONTRITVM Et humiliatum. Engelfrewd oder Bußseufftzer, Zwölff zerknirschter vnnd gedemütiger Hertzen, auff Sechs Chör angestimbt* (München 1640); *MAVSOLEVM SALOMONIS. Der Potentaten Grabschrifft, Urlaub und Abschidt von den zeitlichen Digniteten, mit Erklärung aller Eytelkait; durch zwölf Geitliche Gesänge nutzlich zu lesen, lieblich zu singen* (München 1641).

Luther-Kritik[39] oder aufgrund der Beschreibung wesentlicher Elemente barocker Volksfrömmigkeit[40] auch in religionspädagogischer Sicht im Kontext der Gegenreformation bzw. der katholischen Reform von Relevanz.

Eine zweite Quelle aus dem frühen 18. Jahrhundert belegt die gleiche Methodik: Die Schüler sollten sich theologische bzw. katechetische Inhalte mit Hilfe von Musik einprägen. Die Staatliche Bibliothek Passau verwahrt einen Band, der zwei 1726 niedergeschriebene Gesangbücher von Johann Ferdinand Gessl (1682–1764)[41], Pfarrer von St. Georg bei Grieskirchen, zusammenfasst: *Geistliches Gesängl- und catechetisches Tänzlwerckh* und *Kleines Catechismalisches Gesangbüchlein*[42]. Gessl hat hier geistliche Liedtexte niedergeschrieben, nur vier Liedern ist eine kurze und relativ schlichte Melodie, z. T. mit Besetzungsangabe, vorangestellt.[43]

Auch die zentrale, von einem Jesuiten verfasste musiktheoretische Schrift dieser Zeit, Athanasius Kirchers *Musurgia universalis* (Rom 1650)[44], war in der Passauer Bibliothek vorhanden. Eine *Disputatio*[45] zum zweiten Buch der Physik des Aristoteles aus der ersten Hälfte des 18. Jahrhunderts beinhaltet einige Notenbeispiele von Kircher und belegt damit, dass seine Schrift auch im naturwissenschaftlichen Unterricht behandelt wurde.

3. Die musikhistorische Bedeutung der Kongregationen

Maßgeblichen Anteil an der Entwicklung der Breitenreligiosität in Passau und Umgebung hatten auch die von den Jesuiten organisierten Bruderschaften und Kongregationen. In diesen kamen verschiede Gesellschafts- und/oder Berufsgruppen der Stadt zusammen und stellen damit eine Vorform der (bürgerlichen) Selbstorganisation dar, die im 19. Jahrhundert schließlich vom Vereinswesen weitestgehend abgelöst wurde. Eine der größten Passauer Bruderschaften war die 1615 von den Jesuiten gegründete Marianische Bürgerkongregation[46], sie zählte um 1700 bereits über 900 Mitglieder.

---

39 Hierzu Karl-Friedrich WAGNER, Aspekte des geistlichen Barockliedes im römisch-katholischen Süddeutschland, in: Markus Eberhardt (Hg.), Studien zur Barockmusik im bayerisch-österreichischen Donauraum, Stuttgart 2015, S. 1–65, zu Khuen vgl. S. 35 ff.

40 Ein besonders plakatives Beispiel hierfür ist das 1637 erschienene „Münchner Liebfrauenlied", das alle Elemente barocker Volksfrömmigkeit in München, vom Hausaltar über die Rorate-Ämter im Advent bis hin zu den Bruderschaften, beschreibt: *Drey schöne newe Geistliche Lieder. Zu vor noch nie in Druck außgangen, Das Erste Von unser lieben Frawen, das Münchnerisch unser lieben Frawen Gesang genandt. Das Ander Von dem Leyden Christi, die geistliche Farb genandt. Das Dritt Von dem Willen Gottes, uber den Lob- und Trostspruch; Sols seyn so seys, wie mein Gott will. Gedruckt zu München, bey Cornelio Leysserio, auff das Jahr 1637* (RISM RISM A I, K 50).

41 Johann Ferdinand Gessl hat mehrere katechetische Werke und Liedtexte im Druck, v. a. bei Feichtinger in Linz, herausgegeben. Möglicherweise stellt das Manuskript die Vorstufe eines nie realisierten bzw. aktuell nicht nachweisbaren Druckes dar.

42 SBP, Mst. 32. Beschreibung bei KUDORFER, Die Handschriften (wie Anm. 33), S. 51 f.

43 Ebd., S. 51 (Violino), S. 56 (Violino), S. 63 (Violino), S. 74 (ohne Besetzungsangabe).

44 SBP, S nv/Ol (b) 2-1/2. Vgl. hierzu den Katalogbeitrag in: Die Jesuiten in Passau (wie Anm. 20), S. 394 f.

45 SBP, Mst. 45. Beschreibung bei KUDORFER, Die Handschriften (wie Anm. 33), S. 62.

46 Vgl. Emil JANIK, Marianische Bürgerkongregation Passau 1624–1974. Festschrift zum 350jährigen Bestehen am 5. Mai 1974, Passau 1974.

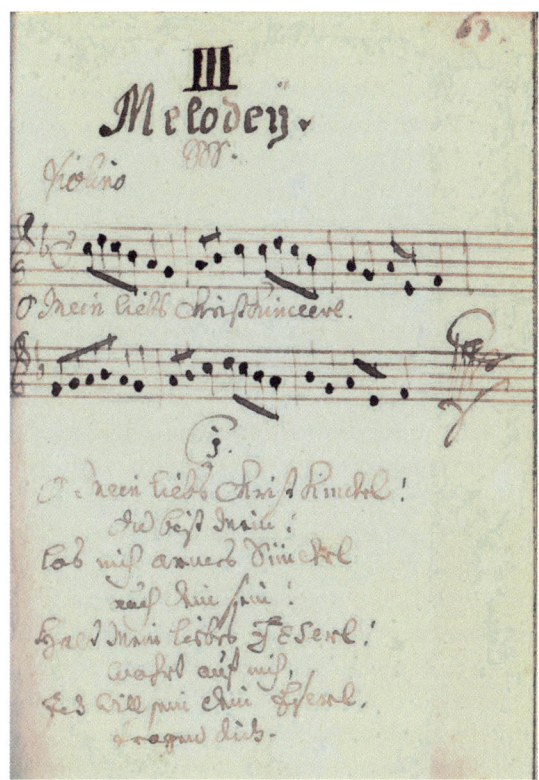

Abb. 2: Die katechetischen Lieder des Grieskirchener Pfarrers Johann Ferdinand Gessl wurden sehr wahrscheinlich auch in der Passauer Jesuitenschule gesungen. Ein Beispiel für eine schlichte, aber eingängige Melodie ist das Weihnachtslied „O mein liebs Christkindel" aus dem Manuskript „Geistliches Gesängl- und catechetisches Tänzlwerckh" aus dem Jahr 1726 (Staatliche Bibliothek Passau, Reproduktion: Markus Eberhardt).

Diese war auch für die Entwicklung einer bürgerlichen Musikkultur[47] in Passau von Bedeutung. Zwei Beispiele hierzu: Vom 25. März 1661 bis zum 25. März 1664 war der Passauer Bürger und Orgelbauer Johann Freundt[48] der 24. Rektor der Kongregation. 1738 komponierte Hofkapellmeister Aufschnaiter eine *Missa de Requiem in C*[49] und ein *Offertorium Lugubre*[50], beide Werke widmete er der Marianischen Bürgerkongregation.

---

47 Vgl. Markus EBERHARDT, Zwischen barocker Tradition und dem Aufbruch in die Klassik: Der Passauer Hof- und Domkapellmeister Benedict Anton Aufschnaiter, in: Franz-Reiner Erkens (Hg.), Ostbairische Lebensbilder 5 (= Veröffentlichungen des Instituts für Kulturraumforschung Ostbaierns und der Nachbarregionen der Universität Passau 54/V), Passau 2016, S. 77–93, zur Initiierung einer bürgerlichen Musikkultur im 18. Jahrhundert bes. S. 86–88.
48 Alfred REICHLING, Art. „Freundt", in: Laurenz Lütteken (Hg.), MGG Online, Kassel u. a. 2016 ff., veröffentlicht November 2021; https://www.mgg-online.com/mgg/stable/402761 (zuletzt aufgerufen am 07.01.2024).
49 ABP [= RISM, D-Po], Aufschnaiter 2: *MISSA | De | REQVIEM. | à 12. [...] Ad Congrega= | tionem B: V: Mariae in Caelos assumptae, Ex Dono Authoris. | 1738.*
50 ABP [= RISM, D-Po], Aufschnaiter 26.

Ob es sich dabei um Auftragswerke für turnusmäßige Gedenkfeiern oder Bewerbungskompositionen mit dem Ansinnen, in die Gesellschaft aufgenommen zu werden, handelte, ist nicht überliefert. In den Mitgliederbüchern wird Aufschnaiter jedenfalls nicht erwähnt. Sein Nachfolger Jospeh Friebert (1724–1799) war hingegen Mitglied der Todesangstbruderschaft[51].

4. Fazit

Trotz der unzureichenden Quellenlage lassen sich drei wesentliche Faktoren herausarbeiten, die die im Hofmusikdekret von 1717 angesprochene *eigene Music* der Passauer Jesuiten charakterisieren:

a) In der Michaelskirche musizierte ein klein besetztes Vokalensemble, das eine durchaus beachtliche Qualität gehabt haben muss. Auch das solistische Orgelspiel wurde gepflegt. Der häufige Wechsel des Lehrpersonals von Schule und Hochschule verhinderte jedoch die dauerhafte Etablierung eines Ensembles mit überregionaler Strahlkraft.

b) Das in der Liturgie erklingende Repertoire ist als konservativ zu bezeichnen. Primär kamen Kompositionen der klassischen Vokalpolyphonie (v. a. von Orlando di Lasso) und damit einer bereits vergangenen Epoche zur Aufführung.

c) Musikalische Innovation ist am ehesten in der Schule und in der Marianischen Bürgerkongregation greifbar. Das geistliche Lied, eines der zentralen Medien der Gegenreformation in der katholischen Reform, diente der Einprägung theologisch-katechetischer Inhalte. Mit den Auftragswerken der Marianischen Bürgerkongregation wird bereits im 18. Jahrhundert die Formierung einer (bürgerlichen) Musikkultur jenseits des fürstbischöflichen Hofes greifbar.

Nach der Auflösung des Jesuitenordens 1773 übernahm der fürstbischöfliche Hof die Schule des Ordens, nach der Säkularisation 1803 schließlich das Kurfürstentum bzw. Königtum Bayern. 1813 gründete sich im Königlichen Gymnasium der „Musikalische Verein"[52], der erstmals einen systematischen Musikunterricht für die Schüler organisierte.

---

51 SAP, Ms. 107 a, Mitgliederverzeichnis der Todesangstbruderschaft an der Passauer Jesuitenkirche, 1738 begonnen, nicht paginiert; Beschreibung bei KUDORFER, Die Handschriften (wie Anm. 33), S. 146–148. Zu Friebert vgl. Markus EBERHARDT, Johann Joseph Friebert und seine Zeit. Leben und Werk des letzten Passauer Hofkapellmeisters (= Specula Spectacula 11), Wien 2020.

52 Vgl. Josef SAAM, Der Musikalische Verein zu Passau. Die Geschichte seiner Entwicklung in 150 Jahren, in: Ostbairische Grenzmarken 9 (1967), S. 85–127 sowie Markus EBERHARDT, Zwischen Kathedrale und Verein. Die katholische Kirchenmusik im Passauer Kulturleben von 1803 bis 1928, in: Alois Brunner/Markus Eberhardt (Hg.), Zwischen Säkularisation und Superlativ. Katholische Kirchenmusik in Passau von 1803 bis 1928, Passau 2017, S. 9–33, hier S. 11–14.

Städtischer und studentischer Alltag in Passau in der ersten Hälfte des 17. Jahrhunderts

Martin Hille

1. Einführung

Was heißt Alltag im Passau der ersten Hälfte des 17. Jahrhunderts, und vor welchem Hintergrund spielte sich dieser ab? Kurz gesagt und ohne diesen schillernden Begriff weiter zu problematisieren[1]: Leben und Überleben, Arbeiten und Wirtschaften, Beten und Wallfahren, vor allem aber Trauern und Sterben vor dem Hintergrund einer bis dahin beispiellosen Kette von Heimsuchungen. Es war der apokalyptische Reigen von Krieg, Teuerung, Hunger und Seuchen, allen voran der Pest, welcher die damaligen Zeitgenossen immer wieder aufs Neue plagte. Die ohnehin ausgeprägten Existenzbedrohungen nahmen zeitweise extreme Formen an – und dies nicht erst nach Ausbruch des Dreißigjährigen Krieges.

Schon seit 1610 befanden sich die Passauer in einem Zustand permanenter Kriegsangst. Alles hatte damit begonnen, dass sich der Ortsbischof und österreichische Erzherzog Leopold V. (1598–1625)[2] in den Machtkampf zwischen Kaiser Rudolf II. (1576–1612) und dessen Brüdern einmischte, den sog. *Habsburger Bruder-*

---

1 Dazu etwa Norbert ELIAS, Zum Begriff des Alltags, in: Kurt Hammerich, Michael Klein u. a. (Hg.), Materialien zur Soziologie des Alltags (= Kölner Zeitschrift für Soziologie und Sozialpsychologie Sonderheft 20), Opladen 1978, S. 22–29.
2 Zur Biographie mit weiterer Literatur: Hugo ALTMANN, „Leopold V. Ferdinand", in: Neue Deutsche Biographie (1985), S. 290–293 sowie Louis Châtelier, Leopold, Erzherzog von Österreich (1586–1632), in: Erwin Gatz (Hg.), Die Bischöfe des Heiligen Römischen Reiches 1486 bis 1648. Ein biographisches Lexikon, Bd. 2, Berlin 1996, S. 416–418.

*zwist*³. Zu diesem Zweck hatte Leopold Anfang 1610 ein Heer von zeitweise 6000 Mann zu Fuß und 2000 Mann zu Pferd angeworben. Fast ein Dreivierteljahr drangsalierte das sog. „Passauer Kriegsvolk" die Bevölkerung der Dreiflüssestadt und ihres Umlandes, bis das Unternehmen im Februar 1611 in das bekannte Debakel auf der Prager Kleinseite einmündete⁴.

Auch in den Jahren danach litt die Passauer Bürgerschaft wiederholt unter hohen Steuerlasten und Lebensmittelteuerungen. Noch schlimmer wurde es nach dem Prager Fenstersturz vom 23. Mai 1618 und dem Ausbruch des Dreißigjährigen Krieges. Streif- und Beutezüge böhmischer Rebellen durch das Land der Abtei sowie Durchmärsche und Einquartierungen kaiserlich-ligistischer Truppen hielten über deren Sieg in der Schlacht am Weißen Berg vom 8. November 1620 hinaus an. Erst im Lauf der Jahre 1621/22 zeichnete sich eine Beruhigung der Lage ab⁵, ehe 1626 am östlichen Horizont neue Gefahr aufzog. Die Rebellion der Bauern und Bürger in Österreich ob der Enns gegen die harte bayerische Besatzungsherrschaft brach los und endete mit ihrer blutigen Niederschlagung im November 1626⁶.

Sehr ernst wurde die Lage für Passau und das „Ländl der Abbtey" wieder ab Frühjahr 1632 infolge des ersten Schwedeneinfalls in das Kurfürstentum Bayern. Obwohl der schwedische König Gustav II. Adolf (1594–1632) den ursprünglich geplanten Vorstoß entlang der Donau über Regensburg und Passau nach Österreich Anfang Mai 1632 vorläufig fallen ließ, rückte der Krieg nun deutlich näher. Hinzu kamen die schweren Quartierlasten für die kaiserlichen Truppen. Seit September 1632 wurde den Bürgern und Bauern von Passau und Umgebung die Verpflegung von nicht weniger als vier kaiserlichen Regimentern „zu Roß und zu Fuß" samt Tross und Familien zugemutet⁷. Immerhin verhinderte die starke kaiserliche Besatzung im November 1633 einen Anschlag der Schweden auf die Dreiflüssestadt, nachdem diese bereits Straubing und Deggendorf eingenommen hatten. Letztendlich scheiterte der erneute schwedische Versuch, über die Pässe von Passau in das Erzherzogtum Österreich einzufallen, sodass diese den Rückzug nach Nordwesten antreten mussten⁸.

---

3 Einschlägig mit weiterer Literatur: Václav BŮŽEK, Ein Bruderzwist im Hause Habsburg (1608–1611), Budweis 2010; ferner: Rudolf John SCHLEICH, Melchior Khlesl and the Habsburg Bruderzwist 1605–1612, New York 1968 [Microfilm 1969].

4 Immer noch wichtig: Franz KURZ, Der Einfall des von Kaiser Rudolf II. in Passau angeworbenen Kriegsvolks in Oberösterreich und Böhmen (1610–1611). Herausgegeben aus dem Nachlass und mit einer Einleitung versehen von Albin Czerny, Linz 1897; vgl. auch James R. PALMITESSA, The Prague Uprising of 1611. Property, Politics and Catholic Renewal in the Early Years of Habsburg Rule, in: Central European History 31 (1998) S. 299–328; Carolin PECHO, *Fürstbischof – Putschist – Landesherr. Erzherzog Leopolds Herrschaftsentwürfe im Dreißigjährigen Krieg*, Berlin 2017, hier bes. S. 254–265.

5 Johann Nepomuk BUCHINGER, Geschichte des Fürstenthums Passau: aus archivalischen Quellen bearbeitet. Zweyter Band: Geschichte vom 14ten Jahrhundert bis zur Säkularisation, München 1824, S. 352 f.

6 Georg HEILINGSETZER, Der oberösterreichische Bauernkrieg 1626, Wien 2002 mit weiterer Literatur.

7 So Bistumsadministrator Marquard von Schwendi in seiner umfangreichen Bittschrift an den Obersten des Bayerischen Reichskreises und Kurfürsten Maximilian I. vom 15.02.1633 unter: Bayerisches Hauptstaatsarchiv [künftig: BayHStA] Kurbayern Äußeres Archiv [künftig: ÄA] 2469: Die Statthalter und Räte von Passau, 1632–1650, fol. 16ᵛ.

8 Wenngleich einzelne schwedische Streiftrupps etwas später nochmals von Cham über Zwiesel bis in den Norden und Osten des Landes der Abtei ausschwärmten; vgl. Conrad LAUTENBACH/Sigmund LATOMUS,

Trotzdem hatte die Passauer Bevölkerung bis über das Kriegsende 1648 hinaus immer wieder unter den Einquartierungen von kaiserlichen, bayerischen und Reichstruppen zu leiden[9]. Immerhin blieben direkte Feindangriffe sowie Plünderungen und Brandschatzungen aus, bis sich im letzten Kriegsjahr 1648 nochmals eine bedrohliche Lage abzeichnete: Ende Mai rückten schwedisch-französische Truppen von Freising entlang der Isar bis nach Landau vor, um anschließend den Weg nach Süden, nach Wasserburg am Inn einzuschlagen. Bereits am 19. Juni ergab sich Mühldorf, ehe die schwedisch-französischen Truppen durch das Rottal weiter nach Osten vordrangen. Schließlich erreichten sie Pfarrkirchen, doch Ende Juli machten sie dort kehrt, um wieder zurück nach Landau zu marschieren.

Vilshofen und Passau blieben dadurch erneut von den Schweden verschont, nachdem die kaiserlichen Besatzungstruppen vor allem die Bevölkerung der Umgebung wochenlang geplagt hatten[10]. Viele Landbewohner flüchteten hinter die Stadtmauern von Passau, bis Ende Oktober die Nachricht vom Abschluss des Westfälischen Friedens eintraf. Indes dürfte sich die Freude der Passauer hierüber ziemlich in Grenzen gehalten haben, denn nach Monaten des Hungers begann erneut die Pest zu wüten, während sich die Abdankung des kaiserlich-bayerischen Kriegsvolkes bis in das Jahr 1649 hineinzog[11].

So lag Passau seit 1618 zwischen den großen Kriegsschauplätzen. Über das genauere Stadtgeschehen in jenen Zeiten ist leider nur wenig bekannt, da die archivalischen Überlieferungen aufgrund der beiden Stadtbrände von 1662 und 1680 sowie des Landshuter Archivbrandes von 1962 weitgehend fehlen. Weder serielle Quellen wie Ratsprotokolle, Kammerrechnungen, Briefprotokolle und Steuerbücher noch Selbstzeugnisse und Familienchroniken sind erhalten geblieben. Kaum besser sieht es mit den Überlieferungen der Stadtpfarreien aus. Lückenhafte Sterbe-, Tauf- und Heiratsmatrikeln[12] aus der Zeit von 1594 bis 1660 sind für vier der damals fünf Pfarreien

---

Relationis Historicae Semestralis Continvatio, Jacobi Franci historische Beschreibung aller denckwürdigen Geschichten, so sich hin vnd wider [...] in hoch vnd nider Teutschland [...] etc. vor vnd hierzwischen nechstverschienener Franckfurter Herbstmessz 1633 biß auff Fastenmessz dieses 1634 Jahrs verlauffen, Frankfurt am Main: Sigismundi Latomi Erben 1634, S. 33; Sigmund von RIEZLER, Geschichte Baierns, Bd. 5: 1597–1651, Aalen 1634, S. 452 ff.; Franz SCHARRER, Chronik der Stadt Vilshofen von 791 bis 1848, Vilshofen 1897, S. 151–155.

9 Recht detaillierte Einblicke bietet die umfangreiche Korrespondenz zwischen dem „Statthalter und Rhat zu Passaw" und Kurfürst Maximilian sowie den kaiserlichen Feldherrn und Räten (darunter Wallenstein) von 1632 bis 1650 unter BayHStA ÄA 2469 (vgl. Anm. 7).

10 Detaillierte, durchaus glaubwürdige Schilderungen bei: Sigmund LATOMUS, Relationis Historicae Semestralis Continvatio, Jacobi Franci historische Beschreibung aller denckwürdigen Geschichten, so sich [...] in hoch vnd nider Teutschland [...] etc. vor vnd hierzwischen nechstverschienener Franckfurter Ostermeß 1648 bis auff die Herbstmeß desselbigen Jahrs zugetragen [...], Frankfurt/M: Sigismundi Latomi Erben 1648, S. 55–58 und 89.

11 BUCHINGER, Geschichte (wie Anm. 5), Bd. 2, S. 378; SCHARRER, Vilshofen (wie Anm. 8), S. 184–200; zur Pest von 1648/49 vgl. Ausführungen unter Abschnitt 3.

12 Herbert W. WURSTER, Die Matrikelführung im Bistum Passau bis 1875, in: Blätter des Bayerischen Landesvereins für Familienkunde [künftig: BBLF] 45 (1982), S. 269–290.

erhalten geblieben – für Sankt Stephan, Sankt Bartholomäus in der Ilzstadt, Sankt Severin in der Innstadt sowie Heilig Kreuz in Niedernburg[13].

Ebenfalls nicht sehr günstig sieht die Quellenlage zum schulischen und studentischen Alltag im frühneuzeitlichen Passau aus. Die Gymnasiasten des 1611 gegründeten Jesuitenkollegs sowie die Scholaren der 1622 eröffneten Jesuitenhochschule wurden in erster Linie erst dann aktenkundig, wenn Sie mit den Gesetzen der Stadt in Konflikt gerieten[14]. Weitere Zeugnisse zum Passauer Schul- und Hochschulalltag liegen mit Ausnahme des Theaters nicht vor, weshalb wir uns mit der spärlichen Aktenüberlieferung der *Disciplinaria* des Jesuitenkollegs begnügen müssen[15].

Vor diesem Hintergrund kann es im Folgenden nicht darum gehen, Leben, Arbeiten und Wirtschaften, Essen und Trinken, Lernen und Studieren, Musik und Theater, Kriminalität und Devianz – mithin sämtliche Facetten des Passauer Alltags im Zeitalter des Dreißigjährigen Krieges – nachzuzeichnen[16]. Ferner gilt dies für den religiösen Alltag sowie dessen Wandel im Zeichen der sich entfaltenden posttridentinischen Konfessionskultur. Auch die Anfänge der Wallfahrt nach Mariahilf seit 1622 sowie die vorausgegangenen Initiativen des bischöflichen Hofes mit Bistumsadminstrator Marquard von Schwendi (1574–1634) an der Spitze bilden einen besonderen Themenkomplex, der die folgenden Ausführungen nur sprengen würde[17].

Ähnliches gilt für die wiederholten Heimsuchungen der Dreiflüssestadt durch Hochwasser- und Brandkatastrophen. Nachdem Passau seit 1512 von größeren Feuersbrüns-

---

13 Eine knappe, wenn auch den Kriterien der modernen historischen Demographie kaum mehr genügende Auswertung lieferte Georg ORTRANDERL, Die Sterblichkeit in Passau seit Führung von Kirchenbüchern (1594) bis zum Jahre 1760 [Diss. med. masch.] München 1950; vgl. auch Gertraud EICHHORN, Die Trauungseinträge 1599–1648 in den Matrikeln der Dompfarrei St. Stephan in Passau, in: BBLF 55 (1992), S. 2–37; die Passauer Kirchenbücher können über das Onlineportal „www.matricula-online.eu" eingesehen werden; vgl. dazu: Herbert W. WURSTER, Die Kirchenbücher der Diözese Passau vor 1900, in: Thomas AIGNER/Karin WINTER (Hg.), Alte Archive – neue Technologien, St. Pölten 2006, S. 246–256; DERS., Die Online-Stellung der Matrikel des Bistums Passau, in: BBLF 74 (2011), S. 74–92; DERS., „www.monasterium.net" und „www.matricula-online.eu": die Urkunden und historischen Pfarrbücher des Bistums Passau online: Neue Möglichkeiten für Genealogie und Namenskunde, in: Forum Heimatforschung/Bayerischer Landesverein für Heimatpflege e. V. 16 (2013), S. 108–119.
14 Zur Gründung von Kolleg, Gymnasium und Hochschule der Jesuiten in Passau nach wie vor einschlägig: Franz Xaver EGGERSDORFER, Die Philosophisch-Theologische Hochschule Passau. Dreihundert Jahre ihrer Geschichte. Ein Blick in die Entwicklung der katholischen geistlichen Bildung in Deutschland seit Ausgang des Mittelalters, Passau 1933, hier S. 3–45 sowie Albrecht AIGN, Geschichte des Gymnasiums Passau: ein Beitrag zur Geschichte des Bayerischen Gymnasialwesens, Teil 1: Das Jesuiten-Gymnasium: 1612–1773, Passau 1962, hier S. 30 f.
15 Staatliche Bibliothek Passau [künftig SBP] Mst. 86: Akten des Passauer Jesuitenkollegs (deutsch und lateinisch) (v. a. 1611–um 1770); vgl. auch: Die Handschriften der Staatlichen Bibliothek sowie der Bischöflichen Bibliothek Passau, beschrieben von Dieter KUDORFER, Passau 2020, hier S. 110–116.
16 Allgemein: Einige Aspekte des frühneuzeitlichen Alltags in Passau wie unter anderem Volksfrömmigkeit und Handwerkeralltag sowie Theater- und Musikleben berücksichtigen die Beiträge von Walter HARTINGER, Martina KUBA/Max BRUNNER und Heinz Walter SCHMITZ in: Egon Boshof (Hg.), Geschichte der Stadt Passau, 2. Aufl. Regensburg 2003, S. 395–466.
17 Einschlägig: Walter HARTINGER, Mariahilf ob Passau. Volkskundliche Untersuchung der Passauer Wallfahrt und der Mariahilf-Verehrung im deutschsprachigen Raum (= Neue Veröffentlichungen des Instituts für Ostbairische Heimatforschung der Universität Passau 43), Passau 1985.

ten verschont geblieben war, zerstörte die Katastrophe von 1662 weitgehend das mittelalterliche Stadtbild: Dreiviertel des Gebäudebestandes wurden vernichtet, und doch blieb den Zeitgenossen nur eine kurze Atempause von 18 Jahren, bis der erneute Brand von 1680 wieder Hunderte von Gebäuden in Schutt und Asche legte[18].

Es waren damals nicht nur die vielen armen Passauer, die immer wieder unter den Hochwasser- Brand-, Hungers-, Seuchen- und Kriegsnöten zu leiden hatten. Eher haben wir es mit einem ständeübergreifenden Phänomen zu tun, das die wohlhabenderen Zeitgenossen zumindest teilweise einschloss. Nicht von ungefähr stellen die weiteren Ausführungen die ständeübergreifenden *Alltagserfahrungen* jener Jahrzehnte in den Vordergrund. Dem voraus geht ein Blick auf die Bevölkerungs- und Sozialstruktur der Bischofsstadt um 1600. Anschließend werden die Seuchen-, insbesondere die Pestwellen der ersten Hälfte des 17. Jahrhunderts nachgezeichnet. Der folgende, vierte Abschnitt befasst sich mit den Antworten und Reaktionen der Zeitgenossen auf diese Heimsuchungen sowie den Gegenmaßnahmen von Bischof, Bürgermeister, Richter und Rat der Stadt Passau. Darin einbezogen wird die religiös-rituelle Bewältigung jener Notzeiten durch die Zeitgenossen, allen voran die Begründung der Tradition der Passauer Pestwallfahrten nach Thyrnau. Am studentischen Alltag ging der Dreißigjährige Krieg ebenfalls nicht spurlos vorüber, wenngleich das Verhältnis zwischen Handwerkern, Bürgern und Studenten, das im letzten Abschnitt skizziert wird, weit über jene Epoche hinaus konfliktträchtig blieb.

2. Zur Bevölkerungs- und Sozialstruktur Passaus um 1600

Getreide-, Wein- und anfänglich auch der Fernhandel mit dem sog. „Venediggut" wie Edelsteinen, aber auch Gewürzen wie Ingwer, Safran und Zimt bildeten einige der Hauptquellen des bürgerlichen Wohlstands in Passau in der zweiten Hälfte des 16. Jahrhunderts[19]. Als Passauer Handelsgold schlechthin galt jedoch das Halleiner Salz sowie dessen Weitervertrieb über den „Goldenen Steig" nach Böhmen[20]. Seit den 1580er Jahren

---

18 Zum Stadtbrand von 1662 vgl. die bekannten, zeitgenössischen Berichte des Ratsbürgers Wilhelm Schmid im Stadtarchiv Passau sowie des Weltpriesters Karl Ludwig Seyffert in der Chronik des Klosters Niedernburg; zum Stadtbrand von 1680 findet sich in Seyfferts Niedernburger Chronik außerdem der Auszug eines Berichts aus dem ehemaligen Franziskanerkloster; alles abgedruckt bei Alexander ERHARD, Geschichte der Stadt Passau, Bd. 1, Passau 1862, S. 249–255, 261–262; siehe auch die Erstfassung der Chronik von Niedernburg (1772) unter: SBP Mst. 77, hier S. 339–359, die Handschrift wird beschrieben in: Die Handschriften der Staatlichen Bibliothek (wie Anm. 15), S. 96; Literatur: Eva MEIER, Das unersättliche Feuer. Ein verheerender Stadtbrand im Jahr 1662 zerstörte Passau; auf einen Schlag wich das Mittelalter dem italienischen Barock, in: Unser Bayern. Beilage der Bayerischen Staatszeitung 9 (2012), S. 7 f.; Herbert W. WURSTER, Brand und Barockstadt – Passau 1662, in: Franz-Reiner Erkens (Hg.), Nur Eitelkeit auf Erden? Das Zeitalter des Barock an der bayerisch-österreichischen Donau, Passau 2013, S. 8–24.

19 Allgemein: Maximilian LANZINNER, Ringen um Stadtrecht, Konfession und Handel 1496–1598, in: Boshof (Hg.), Geschichte (wie Anm. 16), S. 133–164 mit weiterer Literatur.

20 Franz-Reiner ERKENS, Salz, Handel und Herrschaft, in: Passauer Jahrbuch 52 (2010), S. 125–135; Richard LOIBL, „Korn und Salz". Der Passauer Salzhandel im 15. und 16. Jahrhundert, in: Herbert W. Wurster/Max Brunner (Hg.), Weißes Gold. Vom Reichtum einer europäischen Stadt (Ausstellungskatalog), Passau 1995, S. 191–208; vgl. auch LANZINNER, Ringen (wie Anm. 19), S. 154–157.

kriselte der Vertrieb des Halleiner Salzes, nachdem der bayerische Herzog das alte Passauer Stapelmonopol schon seit Langem durchlöchert hatte. Mittels Umleitung der Frachten durch die direkt benachbarte bayerische Hofmark St. Nikola zum ebenfalls bayerischen Donauufer bei Vilshofen setzte er dem Passauer Salzhandel massiv zu[21]. Weiter zuspitzen sollte sich die Lage dann mit der Errichtung des Salzstadels bei St. Nikola 1586 sowie der Einführung einer Landmaut. Die zunehmenden Streitigkeiten um das „Weiße Gold" zwischen Bayern und dem Salzburger Erzbischof seit 1589 taten ein Übriges, bis sich beide Seiten auf den Salzhandelsvertrag vom 20. November 1594 einigten[22]. Fortan genoss der Bayernherzog ein Handels- und Vertriebsmonopol für das Salz aus der erzbischöflich-salzburgischen Saline Hallein über Salzach und Inn und traf damit die Passauer Salzfertiger- und Salzhändler ins Mark. Ein rasanter Niedergang des bisherigen Leitsektors der Passauer Stadtwirtschaft zeichnete sich ab – mit mehr oder weniger weitreichenden Folgen für die übrigen Handelszweige, darunter den Vertrieb von Getreide, Wein, Bier und Metall[23].

Gravierende Auswirkungen auf die über Jahrhunderte gewachsenen Bevölkerungs- und Sozialstrukturen der Dreiflüssestadt sollte der Einbruch des Salzhandels zunächst nicht haben. Neben den Haushalten der reichen Händler und Kaufleute gab es um 1600 viele Handwerke sowie über 100 Gastwirte. Stark präsent waren ferner die sogenannten „Inwohner" und „Unterburgerten", die allesamt kein Bürgerrecht genossen[24]. Dahinter dürften sich nicht nur Haus- und Hofbedienstete verborgen haben, sondern auch Witwen, „Sackelträger", Salzknechte, Maurer- und Zimmerergesellen sowie nicht zu vergessen Schüler und Studenten[25].

Etwas genauere Aufschlüsse über die soziale Zusammensetzung der Passauer erlaubt die nur als Teilabschrift überlieferte Steuerschätzung von 1595[26]. Immerhin 24 Prozent der Haushaltungen entrichteten demnach wegen Armut überhaupt keine

---

21 Neuere Erkenntnisse und Details bei Heinrich VANGEROW, Handel und Wandel auf der Donau von Ulm bis Wien in den Jahren 1583 bis 1651. Die Stadt Passau, ihr Umland und die Orte an Inn und Salzach, in: Passauer Jahrbuch 58 (2016), S. 117–176, hier S. 127–138.

22 Abgedruckt bei Johann Georg LORI, Sammlung des baierischen Bergrechts mit einer Einleitung in die baierische Bergrechtsgeschichte, München 1764, S. 359–363.

23 Vgl. u. a. VANGEROW, Handel (wie Anm. 21), S. 138–150.

24 Zur Gruppe der Inwohner in bayerischen und oberpfälzischen Städten des 16. und 17. Jahrhunderts u. a. Siegfried HOFFMANN, Geschichte der Stadt Ingolstadt, Bd. 2,1: 1506–1600, Ingolstadt 2006, hier S. 141–158; für das Beispiel der salzburgischen Landstadt Laufen, deren Wirtschaft untrennbar mit der Salzschifffahrt auf der Salzach verbunden war: Peter KOLB, Zur Geschichte der Stadt Laufen an der Salzach. Die wirtschaftliche Entwicklung der landständischen Handels- und Gewerbestadt vom frühen 16. bis zum späten 18. Jahrhundert [Diss. masch.] München 1986, hier S. 32–34; Maximiliana KOCHER/Ferdinand KRAMER (Hg.), Wichtige Dokumente zur Gruppe der Inwohner in einer wittelsbachischen Residenzstadt: Residenz- und Bürgerstadt Neuburg an der Donau. Quellen zur Einwohnerschaft und Sozialstruktur zu Beginn des 17. Jahrhunderts (= Materialien zur Bayerischen Landesgeschichte 19), München 2005, bes. S. 29–113.

25 Gabriel M. OTT, Das Bürgertum der geistlichen Residenzstadt Passau in der Zeit des Barocks und der Aufklärung (= Neue Veröffentlichungen des Instituts für ostbairische Heimatforschung 6), Passau 1961, S. 89.

26 Das Original wurde beim Landshuter Archivbrand 1961 vernichtet; die Teilabschrift befindet sich im Stadtarchiv Passau [künftig: SAP] unter der Signatur P 74.

Steuern, weitere 26 Prozent waren vermögenslos. Nicht nur die Mehrheit der Salzknechte, Salzarbeiter, Salzträger, Knechte und Gesellen zählten zu diesen „habnits", denn hinzu kamen etliche Handwerker wie Fischer, Bäcker und Zimmerleute[27]. Sie waren also arm, obschon aus der Steuerschätzung nicht unmittelbar hervorgeht, was genau damals unter „Armut" verstanden wurde[28].

Inwieweit diese 50 Prozent armen und vermögenslosen Haushalte auch ein Begleitsymptom des starken Bevölkerungswachstums des 16. Jahrhunderts darstellen, lässt sich nicht genau eruieren[29]. Immerhin sprechen manche Indizien dafür, dass der säkulare demographische Aufwärtstrend in Mitteleuropa sowie die parallele Inflation der Getreidepreise[30] gerade in Passau die Schere zwischen Arm und Reich immer weiter öffneten[31]. Einen indirekten Anhaltspunkt für den säkularen Anstieg des Armenanteils liefert die verschärfte Überwachung und Kontrolle von Bettlern und Vaganten durch den Magistrat seit der Mitte des 16. Jahrhunderts. Passau folgte hier nur dem Beispiel anderer Städte des *Sacrum Imperium*, nachdem der Rat von Nürnberg mit dem allgemeinen öffentlichen Bettelverbot sowie der Almosenordnung von 1522 den ersten Schritt getan hatte[32]. Bereits ein Jahr später zogen unter anderem Kitzingen, Straßburg und Regensburg nach, während es in Landshut noch bis 1529, in Passau bis 1552 dauern sollte[33]. Seitdem galt in der Dreiflüssestadt ein allgemeines Bettelverbot, während die Fürsorge für die Bedürftigen durch die neue Almosenordnung geregelt wurde.

Ein besonderes Problem stellte sich im damaligen Passau durch die vielen vagierenden, herrenlosen Landsknechte im Schlepptau durchziehender Armeen[34]. Nicht von

---

27 LANZINNER, Ringen (wie Anm. 19), S. 135 f.
28 Zum zeitgenössischen Armutsbegriff allgemein: Wolfgang von HIPPEL, Armut, Unterschichten, Randgruppen in der Frühen Neuzeit (Enzyklopädie Deutscher Geschichte 34), München 2013, hier S. 3 f.; ausführlich für die spätmittelalterlich-frühneuzeitliche Stadt: Thomas FISCHER, Städtische Armut und Armenfürsorge im 15. und 16. Jahrhundert. Sozialgeschichtliche Untersuchungen am Beispiel der Städte Basel, Freiburg i. Br. und Straßburg (Göttinger Beiträge zur Sozial- und Wirtschaftsgeschichte 5), Göttingen 1979, hier S. 17–58.
29 Allgemein: Erich KEYSER, Bevölkerungsgeschichte Deutschlands, 3. Aufl. Leipzig 1943; für Österreich: Kurt KLEIN, Die Bevölkerung Österreichs vom Beginn des 16. bis Mitte des 18. Jahrhunderts, in: Heimold Helczmanovszki (Hg.), Beiträge zur Bevölkerungs- und Sozialgeschichte Österreichs, München 1973, S. 48–112, hier bes. S. 71; für Bayern: Helmut RANKL, Landvolk und frühmoderner Staat in Bayern: 1400–1800 (Studien zur Bayerischen Verfassungs- und Sozialgeschichte 17,1), Bd. 1, München 1999, hier S. 487–492.
30 Allgemein: Wilhelm ABEL, Agrarkrisen und Agrarkonjunktur. Geschichte der Land- und Ernährungswirtschaft seit dem hohen Mittelalter, 3. Aufl. Hamburg u. a. 1978, hier bes. S. 122–129; Moritz J. ELSAS, Umriß einer Geschichte der Preise und Löhne in Deutschland. Vom ausgehenden Mittelalter bis zum Beginn des neunzehnten Jahrhunderts, Bd. 1, Leiden 1936, hier bes. S. 22–50.
31 Allgemein: Herman GREES, „Die Lage des Volkes" im Süden des Reiches (um 1600), in: Wolfgang Brückner (Hg.), Literatur und Volk im 17. Jahrhundert. Probleme populärer Kultur in Deutschland, Wiesbaden 1985, S. 175–203; für das Beispiel Franken: Rudolf ENDRES, Zur wirtschaftlichen und sozialen Lage in Franken vor dem Dreißigjährigen Krieg, in: Jahrbuch für fränkische Landesforschung 28 (1968), S. 5–53.
32 Jürgen Wolfgang HANSEN, Almosenordnungen im 16. Jahrhundert. Anfänge einer Sozialpolitik insbesondere in süddeutschen Städten [Diss. masch.], Passau 2007, hier S. 132 f.
33 Ebd., S. 133–137, 171–175; vgl. auch FISCHER, Armut (wie Anm. 28), S. 266–291.
34 Marc von KNORRING, Die Hochstiftspolitik des Passauer Bischofs Wolfgang von Salm (1541–1555) (Neue Veröffentlichungen des Instituts für Ostbairische Heimatforschung der Universität Passau 57), Passau 2006, hier S. 132 f.

ungefähr befahlen die Bischöfe von Passau seit den 1540er Jahren wiederholt, die „herrelosen gartenten landsknechten und starke petler auszuschaffen" und ihnen bei „laibstraf" das Betreten von Hochstift und Stadt Passau zu verbieten[35]. 1596 und 1600 wurden diese bischöflichen Mandate erneuert, ergänzt durch die Wiedereinschärfung des Bettelverbots von 1552 im unruhigen Jahr 1607. 1612 verbot Bischof Leopold V. das Betteln erneut, musste sich jedoch eingestehen, dass die bisherigen Mandate gegen „hernlose garttende Knecht, Störzer, Bettler, Stationierer, Zügeiner, verdächtige Sundersieche und Pilgram" sowie „Landtsknechte Weiger und Troß, und dergleichen müssig gehendts hailoses Gesindel" kaum Wirkung gezeigt hätten[36].

Letztlich bekamen Bischof, Bürgermeister und Rat der Stadt Passau das Problem der vielen Bettler, Hausierer und herrenlosen Kriegsknechte nicht in den Griff[37]. Armut bildete hier ein Massenphänomen – und dies nicht erst im Zeichen der kriselnden Stadtwirtschaft seit den 1580er Jahren. In scharfem Kontrast dazu stand der enorme Reichtum einiger Bürgerhaushalte kurz nach Ende des langen Salzhandelsbooms. Laut der Steuerschätzung von 1595 war der Sohn des Salzfertigers Hans Haitzinger mit einem Vermögen von 38000 Gulden der mit Abstand reichste Bürger der Stadt[38]. Zum Vergleich: In der Bischofsstadt Freising, die um 1600 etwa 4000 Einwohner zählte, wurde das Vermögen des wohlhabendsten Bürgerhaushalts mit 3000 Gulden veranschlagt[39]. Nur sieben Hausväter hatten mehr als 1000 Gulden zu versteuern, während es in Passau immerhin 93 waren. Auch in der damals rund 10.000 Einwohner zählenden Residenz- und Bischofsstadt Würzburg waren die Wohlstandskontraste nicht ganz so ausgeprägt wie in Passau[40]. Dort versteuerte der reichste Haushalt zu einem etwas früheren Zeitpunkt, im Jahr 1564 ‚nur' gut 13.000 Gulden. Hinzu kamen weitere 169 Haushalte mit mehr als 1000 Gulden Vermögen[41].

Zu den Handwerkern, Bürgern und Stadtleuten gesellten sich sodann die Vertreter der für frühneuzeitliche katholische Bischofsstädte so charakteristischen Klerikergesellschaft[42]. Dazu zählten zunächst die Mitglieder des Domkapitels, deren Diener und Amtleute sowie die Weltgeistlichen unterschiedlicher Weihegrade aus den vier Stadtpfarreien. Des Weiteren müssen die Angehörigen des Heiliggeist- und Johannisspitals erwähnt werden sowie nicht zu vergessen die Patres des Franziskanerklosters und die

---

35 Zit. bei HANSEN, Almosenordnungen (wie Anm. 32), S. 178.
36 Zit. ebd.
37 Ebd.
38 LANZINNER, Ringen (wie Anm. 19), S. 135.
39 Robert LEUTNER, Stadtfinanzen und Bürgervermögen, Schichtung und Broterwerb in der geistlichen Residenzstadt Freising um 1600, in: Sammelblatt des Historischen Vereins Freising 35 (1996), S. 29–105, hier S. 54, 102–105.
40 Vgl. Franz SEBERICH, Die Einwohnerzahl Würzburgs in alter und neuer Zeit, in: Mainfränkisches Jahrbuch 12 (1960), S. 49–68, hier S. 57 f.
41 Hannelore GÖTZ, Würzburg im 16. Jahrhundert. Bürgerliche Vermögen und städtische Führungsschichten zwischen Bauernkrieg und fürstbischöflichen Absolutismus (Veröffentlichungen des Stadtarchivs Würzburg 2), Würzburg 1986, S. 300–305.
42 Allgemein: Hermann KELLENBENZ, Zur Sozialstruktur der rheinischen Bischofsstädte in der frühen Neuzeit, in: Hans Petri (Hg.), Bischofs- und Kathedralstädte des Mittelalters und der frühen Neuzeit (Städteforschung: Reihe A, Darstellungen 1), Köln u. a. 1976, S. 118–145, hier S. 124.

Benediktinerinnen von Niedernburg. Mit der Durchsetzung der katholischen Reform wuchs der Anteil der Kleriker in der Stadt nochmals, ließen sich doch hier 1611/12 die Jesuiten und wenige Jahre später die Kapuziner (1616) nieder.

Im Übrigen war Passau schon vor der Gründung von Jesuitenkolleg und -gymnasium 1611 sowie der Jesuitenhochschule 1622 eine Stadt der Studenten und Schüler. Genauere Zahlen für die Besucherinnen und Besucher der einzelnen Schultypen sind nicht bekannt, ebenso nicht für die der Einwohner der einzelnen Pfarrsprengel. So müssen wir uns bei der Ermittlung der Gesamtbevölkerungszahl mit vorsichtigen Annäherungen begnügen, zumal die Steuerschätzung von 1595 nicht sämtliche Passauer Haushalte erfasst haben dürfte. Immerhin sind darin 1512 aufgeführt[43], woraus sich bei einer Durchschnittsquote von fünf Personen pro Wohneinheit eine Einwohnerzahl von rund 7500 errechnet[44]. Passau zählte demnach kaum mehr oder weniger Einwohner als damals Freiburg im Breisgau, Hannover, Kassel oder Stuttgart – Orte, welche die Frühneuzeitforschung der Gruppe der Mittelstädte zuordnet[45].

3. Zum Erfahrungsrahmen von Kriegsangst und Seuchennöten

Schon vor dem Dreißigjährigen Krieg plagten die Passauer wiederholte Epidemien, angefangen von Fleckfieber, über Typhus und Ruhr bis hin zur Pest[46]. Aufgrund ihrer verkehrsgeographischen Lage am Schnittpunkt wichtiger Handels- und Verkehrsachsen war die Stadt in dieser Hinsicht besonders exponiert. Seit dem Ausbruch des Dreißigjährigen Krieges wuchs die Gefahr des Ausbruchs von Seuchen und Epidemien nochmals[47]. So mancher Magistrat und so mancher Territorialherr schmiedete Krisenpläne für den Ernstfall, und dazu gehörte unter anderem die Neueinschärfung bestehender Infektions- und Pestordnungen. Im Zeichen des Strebens nach einer *guten Policey*, dem Streben nach mehr Kontrolle, Ordnung und Überwachung des öffentlichen Lebens, erließen die Obrigkeiten seit dem frühen 16. Jahrhundert mehr oder

---

43 SAP P 74.
44 Einige der jüngst von Helmut Rankl untersuchten Städte des bayerischen Rentamts Landshut zählten selbst nach den großen Bevölkerungsverlusten des Dreißigjährigen Krieges noch durchschnittlich gut fünf Personen pro Haushalt (Dingolfing, Vilshofen, Erding); vgl. Helmut RANKL, Die Städte und Märkte des Rentamts Landshut 1600–1818: Niederbayerisches Bürgertum in Staat, Gesellschaft und Wirtschaft der Vormoderne (Studien zur Bayerischen Verfassungs- und Sozialgeschichte 34,1), Bd. 1, München 2021, S. 61, 460, 468; ähnliche Größenordnungen dürften für Passau gelten, nachdem noch Maximilian Lanzinner für das Stichjahr 1595 von 3,75 bis 4,5 Bewohnern pro Haushalt respektive einer Gesamteinwohnerzahl von 5670 bis 6804 ausgegangen war; vgl. LANZINNER, Ringen (wie Anm. 19), S. 136.
45 Vgl. die Tabelle bei Heinz SCHILLING/Stefan EHRENBREIT, Die Stadt in der Frühen Neuzeit (Enzyklopädie Deutscher Geschichte 24), Berlin/Boston 2015, S. 12–13.
46 Allgemein: Manfred VASOLD, Pest, Not und schwere Plagen. Seuchen und Epidemien vom Mittelalter bis heute, München 1991, Ndr. Augsburg 1999; für Bayern: Felicitas SÖHNER, Epidemien in Bayern von der Vorgeschichte bis zur Frühen Neuzeit, in: Zeitschrift für Bayerische Landesgeschichte [künftig: ZBLG] 86,1 (2023), S. 1–27.
47 Gottfried LAMMERT, Geschichte der Seuchen, Hungers- und Kriegsnot zur Zeit des Dreißigjährigen Krieges, Berlin 1890, Ndr. Wiesbaden 1971, hier S. 48–272.

weniger detaillierte Mandate zur Eindämmung von Seuchen und Epidemien[48]. Meist reagierten sie damit auf aktuelle Ausbrüche vor Ort oder in der näheren Umgebung – viel seltener handelten sie prophylaktisch. Bischof Leopold V. von Passau bildete da keine Ausnahme, als er am 25. August 1625 die erstmals 1585 verfügte *Passawerische Infections Ordnung*[49] neu einschärfte. Leopold begründete dies mit der „jetzt vorstehenden Gefahr und erschröcklichen Sucht der Infection [...] allhie und viler orten"[50]. Ganz vorne stand ein befristetes, zweiwöchiges Einreiseverbot für ortsansässige Händler und Wanderkaufleute, die aus Seuchengebieten heimkehren wollten. Dagegen durften „Frembde" aus solchen Regionen die Stadt erst gar nicht betreten. Darüber hinaus wurde eine vierwöchige Quarantänepflicht für alle infizierten Passauer verfügt, die jedoch frei wählen durften, ob Sie diese Zeit im eigenen Haus oder in „anderer orte ausserhalb der Statt" verbringen wollten.

1627 grassierte in weiten Teilen Mitteleuropas sowie der unmittelbaren Passauer Nachbarschaft die Pest, während sich in den Matrikeln der Ilzstadt-Pfarrei nur der Hinweis auf den Seuchentod eines Ehepaares im Dezember 1628 findet[51]. Umso härter muss hier die Pest im *annus horribilis* 1634, einem extremen Hungerjahr, gewütet haben[52]. Vorausgegangen war die schwere Fleckfieberepidemie vom Winter 1633/34, ehe diese wohl im Juni 1634 von der Pest abgelöst wurde[53]. Während das große Sterben in der Dompfarrei St. Stephan bereits im Juli seinen Höhepunkt erreichte, wurden die meisten Seuchenopfer in der Ilzstadt-Pfarrei erst im September zu Grabe getragen. Folgt man den Totenbüchern beider Pfarreien, wurden 1634 alles in allem 324 Sterbefälle registriert, davon allein 258 in der Ilzstadt. Für die Dompfarrei wurden ‚nur' 66 Verstorbene erfasst, wenngleich es in Wirklichkeit mehr, wenn nicht sogar deutlich mehr gewesen sein dürften[54].

---

48 Wichtig: Heinz FLAMM, Die ersten Infektions- oder Pestordnungen in den österreichischen Erblanden, im Fürstlichen Erzstift Salzburg und im Innviertel im 16. Jahrhundert (Veröffentlichungen der Kommission für Geschichte der Mathematik, Naturwissenschaften und Medizin der Österreichischen Akademie der Wissenschaften, mathematisch-naturwissenschaftliche Klasse 58), Wien 2008; vgl. auch: Johann B. IBEL, Medcinalpoliceyin Stadt und Hochstift Bamberg um 1600, in: Mark Häberlein (Hg.), Pest und Cholera. Seuchenbewältigung und Medizinalwesen in Bamberg in der Frühen Neuzeit. Begleitband zur Ausstellung in der Staatsbibliothek Bamberg, 24. April–15. Juli 2023, Bamberg 2023, S. 43–48.
49 Passawerische Infections Ordnung, Passau: Matthaeus Nenninger 1585, o.S.
50 Vernewerte Paßawerische Infektions-Ordnung o.O. 1625, o.S.
51 Es handelt sich um das Ehepaar Katharina und Christoph Goldberger; siehe: https://data.matricula-online.eu/de/deutschland/passau/passau-ilzstadt/002_03/?pg =14 (zuletzt aufgerufen am 24.03.2024); vgl. auch ORTRANDERL, Sterblichkeit (wie Anm. 13), S. 15.
52 Allgemein LAMMERT, Geschichte (wie Anm. 47), S. 154 f.; für das südwestliche Oberbayern: Martin HILLE, Ländliche Gesellschaft in Kriegszeiten. Bäuerliche Subsistenz zwischen Fiskus und Feudalherrschaft am Beispiel des oberbayerischen Pfleggerichts Weilheim und des Klostergerichts Benediktbeuern im 17. Jahrhundert (Schriftenreihe zur Bayerischen Landesgeschichte 117), München 1997, hier S. 128–131; für das Beispiel Deggendorf: Ludwig KELLER, Das „große Sterben" in Deggendorf Anno 1634, in: Deggendorfer Geschichtsblätter 16 (1995), S. 83–162, hier bes. S. 134–137.
53 ORTRANDERL, Sterblichkeit (wie Anm. 13), S. 16.
54 Vgl. https://data.matricula-online.eu/de/deutschland/passau/passau-ilzstadt/002_03/?pg =19-27 (zuletzt aufgerufen am 24.03.2024); https://data.matricula-online.eu/de/deutschland/passau/passau-st.stephan/001_07/?pg =8-14 (zuletzt aufgerufen am 24.03.2024); vgl. auch ORTRANDERL, Sterblichkeit (wie Anm. 13), S. 41 f.

Angesichts des Massensterbens müssen die Totengräber alle Hände voll zu tun gehabt haben. Was genau mit den Seuchenopfern geschah, wissen wir nicht; dafür liefert eine Notiz in den Totenbüchern der Dompfarrei zumindest einen Anhaltspunkt: „Plures a peste confecti, sed illi […] ad St. Paulum sub noctem deportati sunt"[55]. Viele Pesttote sind also gleich des Nachts zur Stadtpfarrkirche Sankt Paul gebracht und auf dem dortigen Friedhof beerdigt worden, ein Handeln, das sehr gut vereinbar ist mit den einschlägigen Vorschriften. Solchen Schluss erlaubt jedenfalls die Passauer Infektionsordnung von 1625, worin es unter anderem heißt: „Und damit in solch geschwinder unnd gefährlicher zeit die Leuth weniger forcht, schräck und entsetzung nemmen, soll der abgelebten inficierten Cörper zu Morgen vor Tage oder bey der Nacht […] zu begräbnus" gebracht werden. Das will heißen, die Pesttoten sollten sofort in der Nacht respektive vor Anbruch der Morgenröte beerdigt werden, vor allem, um die ohnehin verängstigten Passauer nicht noch mehr zu verschrecken.

Auch sonst scheinen die Bestimmungen der Infektionsordnung weitgehend eingehalten, ja darüber hinaus gehende Maßnahmen gegen die Weiterverbreitung der Seuche getroffen worden zu sein[56]. Ganz vorne stand die sofortige Absonderung der Kranken, während auf die Türen der pestinfizierten Häuser ein schwarzes Kreuz gemalt wurde. Als sog. „Pesttüren" bezeichnet, waren diese ferner mit kleinen Klappen zum Hineinreichen der Kost für die Bewohner versehen wie etwa heute noch das Haus Pfaffengasse 9[57]. All dies geschah unter der Aufsicht städtischer Wächter, die außerdem dafür Sorge zu tragen hatten, dass keine Person diese Gebäude verließ.

Knapp 15 Jahre später sollte das untere Donaugebiet, der Bayerische Wald sowie der Raum Passau von einer wohl noch verheerenderen Pestwelle heimgesucht werden[58]. Allein die Totenbücher der Dompfarrei registrieren für 1648 nicht weniger als 127, für 1649 noch 114 verstorbene Kinder und Erwachsene[59]. Kaum weniger verheerend muss

---

55 Vgl. https://data.matricula-online.eu/de/deutschland/passau/passau-st.stephan/001_07/?pg = 13 (zuletzt aufgerufen am 24.03.2024); nicht ganz korrekt wiedergegeben bei ORTRANDERL, Sterblichkeit (wie Anm. 13), S. 16.
56 Das Folgende nach Wolfgang Maria SCHMID, Illustrierte Geschichte der Stadt Passau, Passau 1927, S. 138 f.
57 Das Gebäude wird im Volksmund teilweise noch heute als „Pesthaus" bezeichnet. Namensgeberin ist die sog. „Pesttür", eine 2,08 x 1,28 m große geschnitzte sowie mit einem Rankendekor verzierte Haustür aus dem Jahr 1693 mit einem eingesetzten 38,5 Zentimeter hohen vergitterten Türchen, dem „Pesttürl". Vermutlich handelt es sich um eine Nachbildung, da das Haus 1662 und 1680 bis auf die Grundmauern niedergebrannt war; vgl. Peter MORSBACH (Hg.), Denkmäler in Bayern, Bd. 25: Kreisfreie Stadt Passau, Bd. 1, Regensburg 2014, hier S. 204 f.
58 Ulrich PIETRUSKY, Zur Bevölkerungsgeographie des historischen Isolats der vormaligen evangelischen Reichsgrafschaft Ortenburg in Niederbayern (1615–1940), in: Mitteilungen der Geographischen Gesellschaft München 64 (1979), S. 77–99, hier S. 84 mit etlichen Beispielen aus der näheren und weiteren Umgebung; dazu ferner: Johanna SEEMANN, Medizinalstatistische Untersuchung eines Landstrichs im Bayerischen Walde von 1618 bis 1800, Diss. (masch.) München 1949, hier bes. S. 8 und 19 sowie Irmgard TEICHMANN, Die Sterblichkeit in Straubing in den Jahren 1625–1800, Diss. (masch.) München 1949, hier S. 13 und 19.
59 Vgl. https://data.matricula-online.eu/de/deutschland/passau/passau-st.stephan/002_04/?pg = 60-90 (zuletzt aufgerufen am 24.03.2024). Daraus ergibt sich gerade für 1648 eine deutlich höhere Zahl, weil hierin auch die Todesfälle der Stadtpfarrei St. Stephan enthalten sind; vgl. ORTRANDERL, Sterblichkeit (wie Anm. 13), S. 18, 41.

die *Pestilenz* in der Ilzstadt-Pfarrei gewütet haben, wo 1648 42, im Folgejahr 144 verstorbene Erwachsene erfasst wurden[60]. Eine exakte Mortalitätsbilanz für die ganze Stadt lässt sich daraus nicht ziehen, wenngleich eine ältere Schätzung für 1648/49 von ungefähr 2000 Pesttoten ausgeht, was beinahe einem Drittel der „damaligen Einwohnerschaft" entsprochen habe[61]. Welch unsägliches Leid sich hinter solchen Zahlen verbarg, lässt sich heute nur erahnen, sodass sich sogleich die Frage aufdrängt, wie die damaligen Menschen mit solchen Heimsuchungen umgingen respektive diese zu bewältigen versuchten.

4. Zeitgenössische Bewältigungsstrategien von Krieg, Hunger und Pest

Es war vor allem Walter Hartinger, der einen mittelbaren Zusammenhang zwischen den kollektiven Ängsten und Nöten im Zeitalter des Dreißigjährigen Krieges und der Genese der Wallfahrtsbewegung nach Mariahilf seit 1622 herstellte[62]. Er qualifizierte den Dauerzustand von Kriegsgefahr und Kriegsangst in Passau und Umgebung seit 1610 als Ferment eines Mentalitätswandels, der wiederum maßgeblich die entstehenden barocken Frömmigkeitsformen geformt habe[63].

Dem zugrunde lag ein gesteigertes Bedürfnis nach Selbstvergewisserung und Sicherheit, getragen von der Urangst um das ewige Seelenheil. Nicht von ungefähr fürchtete der frühneuzeitliche Mensch nichts mehr als den plötzlichen Tod ohne zuvor Buße getan zu haben[64]. Und genau auf diese Angst spielt jene uralte Litanei an, die in der letzten Zeile der Passauer Infektionsordnung von 1625 angestimmt wird: „A peste, fame et bello, et à subitanea improvisa et mala morte liberet nos Deus"[65], das heißt: „Vor Pest, Hunger und Krieg sowie einem plötzlichen, unvorbereiteten und schlechten Tod bewahre uns oh Herr".

Fromme Werke, Gebete und Stiftungen, allen voran öffentliche Bußwallfahrten und Prozessionen konnten Abhilfe schaffen und auf einen guten Tod vorbereiten. Vor diesem Hintergrund lässt sich gerade in solchen Gebieten, wo sich seit der zweiten Hälfte des 16. Jahrhunderts die katholische Reform und Gegenreformation durchsetzte, eine bemerkenswerte Wiederbelebung respektive Neubegründung kirchlicher Rituale,

---

60 Vgl. https://data.matricula-online.eu/de/deutschland/passau/passau-ilzstadt/003_05/?pg =5-11 (zuletzt aufgerufen am 24.03.2024); vgl. auch ORTRANDERL, Sterblichkeit (wie Anm. 13), S. 42.
61 ORTRANDERL, Sterblichkeit (wie Anm. 13), S. 18.
62 HARTINGER, Mariahilf (wie Anm. 17), S. 23–26.
63 Ebd., S. 24.
64 Zum religiösen Umgang mit dem plötzlichen Tod im 17. Jahrhundert, wenngleich auf den lutherischen Kontext bezogen: Rudolf MOHR, Der unverhoffte Tod: theologie- und kulturgeschichtliche Untersuchungen zu außergewöhnlichen Todesfällen in Leichenpredigen (Marburger Personalschriften-Forschungen 5), Marburg 1982 hier bes. S. IX, 13 f., 195–200.
65 Infektions-Ordnung 1625 (wie Anm. 50), o.S.

Praktiken und Bräuche beobachten⁶⁶. Ganz vorne steht die Renaissance des Wallfahrts- und Pilgerwesens. Neben gezielten, langfristigen Anstößen von Seiten der Fürsten, Herren und Magistrate sowie der Reformorden der Jesuiten und Kapuziner standen spontane Initiativen von Bürgern und Bauern infolge plötzlich hereinbrechender Heimsuchungen⁶⁷.

In Passau scheint es nicht wesentlich anders gewesen zu sein. Als 1634 auf einmal der schwarze Tod zuschlug, veranstaltete man öffentliche Gebete zu Abwendung der Katastrophe. Außerdem wurden die Reliquien der Passauer Bistumspatrone Maximilian und Valentin in feierlicher Prozession durch die Straßen getragen⁶⁸. Andernorts setzten ebenfalls Bittgänge zur Abwendung der Plage ein, die gerade von den geistlichen und weltlichen Obrigkeiten als Strafe Gottes für die Sündhaftigkeit der Menschen ausgelegt wurde⁶⁹. Ein Beispiel unter vielen liefert die kurbayerische Landstadt Vilshofen, wo das Massensterben von 1634 zur Bildung von Sebastiani-Bruderschaften führte sowie zur Einführung der Sebastiani-Prozessionen⁷⁰.

Ähnliches lässt sich für Windorf beobachten, wo sich aus einem spontanen Bußgang 1634 ebenfalls ein dauerhafter Brauch entwickelte, der bis heute alljährlich praktiziert wird⁷¹. Auch bei den Passauern hinterließen die traumatischen Erfahrungen des Jahres 1634 langfristige mentale Spuren⁷². Einer alten Erzählung zufolge begnügten sich die Überlebenden der Pest nicht nur mit spontanen Bittgottesdiensten sowie der Wallfahrt nach Mariahilf. Stattdessen gelobten sie, eine zusätzliche Kreuzgang-Tradition zu begründen. Der Pilgerweg begann an der Stadtpfarrkirche Sankt Paul mit dem Ziel Ilzstadt und setzte sich später bis zur Marien- und heutigen Loretto-Kapelle in Thyrnau fort⁷³. Der Rückweg in die Stadt soll dann über den Pestfriedhof in Passau-Lindau geführt haben, ein Umgang, der offenbar jahrhundertelang gepflegt

---

66 Allgemein: Peter HERSCHE, Muße und Verschwendung. Europäische Gesellschaft und Kultur im Barockzeitalter, 2 Bde., Freiburg i. Br. u. a. 2006, hier bes. Bd. 1, S. 419–441, Bd. 2, S. 794–844; für Bayern vgl. Romuald BAUERREIS, Kirchengeschichte Bayerns, Bd. 7: 1600–1803, St. Ottilien, hier S. 286–360.
67 Zu den Initiatoren von Wallfahrtsaktivitäten im katholischen Raum des 16. bis 18. Jahrhunderts allgemein: HERSCHE, Muße und Verschwendung (wie Anm. 66), Bd. 2, S. 806–817.
68 ERHARD, Geschichte der Stadt Passau (wie Anm. 18), Bd. 1, S. 247.
69 Zum judiziartheologischen Deutungsschema positiver und negativer Fügungen der göttlichen Vorsehung im Mittelalter und der frühen Neuzeit einschlägig: Arnold ANGENENDT, Deus, qui nullum peccatum impunitum dimittit. Ein „Grundsatz" der mittelalterlichen Bußgeschichte, in: Matthias Lutz-Bachmann (Hg.), Und dennoch ist von Gott zu reden. Festschrift für Herbert Vorgrimler, Freiburg i. Br./Basel/Wien 1994, S. 142–156.
70 Ludwig MAIER, „Vor Pest, Hunger und Krieg bewahre uns o Herr". Traditionelle Sebastiani-Prozessionen in Vilshofen und Windorf, in: Der Bayerwald 2017,1, S. 4 ff.; SCHARRER, Chronik (wie Anm. 8), S. 155.
71 MAIER, Sebastiani-Prozessionen (wie Anm. 70), S. 4 f.
72 Zum bislang vornehmlich in der Psychologie und Psychiatrie, nicht jedoch in der Frühneuzeitforschung vertieften Konzept der „Traumatisierung", hier insbesondere der Traumatisierung örtlicher Bevölkerungen respektive Bevölkerungsgruppen: Arthur E. IMHOF, Die verlorenen Welten. Alltagsbewältigung durch unsere Vorfahren- und weshalb wir uns heute so schwer damit tun, München 1984, hier bes. S. 100–106.
73 Dazu auch Alexander ERHARD, Geschichte und Topographie der Umgebung von Passau: beziehungsweise des ehemaligen Fürstbisthums Passau und des Landes der Abtei mit Ausschluß der Stadt Passau und der weiter unten in Österreich gelegenen fürstbischöflichen Besitzungen, Bd. 1, Ndr. Passau 1974, S. 191.

wurde. Das letzte Mal lässt sich dieser für 1906 nachweisen, als sich allein bei Sankt Paul 385 Menschen sammelten, bevor sich Ihnen in der Ilzstadt weitere 185 Pilger hinzugesellten[74].

5. Studenten, Handwerker und Stadtrichter – Reibungsflächen und Konflikte

Genau in jene schlechten Zeiten fielen auch die Anfänge der Passauer Hochschule. Mit ihr kamen die ersten Studenten, die wiederum ihre eigenen Verhaltensweisen, Bräuche und Rituale pflegten. Lange Zeit dominierte jene Erzählung, wonach der Dreißigjährige Krieg mit einer massiven Verrohung und Militarisierung des Studentenalltags einhergegangen sei[75]. An den Universitäten Jena und Leipzig, den Pennälerhochburgen des *Sacrum Imperium* schlechthin, soll es besonders wild zugegangen sein[76]. Indes wissen wir mittlerweile, dass damals katholische Hochschulen ebenfalls mit massiven Disziplinproblemen zu kämpfen hatten, wie etwa die gut untersuchte Universität Freiburg im Breisgau[77].

Mit den Jesuiten sollten zwar mehr Zucht und Strenge in den katholischen Universitäten, Seminarien und Lyzeen Einzug halten, doch so schnell ließen sich die rauen Sitten nicht vertreiben. Weiterhin begleiteten den engen Hochschulalltag gewalttätige Zusammenstöße zwischen Scholaren, Handwerkern, Bürgern und Schergen. Wie häufig und aus welchen Anlässen sich diese ereigneten, müsste noch genauer untersucht werden, denn nach wie vor ist der studentische Alltag an den frühneuzeitlichen Jesuitenhochschulen kaum erforscht[78].

---

74 So die Berichte in der „Donauzeitung" Nr. 257 v. 26.9.1906 und Nr. 264 v. 3.10.1906.
75 Dazu Marian FÜSSEL, Akademischer Sittenverfall. Studentenkultur vor, in und nach der Zeit des Dreißigjährigen Krieges, in: Thomas Kossert (Hg.), Universitäten im Dreißigjährigen Krieg (Militär und Gesellschaft 15 Heft 1), Potsdam 2011, S. 124–146, hier bes. S. 145.
76 Zum frühneuzeitlichen Studentenalltag an protestantischen Hochschulen u. a. Andreas GÖSSNER, Die Studenten an der Universität Wittenberg. Studien zur Kulturgeschichte des studentischen Alltags und zum Stipendienwesen in der zweiten Hälfte des 16. Jahrhunderts (Arbeiten zur Kirchen- und Theologiegeschichte 9), Leipzig 2003; Götz HOMOKI, Identität – Habitus – Konformität. Eine kulturgeschichtliche Untersuchung zu württembergischen herzoglichen Stipendiaten in der Frühen Neuzeit (Quellen und Forschungen zur württembergischen Kirchengeschichte 25), Leipzig 2021; Kerstin LANGEFELD, Zwischen Collegium, Kämpfrasen, und Kaffeehaus. Lebenswelt, Alltag und Kultur Marburger Studenten im 18. Jahrhundert (Quellen und Forschungen zur hessischen Geschichte 192), Marburg 2023.
77 Tina BRAUN/Elke LIERMANN, Feinde, Freunde, Zechkumpane. Freiburger Studentenkultur in der Frühen Neuzeit (Europäischen Ethnologie 12), Münster u. a. 2007, hier bes. S. 109–111.
78 Besser erforscht sind Alltag und Tagesablauf der Jesuitenzöglinge und -studenten. Für das Beispiel des Münchner Kollegs: Hannelore PUTZ, Die Domus Gregoriana zu München. Erziehung und Ausbildung im Umkreis des Jesuitenkollegs St. Michael bis 1773 (Schriftenreihe zur bayerischen Landesgeschichte 141), München 2003, hier bes. S. 148–159; in den Rahmen der älteren sittengeschichtlichen Aufrisse fällt dagegen der Beitrag von Franz Xaver VON KRONES, Zur Geschichte des Grazer Studentenlebens in den Zeiten der Jesuitenhochschule 1586–1773, Teil 1 und 2, in: Zeitschrift für allgemeine Geschichte, Kultur- Literatur- und Kunstgeschichte 3 (1886), S. 106–113 und S. 212–223., hier bes. S. 112 f. und 212–223.

Auch in Passau war das Verhältnis zwischen den Studenten und der „Gemein" keineswegs konfliktfrei. Dies hing sowohl mit dem gesonderten, privilegierten Rechtsstatus der Scholaren zusammen, als auch mit ihrem kollektiven Selbstverständnis sowie den damit einhergehenden Verhaltensweisen und Ritualen. Dabei setzten sich die angehenden Akademiker sozial recht heterogen zusammen. Es gab zwar d i e Studenten, doch unterschieden sich diese nach ihrer ständischen und landsmännischen Herkunft sowie nach Alter, Kleidung und Berufszielen[79]. Neben den Jesuitenanwärtern, den sogenannten *Scholastikern*, standen die Angehörigen der verschiedenen Prälaten-, Chorherren- und Bettelorden sowie die *Studiosi überwiegend bürgerlicher Herkunft aus Stadt und Hochstift Passau sowie dem Kurfürstentum Bayern*[80]. Hinzu gesellten sich nicht wenige vor der Kriegsfurie geflüchtete Studenten, zunächst aus Böhmen, seit 1631 verstärkt aus Bayern und Franken[81].

Überdies dürfen die sog. Alumnen nicht vergessen werden; das waren Priesteranwärter, die im *Alumnat*, einer Art Internat wohnten[82]. Kaum weniger heterogen war die Schülerschaft des Passauer Jesuitengymnasiums zusammengesetzt. Neben den Sprösslingen des Beamten-, Kleinbürger- und Bauernstandes dürfen nicht die Adelssöhne aus dem Hochstift sowie dem Kurfürstentum Bayern vergessen werden[83]. All diese Gruppen pflegten ein besonderes Auftreten in der Öffentlichkeit sowie einen besonderen Umgang untereinander. So spiegelten sich die Unterschiede sowohl in der sozialen Zusammensetzung der Passauer Studenten- und Schülerschaft als auch in ihrem Habitus und in ihrer Sprache. Schließlich dürfen die inneren Hierarchien der Jesuitenzöglinge nicht vergessen werden, gestaffelt nach Alter, Studiendauer und Studienerfolg, Hierarchien, die untereinander ebenso wie nach außen demonstriert wurden.

Und doch teilten sämtliche Passauer Scholaren ein gemeinsames Alleinstellungsmerkmal: den besonderen, privilegierten Rechtsstatus der *libertas scholastica*. Auch in dieser Hinsicht bildete Passau keinen Sonderfall, denn schon seit den Anfängen der europäischen Universitäten im Hochmittelalter gehörte dazu der privilegierte Rechtsstand der Lehrenden und Lernenden[84]. Die Jurisdiktion über die Studenten des Passauer Kollegs stand daher nicht „Bürgermeister, Richter und Rat" der Stadt zu, sondern seit dem Privilegienbrief Erzherzog Leopolds V. vom 5. Oktober 1625 allein dem Rektor des Kollegs. Eine Ausnahme bildeten lediglich Verbrecher und nächtliche Ruhestörer.

---

79 Allgemein: Notker HAMMERSTEIN, Bildung und Wissenschaft vom 15. bis zum 17. Jahrhundert (Enzyklopädie deutscher Geschichte 64), München 2003, hier S. 68–70; Maria Rosa DI SIMONE, Die Zulassung zur Universität, in: Walter Rüegg (Hg.), Geschichte der Universität in Europa, Bd. 2: Von der Reformation zur Französischen Revolution (1500–1800), München 1996, S. 235–262, hier bes. S. 253–261; für die Jesuitenhochschule Graz VON KRONES, Geschichte (wie Anm. 78), Teil 1, S. 107–109.
80 EGGERSDORFER, Hochschule (wie Anm. 14), S. 82 f.
81 Ebd., S. 96.
82 Ebd., S. 86.
83 AIGN, Geschichte, Teil 1 (wie Anm. 14), S. 58.
84 Allgemein: Friedrich STEIN, Die akademische Gerichtsbarkeit in Deutschland, Leipzig 1891; für das Beispiel Freiburg im Breisgau: Bettina BUSBACH, Richten, Strafen und Vertragen. Rechtspflege der Universität Freiburg im 16. Jahrhundert (Freiburger Rechtsgeschichtliche Abhandlungen NF 47), Berlin 2005; für das Beispiel Göttingen: Stefan BRÜDERMANN, Göttinger Studenten und akademische Gerichtsbarkeit im 18. Jahrhundert (Göttinger Universitätsschriften, Serie A, 15), Göttingen 1990.

Falls diese von den städtischen Wächtern „in flagranti crimine" ertappt und festgenommen wurden, sollte sie bis zum Morgengrauen im Gewahrsam der Stadt bleiben und anschließend zur Bestrafung dem Rektor übergeben werden[85].

Als akademische Bürger genossen die Studenten der Passauer Hochschule außerdem das Recht, jenseits der Kollegmauern Waffen zu tragen, und von den eigenen Lehrern mit „Herr" angesprochen zu werden[86]. Über alledem schwebte das höchste Gebot der Ehre, die es gegen sämtliche Anfechtungen und Verletzungen zu verteidigen galt[87]. Nicht selten stellten die Scholaren ihren Sonderstatus provokativ zur Schau, wodurch sie leicht in Konflikt mit dem bürgerlich-städtischen Umfeld geraten konnten. Manchmal artete das Ganze in Gewalt aus, denn neben den *Studiosi* und den Mitgliedern des Passauer Rats trugen damals auch viele Bürger und Handwerker einen Degen oder sonstige Waffen mit sich.

Vielleicht den häufigsten Anlass zu Beschwerden lieferte die *vagatio nocturna*, das lautstarke, nächtliche Herumschwärmen sowie der provokative Umgang mit den studentischen Statusobjekten Degen oder Rapier[88]. Kaum davon zu trennen war das demonstrative Steinewetzen, das Schlagen der blanken Klingen auf das Straßenpflaster oder auf die Steinmauern, bis die Funken sprühten. Doch zuweilen reichte schon allein das Tragen des Rapiers auf der Schulter, um Zusammenstöße mit Handwerksgesellen, Stadtschergen und Soldaten auszulösen[89]. Lärmen und Schreien, Jauchzen und ehrenrührige Gesten („Muffen"), Hauen und Stechen mit Degen und Rapier bildeten mithin fester Bestandteil frühneuzeitlicher studentischer „Ehrenhändel", ohne dass für Passau jemals ein Todesfall aktenkundig wurde[90].

Bei der Ahndung solcher Exzesse geriet der Stadtrichter zuweilen in Konflikt mit dem Rektor respektive dem Präfekten des Kollegs, ein Phänomen, das für europäische Hochschulstädte damals insgesamt charakteristisch, wenn nicht sogar typisch war[91]. Von Anfang an war dem Passauer Stadtrichter der privilegierte Status von Kolleg und Hochschule eine Dorn im Auge, besonders dann, wenn die Studenten gegen Recht und Norm der städtischen Gemeinschaft verstießen[92]. Umgekehrt wehrte sich der Rektor

---

85 Privileg Erzherzog Leopolds V. für Gymnasium und Hochschule Passau v. 5.10.1625, Urkunde (lateinisch) unter: SBP Mst. 8; vgl. auch EGGERSDORFER, Hochschule (wie Anm. 14), S. 108
86 EGGERSDORFER, Hochschule (wie Anm. 14), S. 106.
87 Klaus SCHREINER/Gerd SCHWERHOFF (Hg.), Verletzte Ehre. Ehrkonflikte in Gesellschaften des Mittelalters und der frühen Neuzeit (Norm und Struktur 5), Köln u. a. 1995.
88 Für die Universität Freiburg i. Breisgau: BRAUN/LIERMANN, Feinde (wie Anm. 77), S. 65 f., 108–110; für die Passauer Jesuitenhochschule EGGERSDORFER, Hochschule (wie Anm. 14), S. 109 f. sowie OTT, Bürgertum (wie Anm. 25), S. 284.
89 BRAUN/LIERMANN, Feinde (wie Anm. 77), S. 51–55, 62.
90 Beispiele für den tödlichen Ausgang studentischer „Ehrhändel" in der frühen Neuzeit bei Marian FÜSSEL, Devianz als Norm? Studentische Kultur und akademische Freiheit in Köln im 17. und 18. Jahrhundert, in: Westfälische Forschungen 54 (2004), S. 145–166, hier S. 158 f.
91 Für Graz vgl. VON KRONES, Geschichte (wie Anm. 78), Teil 1, S. 112 f.; für die Universität Freiburg i. Br. BRAUN/LIERMANN, Feinde (wie Anm. 77), S. 18.
92 Dazu allgemein Hans Christoph RUBLACK, Grundwerte in der Reichsstadt im Spätmittelalter und in der frühen Neuzeit, in: Horst Brunner (Hg.), Literatur in der Stadt. Bedingungen und Beispiele städtischer Literatur des 15. bis 17. Jahrhunderts (Göppinger Arbeiten zur Germanistik 343), Göppingen 1982, S. 9–36, hier bes. S. 13–15.

umso vehementer gegen Maßnahmen des Stadtrichters, wenn aus seiner Sicht gegen den besonderen Rechtsstand seiner Korporation verstoßen wurde wie beispielsweise am 14. Mai 1636[93].

Noch heftigere Auseinandersetzungen lieferten sich der Stadtrichter und der *Praefectus (altiorum) Scholarum* in Zusammenhang mit „dem [am] 2. Maj 1650 vorgangnen Nächtlichen Rumor und Carcerierung des Richters". Bei den Krawallen hatte ein Student namens „Rik" einen Fassbinder mit einem „totgefährlich Messerschnitt" verletzt, woraufhin der Delinquent noch in der gleichen Nacht dem Amtleuten und Schergen des Stadtgereichts übergeben und anschließend eingekerkert wurde[94]. So jedenfalls steht es in der „Erwiderung" des Stadtgerichts vom 30. August 1650 auf die zehn Punkte umfassende Beschwerdeschrift des Hochschulleiters gegen den Richter und dessen Diener[95]. Bemerkenswerterweise erwähnt der Beschwerdeführer die studentische Bluttat an keiner Stelle, erhebt dafür aber den Vorwurf der ehrenrührigen Einkerkerung des Rik in der „diebskeichen". Außerdem habe der Stadtrichter den Studenten „nicht ehenter aus der keichen gelassen als nachmittages", was eindeutig gegen die „privilegio studiorum" verstoße[96]. Hier spielt der Präfekt auf das fürstbischöfliche Privileg von 1625 an, wonach nächtliche studentische Delinquenten nach Anbruch des Morgens aus dem städtischen Kerker zu entlassen und an den Kollegrektor auszuliefern waren[97].

Kaum weniger schwere Vorwürfe erhob der Präfekt gegen die Diener und Amtleute des Stadtrichters. Als er dem Gerichtsschergen einen weiteren Studenten namens „Posch" geschickt habe, um die Auslieferung Riks zu verlangen, sei jenem ebenfalls schwere Gewalt angetan worden. So habe der Scherge Posch nicht nur eine „maultaschen", also einen Schlag auf den Mund verpasst, sondern zusätzlich mit Steinen beworfen und daraufhin in den „kerker hinein gestossen". Schließlich habe er beiden Studenten sogar „mit dem Todschlag getroht"[98].

Demgegenüber hob das Antwortschreiben des Stadtgerichts die Dimension der Gewalttat hervor sowie die Renitenz des Studenten Rik. Darüber hinaus wies man die Beschwerden Punkt für Punkt zurück oder relativierte diese wie etwa die verspätete Auslieferung des Täters an die Hochschulleitung. Außerdem sei Rik nicht in die „diebskeichen", sondern in „ein gemeiner Kheich" gelegt worden, so wie es auch „andre[n] leith rumor händl wegen" widerfahren sei, wie beispielsweise dem „Ehrbar Paurenn von Leoprechting"[99]. Auch die Vorwürfe gegen den Gerichtsschergen in

---

93 Schreiben des Rektors Mathias Bastianschitz an das Stadtgericht vom 14.5.1636 unter SBP Mst. 86, fol. 77ʳ-78ᵛ.
94 „Erwiderung vom frl: Statt Gericht: Auf Herrn P. Prefecti [altiorum]scholarum, hierin beiliegende beschwärpunkt dem 2. May 1650 vorgangnen Nächtlichen Rumor und Carcerierung des Richters betreffend. 30. August 1650" unter SBP MSt 86, fol. 87ᵛ-88ʳ.
95 „Exceß und beschwör puncten wegen des incarcerierten studenten wider herrn Stattrichter" [ohne Datum]; es handelt sich wohl um eine Abschrift, die heute nicht mehr der „Erwiderung des Stadtgerichts" beiliegt. Die Abschrift findet sich an anderer Stelle unter SBP MSt 86, fol. 213ᵛ-214ʳ.
96 „Keichen/Kheichen" = Kerker.
97 SBP MSt 86, fol. 213ᵛ.
98 Ebd.
99 SBP MSt 86, fol. 87ʳ.

Zusammenhang mit der ruppigen Behandlung des zweiten Studenten Posch ließ man nur teilweise gelten. Immerhin gestand der Scherge, dem Posch eine „Maultaschen" verabreicht zu haben, während von einer gewaltsamen Stoß in den Kerker keine Rede sein könne[100].

6. Fazit

Die Beziehungen zwischen Hochschule und Stadtrichter im 17. Jahrhundert waren also zumindest zeitweise gespannt. Jedenfalls mangelt es nicht an Indizien, dass gewalttätige Zusammenstöße zwischen Studenten und Bürgern Passaus keine seltenen Ausnahmen darstellten. Schlägereien mit Handwerksgesellen sowie mit den Stadtwächtern kamen im 17. und 18. Jahrhundert tatsächlich immer wieder vor[101]. Ein Wiederholungsphänomen bildeten ferner die daraufhin erlassenen Verbote des Degentragens, Verbote, die wie an anderen Hochschulen meist ziemlich wirkungslos blieben[102].

Schließlich stehen die Vorkommnisse von 1650 in Zusammenhang mit der auffälligen Häufung studentischer Delikte in Kriegs- und Nachkriegsjahren. Die Akten des Passauer Kollegs berichten für den 17. Juli 1714 – also zwei Monate vor Ende des Spanischen Erbfolgekriegs[103] – von Studentenbanden, die „mit Pixen, Flinten und Hunden" in den nahegelegenen Wäldern herumzogen und im großen Stil wilderten[104]. Ein sehr ähnlicher Vorfall ereignete sich dann wieder im Februar 1736, also vier Monate nach Ende des Polnischen Thronfolgekrieges[105].

Unabhängig davon qualifizierte Walter Hartinger physische Gewalt als ein „Stück Alltagsmentalität" in der Frühen Neuzeit. Sie war „allgegenwärtig und galt als selbstverständlich", denn nur derjenige konnte seinen Ruf als Ehrenmann behaupten, der sich nicht scheute, diesen mit den Fäusten oder mit der Waffe zu verteidigen[106]. Noch weiter ging Marian Füssel, der speziell hinsichtlich des frühneuzeitlichen Studentenalltags von einer „Kultur der Gewalt" sprach[107]. Für das Beispiel Passau lassen sich solche Thesen mangels Quellen weder falsifizieren noch verifizieren. Gleichwohl deuten die bisherigen Ausführungen darauf hin, dass physische Gewaltanwendung in

---

100 Ebd.
101 So auch Eggersdorfer, Hochschule (wie Anm. 14), S. 110.
102 Ebd. sowie Braun/Liermann, Feinde (wie Anm. 77), S. 22 f., 29 und 64–70.
103 Das Heilige Römische Reich Deutscher Nation trat dem Frieden von Utrecht vom 11.4.1713 durch den Frieden von Baden (Eidgenossenschaft) vom 7.9.1714 bei.
104 SBP MSt 86, fol. 152 vom 17.7.1714.
105 SBP MSt 86, fol. 184 vom 11.2.1736. Der Polnische Thronfolgekrieg (1733–1735/38) endete mit dem Wiener Präliminarfrieden vom 31.10.1735 respektive dem Wiener Frieden vom 18.11.1738.
106 Walter Hartinger, Von Rauf- und Ehrenhändeln. Blutrunst und Dämonenfurcht. Gewalt in der alten Volkskultur (mit Beispielen aus Ostbayern), in: Rolf Wilhelm Brednich/Walter Hartinger (Hg.), Gewalt in der Kultur. Vorträge des 29. Deutschen Volkskundekongresses, Teilband 1 (Passauer Studien zur Volkskunde 8), Passau 1994, S. 127–152, hier S. 130 und 140; vgl. auch Braun/Liermann, Feinde (wie Anm. 77), S. 75–80.
107 Füssel, Devianz (wie Anm. 90), S. 145.

den Straßen, Gassen und Wirtshäusern Passaus nicht auf studentische Kreise beschränkt blieb. Auch bei der Exekution städtischen Rechts durch die Diener und Schergen des Stadtrichters war diese immer wieder mit im Spiel, von mehr oder weniger unmissverständlichen Drohgebärden ganz zu schweigen.

Im Übrigen sahen sich die Passauer gerade zwischen 1618 und 1648/49 mit noch ernsthafteren Herausforderungen konfrontiert als mit solchen Studentenquerelen. Vor diesem Hintergrund versuchte dieser Beitrag den ständeübergreifenden Erfahrungsrahmen von Kriegsgefahr und Kriegsangst, wiederholter Teuerung und Hungersnot sowie Seuchenangst und Seuchennot in einer Stadt nachzuzeichnen, die von vergleichsweise starken sozialen Gegensätzen geprägt war.

Kaum davon zu trennen waren die religiösen Bewältigungsformen jener Notzeiten, allen voran die vielfältigen Wallfahrtsinitiativen. Während in den 1620er Jahren dem fürstbischöflichen Hof unter Bistumsadministrator Marquard von Schwendi wegweisende Bedeutung für die Begründung der Wallfahrt nach Mariahilf zukam, gingen die Anfänge der Kreuzgänge nach Thyrnau seit 1634 in erster Linie auf bürgerliche Initiative zurück.

Überdies indiziert die lange Pflege der Thyrnauer Umzugstradition bis in das frühe 20. Jahrhundert hinein, wie lange und wie stark bei den Passauern das Trauma des Dreißigjährigen Krieges nachwirkte. Auch in der Kulturlandschaft der näheren und weiteren Umgebung hinterließen jene Extremzeiten sowie deren religiöse Bewältigung vereinzelt Spuren bis in die Gegenwart. Vor allem Pestkapellen oder kreuzbekrönte steinerne Säulen und Bildstöcke – dabei nicht zu vergessen: Pestfriedhöfe – markieren solche Erinnerungsorte. In diesem Zusammenhang ist unter anderem auf die Pestmahnmäler bei Solla, Böhmzwiesel, Ohmühle, Kirchberg und Hinterschmiding zu verweisen. 1650 folgte dann die Errichtung weiterer Säulen am Ortseingang von Wollaberg sowie in Jandelsbrunn, und zwar auf Initiative von Graf Georg Sigmund Friedrich von Salburg und des Richters Hans Adam Göschl (1613–1671)[108].

---

108 Vgl. Alfred FUCHS, Kunst und Volkskunst, in: Der Landkreis Wolfstein, zusammengestellt vom Heimatkundlichen Arbeitskreis Wolfstein 1968, Wolfstein 1968, S. 137–176, hier S. 160 ff.

Akademische Bildung zwischen aufklärerischem Anspruch und neuhumanistischem Bildungsideal

Britta Kägler

1. Einführung

Seit seiner Gründung im Jahr 1612 hatte das Passauer Jesuitenkolleg das Bildungsangebot in und um Passau bestimmt. Neben der gymnasialen Ausbildung *(Gymnasium maius)* etablierten sich bereits im Verlauf des 17. Jahrhunderts philosophische und theologische Kurse, an denen analog zu den sog. Artistenfakultäten[1] die Kirchen- und Verwaltungseliten der Passauer Fürstbischöfe ausgebildet werden konnten[2]. Wie erfolgreich die Jesuiten dabei waren, zeigt sich nicht allein in den zunehmenden Schülerzahlen, sondern auch dadurch, dass den Absolventen durch ihr jesuitisches Bildungsprofil die Möglichkeit gegeben wurde, sozial aufzusteigen.[3] Als entscheidende Voraussetzung für

---

1 Im Alten Reich konstituierten sich die spätmittelalterlichen und frühneuzeitlichen Universitäten aus der Artistenfakultät und den drei höheren Fakultäten (Theologie, Recht, Medizin). Vgl. für die bayerische Landesuniversität Ingolstadt zuletzt umfassend Maximilian Schuh, Aneignungen des Humanismus. Institutionelle und individuelle Praktiken an der Universität Ingolstadt im 15. Jahrhundert (= Education and Society in the Middle Ages and Renaissance 47), Boston/Leiden 2013 sowie noch immer grundlegend Rainer A. Müller, Universität und Adel. Eine soziokulturelle Studie zur Geschichte der bayerischen Landesuniversität Ingolstadt 1472–1648 (= Ludovico Maximilianea, Forschungen 7), Berlin 1974.
2 Vgl. den Aufsatz von Hannelore Putz im vorliegenden Band.
3 In geistlichen Territorien wie dem Fürstbistum Passau lässt sich zwar durch die geistlich-weltliche Doppelgestalt des Bischofsamts bis zum Ende des Alten Reichs eine gewisse Tendenz zur Adelskirche nicht ignorieren. Bürgerlichen gelang jedoch insbesondere durch den Zugang zu akademischer Bildung ein sozialer Aufstieg. Rainald Becker konnte für Passau u. a. im frühen 17. Jahrhundert eine besondere Häufung von Bürgerlichen im Bischofsamt nachweisen. Vgl. Rainald Becker, Bischofsernennung (Mittelalter/Frühe Neuzeit), publiziert am 26.02.2013, in: Historisches Lexikon Bayerns, URL: https://www.historisches-lexikon-

diese soziale Mobilität von meist ärmeren Bevölkerungsgruppen erwiesen sich in der Frühen Neuzeit einerseits dezentrale Bildungsstätten, andererseits das kirchliche Studien- und Stipendienwesen. Kriterien, die auf das Passauer Jesuitenkolleg, das die Ordensmitglieder selbst im zeitgenössischen Sinne als universitätsähnlich verstanden, für die gesamte Zeit seines Bestehens zutreffen. Vor diesem Hintergrund veränderte das Kolleg also die Sozialstruktur und das Bildungsgefüge der Passauer Bevölkerung nachhaltig. Doch wie wirkte sich die Aufhebung des Jesuitenordens 1773 und die damit verbundene Aufhebung des Kollegs unter jesuitischer Leitung auf den Standort Passau aus?

Im Folgenden sollen bildungsgeschichtliche Entwicklungen im Verlauf der zweiten Hälfte des 18. Jahrhunderts vertieft werden. Akademische Bildung soll dabei zwischen einem aufklärerischen Anspruch, der sich bereits in der Mitte des 18. Jahrhunderts manifestierte, und einem neuhumanistischen Bildungsideal des beginnenden 19. Jahrhunderts betrachtet werden. Damit sind zwei zentrale Elemente vormoderner Bildungsreformen benannt, die für die bildungsgeschichtliche Entwicklung im Alten Reich und damit auch für den Standort Passau von entscheidender Bedeutung waren. Der aufklärerische Bildungsanspruch mit seinem utilitaristischen Postulat und das neuhumanistische Bildungsideal, das auf humanistische Bildungsgrundsätze zurückgriff und die Fächer Latein, Griechisch und Mathematik ins Zentrum neuhumanistischer Gymnasialbildung stellte, verstanden sich dabei jeweils als notwendige Reformbewegungen. Gleichzeitig standen sie in einem Spannungsverhältnis zueinander. Lag der Aufklärungspädagogik die Idee von einer Erziehung zur Nützlichkeit zugrunde, wandte sich der Bildungsbegriff der Neuhumanisten dezidiert davon ab und vertrat die Vorstellung, dass Bildung vom einzelnen Menschen ausgehen müsse und nicht etwa von außen auf das Individuum eingewirkt werden dürfe[4].

Die Universitäts- und Bildungshistorikerin Laetitia Boehm hob in diesem Zusammenhang hervor, dass es kein Zufall sei, dass „das lateinische Wort ‚reformare' … [vor allem] im Bereich des Bildungswesens [angewendet wurde], … meist bezogen auf die Verbesserung der sittlich-religiösen und geistigen Zustände bzw. Institutionen und meist verbunden mit Krisenbewußtsein, ausgerichtet auf Wieder-Anpassung … oder Anpassung an das Zeitgemäße"[5]. In Reformen sieht sie in der Geschichte des höheren Schulwesens ganz wesentliche Antriebskräfte in einem dynamischen Bezugssystem

---

bayerns.de/Lexikon/Bischofsernennung_(Mittelalter/Frühe_Neuzeit) (zuletzt aufgerufen am 14.03.2024). Zur sozialen Zusammensetzung der Passauer Studenten- und Schülerschaft vgl. den Aufsatz von Martin Hille im vorliegenden Band.

4 Vgl. Franz SCHNABEL, Das humanistische Bildungsgut im Wandel von Staat und Gesellschaft. Festrede gehalten in der öffentlichen Sitzung der Bayerischen Akademie der Wissenschaften in München am 3. Dezember 1955, in: Aus Politik und Zeitgeschichte 42 (1956), S. 649–672, hier S. 651 und S. 655; Martin FUHRMANN, Latein und Europa. Geschichte des gelehrten Unterrichts in Deutschland von Karl dem Großen bis Wilhelm II., Köln 2001, S. 136–154.

5 Laetitia BOEHM, Universitätsreform als historische Dimension. Gedanken über vergangene Sorgen der Ludwig-Maximilians-Universität in ihrer Geschichte, in: Dies./Johannes Spörl (Hg.), Ludwig-Maximilians-Universität München. 1472–1972. Geschichte, Gegenwart, Ausblick, München 1972, S. 55–76, hier S. 56.

von Überlieferung, Selbstverständnis und Zeitgeist[6]. Inwiefern diese Annahme für den Hochschulstandort Passau am Übergang vom 18. zum 19. Jahrhundert gilt, soll in drei Schritten aufgezeigt werden: Zunächst steht die Frage im Vordergrund, worin der aufklärerische Anspruch in Bezug auf akademische Bildung bestand. Hier wird vom Einzelfall abstrahiert und die Entwicklung der sog. Katholischen Aufklärung im Süden des Alten Reichs betrachtet. Was zeichnete die Katholische Aufklärung aus? Lassen sich beispielsweise die Jesuiten, die das akademische Leben in Passau so entscheidend geprägt hatten, tatsächlich auf das althergebrachte Bild anti-aufklärerischer Parteigänger reduzieren[7]? Anschließend geht es um zwei Zäsuren, die Auswirkungen auf das akademische Leben in Passau hatten, nämlich zum einen die Auflösung des Jesuitenordens, zum anderen das Ende des Fürstbistums Passau mit dem Reichsdeputationshauptschluss von 1803 und der schrittweisen Eingliederung des bis dahin selbstständigen geistlichen Fürstentums in das neu gegründete Königreich Bayern[8]. Abschließend wird dann in Form eines Ausblicks auf das neuhumanistische Bildungsideal eingegangen.

2. Alles neu? – Nicht nur bildungsgeschichtliche Umbrüche um 1800

Sowohl die Aufklärung als auch der Neuhumanismus wurzeln geistesgeschichtlich im 18. Jahrhundert, wurden jedoch erst im frühen 19. Jahrhundert in Schul- und Studienordnungen verschriftlicht und institutionell umgesetzt. Die Jahrhundertwende um 1800 beschrieb der Landshuter Professor Friedrich Köppen[9] rückblickend als einen ganz und gar ungewöhnlichen Zeitraum. Er hielt fest, dass „wir ... das Außerordentliche erlebt [haben], den Anfang eines Jahrhunderts, welcher das alte Ebenmaß der europäischen Welt gänzlich umwandelte, vom Throne bis zur Hütte alle Gemüther aufregte, Furcht und Hofnung in starkem und schnellen Wechsel mit Bezug auf die theuersten Güter des Lebens einander folgen ließ; wo für irdische Verhältnisse das herkömmliche

---

6 So betrachtet haben sich Reformbewegungen im Allgemeinen nicht nur in Versuchen zur Verbesserung oder Umgestaltung bestehender Institutionen erschöpft, sondern vor allem in Neugründungen ausgewirkt. Vgl. BOEHM, Universitätsreform als historische Dimension (wie Anm. 5), ebd.
7 Helmut ZANDER, Katholische Aufklärung – Aufklärung im katholischen Deutschland, in: Zeitschrift für Kirchengeschichte 100 (1989), S. 231–239, hier S. 233.
8 Die Stadt Passau mit der Veste Oberhaus und dem westlichen Teil des Hochstifts gingen bereits im Februar 1803 an das Kurfürstentum Bayern, der größere östliche Teil des ehemaligen Fürstbistums ging zunächst in den Besitz des Kurfürsten von Salzburg, des ehemaligen Großherzogs der Toskana über, bevor auch dieses Gebiet im Frieden von Preßburg 1806 dem nun neu gegründeten Königreich Bayern zugeschlagen wurde. Vgl. Winfried BECKER, Niedergang und Wiederaufstieg. Grenzstadt im Königreich Bayern (1803–1918), in: Egon Boshof/Walter Hartinger u. a. (Hg.), Geschichte der Stadt Passau, Regensburg 1999, S. 219–261, hier S. 219–223. Zur Auflösung des Jesuitenordens überblicksartig Christine VOGEL, Die Aufhebung der Gesellschaft Jesu (1758–1773), in: Europäische Geschichte Online (EGO), Mainz 2010, URL: http://www.ieg-ego.eu/vogelc-2010-de (zuletzt aufgerufen am 24.03.2024).
9 Vgl. Carl VON PRANTL, Köppen, Friedrich, in: Allgemeine Deutsche Biographie 16 (1882), S. 698–699.

Urtheil der Erfahrung keineswegs auszureichen schien, und überhaupt Neues von Neuem, Unerwartetes von Unerwartetem verdrängt wurde! ... und wir schauen mit Befremdung zurück in den Spiegel der nächsten Vergangenheit, uns fragend, woher sie denn so viel Begebenheit, und so großen Wechsel der Dinge genommen?"[10]

Politische Umbrüche wie die Auflösung zahlreicher bis dahin souveräner weltlicher und geistlicher Territorien erreichten ihren Höhepunkt mit dem Ende des Alten Reichs 1803/06. Den unmittelbaren Anlass für die Säkularisation, die 1803 mit dem Reichsdeputationshauptschluss besiegelt wurde, gab die französische Eroberung der linksrheinischen Reichsgebiete. Die Problematik der Gebietsverluste der jeweiligen Territorien wurde durch eine kompensatorische Säkularisation gelöst, die Grenzen, Grundherrschaften und Staatszugehörigkeiten rücksichtslos verschob[11]. Zuvor waren allerdings bereits erste Säkularisationen etwa in der Habsburgermonarchie durch staatskirchliche Reformen[12] erfolgt, zu denen auch die Durchsetzung eines staatlichen Bildungsauftrags gehörte, der eine Lehrerausbildung an den Universitäten und die Zurückdrängung der Jesuiten aus dem Schulwesen vorsah[13]. Bildungsgeschichtliche Umbrüche reihten sich also in das Umbruchsnarrativ der Zeit um 1800 nahtlos ein.

Besondere Brisanz erhielt die Aufhebung des Jesuitenordens dabei indirekt durch die vorherige Blüte kirchlicher Bildungsinstitutionen. So wird die ‚Fallhöhe' beispielsweise daran deutlich, dass das Passauer Kolleg nicht nur die nachtridentinische Priesterausbildung für ganz Passau übernommen, sondern das höhere Schulwesen insgesamt zu einem Erfolg geführt hatte. Die „Ratio studiorum"[14] der Jesuiten stellte im 17. und

---

10 Friedrich Köppen, Rede bey der fünfundzwanzigjährigen Regierungsfeyer unseres Allerdurchlauchtigsten Großmächtigen Königs u. Herrn Maximilian Joseph am 16. Februar 1824, Landshut, S. 6 f. Vgl. auch Carl von Prantl, Art. „Köppen, Friedrich", in: Allgemeine Deutsche Biographie 16 (1882), S. 698–699; Laetitia Boehm/Gerhard Tausche (Hg.), Von der Donau an die Isar. Vorlesungen zur Geschichte der Ludwig-Maximilians-Universität 1800–1826 in Landshut (= Ludovico Maximilianea, Forschungen 20), Berlin 2003, S. 262; Laetitia Boehm, Universitäten und Wissenschaften im neubayerischen Staat, in: Alois Schmid (Hg.), Handbuch der bayerischen Geschichte, Bd. IV/2: Das Neue Bayern 1800 bis zur Gegenwart: 2. Teilbd.: Die innere und kulturelle Entwicklung, 2. völlig neu bearb. Aufl., München 2007, S. 442.
11 Der Begriff „kompensatorische Säkularisation" bezeichnete die Entschädigung säkularer rechtsrheinischer Länder durch Mediatisierung und Säkularisierung von geistlichen Staaten und kleineren bislang autonomen Reichsständen. Die Weichen für diese Enteignung wurden im Wesentlichen auf dem Friedenskongress von Rastatt (1797–1799) sowie im Frieden von Luneville 1801 gestellt. Vgl. Ulrich Hufeld (Hg.), Der Reichsdeputationshauptschluß von 1803. Eine Dokumentation zum Untergang des Alten Reiches, Köln 2003, S. 9 f. Vgl. zur kompensatorischen Mediatisierung Ders., Mediatisierung, in: Enzyklopädie der Neuzeit. Bd. 8, Stuttgart/Weimar 2008, S. 219–221.
12 Unter dem Begriff „Josephinismus" werden weitreichende staatskirchliche Reformen des österreichischen Kaisers Josephs II. verstanden, die teilweise bereits zur Zeit von Maria Theresia angeregt und begonnen worden waren. Die in der habsburgischen Monarchie bereits ab den 1770er Jahren durchgeführten Klosteraufhebungen und Veränderungen im Bildungswesen, die einen stärkeren staatlichen Zugriff auf das weitgehend in kirchlicher Hand liegende Bildungswesen ermöglichen sollten, hatten sicherlich auch Auswirkungen auf das benachbarte Fürstbistum Passau. Konkrete Studien hierzu stehen jedoch noch aus. Vgl. zur Staatsräson im aufgeklärt-absolutistischen Herrschaftsverständnis Annette Meyer, Die Epoche der Aufklärung, Berlin 2010, S. 101–104.
13 Vgl. Michael Maurer, Kirche, Staat und Gesellschaft im 17. und 18. Jahrhundert, München 1999, S. 40 ff.
14 1599 wurde die „Ratio atque Institutio Studiorum Societatis Jesu" in ihrer letztgültigen Fassung in Kraft gesetzt. Vgl. Vincent Duminuco, The Jesuit Ratio Studiorum of 1599. 400th Anniversary Perspectives,

18. Jahrhundert die ganzheitliche Erziehung des Menschen und – wenn es um den Theologienachwuchs ging – die ganzheitliche Erziehung hin zu einem mustergültigen Priester in den Mittelpunkt. Die Schülerzahlen in den Passauer Gymnasialklassen und in den Philosophie- und Theologiekursen der Jesuiten sprachen für sich. Die Nachfrage stieg fast kontinuierlich[15], sodass die Jesuiten um 1700 bereits beachtliche Schülerzahlen verzeichnen konnten[16]. Unmittelbar danach erreichte der Spanische Erbfolgekrieg die Region um Passau und die darauffolgenden Krisen führten dazu, dass die Anzahl der Jesuitenschüler einbrach.

Hinzu kam bis in die Mitte des 18. Jahrhunderts jetzt allerdings, dass erstmals auch Kritik am scholastisch geprägten Unterricht der Jesuiten laut wurde. Einflüsse der Frühaufklärung, die sich mit ihrem Ruf nach Reformen gegen die lateinische Unterrichtstradition der Jesuiten wandten, aber auch gegen humanistische Ideen und – zugespitzt formuliert – letztlich sogar gegen die *Humaniora* als Ganze, nämlich gegen vermeintlich unnütze und daher entbehrliche ‚Bücherweisheiten'[17]. Mit Blick auf die Jesuitengymnasien kam zusätzlich zum Tragen, dass insbesondere Jesuiten in aufklärerischen Kreisen als Projektionsfläche für grundlegende Kritik an Katholizismus und Papstkirche dienten[18].

Solche Kritik zu üben ist freilich das eine, das andere sind konstruktive Änderungsvorschläge, die diskutiert und vorgebracht wurden. In Bezug auf die Verbesserung des höheren Schulwesens forderten die aufklärerischen Reformer eine stärkere Praxisbezogenheit, die Ausrichtung auf Erfahrung und auf wissenschaftliche Experimente[19]. Fächer wie Rhetorik und Poesie wurden zugunsten von Mathematik, Physik und Geographie zurückgedrängt. Selbst der Unterricht in Philosophie tendierte von der Logik und Metaphysik weg und hin zur praktischen Ethik[20]. Christian Wolff trug als Repräsen-

---

New York 2000; Johannes WRBA, Die Österreichische Provinz der Gesellschaft Jesu im 16. und 17. Jahrhundert. In der Zeit des Barock, in: Michael Benedikt/Reinhold Knoll/Josef Rupitz (Hg.), Verdrängter Humanismus – Verzögerte Aufklärung. Die Stärke des Barock, Klausenburg 1997, S. 277–321.

15 Zur Entwicklung der Schülerzahlen der Gymnasialklassen vgl. Franz Xaver EGGERSDORFER, Die philosophisch-theologische Hochschule Passau. Dreihundert Jahre ihrer Geschichte, Passau 1933, S. 97 f. Die meisten Schüler erreichten die Passauer Jesuitenschulen wohl 1768 mit 560 Schülern, von denen 463 die sechs Gymnasialklassen, 187 die philosophisch-theologischen Vorlesungen besuchten. Vgl. ebd., S. 98.

16 Vgl. ebd.

17 Der bis ins späte 18. Jahrhundert an der „Ratio studiorum" ausgerichtete Lehrplan sah „in der Hauptsache das Erlernen der lateinischen Sprache in Wort und Schrift" vor. Vgl. Franz SCHLEDERER, Unterricht am Jesuitengymnasium. Beispiel: München, in: Max Liedtke (Hg.), Handbuch der Geschichte des bayerischen Bildungswesens, Bd. 1: Geschichte der Schule in Bayern. Von den Anfängen bis 1800, Bad Heilbrunn/Obb. 1991, S. 535–548, hier S. 539. Zum Sprachunterricht allgemein vgl. auch Thomas WALLNIG, Gasthaus und Gelehrsamkeit. Studien zu Herkunft und Bildungsweg von Bernhard Pez OSB vor 1709, Wien/München 2007, S. 59–64.

18 Diese Kritik bezog sich nicht nur auf scholastische Lehrtraditionen, sondern auch ganz allgemein auf kritisierte Phänomene wie Machtgier und Korruption. Vgl. hier in Abgrenzung zum Jansenismus MEYER, Epoche der Aufklärung (wie Anm. 12), S. 149 f.

19 BOEHM, Universitätsreform als historische Dimension (wie Anm. 5), S. 60

20 Rainer A. MÜLLER, Geschichte der Universität. Von der mittelalterlichen Universitas zur deutschen Hochschule, München 1990, S. 61.

tant dieser neuen „Philosophie des Rationalismus"[21] maßgeblich dazu bei, dass die Universität Halle noch vor den Universitäten in Leipzig, Göttingen, Berlin und Königsberg zu einem Zentrum der Aufklärung wurde[22]. In den protestantischen Ländern traten jetzt die Rechtswissenschaften an die Seite der Philosophie. Aber auch in den Reformforderungen des katholischen Südens regierte ein aufklärerischer „Primat der Nützlichkeit", der sich analog zur Entwicklung an den führenden protestantischen deutschen Universitäten in den süddeutsch-katholischen Ländern an der neuen Leitstellung der Kameralistik abzeichnete[23].

Zwar konnte sich die Aufklärung in protestantischen Ländern früher durchsetzen als in katholischen Ländern, aber „katholisch" und „aufklärerisch" waren keineswegs Widersprüche. Der Begriff „Katholische Aufklärung" ist längst in die Handbücher eingegangen[24]. Hatte Klaus Scholder noch in den späten 1970er Jahren nur für das protestantische Nord- und Mitteldeutschland postuliert, dass „sich die Aufklärung, soweit sie zwischen 1740 und 1780 im protestantischen Deutschland wirksam geworden ist, weithin nicht *gegen* Theologie und Kirche, sondern *mit ihr* und *durch sie* vollzogen"[25] habe. So betont die (kirchen-)historische Forschung inzwischen, dass die theologisch-kirchliche Prägung der Aufklärung für das ganze Alte Reich, also auch für seine katholischen Länder gilt. Das Verständnis von Katholischer Aufklärung legt inzwischen die Annahme zugrunde, dass sich das lange 18. Jahrhundert nicht durch das exklusive Verständnis einer spezifischen Aufklärung, sondern durch eine Vielzahl von Aufklärungen mit ihren facettenreichen Strömungen, Variationen und Sonderwegen auszeichnet. Dabei sind neben staatlich-nationalen Konstellationen auch religiös-konfessionelle zu berücksichtigen[26].

---

21 MÜLLER, Geschichte der Universität (wie Anm. 20), S. 60 f.
22 Vgl. Hans-Martin GERLACH (Hg.), Christian Wolff – seine Schule, seine Gegner (Aufklärung 12/2), Hamburg 2001; zum Netzwerk des Wolffianismus vgl. zuletzt Johannes BRONISCH, Der Mäzen der Aufklärung. Ernst Christoph von Manteuffel und das Netzwerk des Wolffianismus (= Frühe Neuzeit 147), Berlin u. a. 2010.
23 Helmut ZANDER, Kritische Miszelle. Katholische Aufklärung – Aufklärung im katholischen Deutschland. Eine Tagung der Deutschen Gesellschaft für die Erforschung des 18. Jahrhunderts, Trier 1988, in: Zeitschrift für Kirchengeschichte, 100 (1989), S. 232.
24 Vgl. Jürgen OVERHOFF/Andreas OBERDORF (Hg.), Katholische Aufklärung in Europa und Nordamerika (= Das achtzehnte Jahrhundert, Supplementa 25), Göttingen 2019. Zuletzt kamen Impulse für die geschichtswissenschaftliche Forschung zur Katholischen Aufklärung (Catholic Enlightenment) insbesondere aus dem englischsprachigen Raum. Vgl. etwa Ulrich L. LEHNER, The Catholic Enlightenment. The Forgotten History of a Global Movement, Oxford 2016 (dt. Übersetzung: Die katholische Aufklärung. Weltgeschichte einer Reformbewegung, Paderborn 2017); DERS., Introduction. The many Faces of the Catholic Enlightenment, in: DERS./Michael Printy (Hg.), A Companion to the Catholic Enlightenment in Europe, Leiden 2013, S. 1–61; DERS., What is Catholic Enlightenment? in: History Compass 8 (2010), S. 166–178; Michael PRINTY, Enlightenment and the Creation of German Catholicism, Cambridge 2009.
25 Klaus SCHOLDER, Grundzüge der theologischen Aufklärung in Deutschland, in: Franklin Kopitzsch (Hg.), Aufklärung, Absolutismus und Bürgertum in Deutschland, München 1976, S. 294–318, hier S. 295 (zuerst in: Festschrift Heinz Rückert, Berlin 1966, S. 460–486); Hervorhebungen bei Scholder.
26 Überblicksartig für den süddeutschen Raum v. a. Hannelore PUTZ, Die „Katholische Aufklärung" – eine Annäherung, in: Markwart Herzog/Alois Schmid (Hg.), Katholische Aufklärung im Benediktinerreichsstift Irsee (= Irseer Schriften, Studien zur Wirtschafts-, Kultur- und Mentalitätsgeschichte NF 13), Konstanz/München 2018, S. 49–62; Jürgen OVERHOFF, Die Katholische Aufklärung als bleibende Forschungs-

3. Akademische Bildung: Aufklärung

In Passau lassen sich bereits im frühen 18. Jahrhundert erste Anzeichen einer aufgeklärten Grundhaltung nachweisen. Aufschluss hierüber geben insbesondere Studien von Walter Hartinger zur kirchlichen Frühaufklärung, in denen es um die vielfältigen Formen von Rationalität im Bereich der Religion geht: Rationalität und im weiteren Verlauf des Jahrhunderts auch Ansätze von „Verwissenschaftlichung" der Verwaltung führten zu einer erheblichen Reduzierung von Wallfahrten, Passionsspielen und kirchlichen Feiertagen[27]. Entsprechende Verordnungen machen aus den Fürstbischöfen des 18. Jahrhunderts noch keine Vertreter der Aufklärung. In den 1760er Jahren entwickelte sich Passau unter den zwei Fürstbischöfen Joseph Maria von Thun-Hohenstein[28] und Leopold Ernst von Firmian[29] jedoch zu einem Ort aufgeklärten politischen Handelns. Mit diesen beiden Fürstbischöfen, von denen der eine nur 19 Monate regierte, der andere fast zwei Jahrzehnte, zeichnete sich ein Ende der jesuitenfreundlichen Passauer (Bildungs-)Politik ab. Beide Fürstbischöfe waren Anhänger des Jansenismus[30],

---

aufgabe: Grundlagen, neue Fragestellungen, globale Perspektiven, in: Das Achtzehnte Jahrhundert. Zeitschrift der Deutschen Gesellschaft für die Erforschung des achtzehnten Jahrhunderts 41/1 (2017), S. 11–27; Markus C. MÜLLER, ‚Katholische Aufklärung in Bayern.' Zur Problematik eines Transformationsbegriffs, in: Johann Kirchinger/Klaus Unterburger (Hg.), Zwischen Barock und Ultramontanismus. Transformationen des bayerischen Katholizismus (= Beiträge zur Kirchen- und Kulturgeschichte 38), Berlin 2022, S. 77–114 sowie Christian HANDSCHUH, Die wahre Aufklärung durch Jesum Christum. Religiöse Welt und Gegenwartskonstruktion in der Katholischen Spätaufklärung (= Contubernium. Tübinger Beiträge zur Universitäts und Wissenschaftsgeschichte 81), Stuttgart 2014.

27 Vgl. Walter HARTINGER, Kirchliche Frühaufklärung in Ostbayern. Maßnahmen gegen Wallfahrten und geistliche Spiele in den Bistümern Passau und Regensburg am Beginn des 18. Jahrhunderts, in: Ostbairische Grenzmarken. Passauer Jahrbuch für Geschichte, Kunst und Volkskunde 27 (1985), S. 142–157; DERS., Kirchliche und staatliche Wallfahrtsverbote in Altbayern, in: Winfried Becker/Werner Chrobak (Hg.), Staat, Kultur, Politik. Beiträge zur Geschichte Bayerns und des Katholizismus. FS zum 65. Geburtstag von Dieter Albrecht, Kallmünz/Opf. 1992, S. 119–136; DERS., ‚…nichts anders als eine zertrunkene Bierandacht…'. Das Verbot der geistlichen Schauspiele im Bistum Passau, in: Dieter Harmening/Erich Wimmer (Hg.), Volkskultur – Geschichte – Region. FS für Wolfgang Brückner zum 60. Geburtstag, Würzburg ²1992 (= Quellen und Forschungen zur europäischen Ethnologie 7), S. 395–419 sowie grundlegend Rebekka HABERMAS, Wallfahrt und Aufruhr. Zur Geschichte des Wunderglaubens in der frühen Neuzeit, Frankfurt am Main/New York 1991 (= Historische Studien 5), insbes. S. 15–18 und 95–101. Vgl. zuletzt Martin FALBISONER, Religiöse Tradition und aufgeklärte Presse im Kurfürstentum Bayern. Untersuchungen zur Kritik an Wallfahrten und weiteren Bräuchen und Formen populärer Frömmigkeit im 18. Jahrhundert [Diss. masch.], München 2015, URL: https://doi.org/10.5282/ubm/epub.210 (zuletzt aufgerufen am 24.03.2024).

28 Joseph Maria von Thun-Hohenstein war von 1761 bis 1763 Passauer Fürstbischof. Er war nicht einmal zwei Jahre auf dem Bischofsthron. Auf ihn geht die Initiative und Gründung des Josepho-Leopoldinischen Priesterseminars in Passau im Jahr 1762/63 zurück. Vgl. Franz AUER, Art. „Joseph Maria", in: Neue Deutsche Biographie 10 (1974), S. 623–624.

29 Fürstbischof Leopold Ernst von Firmian konnte auf eine lange Zeit als Fürstbischof zurückblicken, er regierte das Fürstbistum Passau von 1763 bis zu seinem Tod 1783. Vgl. Alessandro CONT, Leopoldo Ernesto Firmian (1708–1783) e l'arcidiocesi di Salisburgo, in: Annali dell'Istituto storico italo-germanico in Trento 32 (2006), S. 71–126; August LEIDL, Art. „Leopold Ernst", in: Neue Deutsche Biographie 14 (1985), S. 293–294.

30 Gegründet vom niederländischen Theologen Cornelius Jansen (1585–1638) fand diese Bewegung innerhalb der katholischen Kirche, vor allem in Frankreich Anhänger unter Klerikern und Gelehrten. Geistiges

Britta Kägler

Abb. 1: Titelvignette der Churbaierischen Intelligenzblätter von 1776. – Im Vordergrund lehnt das kurbayerische an einen antiken Säulenstumpf. Mit Strahlen wird die Helligkeit der aufgehenden Sonne angedeutet, die zugleich auf den Aufbruch des Aufklärungszeitalters hinweist. Eine Eule, die sich auf dem antiken Säulenstumpf niedergelassen hat, steht für Weisheit. Die Vielfalt der Wissenschaften symbolisieren Musikinstrumente wie eine gut zu erkennende Lyra, eine halb verdeckte Flöte, Pflanzen, ein antiker Hoplitenhelm mit Speer und Schild sowie ein Spiegel, um den sich eine Schlange windet. Der Sinnspruch „Fiat lux" – „Es werde Licht", ein Zitat aus der biblischen Genesis (1:3) verweist mit seiner Lichtmetapher auf ein zentrales Element der Aufklärung, die Suche nach Erkenntnis https://commons.wikimedia.org, Foto: Thomas P. Meiningen; CC BY-SA 4.0)

dessen Ideen als Baustein aufklärerischen Denkens vor allem mit den josephinischen Reformen in der Habsburgermonarchie in Verbindung gebracht werden[31]. Beide Bischöfe positionierten sich explizit gegen den Jesuitenorden (Thun-Hohenstein) und

---

Zentrum war das französische Kloster Port Royal des Champs in der Nähe von Versailles. Die Jansenisten waren Anhänger der Prädestinationslehre und standen in radikaler Gegnerschaft zum Jesuitenorden. Vgl. MEYER, Epoche der Aufklärung (wie Anm. 12), S. 150 f.; Walter HARTINGER, Kirchliche Frühaufklärung (wie Anm. 27), hier S. 185.
31 Vgl. Kaspar VON GREYERZ, Religion und Kultur. Europa 1500–1800, Göttingen 2000, S. 161.

gegen dessen Monopolstellung im Bereich der akademischen Bildung (Firmian)[32]. Außergewöhnlich war das freilich nicht, denn anti-jesuitische Tendenzen können beinah als ein „Signum des 18. Jahrhunderts"[33] gelten.

Fürstbischof Leopold Ernst von Firmian gelang es, der Omnipräsenz der Jesuiten in Passau gezielte Bildungsinitiativen entgegenzusetzen. Institutionell verankert lassen sich dabei zwei Stachel im noch immer jesuitisch geprägten Bildungswesen ausmachen: Einerseits richtete der Fürstbischof eine Mädchenschule im Kloster Niedernburg ein[34], andererseits baute er das bischöfliche Priesterseminar, das bereits sein Amtsvorgänger 1762/63 gegründet hatte, weiter aus[35]. Die Mädchenschule ließe sich noch als zusätzliches Angebot, nämlich als Ergänzung des jesuitischen Schulwesens, das sich ausschließlich an Knaben richtete, verstehen. Aber mit bistumseigenen Lehrstühlen am „Josepho-Leopoldinischen Seminar" wurde den Jesuiten die Ausbildung des Diözesanklerus entzogen, die bis dahin ausschließlich im jesuitischen Klerikalseminar stattgefunden hatte[36]. Den Jesuiten wurde damit zwar nur die Ausbildung der Priester entzogen, Rainer A. Müller betont in seiner Studie zum bayerischen Lyzealwesen allerdings, dass dieser Schritt des Passauer Fürstbischofs die Kongregation schließlich zu einer ordensinternen Standortüberprüfung veranlasste[37]. In Reaktion auf die aufklärerischen Reformforderungen entwickelten die Jesuiten 1765/66 einen Studienreformplan, der sich inhaltlich an den theresianischen Reformen des Jahres 1752 orientierte. Jesuitenkolleg, jesuitisches Priesterseminar und fürstbischöfliches Priesterseminar blieben bis zur Auflösung des Jesuitenordens 1773 nebeneinander bestehen. Die inhaltliche Neuorientierung der Jesuiten spielte für den Passauer Fürstbischof keine Rolle. Eine erneute Zusammenführung von Jesuitenseminar und fürstbischöflichem Priesterseminar wurde nicht diskutiert, auch wenn der Fürstbischof 1769 mit einer Denkschrift „Über die Nothwen-

---

32 Vgl. August LEIDL, Bischof und Klerus im Großbistum Passau an der Wende vom Barock zur Aufklärung, in: Karl Mühleck u. a. (Hg.), Diener in Eurer Mitte. Festschrift für Antonius Hofmann, Bischof von Passau zum 75. Geburtstag (= Reihe Katholische Theologie 5), Passau 1984, S. 137–154, hier S. 143 und S. 145; DERS., Das Bistum Passau zwischen Wiener Konkordat (1448) und Gegenwart. Kurzporträts der Passauer Bischöfe, Weihbischöfe, Offiziale (Generalvikare) dieser Epoche, Passau 1993, S. 144.
33 Richard VAN DÜLMEN, Antijesuitismus und katholische Aufklärung in Deutschland, in: Historisches Jahrbuch 89 (1969), S. 52–80, hier S. 53.
34 Vgl. Michael W. WEITHMANN, Kleine Passauer Stadtgeschichte, Regensburg 2004, S. 105.
35 Vgl. LEIDL, Bischof und Klerus im Großbistum Passau (wie Anm. 32), S. 146.
36 Seit Kardinal Johann Philipp Graf von Lamberg (reg. 1689–1712) das Klerikalseminar einrichten ließ, war es in direkter Nähe zum Jesuitenkomplex untergebracht in der heutigen Staatlichen Bibliothek Passau in der Jesuitengasse. Vgl. vor allem Konrad BAUMGARTNER, Die Seelsorge im Bistum Passau zwischen barocker Tradition, Aufklärung und Restauration (= Münchener theologische Studien/I. Historische Abt. 19), St. Ottilien 1975, S. 105 f. sowie EGGERSDORFER, Die philosophisch-theologische Hochschule Passau (wie Anm. 15), S. 130–137. Leidl macht auf den aufklärerisch-utilitaristischen Ansatz aufmerksam, indem er hervorhebt, dass das Jesuitenseminar in Passau einen rein wissenschaftlichen Anspruch verfolgte und die Fürstbischöfe deswegen noch Priesterhäuser errichten wollten, deren Aufgabe v. a. in der praktischen pastoralen Ausbildung bestand. Vgl. LEIDL, Bischof und Klerus im Großbistum Passau (wie Anm. 32), S. 147.
37 Vgl. Rainer A. MÜLLER, Akademische Ausbildung zwischen Staat und Kirche. Das bayerische Lyzealwesen 1773–1849, Bd. 1, Paderborn/München/Wien/Zürich 1986, S. 315.

digkeit und Verbesserung des Schulwesens in den [habsburgischen] k[aiserlich-]k[öniglichen] Erbländern"[38] weitere bildungspolitische Akzente setzte, die sich ebenfalls an habsburgischen Reformplänen orientierten. Die Anregungen, die Firmian in seiner Rolle als bildungspolitischer Berater Maria Theresias formulierte, machen einerseits seine enge Bindung an die Habsburgermonarchie deutlich[39]. Andererseits kann man der Schrift eine aufklärerische Grundhaltung und den Wunsch nach möglichst rationalem Verwaltungshandeln entnehmen: Firmian warb um staatliche Unterstützung für die vielen Pfarrschulen in seinem Fürstbistum, die sich in einem desolaten Zustand befanden. Seine Argumente lesen sich klassisch aufklärerisch, etwa wenn er den Nutzen guter Schulen für den Staat und für die Religion betont. Diese Reihenfolge, die den Staat vor die Religion stellt, zeigt, dass der Passauer Bischof, der hier zugleich als Fürst und Herrscher denkt und handelt, im Bereich der Bildung eine staatliche Zuständigkeit in den 1770er Jahren für durchaus akzeptabel hielt[40]. Es wäre allerdings zu vereinfachend, diese bischöfliche Bildungspolitik monokausal als Folge anti-jesuitischer Haltung und Polemik zu verstehen. Zeitgenössische Kritik warf den Jesuiten zwar pädagogische Rückständigkeit vor, die an Lehrformen festgemacht wurden, die scheinbar seit dem Mittelalter unveränderten scholastischen Traditionen folgten. Folgerichtig galten sie aufgeklärten Zeitgenossen auch als Gegner oder doch zumindest als Hemmnis für geistigen und wirtschaftlichen Fortschritt. Oft verbarg sich hinter diesen Vorwürfen allerdings vielmehr ein Angriff auf die Organisationsstruktur des Jesuitenordens. Denn hinter den territorienübergreifenden Ordensprovinzen, der zentralen Ausrichtung auf einen Ordensgeneral in Rom und hinter dem Papstgelübde der Jesuiten, der direkten Unterordnung unter den Papst, vermuteten Vertreter der Aufklärung eine Gefahr für die Kirchenhoheit, vor allem aber eine Gefahr für die souveräne Entscheidungsfreiheit der Landesherren. Am pointiertesten formulierte sicherlich Peter von Osterwald die Gefahr, dass hier ein Staat im Staate entstünde: „Damit haben wir den vollkommenen Statum in Statu, und die Thür zu allen Revolutionen offen, sobald sich ein weltlicher Regent seiner von Gott verliehenen Macht gegen die Geistlichkeit gebrauchen will."[41] Wie konnte

---

38 Vgl. Robert HÖSINGER, Rechtsgeschichte des katholischen Volksschulwesens in Österreich, Wien 1937, S. 85, zit. nach Helmut ENGELBRECHT, Geschichte des österreichischen Bildungswesens. Erziehung und Unterricht auf dem Boden Österreichs. Bd. 3: Von der frühen Aufklärung bis zum Vormärz, Wien 1986, S. 91.
39 Die enge politische, aber auch kulturelle Anlehnung an die Donaumonarchie ist für das Fürstbistum Passau insgesamt kaum überzubewerten. Derzeit entsteht an der Professur für bayerische Landesgeschichte und europäische Regionalgeschichte an der Universität Passau eine Dissertation, die unter den Arbeitstitel „Vom Krummstab zum Löwen: Passaus Integration in das Bayerische Herrschaftsgebiet" danach fragt, wie sich das ehemalige Fürstbistum, das territorial um ein Vielfaches verkleinert worden war, in das Königreich Bayern integrierte und inwiefern traditionelle Verbindungen nach Osten in die habsburgischen Erbländer auch in Zeiten des aufkommenden kleindeutschen Nationalismus aufrechterhalten werden konnten.
40 Vgl. Eva Maria HÖRMANSEDER, Schulbildung zwischen Politik und Realität. Zur Schulwirklichkeit in Österreich zwischen 1869 und 1914 anhand von autobiografischen Dokumenten [Magisterarbeit masch.] Wien 2013, S. 10. Hörmanseder verweist zugleich auf Engelbrecht, der betont, dass staatliche Schulreformen nur deshalb so erfolgreich waren, weil sie von der Kirche mitgestaltet wurden. Vgl. ENGELBRECHT, Geschichte des österreichischen Bildungswesens (wie Anm. 38), S. 90 f.

der Jesuitenorden, dessen Vorrangstellung sich über Jahrhunderte durch die besondere Nähe zu den europäischen Herrschern gefestigt hatte, so grundlegend angegriffen werden? Schließlich kann eine so radikale Kritik nicht allein darauf zurückzuführen sein, dass die Strahlkraft der „soliditas doctrinae" und der „uniformitas disciplinae", die Gleichheit und Festigkeit der Lehre, nicht mehr zur Wissenschaftshaltung der aufgeklärten Zeitgenossen passte. Weitet man den Blick, wird deutlich, dass es unterschiedliche Sorgen im Alltagsleben waren, die das Jesuitenkolleg in Passau belasteten: Festgefahren im kleinstädtischen Milieu einer geistlichen Residenzstadt, im Verschulungszwang eines sich verändernden Territorialgefüges, eines immer stärker bürgerorientierten Staates, noch dazu in Kriegs- und Finanznöten. Die Wirtschaftskraft der Stadt hatte einen nie dagewesenen Tiefpunkt erreicht, der sich seit Langem nur noch „in der Versorgung von Wallfahrern und auswärtigen Studenten"[42] erschöpfte. Diese Gesamtlage lässt Reformbemühungen auf verschiedenen Ebenen dringlich erscheinen. War der Hochschulstandort Passau also schon seit einigen Jahrzehnten mit den Möglichkeiten und Schwierigkeiten von Wissenschaftsorganisationen zwischen Tradition und Zeitgeist konfrontiert gewesen, so weitete sich in der Mitte des 18. Jahrhunderts unter dem Eindruck von Aufklärungsphilosophie, Erfahrungsdenken, rationalistischer Pädagogik und kameralistischer Verwaltung die Breite möglicher Reformansätze. Längst ging es nicht mehr nur um Lehrpläne oder Vermittlungsmethoden, vielmehr standen zwei systemische Missstände des jesuitischen Bildungswesens im Vordergrund. Es gehörte nämlich zu den Eigenheiten der Jesuiten, dass sie – zumindest am Gymnasium – auf junge und vergleichsweise unerfahrene Lehrer setzten[43]; schließlich musste jeder Jesuit in seinem Werdegang zwingend an jesuitischen Schulen lehren. Aus dem Umstand, dass die Jesuiten gerade keine beständige Bindung an einen Ort *(stabilitas loci)* zugrunde legten wie andere Orden, ergab sich zusätzlich ein häufiger Wechsel des Lehrpersonal. In der älteren Forschung wird von einem „ständigen Kommen und Gehen"[44] gesprochen bzw. einem „offenen Taubenschlag"[45].

Für das Jesuitengymnasium in Linz liegt eine statistische Auswertung der Lehrer vor. Die Tendenz, die für Linz gilt, wird auch für andere Jesuitenschulen angenommen: Mehr als die Hälfte der Lehrer unterrichtete zwischen 1608 und 1773 demzufolge maximal ein Jahr. Ein weiteres Viertel des Lehrpersonals brachte es auf immerhin zwei Jahre, während nur fünf Lehrkräfte für die Maximaldauer von fünf bis sechs Jahren vor Ort waren. Ob es an diesen Voraussetzungen lag, dass die Schülerzahlen in der ersten Hälfte des 18. Jahrhunderts zurückgingen, lässt sich auf der vorliegenden Quellengrundlage kaum schlüssig beantworten, zumal das Passauer Gymnasium kurz vor der

---

41 Zit. nach Winfried MÜLLER, Universität und Orden. Die bayerische Landesuniversität Ingolstadt zwischen der Aufhebung des Jesuitenordens und der Säkularisation 1773–1803 (= Ludovico Maximilianea, Forschungen 11), Berlin 1986, S. 22. Zu Osterwald vgl. Manfred WEITLAUFF, Art. „Osterwald, Peter von", in: Neue Deutsche Biographie 19 (1999), S. 622 f.
42 WEITHMANN, Kleine Passauer Stadtgeschichte (wie Anm. 34), S. 108.
43 Paul F. GRENDLER, The Culture of the Jesuit teacher (1548–1773), in: Journal of Jesuit Studies 3 (2016), S. 17–41 und 20.
44 EGGERSDORFER, Die philosophisch-theologische Hochschule Passau (wie Anm. 15), S. 26.
45 Ebd., S. 27.

Auflösung des Jesuitenordens im Jahr 1773 noch einmal außergewöhnlich viel Zulauf erhielt: 463 Schüler besuchten die Gymnasialklassen der Jesuiten[46]. In der historischen Forschung werden diese Schülerzahlen[47] oft positiv gedeutet, nämlich als Wiederbelebung. Zeitgenössische Jesuitenkritiker polemisierten hingegen, dass jedermann wisse, „daß die Jesuiten so viele theologische Schulen unterhalten hätten, wie ihnen Schulhäuser dafür zur Verfügung gestanden [hätten], und daß in Bayern die Theologie lange ein allgemeines Studium für alle die [war], welche weder Köpfe noch Hände hatten, sich durch etwas anders als Meße lesen, Brod [zu] verdienen"[48]. Es sei daher angeraten, „zum Nutzen der Oekonomie ... einige lateinische Schulhäuser eingehen [zu] lassen, weil ein Land wie Bayern ..., wo neben den Kurfürstlichen Schulen so viele Bischöfliche und Klosterschulen sind, doch noch immer Gymnasien genug, wo nicht ohne dem schon zu viel wären"[49]. Andere Jesuitenkritiker sahen in den hohen Schülerzahlen in den 1760er und den frühen 1770er Jahren hingegen schlicht eine Folge des kostenfreien Unterrichts. Dieser jesuitische Grundsatz zielte darauf ab, möglichst vielen Schülern unabhängig von Schuldgeld jesuitischen Unterricht zuteil werden zu lassen, um so zur Festigung des katholischen Glaubens beizutragen[50]; – ein Grundsatz, der so von Beginn an Bestandteil der „Ratio Studiorum" war[51].

4. Akademische Bildung: mit neuhumanistischem Ideal zurück zu den Wurzeln?

Die Auflösung des Jesuitenordens durch den Papst im Jahr 1773 war ohne Zweifel ein tiefer Einschnitt für den Bildungsstandort Passau. Dabei waren die Voraussetzungen zunächst einmal gut für einen fließenden Übergang. In Passau verlief die Aufhebung

---

46 Vgl. ebd., S. 98; Margarete LAUDENBACH, Im Schatten starker Fürstbischöfe (1713–1803), in: Egon Boshof/Walter Hartinger u. a. (Hg.), Geschichte der Stadt Passau, Regensburg 1999, S. 187–215, hier S. 209.
47 LAUDENBACH, Im Schatten starker Fürstbischöfe (wie Anm. 46), S. 209; Alois KAPSNER, Die Schülerbewegung seit Gründung der Schule, in: Jubiläumsbericht über das 350. Schuljahr 1961/62 des Humanistischen Gymnasiums Passau, Passau 1962, S. 74–86, hier S. 86; Albrecht AIGN, Geschichte des Gymnasiums Passau. Ein Beitrag zur Geschichte des bayerischen Gymnasialwesens, Bd. 1: Das Jesuiten-Gymnasium (1612–1773), Passau 1962, S. 81.
48 Die zunächst anonym erschienenen „Beyträge" werden i. A. Anton von Bucher und Johann Georg Lori zugeschrieben. Anton VON BUCHER/Johann Georg LORI, Beyträge zu einer Schul- und Erziehungsgeschichte in Baiern, München 1778, S. 203 f.
49 Ebd.
50 EGGERSDORFER, Die philosophisch-theologische Hochschule Passau (wie Anm. 15), S. 27.
51 In Passau war es 18 „studiosi juscularii" („Suppenstudenten") gestattet, die Mahlzeiten unentgeltlich im Kolleg einzunehmen. Außerdem war es bis in die frühen 1760er Jahre üblich, den „pauperes Studiosi Passavienses" wöchentliche Brotspenden zukommen zu lassen. Nach dem Verbot von Bettelstudenten wandten sich die „pauperes" schriftlich und „fueßfallend" an den Fürstbischof von Thun-Hohenstein, um die Notwendigkeit des alten Privilegs zu untermauern, denn nur mit Unterstützung wäre es ihnen, den mittellosen Studenten möglich, „nit ex defectu mediorum Unser von Gott gegebene talenta zuvergraben ..., sondern durch fortsetzung Unserer Studien ad altiora gelangen: und noch vill andere darmit gewinnen mögen". Zit. nach EGGERSDORFER, Die philosophisch-theologische Hochschule Passau (wie Anm. 15), S. 109.

des Jesuitenordens rücksichtsvoll[52]. Der Fürstbischof ließ das Ende des Ordens nicht brüsk von den Kanzeln verkünden und stieß die Josephinisten in Wien sogar noch mehr vor den Kopf, indem er den Passauer Ex-Jesuiten gestattete, in ihrem ehemaligen Kolleg zumindest für die ersten Jahre beisammenzubleiben. Das Kolleg im ehemaligen Jesuitenkomplex wurde zu einem Haus für Diözesankleriker umfunktioniert und die finanzielle Last im Umfang von 9.700 fl., die sich aus der Abwicklung der verschiedenen jesuitischen Institutionen vor Ort ergab, teilten sich Hochstift und Bistum zu gleichen Teilen. Die kleine Pension, die einem jeden Ex-Jesuiten zugesprochen worden war, fiel dagegen kaum ins Gewicht[53]. Durch einen Brief des Fürstbischofs Firmian an Niklas Ernst von Grueber, den Direktor des Passauisch-Unterennserischen Consistoriums in Wien[54], erhält man Einblicke in die Atmosphäre der Residenzstadt nach der Auflösung der Jesuiten. Der Bischof schreibt: „Ich habe zwar gewußt, daß die Jesuiten in Passau geliebet waren, doch hatte ich mir die größe der Bestürzung, als das ganze Publikum zeiget, niemahls also vorgestellet; die Burgerschaft verabscheichet keine Excommunication; Sie schelten und fluchen über den Pabst, daß ein lieber lust ist."[55]

Ob die Passauer Bürger auch wegen der Bildungssituation fluchten, ist im Detail leider nicht überliefert. Zwar erwies sich vor allem die Fortführung der Latein- und Philosophieklassen, die vorher vollständig in Hand der Jesuiten gewesen waren, als schwierig. Zumindest für das erste Jahr nach der Aufhebung des Ordens konnte eine ausreichende Deckung der Lehrstellen allerdings ermöglicht werden, weil die Ex-Jesuiten allesamt in den fürstbischöflichen Dienst wechseln konnten[56]. Diese faktische Weiterbeschäftigung an der nun „Fürstbischöflichen Akademie"[57] wurde aus Wien jedoch genauso scharf kritisiert wie die zu wenig aktualisierten, in ihrem Kern daher immer noch als ‚jesuitisch' verstandenen Lehrpläne. Wien drehte daraufhin dem Passauer Fürstbischof den Geldhahn zu, was bedeutete, dass finanzielle Mittel aus dem

---

52 LAUDENBACH, Im Schatten starker Fürstbischöfe (wie Anm. 46), S. 209. „In Deutschland hingegen behielt auch und gerade im katholischen Bereich die Aufklärung ihren milden Zug gegenüber Kirche und Religion. Sie blieb weithin von Theologen und Kirchenmännern getragene innerkirchliche Aufklärung. Kirchenkritik trat dabei oft nur in Gestalt praktischer Reformvorschläge hervor." Harm KLUETING, „Der Genius der Zeit hat sie unbrauchbar gemacht." Zum Thema Katholische Aufklärung – Oder: Aufklärung und Katholizismus in Deutschland des 18. Jahrhunderts. Eine Einleitung, S. 6 f. Zu den folgenden Schulreformen in Passau vgl. v. a. Margarete LAUDENBACH, Die große Reform des deutschen Schulwesens unter Joseph Franz Anton von Auersperg (1783–1795), in: Ostbairische Grenzmarken 36 (1994), S. 173–197.
53 Diendorfer erwähnt eine monatliche Zuweisung von 16 fl. im Zusammenhang mit einer abschlägig beschiedenen Bitte um Erhöhung der jährlichen Zuwendungen. Vgl. Johann Ev. DIENDORFER, Die Aufhebung des Jesuitenordens im Bisthum Passau nach den Akten des k.b. allgemeinen Reichsarchivs zu München, Passau 1891, S. 49. Eggersdorfer bezieht sich in seinen Ausführungen ebenfalls auf die Angaben bei Diendorfer, vgl. EGGERSDORFER, Die philosophisch-theologische Hochschule Passau (wie Anm. 15), S. 196.
54 DIENDORFER, Die Aufhebung des Jesuitenordens im Bisthum Passau (wie Anm. 5), S. 18.
55 DIENDORFER, Die Aufhebung des Jesuitenordens im Bisthum Passau (wie Anm. 5), S. 21.
56 Vgl. EGGERSDORFER, Die philosophisch-theologische Hochschule Passau (wie Anm. 15), S. 195 ff.
57 Zur Umbenennung vgl. MÜLLER, Das bayerische Lyzealwesen (wie Anm. 37), S. 316; BAUMGARTNER, Seelsorge im Bistum Passau (wie Anm. 37), S. 116 ff. sowie EGGERSDORFER, Die philosophisch-theologische Hochschule Passau (wie Anm. 15), S. 185–190.

alten Jesuitenfonds von habsburgischer Seite nicht mehr zu erwarten waren[58]. In Passau half ein gewisser pragmatischer Verstand, der finanziellen Misere zu trotzen und erstmals sogar juristische Vorlesungen einzuführen. Bei genauer Betrachtung waren die betreffenden Lehraufträge für zwei Juristen allerdings mit Stellen im Hofrat verbunden. Zusätzliche Kosten entstanden also keine. Das Gymnasium konnte seine fünf Klassen und die altsprachliche Basis aufrechterhalten sowie das bisherige Lehrprogramm sogar um Sachfächer, sog. „lebenspraktische Gegenstände", und um einige Deutschstunden in den Oberklassen ergänzen[59]. Trotzdem sanken die Schülerzahlen bis 1789 auf einen Tiefstand herab. Die deutschen Schulen befanden sich in einem noch desolateren Zustand als die Lateinschulen. Als eine fürstbischöfliche Kommission sowohl für das lateinische als auch für das deutsche Schulwesen 1784/85 einen neuen Lehrplan herausbrachte, der die bisherige aristotelisch-scholastische Philosophie im Sinne der Aufklärung durch die Denksysteme von Descartes, Wolff und später Kant ersetzte, war es in gewisser Weise zu spät. Denn nach dem Tod Fürstbischof Firmians im Frühjahr 1783 hatte Kaiser Joseph II. die großen österreichischen Teile vom Passauer Bistum abtrennen lassen, was dazu führte, dass die Priesterausbildung und damit ein Standbein der akademischen Bildung zwischen Inn und Donau einbrach[60]. Die Abschaffung der geistlichen Staaten, die sog. Herrschaftssäkularisation, zeichnete sich mit dieser Zäsur bereits ab[61].

In den letzten beiden Jahrzehnten vor dem Reichsdeputationshauptschluss hatte sich eine Flut von Flugschriften und Traktaten mit der Struktur, mit Vor- und Nachteilen, vertretbarer Neuordnung oder Aufhebung der geistlichen Staaten befasst. Die Zeit der sog. „Priesterstaaten" war vorbei und die tatsächliche Umsetzung der Säkularisation 1803 kaum noch eine Überraschung. Bis dahin musste das juristische Lehrangebot der Fürstbischöflichen Akademie 1792 bereits wieder eingestellt werden. Passau litt unter Truppendurchzügen und Einquartierungen, aber auch einer „außergewöhnlichen Kriegssteuer" vor allem im zweiten Koalitionskrieg, wovon sich die Wirtschaft schon vor der Aufhebung des Hochstifts nicht mehr erholte. Das gesellschaftliche und kulturelle Leben brach schließlich nach der Säkularisierung und den sich anschließenden Wirren um die Verteilung des ehemals hochstiftischen Besitzes

---

58 Vgl. Müller, Das bayerische Lyzealwesen (wie Anm. 37), S. 316.
59 Vgl. Max Seibel, Neue Beiträge zur Geschichte des Gymnasiums Passau, in: Programm Passau (1911/12), S. 6 f.; Eggersdorfer, Die philosophisch-theologische Hochschule Passau (wie Anm. 15), S. 211.
60 Das Ausmaß dieser territorialen Verkleinerung entsprach letztlich dem einer „vorgezogene[n] Säkularisation". Rainer A. Müller bezeichnet diesen Schritt Josephs II. als einen harten Schlag gegen das höhere Schulwesen in Passau, das nur durch die Tatkraft des neuen Fürstbischofs, Joseph Franz von Auersberg (reg. 1783–1795) abgeschwächt werden konnte. Vgl. Müller, Das bayerische Lyzealwesen (wie Anm. 37), S. 316 f.; Laetitia Boehm, Katholizismus, Bildungs- und Hochschulwesen nach der Säkularisation, in: Rainer A. Müller/Winfried Müller/Gert Melville (Hg.), Geschichtsdenken – Bildungsgeschichte – Wissenschaftsorganisation, Ausgewählte Aufsätze von Laetitia Boehm anläßlich ihres 65. Geburtstages, Berlin 1995, S. 777–822, hier S. 780 f.; Eggersdorfer, Die philosophisch-theologische Hochschule Passau (wie Anm. 15), S. 193.
61 Vgl. Boehm, Katholizismus, Bildungs- und Hochschulwesen (wie Anm. 60), S. 780.

ein. Die Fürstbischöfliche Akademie wurde 1803 aufgelöst, auch wenn sie für kurze Zeit noch eingeschränkt als „Kurfürstliches Lyzeum" weiterbestand[62].

Die Stadt Passau, das bis dahin stolze geistliche und weltliche Zentrum der Passauer Bischöfe, konnte in den ersten drei Jahrzehnten als Teil des Königreichs Bayern keine Geistlichen mehr ausbilden. Seminaristen mussten nun ins Georgianum nach Landshut, später nach München.

Innerhalb kürzester Zeit stand das Bildungswesen in Passau damit erneut zur finanziellen und personalen Disposition[63].

5. Ausblick

Für den Hochschulstandort Passau lassen sich die Jesuiten nicht ohne Weiteres auf ein Zerrbild ihrer aufklärerischen Gegner reduzieren. In unterschiedlicher Intensität und in verschiedenen Phasen wurden die Brüche des ausgehenden 18. Jahrhunderts in Passau allerdings genutzt, um anstehende Bildungsreformen im Sinne der Aufklärung umzusetzen[64]. Wollten die jansenistisch beeinflussten Fürstbischöfe Joseph Maria von Thun-Hohenstein und Leopold Ernst von Firmian zunächst schlicht ein neues Schulmonopol verhindern, zeichneten sich ihre beiden letzten Nachfolger, die Fürstbischöfe Joseph Franz von Auersperg und Leopold von Thun zunächst durch institutionellen und inhaltlichen Reformwillen aus. Die notwendigen Bildungsreformen litten allerdings unter ungünstigen finanziellen Rahmenbedingungen und seit Mitte der 1790er Jahre unter den personellen Konsequenzen, die eine kategorische Illuminatenverfolgung nach sich zog[65]. Fürstbischof von Auersperg entließ Professoren, die nach restaurativer Denkart verdächtigt werden konnten zu den Kreisen der Illuminaten zu gehören[66]. Auf diese Weise verloren die Fürstbischöfliche Akademie und die Stadt Passau Gelehrte wie Joseph Milbiller, Joachim Schuhbauer sowie die Professoren Hunger,

---

62 Rainer A. Müller beurteilt die Schul- und Hochschulpolitik um die Jahrhundertwende 1800 als „ohne eigentliches Profil", MÜLLER, Das bayerische Lyzealwesen (wie Anm. 37), S. 317.
63 Vgl. Notker HAMMERSTEIN/Ulrich HERRMANN (Hg.), Handbuch der deutschen Bildungsgeschichte, Bd. 2: 18. Jahrhundert: vom späten 17. Jahrhundert bis zur Neuordnung Deutschlands um 1800, München 2005, S. 349.
64 Vgl. ebd.
65 In Bayern war der Illuminatenorden 1784/85 durch Kurfürst Karl Theodor verboten worden. Vgl. Ludwig HAMMERMAYER, Die Aufklärung in Wissenschaft und Gesellschaft, in: Andreas Kraus (Hg.), Handbuch der bayerischen Geschichte, Bd. II: Das alte Bayern. Von der Frühzeit bis zum Ausgang des 18. Jahrhunderts, München 1988, v. a. S. 1188–1197.
66 Vgl. immer noch Richard VAN DÜLMEN, Der Geheimbund der Illuminaten. Darstellung, Analyse, Dokumentation, Stuttgart/Bad Cannstadt ²1977; Ludwig HAMMERMAYER, Illuminaten in Bayern. Zu Geschichte, Fortwirken und Legende des Geheimbunds, in: Helmut Reinalter (Hg.), Der Illuminaten-Orden (1776–1785/87). Ein politischer Geheimbund der Aufklärungszeit, Frankfurt am Main 1997, S. 21–77. Zum Abgleich der bekanntesten Mitglieder Hermann SCHÜTTLER, Die Mitglieder des Illuminatenordens (1776–1787/93), München 1991.

Lenz und Schmid[67]. Im direkten Widerspruch zu der eigentlich noch von aufklärerischen Ideen getragenen Reform der akademischen Schule zu Passau ließ der Fürstbischof in seinen letzten Lebensjahren Lehrpläne und Lehrbücher erneut auf Gesichts-
punkte wie Moralität und Religiosität trimmen[68].

Nach der Säkularisation reagierte man in Passau – ähnlich wie in anderen zuvor
geistlichen Fürstentümern – tendenziell zögerlicher und vorsichtiger als in weltlichen mediatisierten Territorien. Außerdem hatte staatliches Kontrollverständnis in
der Regel Vorrang vor inhaltlichen Bildungsreformen. Die in Passau durchgeführten
Neuerungen stützen sich in zahlreichen Punkten noch immer auf die jesuitischen
Vorläufer. Das betraf Gymnasium und Hochschule gleichermaßen. Diese Kontinuität drückte sich zum einen darin aus, dass ganz pragmatisch Gebäude und Lehrbücher einfach beibehalten werden mussten. Hinzu kam das Problem alternativer
Lehrkräfte. Erst langsam gelang es in Passau, auch geisteswissenschaftliche Fächer
durch andere Ordenskleriker oder Gelehrte zu ersetzen. Ideen des Neuhumanismus
kamen schließlich erst zu Beginn des 19. Jahrhunderts zum Tragen, wobei das
neuhumanistische Bildungsideal wiederum einen Kontrapunkt gegen das Nützlich-
keitsgebot der Aufklärung setzte und sich stattdessen geistesgeschichtlich in die Tradition des älteren Humanismus stellte. Die Geisteswelt, die Wilhelm von Humboldt
in Preußen und Friedrich Immanuel Niethammer[69] in Bayern zur Grundlage der
höheren Bildung erklärten, wurde erst gegen Ende des 19. Jahrhunderts als „Neuhumanismus"[70] umschrieben.

Verfolgt man die Universitätsentwicklung unter dem Aspekt der „Gesellschaftsrele-
vanz" von Wissenschaft, so wird mit Laetitia Boehm deutlich, dass Reformbedürfnisse
sich in Bezug auf die Lehrpläne immer dann besonders lautstark artikulierten, wenn

---

67 Der in Passau nach wenigen Jahren als Professor der Schönen Wissenschaften und Geschichte entlassene Joseph Milbiller ging zusammen mit den anderen entlassenen Professoren zunächst nach Wien. Im Jahr 1799 erhielt er dann einen Ruf an die Universität Ingolstadt und wurde 1808 schließlich sogar zum korrespondierenden Mitglied der Bayerischen Akademie der Wissenschaften ernannt. Vgl. Michael SCHAICH: Art. „Milbiller, Joseph", in: Biographisch-Bibliographisches Kirchenlexikon 5 (1993), Sp. 1511–1512. Vgl. HAMMERMAYER, Die Aufklärung in Wissenschaft und Gesellschaft (wie Anm. 65), S. 1227 Anm. 6. Zeitgenössische Reaktionen auf die Entlassung finden sich neben Pressemeldungen vor allem in Tagebüchern und/oder Autobiographien. Vgl. beispielhaft Michael FILZ, Autobiographie des Priors zu Michaelbeuern in der Erzdiözese Salzburg, in: Salzburger Kirchenblatt 14 (1855), S. 109 f. (abgedruckt als Fortsetzung), hier S. 110.
68 Vgl. MÜLLER, Das bayerische Lyzealwesen (wie Anm. 37), S. 317
69 Besonders wirkmächtig wurde für das bayerische Schulwesen nach neuhumanistischem Ideal Niethammers Versuch, für einen Mittelweg im Konflikt zwischen (Neu-)Humanismus und pragmatischer, auf Nützlichkeit und Anwendbarkeit ausgerichteter Bildung einzustehen. Vgl. Friedrich Immanuel NIETHAMMER, Der Streit des Philanthropinismus und Humanismus in der Theorie des Erziehungs-Unterrichts unsrer Zeit, Jena 1808.
70 Vgl. Johannes FLÜGGE, Aufstieg und Problematik des neuhumanistischen Bildungsideals, in: Ders. (Hg.), Geisteswissenschaft und Naturwissenschaft. Ihre Bedeutung für den Menschen von heute, Berlin 2011, S. 35–62, hier S. 35 f. Vertiefend zu Begriff und Grundlagen vgl. Stefan REBENICH, Art. „Neuhumanismus", in: Joachim Jacob/Johannes Süßmann (Hg.), Der Neue Pauly Supplemente II Online, Bd. 13: Das 18. Jahrhundert. Lexikon zur Antikerezeption in Aufklärung und Klassizismus, URL: http://dx.doi.org/10.1163/2468-3418_dnpo13_COM_223169 (zuletzt aufgerufen am 24.03.2024).

entweder „das l'art-pour-l'art-Prinzip durch Verschulung, die Dynamik und den praktischen Lebensanschluss zu verlieren drohte, oder wenn umgekehrt dem fachwissenschaftlichen Fortschritt der institutionelle Rahmen des Schulbetriebs nicht mehr genügte"[71].

Nach dem Wintersemester 1809/10 war in Passau 177 Jahre nach der Angliederung einer Jesuitenhochschule an das örtliche Jesuitengymnasium ein trauriger Einschnitt erreicht: Das höhere Schulwesen, das der rigide Münchner Reformer Maximilian Graf von Montgelas 1803 in reduzierter Form mit einem „Churfürstlich baierischen Gymnasium"[72] und einem lyzealen Philosophiestudium zugestanden hatte, wurde geschlossen. Die Stadt konnte sich noch bis in die 1830er Jahre als Verwaltungssitz behaupten, verlor aber auch diese Funktion schließlich an Landshut.

---

71 BOEHM, Universitätsreform als historische Dimension (wie Anm. 5), S. 61.
72 Die spätere „Königliche Studienanstalt zu Passau" (1806–1892), das heutige Leopoldinum.

Die Passauer Hochschule im Kontext der deutschen und der bayerischen Bildungsgeschichte zwischen 1833 und 1933

Hans-Christof Kraus

1.

Zu Beginn der Restaurationsära nach der im Jahr 1815 erfolgten Neuordnung Europas gerieten die soeben erst mühsam reformierten und teilweise neu entstandenen deutschen Universitäten in ernsthafte Gefahr. Im Auftrag des damals allmächtigen Wiener Staatskanzlers Clemens Fürst von Metternich hatte ein russischer Diplomat griechischer Herkunft, Graf Alexander Demetrios Stourdza, eine in französischer Sprache verfasste, streng geheim gehaltene Denkschrift über die Lage Deutschlands erstellt, die dem europäischen Mächtekongress vorgelegt wurde, der im September und Oktober 1818 in Aachen tagte[1]. Dieser Text führte bei den in Aachen versammelten europäischen Diplomaten zu ausgesprochen kontroversen Debatten. Kernpunkt war eine scharfe Attacke gegen die deutschen Hochschulen, die vom Verfasser dieses „Mémoire sur l'état actuel de l'Allemagne" einer Fundamentalkritik unterzogen wurden.

„In der That, was sind denn jetzt diese Universitäten? Gothische Trümmer des Mittelalters, unverträglich mit den Anstalten und Bedürfnissen des Zeitalters, in welchem wir leben; Corporationen ohne Zweck, die einen Staat im Staate bilden, sind sie besessen von einem Corporationsgeist und von einem forterbenden Eigendünkel, die

---

1 Hierzu und zum Folgenden vgl. statt vieler Hans-Christof Kraus, Bedeutung und Grenzen der akademischen Freiheit in Preußen 1815 bis 1848, in: Thomas Becker/Uwe Schaper (Hg.), Die Gründung der drei Friedrich-Wilhelms-Universitäten. Universitäre Bildungsreformen in Preußen (= Veröffentlichungen der Historischen Kommission zu Berlin, 108), Berlin 2013, S. 21–43, hier S. 30–32.

nur dazu dienen, die Jugend auf Irrwege zu führen, und den Gemeingeist zu verderben. Aufbewahrungsörter aller Irrthümer des Jahrhunderts, wärmen die Universitäten alle falschen Theorien, alle lügenhaften Lehren, über welche eine fehlerhafte Erfahrung die meisten ihrer Zeitgenossen schon aufgeklärt hatten, wieder auf und pflanzen solche fort. Unumschränkt beherrschen sie die Zukunft einer ganzen Nation; und keine Regierung zieht sie zur Rechenschaft über das Wesen und die Methode ihres Unterrichtes"[2].

Stourdza forderte im Weiteren faktisch die Abschaffung der Universitäten im althergebrachten Sinne, dafür strikte und vollständige Verstaatlichung sämtlicher Bildungsinstitutionen sowie umfassende und strengste Kontrollmechanismen; zudem sollte – offenkundig nach dem Vorbild des napoleonischen Frankreich – die Errichtung einer zentralen, für ganz Deutschland zuständigen Aufsichtsbehörde erfolgen, der alle Lehranstalten untergeordnet sein sollten. Durch eine gezielte Indiskretion geriet der Text dieser Denkschrift an die Öffentlichkeit; die kurz darauf in deutscher Übersetzung gedruckte Fassung rief in ganz Deutschland eine derart große Empörung hervor, dass selbst Metternich von der Umsetzung dieser Forderungen bald Abstand nehmen musste. Vor allem opponierten jenen zerstörerischen Vorschlägen die führenden Politiker des zweitgrößten deutschen Staates Preußen, die soeben mit enormem finanziellen und administrativen Aufwand in Berlin, Breslau und Bonn drei neue Universitäten errichtet hatten[3].

Immerhin führten die Ereignisse des folgenden Jahres, vor allem die Ermordung des Dichters, Publizisten und russischen Einflussagenten August von Kotzebue durch den radikalen Jenenser Studenten Carl Ludwig Sand[4], zu einer Verschärfung der politischen Überwachung der deutschen Universitäten: Im Rahmen der „Karlsbader Beschlüsse" des Deutschen Bundes vom September 1819 wurden sämtliche deutschen Hochschulen fortan durch einen am Universitätsort permanent anwesenden landesherrlichen Bevollmächtigten – später als Kurator bezeichnet – genauestens beaufsichtigt; gleichzeitig erfolgten Verordnungen zur schärferen Überwachung und gegebenenfalls auch zur strengen Maßregelung politisch missliebiger oder auch nur auffälliger Studenten und Professoren[5].

Diese Verhältnisse, die den ganzen Vormärz über und teilweise auch noch in der Zeit nach 1850 das Leben der deutschen Hochschulen prägten, bilden den Hintergrund zum Verständnis auch der Bildungsentwicklung im damaligen Königreich

---

2 [Alexander Demetrios Graf STOURDZA], Denkschrift über Teutschlands jetzigen Zustand. Aus dem Französischen, Stuttgart/Tübingen 1819, S. 19, dazu auch Carl BRINKMANN, Die Entstehung von Sturdzas „État actuel de l'Allemagne". Ein Beitrag zur Geschichte der deutsch-russischen Beziehungen, in: Historische Zeitschrift 120 (1919), S. 80–102.
3 Dazu die einschlägigen Beiträge in: Becker/Schaper (Hg.), Die Gründung der drei Friedrich-Wilhelms-Universitäten (wie Anm. 1), passim.
4 Vgl. Karl-Georg FABER, Deutsche Geschichte im 19. Jahrhundert. Restauration und Revolution – Von 1815 bis 1851 (= Handbuch der Deutschen Geschichte 3/ I, 2), Wiesbaden 1979, S. 82–92.
5 Hierzu ausführlich Ernst Rudolf HUBER, Deutsche Verfassungsgeschichte seit 1789, Bd. I: Reform und Restauration 1789 bis 1830, Stuttgart/Berlin/Köln/Mainz ²1975, S. 732–753.

Die Passauer Hochschule im Kontext der deutschen und der bayerischen Bildungsgeschichte

Bayern[6]. Zwei Voraussetzungen waren hierfür kennzeichnend: zum einen die Furcht vor einer möglichen politischen Radikalisierung an den Universitäten des Landes, zum anderen aber ebenfalls eine gravierende Finanzschwäche infolge allgemeiner Verarmung, letztlich resultierend aus der langen Kriegszeit zwischen 1793 und 1815 sowie aus der materiellen Ausplünderung Bayerns und Deutschlands insgesamt durch die Besatzungsherrschaft des napoleonischen Frankreich bis 1813. Die bayerischen Bildungsinstitutionen unterlagen damit also einer doppelten Beschränkung: erstens einer ausgeprägten Politik der Sparsamkeit und des knappen Geldes, zweitens einer präzise organisierten, intensiven politischen Überwachung.

Schon aus diesem Grund schien eine Universitätsneugründung, wie sie Preußen kurz zuvor noch durchgeführt hatte, in Bayern undenkbar. Der immerhin drittgrößte deutsche Bundesstaat begnügte sich also mit den drei nach der Neuordnung Deutschlands und Bayerns von 1815 hier noch bestehenden älteren Universitäten: dem traditionell katholischen Würzburg, dem protestantisch geprägten Erlangen sowie der alten bayerischen Landesuniversität, die im Jahr 1800 von Ingolstadt nach Landshut und 1826 wiederum von dort nach München verlegt wurde; eine noch während der Montgelaszeit verschiedentlich erwogene Auflösung der bayerischen Universitäten in Spezialschulen nach französischem Vorbild erfolgte am Ende nicht[7]. Doch angesichts des enormen Bevölkerungswachstums in dieser Epoche und eines nicht zuletzt aus diesem Grund steil ansteigenden Bedarfs an akademisch ausgebildetem Personal mussten andere Lösungen gefunden werden, die jenen beiden Notwendigkeiten entsprachen – also einer in finanzieller Hinsicht möglichst günstigen und gleichzeitig politisch leicht zu überwachenden und zu steuernden akademischen Ausbildung.

Genau in diesen Kontext gehört der Ausbau des bayerischen Lyzealwesens, mit dem das Königreich unter Ludwig I. in seiner Bildungspolitik, wie später durchaus treffend gesagt wurde, einen „katholisch-bayerische[n] Sonderweg"[8] innerhalb Deutschlands einschlug. Diese Lyzeen hatten schon seit Längerem bestanden, gewissermaßen als eine Art Scharnierinstitution zwischen den Gymnasien einerseits und den Universitäten andererseits. Gedacht waren sie als eine Art von Präparandenanstalten mit jeweils

---

6   Fundierter Überblick bei Laetitia BOEHM, Das akademische Bildungswesen in seiner organisatorischen Entwicklung (1800–1920), in: Max Spindler (Hg.), Handbuch der bayerischen Geschichte, Bd. IV/2: Das neue Bayern 1800–1970, München 1975, S. 991–1033; knapper Andreas C. HOFMANN, Deutsche Universitätspolitik im Vormärz (1815–1848). Ein Beitrag zur Neubewertung des Deutschen Bundes, Berlin 2019, S. 34–37; zur staatlichen Verwaltung des akademischen Bildungswesens siehe Hermann RUMSCHÖTTEL, Geschichte des bayerischen Kultusministeriums von der Errichtung bis zum Ende des Zweiten Weltkriegs, in: Tradition und Perspektive. 150 Jahre Bayerisches Kultusministerium, München 1997, S. 45–101, hier S. 57 ff.
7   Vgl. Rainer A. MÜLLER, Geschichte der Universität. Von der mittelalterlichen Universitas zur deutschen Hochschule, München 1990, S. 73; ausführlich hierzu auch Eberhard WEIS, Montgelas. Eine Biographie 1759–1838, München 2008, S. 613–619; ebenfalls BOEHM, Das akademische Bildungswesen (wie Anm. 6), S. 995–1017.
8   Rainer A. MÜLLER, Akademische Ausbildung zwischen Staat und Kirche. Das bayerische Lyzealwesen 1773–1849, Bde. I–II, Paderborn/München/Wien/Zürich 1986, hier Bd. I, S. 5; siehe ebenfalls DERS., Geschichte der Universität (wie Anm. 7), S. 73.

zweijährigen Kursen *(biennium philosophicum)* zur Vorbereitung auf das eigentliche, anspruchsvolle Fachstudium an den Universitäten; damit sollten sie in etwa die Funktion der früheren „Artistenfakultäten" in der Zeit vor 1800 erfüllen – im Sinne einer allgemeinen Vorschule für alle akademisch fundierten Berufe[9].

Nachdem man in den 1820er Jahren über die Strukturen eines künftigen bayerischen Bildungswesens auch öffentlich noch heftig gestritten hatte, brachte die französische Julirevolution von 1830 mit ihren zahlreichen nachfolgenden Unruhen auch in einzelnen deutschen Bundesstaaten die Entscheidung: König Ludwig I. vollzog jetzt eine ebenso rigide wie konsequente innenpolitische Wende hin zu einem streng konservativen Regiment unter ausgeprägt konfessionalistisch-katholischen Vorzeichen[10]. Äußerlich sichtbarer Ausdruck hierfür war neben anderem die einige Jahre später – 1837 – erfolgte Berufung des hohen Staatsbeamten Karl von Abel zum neuen Innenminister und damit zum führenden Mann der Münchner Regierung[11], der seine Politik im Zeichen der Revolutionsfurcht führte und den Kampf gegen den Liberalismus in jeglicher Gestalt zur obersten politischen Maxime erhoben hatte.

In der Bildungspolitik Abels[12] drückte sich diese ausdrücklich vom König selbst eingeforderte Neuorientierung in einer – sich bereits seit Anfang der 1830er Jahre anbahnenden – Aufwertung der Lyzeen aus, die bis dahin ein im Ganzen eher kümmerliches Dasein geführt hatten und deren Abschaffung von vorausschauenden Bildungspraktikern wie etwa von Friedrich Thiersch schon Ende der 1820er Jahre vergeblich gefordert worden war[13]. Die Regierung verfolgte jetzt ein doppeltes Ziel: Zum einen sollten die Lyzeen die vor allem vom katholischen Klerus geforderte Funktion kirchlich dominierter theologischer Ausbildungsstätten für den Priesternachwuchs übernehmen, und zwar in deutlich stärkerem Maße als bisher, zum anderen ging es ausdrücklich darum, wie Rainer A. Müller in seinem Standardwerk über die bayerischen Lyzeen es formulierte, „daß mit den Lyzeen dezentrale, universitätsähnliche Ausbildungsstätten geschaffen waren, deren Einzugsgebiet klein, überschaubar und damit – für den König immer wichtiger werdend – kontrollierbar war"[14].

---

9 Vgl. MÜLLER, Akademische Ausbildung (wie Anm. 8) I, S. 37–90.
10 Andreas KRAUS, Die Regierungszeit Ludwigs I. (1825–1848), in: Max Spindler (Hg.), Handbuch der bayerischen Geschichte, Bd. IV/1: Das neue Bayern. Von 1800 bis zur Gegenwart, München ²2003, S. 127–234, hier S. 201 ff.; Heinz GOLLWITZER, Ludwig I. von Bayern – Königtum im Vormärz. Eine politische Biographie, München 1986, S. 443 ff.; aus der älteren Literatur noch wichtig: Michael DOEBERL, Entwicklungsgeschichte Bayerns, Bd. III, München 1931, bes. S. 99 ff. und passim.
11 Ausführlich und grundlegend: Heinz GOLLWITZER, Ein Staatsmann des Vormärz: Karl von Abel 1788–1859. Beamtenaristokratie – Monarchisches Prinzip – Politischer Katholizismus (= Schriftenreihe der Historischen Kommission bei der Bayerischen Akademie der Wissenschaften, 50), Göttingen 1993, hier S. 179 ff. und passim.
12 Hierzu (neben Gollwitzer) auch BOEHM, Das akademische Bildungswesen (wie Anm. 6), S. 1016 f.
13 Vgl. Hans-Martin KIRCHNER, Friedrich Thiersch. Ein liberaler Kulturpolitiker und Philhellene in Bayern (= Veröffentlichungen des Instituts für Geschichte Osteuropas und Südosteuropas der Universität München 16), München 1996, S. 101–108.
14 MÜLLER, Akademische Ausbildung (wie Anm. 8) I, S. 192; zur Passauer Hochschule siehe auch den Überblick ebd., S. 314–319.

Unter diesen Vorzeichen wurden die Lyzeen also nicht nur erkennbar aufgewertet, sondern es wurden auch im ganzen Königreich Bayern mehrere neue dieser Institutionen geschaffen; zudem sollten alle bisher schon bestehenden gründlich reformiert und innerlich neu konstituiert werden. Dies geschah mit Hilfe der später von Franz Xaver Eggersdorfer als „Charta Magna"[15] der bayerischen Lyzeen bezeichneten „Allerhöchsten Verordnung vom 30. November 1833, den Fortbestand der Lyzeen betreffend"[16]. Mit dem hier publizierten „Organischen Statut" für diese Lehranstalten verbanden sich, wie Müller zutreffend anmerkt, „in erster Linie politische, zum geringsten Teil nur wissenschaftliche oder pädagogische Absichten"[17]. Die hiermit geschaffene innere Struktur blieb bis ins 20. Jahrhundert hinein erhalten: Die Lyzeen gliederten sich fortan in zwei Sektionen, eine philosophische und eine theologische: Die erste umfasste – so war es jedenfalls vorgesehen – im Rahmen von fünf Professuren die folgenden Fächer: 1. Philosophie, 2. Philologie und Geschichte, 3. Physik, 4. Mathematik und 5. Naturgeschichte. Die zweite Sektion für Theologie sollte insgesamt vier Professuren erhalten, jeweils eine für: 1. Exegese, 2. Dogmatik, 3. Moral- und Pastoraltheologie sowie 4. Kirchenrecht und Kirchengeschichte[18].

Doch nicht nur dieses stark eingeschränkte Fächer- und Lehrprogramm zeigte den unübersehbaren Unterschied zur Universität, sondern vor allem die komplette Abwesenheit der seit den großen Universitäts- und Bildungsreformen aus der Zeit kurz nach 1800 allgemein postulierten und auch von der gebildeten Öffentlichkeit erwarteten Lehr- und Lernfreiheit. Denn sowohl die – nur nach strengster Prüfung berufenen – Lyzealprofessoren[19] als auch deren Schüler hatten sich äußerst strikten Regeln zu unterwerfen: Das Statut sah vor, dass nach genau festgelegten Lehrbüchern unterrichtet werden musste, von deren Inhalten nicht abgewichen werden durfte. Die Lehrveranstaltungen bestanden also, wie in der Zeit vor 1800 allgemein üblich, im bloßen Vorlesen und Kommentieren eines Lehrbuchs – und zwar eines, das sich die Lehrenden nicht einmal selbst aussuchen konnten. Das Staatsministerium werde, so legte es Punkt X. des „Organischen Statuts" ausdrücklich fest, „die Unterrichtsgegenstände auf die einzelnen Jahres-Kurse nach einem bestimmten, scharf bezeichneten Masse verteilen und über die genaue Einhaltung der festgesetzten Studienordnung mit rücksichtsloser Strenge wachen"[20]. Und die Zöglinge der Lyzeen wiederum hatten ein –

---

15 Franz-Xaver Eggersdorfer, Die Philosophisch Theologische Hochschule Passau – Dreihundert Jahre ihrer Geschichte. Ein Blick in die Entwicklung der katholischen Geistlichenbildung in Deutschland seit dem Ausgang des Mittelalters, Passau 1933, S. 267.
16 Abdruck ebd., S. 267–270; vgl. Müller, Akademische Ausbildung (wie Anm. 8) I, S. 199–206.
17 Müller, Akademische Ausbildung (wie Anm. 8) I, S. 199; vgl. auch Boehm, Das akademische Bildungswesen (wie Anm. 6), S. 1016.
18 Müller, Akademische Ausbildung (wie Anm. 8) I, S. 202.
19 Es hieß ausdrücklich in Punkt VI. des „Organischen Statuts", Eggersdorfer, Die Philosophisch Theologische Hochschule Passau (wie Anm. 15), S. 268: „Zu Professoren dürfen Uns nur Individuen vorgeschlagen werden, denen nebst musterhafter Sittlichkeit, tiefen pädagogischen Kenntnissen und hohem Berufsernste auch die volle Habilitirung zu einer Universitätsprofessur beiwohnt, und Wir gedenken bei diesfälligen Ernennungen um so strenger zu verfahren, je mehr Unser erklärter und entschiedener Wille ist, diese Anstalten vor jeder Halbheit gesichert […] zu wissen."
20 Ebd., S. 269.

keineswegs nur nach heutigen Begriffen – besonders stark verschultes, strikt reglementiertes und strengstens kontrolliertes Studium zu absolvieren; nach jedem Semester musste ihr Studienfortgang, wie es wiederum in Punkt XII. des Statuts ausdrücklich hieß, „von Halbjahr zu Halbjahr durch scharfe, unter Vorsitz des Rektors von der gesamten Sektion vorzunehmende Prüfungen"[21] ermittelt werden.

Unter Abel, der im Jahr 1838 ganz in diesem Sinne mit einer aus politischer Motivation entschieden rückwärtsgewandten Umwandlung des akademischen Unterrichtswesens begann[22], verschärfte sich diese Tendenz noch; Abels Bildungspolitik war gekennzeichnet, so sein Biograph Gollwitzer, durch eine, „verglichen mit dem bisherigen Zustand, weitaus strengere Disziplinierung der Studierenden", und damit setzten seine Reformen „eine schon seit längerem im Gang befindliche Kampagne fort", die darauf hinauslief, „das mit dem Namen Thierschs verknüpfte System der Studienfreiheit, das selbstverständlich mit dem Preis eines erheblichen Risikos der in die Freiheit entlassenen Jugendlichen bezahlt werden mußte, zugunsten eines paternalistischen Überwachungsverfahrens abzubauen"[23]. Zudem versuchte der neue, ausdrücklich den Kurs eines „kämpferischen Katholizismus"[24] steuernde Innenminister, die für die Lyzeen gültigen Prinzipien und Vorschriften, soweit möglich, nun auch auf die Universitäten zu übertragen; wenigstens wurden Lyzeen und Universitäten – obwohl eigentlich unvergleichbar – einander rechtlich gleichgestellt. Aber der von Abel ebenfalls verfolgte Plan, neben den bestehenden rein katholischen Lyzeen auch protestantische zu schaffen, scheiterte auf der ganzen Linie[25], zuerst – worauf Gollwitzer hingewiesen hat – aus finanziellen Gründen[26], und zweitens, weil infolgedessen in Bayern, vor allem an der einzigen protestantischen Universität Erlangen, heftigste Proteste gegen dieses Vorhaben laut wurden[27]. Schon bald nach Abels Rücktritt im Jahr 1847 wurden seine äußerst umstrittenen Bildungsreformmaßnahmen wieder rückgängig gemacht[28].

2.

In Passau war erst 1833 ein Lyzeum begründet worden, obwohl die Stadt und das Bistum bereits eine mehr als zweihundertjährige Bildungstradition seit Errichtung der

---

21 Ebd., S. 269.
22 Dazu ausführlich GOLLWITZER, Ein Staatsmann des Vormärz (wie Anm. 11), S. 400–421; knapp auch BOEHM, Das akademische Bildungswesen (wie Anm. 6), S. 1016 f.
23 Die Zitate GOLLWITZER, Ein Staatsmann des Vormärz (wie Anm. 11), S. 401 f.
24 MÜLLER, Akademische Ausbildung (wie Anm. 8) I, S. 190.
25 Ebd. I, S. 231–233.
26 In diesem Zusammenhang merkt Abels Biograph an – GOLLWITZER, Ein Staatsmann des Vormärz (wie Anm. 11) –, S. 419, es sei geradezu abenteuerlich gewesen, wie Abel angesichts des äußerst geringen ihm zur Verfügung stehenden finanziellen Spielraums „durch Etatkunststücke und Stellenverschiebungen auf schmalster Basis gleichwohl nicht wenig in seinem Sinne ‚durchzuziehen' verstand! Manchmal meint man, es müsse ihm die unaufhörliche Ziffern- und Postenakrobatik eine Art sportliches Vergnügen bereitet haben".
27 Vgl. ebd., S. 405; BOEHM, Das akademische Bildungswesen (wie Anm. 6), S. 1017.
28 Vgl. GOLLWITZER, Ein Staatsmann des Vormärz (wie Anm. 11), S. 406, und MÜLLER, Akademische Ausbildung (wie Anm. 8) I, S. 246.

ersten Jesuitenhochschule aufzuweisen hatten[29]. Die alte fürstbischöfliche Studienanstalt des 18. Jahrhunderts war im Jahr 1803, nach dem Übergang des einst politisch selbstständigen Hochstifts Passau an Bayern, vom damaligen leitenden Minister in München, Maximilian Graf Montgelas, sogleich aufgelöst worden; verschiedene Bemühungen um eine Neugründung waren in den folgenden Jahren, vermutlich auch aus finanziellen Gründen, erfolglos geblieben[30]. Erst dem ab 1826 in Passau amtierenden Erzbischof Karl Joseph von Riccabona gelang ein bildungspolitischer Neuanfang: Nachdem er 1828 das frühere Priesterseminar neu eröffnet hatte, trafen seine Bemühungen um die Einrichtung eines Lyzeums beim König gerade zur richtigen Zeit, nämlich kurz nach den Unruhen von 1830/31, auf offene Ohren.

Denn im Rahmen der vom König und seiner Regierung geplanten und bald auch umgesetzten Erneuerung der Lyzealbildung[31] vor allem mit dem Ziel einer besseren politischen Kontrolle der Bildungsinstitutionen des Landes, war inzwischen auch die Einrichtung noch weiterer derartiger Institutionen in Angriff genommen worden, die jetzt nicht nur in Passau, sondern ebenfalls in Eichstätt, Freising und Augsburg, etwas später auch im pfälzischen Speyer errichtet wurden; jeder bayerische Kreis mit einem Bischofssitz – so war es beschlossen worden – sollte ein Lyzeum erhalten.

Aber die neuen Versuche einer dem bayerischen Sonderweg entsprechenden bildungspolitischen Aufwertung der Lyzeen, wie sie seit 1837 unter Abel noch verstärkt unternommen wurden[32], entwickelten sich schon in kurzer Frist zu einem veritablen Desaster. Das lag zum einen wiederum an der bedauernswert schlechten personellen wie materiellen Ausstattung vor allem der soeben erst neu begründeten Lyzeen: So blieben etwa, wie Eggersdorfer mitteilt, in Passau mehrere Jahre lang die Hälfte der vorgesehenen Professuren der theologischen Sektion und wenigstens eine Professur der philosophischen Sektion unbesetzt; ein Semester lang unterrichtete sogar nur ein einziger Theologe (!) am Lyzeum[33]. Erst ab Mitte der 1860er Jahre sollte sich die Lage etwas verbessern. Und zum anderen unterlagen auch weiterhin sämtliche Zöglinge der Lyzeen einer äußerst strengen, nicht nur das Studium im engeren Sinne, sondern alle Lebensbereiche umfassenden Disziplin, die im Vergleich mit den Freiheiten eines damaligen Universitätsstudiums auf die Jugend in stärkstem Maße abschreckend wirken musste.

Das Lyzealsystem geriet also in eine schwere Krise, die sich auch dadurch kaum änderte, dass auf Anordnung des Königs die Lyzeen (wie bereits dargelegt) den Univer-

---

29 Zur Vorgeschichte und Geschichte der Neubegründung ausführlich: Eggersdorfer, Die Philosophisch Theologische Hochschule Passau (wie Anm. 15), S. 251–263; vgl. auch Müller, Akademische Ausbildung (wie Anm. 8) I, S. 318 f.
30 Vgl. hierzu Eggersdorfer, Die Philosophisch Theologische Hochschule Passau (wie Anm. 15), S. 231–247; knapper Überblick auch bei Anton Landersdorfer, Von der Hochschule der Jesuiten bis zum Department für Katholische Theologie – ein Streifzug durch die Geschichte der akademischen Bildungsstätten in Passau zwischen 1622 und 2009, in: Von der Fakultät zum Departement. Katholische Theologie an der Universität Passau (= Schriftenreihe der Universität Passau, Heft 31), Passau 2010, S. 15–37, hier S. 18 f.
31 Ausführlich hierzu Müller, Akademische Ausbildung (wie Anm. 8) I, S. 189–230.
32 Vgl. ebd., S. 217–230, sowie Gollwitzer, Ein Staatsmann des Vormärz (wie Anm. 11), S. 400–406.
33 Eggersdorfer, Die Philosophisch Theologische Hochschule Passau (wie Anm. 15), S. 271.

sitäten formalrechtlich gleichgestellt wurden. Eine gelegentlich vorgeschlagene Herabstufung der Lyzeen zu reinen Ausbildungsstätten für Priester lehnten der Monarch und sein allmächtiger Minister Abel hingegen ausdrücklich ab. Auch als sich die bayerischen Bischöfe schon um die Jahreswende 1837/38, besorgt um die Zukunft der in ihren Diözesen vorhandenen Lyzeen, in mehreren Einzelgutachten an die Regierung wandten[34], in der sie vorsichtige Reformen anmahnten und ebenfalls für eine maßvolle Lockerung der äußerst strengen disziplinären Vorschriften plädierten, etwa für eine Aufhebung des strengen Besuchsverbots von Wirts- und Gasthäusern[35], blieben Ludwig und Abel hart; der Minister erwog sogar administrative Maßnahmen, um die im Vergleich mit den Lyzeen vermeintlich allzu „laxe" Disziplin an den Universitäten unter schärfere staatliche Kontrolle zu bringen.

Diese in jeder Hinsicht desolate Lage zog sich – nicht nur in Passau – bis zur Revolution von 1848 hin, als die letzten Reste der auf ganzer Linie gescheiterten Reformmaßnahmen des inzwischen zurückgetretenen Ministers Abel wieder zurückgenommen werden mussten. Als auch die von Abel schon im Jahr 1838 verfügte – der Sache nach geradezu absurde – rechtliche Gleichstellung von Lyzeen und Universitäten endete[36], wurde an den Lyzeen zuerst ein weiterer Schwund der Frequenz erwartet; dieser wurde jedoch ein wenig dadurch kompensiert, dass im Rahmen einer Ministerialentschließung vom 13. November 1849 über das „Studium der allgemeinen Wissenschaften an den Lyzeen" jetzt auch hier, wie bereits vorher an den bayerischen Universitäten, das Prinzip größerer Lehr- und Lernfreiheit eingeführt wurde[37]. Das bedeutete zuerst, dass der bis dahin genau vorgeschriebene und sehr streng geregelte Lehr- und Studienplan gelockert wurde; so hob man etwa die Bestimmung auf, die besagte, dass alle Studierenden verpflichtend zwei Jahre lang sämtliche philosophischen Vorlesungen hören mussten. Treffend ist daher gesagt worden, dass Bayern nach dem Fall des Ministeriums Abel letztlich vor dem norddeutschen Modell „kapitulierte", indem es seinen Studenten nach Abschaffung des unbeliebten „Bienniums" nunmehr erlaubte, „sich künftig direkt an den höheren Fakultäten zu immatrikulieren"[38].

Diese Auflockerung der Studienvorschriften galt allerdings nur für die allgemein-wissenschaftlichen Fächer der philosophischen Sektion, *nicht* jedoch für die Theologie, denn die Regelung des theologischen Studiums ging seit den 1850er Jahren, wie Eggersdorfer mitteilt, „mehr und mehr an die Kirche über"[39], die damit einen immer größeren Einfluss nicht nur auf die Besetzung der Professuren, sondern auch auf die Lehrinhalte erhielt. Zwar wurden die jeweiligen Lehrstuhlinhaber sowie der auf

---

34 Abdruck bei MÜLLER, Akademische Ausbildung (wie Anm. 8) II, S. 656–690.
35 Siehe die Bemerkungen ebd. II, S. 662 (Erzbischof Joseph Maria von Fraunberg, Bamberg), S. 665 (Bischof Carl Joseph von Riccabona, Passau), S. 667 (Bischof Friedrich von Groß, Würzburg).
36 Vgl. ebd. I, S. 246.
37 Vgl. hierzu und zum Folgenden ebd. I, S. 253 ff.
38 R. Steven TURNER, Universitäten, in: Karl-Ernst Jeismann/Peter Lundgreen (Hg.), Handbuch der deutschen Bildungsgeschichte, Bd. III: 1800–1870 – Von der Neuordnung Deutschlands bis zur Gründung des Deutschen Reiches, München 1987, S. 221–249, hier S. 231.
39 EGGERSDORFER, Die Philosophisch Theologische Hochschule Passau (wie Anm. 15), S. 275.

Lebenszeit bestellte Rektor der Hochschule ausschließlich auf Vorschlag des Innenministers vom König ernannt, doch „pflegte die Regierung bei der Berufung der Professoren in der Regel die Zustimmung des Ortsordinariats einzuholen", und im Jahr 1852 „wurde dem Episkopat explizit ein Mitwirkungsrecht eingeräumt"[40], das faktisch auf ein Vetorecht des Bischofs bei der Neubesetzung der Lehrstühle hinauslief.

Zwar wurde nun auch ein vierjähriges, eben nicht nur als „Propädeutikum" gedachtes Studium an den Lyzeen möglich, doch das Vorhaben der Regierung, hierdurch die an den Lyzeen absolvierten Studien mit den an einer Universität absolvierten gleichzustellen, erwies sich tatsächlich als eine Zielsetzung, „die jeder Realität spottete"[41]. Denn die einzige Möglichkeit, ein Fachstudium im eigentlichen Sinne zu absolvieren, bestand nur darin, sich für die Theologie zu entscheiden. Vielleicht hätte es nahegelegen, einen Teil der bayerischen Lehrerausbildung an die Lyzeen zu verlegen, doch auf diesen Gedanken kam damals offenbar niemand. So gerieten die Lyzeen auch nach der Revolution erneut in eine bildungspolitische Sackgasse[42]. Rainer A. Müller hat die Lage seit Ende der 1840er Jahre präzise auf den Punkt gebracht: „Was aber nutzte Nichttheologen ein Studienbeginn am Lyzeum, da sich ihnen an diesen Anstalten doch nirgends die Möglichkeit des gleichzeitigen Einstiegs ins Fachstudium bot? Ein isoliertes einjähriges Propädeutikum, qualitativ selten auf dem Niveau der Universitäten, besaß kaum Anziehungskraft. So wurden die Lyzeen denn zu dem, was sie nie hatten sein wollen: theologische Hochschulen: unter staatlicher Aufsicht sowie in kirchlicher Abhängigkeit stehend"[43] – mit anderen Worten: reine „Klerikerschulen"[44].

Aufgrund dieser Entwicklung – die man mit guten Gründen auch als Fehlentwicklung wird bezeichnen können – gingen die Frequenzen der Lyzeen auch weiterhin immer mehr zurück, was am Ende dazu führte, dass einige dieser Einrichtungen, wie zu erwarten, sogar mangels Nachfrage geschlossen werden mussten: Amberg 1865, Aschaffenburg 1873 und Speyer 1880[45]. Erst unter dem Kultusminister Ludwig August von Müller wurden im Jahr 1891 die Rechtsverhältnisse der vor sich hinsiechenden Lyzeen neu geordnet, auch die disziplinarischen Vorschriften wurden erneut etwas gelockert. Immerhin definierten die in diesem Jahr verabschiedeten neuen Satzungen die Institution ebenfalls neu; es hieß dort: „Die K[öniglichen] Lyzeen sind Spezialschulen für das philosophische und das katholisch-theologische Studium und haben als solche vorzugsweise den Zweck, die akademische Bildung zum geistlichen Beruf für diejenigen zu vermitteln, welche nicht eine Universität besuchen"[46]. Das Existenzrecht und der

---

40 LANDERSDORFER, Von der Hochschule (wie Anm. 30), S. 19.
41 MÜLLER, Akademische Ausbildung (wie Anm. 8) I, S. 253; ebenfalls BOEHM, Das akademische Bildungswesen (wie Anm. 6), S. 1017, die auf die entsprechenden Konkordatsbestimmungen hinweist.
42 Vgl. auch LANDERSDORFER, Von der Hochschule (wie Anm. 30), S. 19: „Die Konsequenz war nun, dass die Lyzeen für Nicht-Theologie-Studierende unattraktiv waren und sie deshalb zu unter kirchlicher Mitaufsicht stehenden staatlichen Spezialhochschulen für den sich damals mehrheitlich aus dem ländlichen Bauer- und Handwerkerstand rekrutierenden katholischen Klerus mutierten."
43 MÜLLER, Akademische Ausbildung (wie Anm. 8) I, S. 255.
44 So BOEHM, Das akademische Bildungswesen (wie Anm. 6), S. 1016.
45 Vgl. EGGERSDORFER, Die Philosophisch Theologische Hochschule Passau (wie Anm. 15), S. 279.
46 Nach dem Abdruck ebd., S. 280; vgl. auch LANDERSDORFER, Von der Hochschule (wie Anm. 30), S. 19 f.

Sinn dieser „Provinzhochschulen" (Eggersdorfer) wurde denn auch in der Öffentlichkeit immer wieder in Frage gestellt; in den Jahren 1899/1900 kam es zu einer heftigen Debatte, in der vor allem die im eigentlichen Sinne wissenschaftlichen Leistungen der Lyzeen bezweifelt wurden. Der bayerische Staat reagierte darauf mit einer leichten Vermehrung der theologischen Lehrstühle mit der Folge, dass – nach Eggersdorfer – „ein wissenschaftliches Arbeiten auf einzelnen Gebieten überhaupt erst möglich wurde"[47].

Die erst 1910 im „Gesetz- und Verordnungsblatt für das Königreich Bayern" publizierten neuen „Organische[n] Bestimmungen für die Bayerischen Philosophisch-Theologischen Hochschulen"[48] änderten an der im Ganzen weiterhin recht desolaten Lage der Lyzeen kaum etwas. Im Mittelpunkt stand nach § 1. weiterhin die theologische Ausbildung; in § 5. wurde festgelegt, das jeweilige Lehrprogramm für das kommende Semester dürfe erst angekündigt werden, wenn es „vom Rektor dem Staatsministerium für Unterricht und Kultus zur Genehmigung vorgelegt"[49] und diese Genehmigung auch erteilt worden sei. Das philosophische Studium blieb demjenigen an den Volluniversitäten auch darin weiterhin untergeordnet, als den Lyzeen weder ein Promotions- noch ein Habilitationsrecht zukam – das Letztere stand nur der „theologischen Abteilung" zu[50]. Es ist aus heutiger Sicht kaum zu verstehen, warum man das Programm der Lyzeen nicht entweder auf die Ausbildung von Schullehrern ausweitete oder sich zu einem noch radikaleren Schritt entschloss – zu einer konsequenten Schließung aller Lyzeen, um mit den eingesparten Mitteln eine weitere kleine Volluniversität im Königreich (etwa in Schwaben oder Niederbayern) zu errichten.

Bereits im ausgehenden 19. Jahrhundert waren die Frequenzen der Lyzeen tatsächlich in beängstigender Weise gesunken; in Passau wurde der Tiefpunkt im Jahr 1881 erreicht, als die Hochschule nur noch über 36 Studierende verfügte – bei insgesamt zehn amtierenden Professoren! In den folgenden Jahren stieg die Zahl der Studierenden – wohl entsprechend der allgemeinen Bevölkerungsentwicklung in Deutschland – erneut an, jedoch vergleichsweise langsam: 1883 waren es 48, 1893 wiederum 77, und 1903 war die Zahl von 108 Studierenden erreicht. Vor dem Ersten Weltkrieg gab es im Deutschen Reich keine Universität mehr, die (mit Ausnahme der neugegründeten Universität in Frankfurt am Main) über weniger als mindestens eintausend Studenten verfügte[51]. Die weiterhin sehr kleine Passauer Hochschule, deren Studentenzahl nach Kriegsausbruch 1914 erneut stark abgesunken war, erhielt erst mit dem Zuzug von Theologiestudenten aus der Kongregation der Salvatorianer, die nach 1915, dem Eintritt Italiens in den Ersten Weltkrieg, aus Rom vertrieben worden waren, und etwas später auch durch Benediktiner neuen Zuzug[52]. Die Frequenz stieg – sicher auch noch aus weiteren Gründen –

---

47 EGGERSDORFER, Die Philosophisch Theologische Hochschule Passau (wie Anm. 15), S. 281; dort auch zur Zeitungskontroverse um die Lyzeen 1899/1900.
48 Hier zit. nach dem Abdruck ebd., S. 283–286.
49 Ebd., S. 284.
50 Vgl. dazu auch LANDERSDORFER, Von der Hochschule (wie Anm. 30), S. 20.
51 Konrad H. JARAUSCH, Universität und Hochschule, in: Christa Berg (Hg.), Handbuch der deutschen Bildungsgeschichte; Bd. IV: 1870–1918 – Von der Reichsgründung bis zum Ende des Ersten Weltkriegs, München 1991, S. 313–345, hier S. 320.
52 Vgl. LANDERSDORFER, Von der Hochschule (wie Anm. 30), S. 20.

im Jahrzehnt zwischen 1923 und 1933 von 113 auf 189 Studierende[53]. Im Vergleich selbst mit den kleinsten deutschen Universitäten, deren Frequenzen nach 1918 überall deutlich anzusteigen begannen, blieb dies aber noch immer eine verschwindend geringe Zahl.

Daran änderte auch die bereits vor dem Ersten Weltkrieg geplante, jedoch erst 1923 durchgeführte Umbenennung der alten Lyzeen in nunmehr ausschließlich unter Staatsaufsicht stehende „Philosophisch-Theologische Hochschulen" nur wenig[54]. In diesem Zusammenhang darf man die Tatsache nicht verkennen, dass diese Einrichtungen, verglichen selbst mit den kleinsten Universitäten im übrigen Deutschland, auch in der Zeit nach der Umbenennung noch immer über vergleichsweise gravierende Nachteile verfügten, zu denen neben den auch jetzt noch vorhandenen – wenn auch im Unterschied zum 19. Jahrhundert inzwischen merklich gelockerten – disziplinarischen Vorschriften für die Studierenden auch ein thematisch außerordentlich eng gefasstes, strikt verschultes Studium gehörten; hier hatte sich seit den 1830er Jahren im Grunde nur wenig geändert.

Wirft man einen Blick auf das Studienprogramm etwa der beginnenden 1880er Jahre, dann ist erkennbar, dass in der akademischen Lehre immer noch die Form der Vorlesung, oft nach bestimmten vorgegebenen Lehrbüchern, dominierte; Übungen kamen lediglich im Bereich der in der theologischen Sektion gelehrten alten Sprachen – etwa des Hebräischen – vor. Noch bis Anfang der 1930er Jahre wurden auch die eindeutig säkularen Fächer der philosophischen Sektion, wie etwa die „Weltgeschichte" oder vor allem die Philosophie, fast ausschließlich von katholischen Priestern und nur selten von fachlich einschlägig ausgewiesenen „weltlichen" Wissenschaftlern dieser Disziplinen gelehrt[55]. Darüber hinaus verfügte die Philosophische Sektion, wie schon bemerkt, auch nach dem Ersten Weltkrieg weiterhin weder über das Promotions- noch über das Habilitationsrecht.

Insofern muss man der Behauptung Franz Xaver Eggersdorfers widersprechen, der in seinem 1933 erschienenen – ohne Zweifel sehr bedeutenden und in mancher Hinsicht noch immer grundlegenden – Jubiläumswerk zur Geschichte der Passauer Hochschule die These vertreten hat, sowohl die Qualität des Lehrpersonals als auch der

---

53 Alle Zahlen nach EGGERSDORFER, Die Philosophisch Theologische Hochschule Passau (wie Anm. 15), S. 380 f.

54 Vgl. ebd., S. 282; bereits 1891 war erwogen worden, die außerhalb Bayerns missverständliche Bezeichnung „Lyzeum" zu ersetzen, etwa durch „Akademie", „Hochschule für Theologie" oder „Hochschule für Philosophie und Theologie"; warum die Umbenennung damals unterblieb, sondern erst 1923 erfolgte (da inzwischen außerhalb Bayerns die neu errichteten höheren Mädchenschulen allgemein als „Lyzeen" bezeichnet wurden), ist nicht bekannt.

55 Vgl. den von Eggersdorfer (ebd., S. 299–378) gegebenen Überblick über den Lehrkörper des Passauer Hochschule 1833–1933. Noch bis Anfang der 1930er Jahre ist die Philosophie in Passau *ausschließlich* von Priestern gelehrt worden (ebd., S. 308–315); das Fach „Weltgeschichte" wurde zwischen 1833 und Anfang der 1930er Jahre von fünf Priestern bzw. katholischen Theologen (Johann Baptist Martin, Heinrich Russwurm, Johann Baptist Dirschedl, Franz Xaver Greil und Johann Baptist Heiss), zwei Gymnasiallehrern mit Lehrauftrag (Max Heuwieser, Georg Adam Maidhof) und anscheinend nur zwei Nichttheologen als Lehrstuhlinhabern „für Philologie und Geschichte" (Wolfgang Gross, Joseph Wimmer) vertreten (ebd., S. 320–325).

wissenschaftliche Anspruch der akademischen Lehre an den Philosophisch-Theologischen Hochschulen sei mit denjenigen der Universitäten weitgehend gleichzusetzen. Sein Hinweis auf die Tatsache, dass seit 1876 drei Passauer Theologieprofessoren an andere Universitäten, nach Würzburg, München und Prag, fortberufen worden seien, reicht als Beleg für eine solche weitreichende Behauptung sicher nicht aus[56].

Die auch in Zeiten akademischer Expansion fortbestehende, ausgesprochen geringe Nachfrage nach dem von den Philosophisch-Theologischen Hochschulen bereitgestellten Lehrangebot sprach noch immer für sich. Denn wer eine solche Ausbildung absolvierte, konnte kaum damit rechnen, außerhalb Bayerns eine angemessene berufliche Stellung zu finden. Und aus außerbayerischer, speziell auch aus norddeutscher Perspektive wird man diese Institutionen des „bayerischen Sonderwegs" im Bereich akademischer Ausbildungsformen – die Lyzeen des 19. Jahrhunderts ebenso wie die späteren Philosophisch-Theologischen Hochschulen –, wenn man sie überhaupt zur Kenntnis nahm, als bezeichnende Manifestationen süddeutsch-klerikaler Rückständigkeit angesehen haben. Die Permanenz dieser Lehranstalten bis in die ersten Jahrzehnte nach dem Zweiten Weltkrieg hing vermutlich auch, worauf Anton Landersdorfer hingewiesen hat, mit dem neuen bayerischen Konkordat von 1924 zusammen, welches mehr oder weniger „stillschweigend" vom Fortbestand der nunmehrigen Philosophisch-Theologischen Hochschulen ausging[57].

Deren Hauptzweck bestand spätestens seit Mitte des 19. Jahrhunderts, sieht man genauer hin, zuerst vor allem darin, für den Priesternachwuchs der Region um Passau zu sorgen. Eggersdorfer gibt dies sogar indirekt zu, wenn er am Schluss seines Buches darauf hinweist, „dass nahezu der gesamte Klerus der Passauer Diözese in den letzten 100 Jahren durch Lyzeum und Hochschule gegangen ist"[58]. Diesen Hauptzweck hat die Passauer Hochschule ohne Zweifel mehr als ein Jahrhundert lang in ausreichender Weise erfüllen können, und deshalb erscheint es im Grunde nur als folgerichtig, dass sie – sozusagen am Ende des bayerischen bildungsgeschichtlichen Sonderwegs – als Theologische Fakultät in die 1978 neu gegründete Universität Passau eingegliedert wurde, wo sie bis heute fortlebt, nunmehr in der Form eines Departments für Katholische Theologie im Rahmen zuerst der Philosophischen, ab dem akademischen Jahr 2023/24 nunmehr im Rahmen der neuen Geistes- und Kulturwissenschaftlichen Fakultät. Die alte Passauer Hochschule ist damit – und zwar im doppelten Sinne des Wortes – in der neuen Universität „aufgehoben"; ihre Tradition, die nicht nur in den bekannten alten, teilweise seit mehreren Jahrhunderten genutzten Passauer Räumlichkeiten und in der bibliothekarischen Überlieferung noch immer präsent ist, lebt aus diesem Grund weiter. Sie ist und bleibt ein unvergessener zentraler Bestandteil der Geschichte der Stadt und der Universität Passau.

---

56 Vgl. ebd., S. 296.
57 Vgl. LANDERSDORFER, Von der Hochschule (wie Anm. 30), S. 20; zum Konkordat und dessen Bedeutung für das Verhältnis von Staat und Kirche in Bayern siehe Martin LÖHNIG/Mareike PREISNER, „Möglichst viele vollendente Tatsachen schaffen" – Zur Geltung und Fortgeltung des Bayerischen Konkordats von 1924, in: Zeitschrift der Savigny-Stiftung für Rechtsgeschichte, Kanonist. Abt. 97 (2011), S. 219–273.
58 EGGERSDORFER, Die Philosophisch Theologische Hochschule Passau (wie Anm. 15), S. 381.

Vom Königlich Bayerischen Lyzeum zur Universität Passau.
Ein Überblick über die Hochschulgeschichte der letzten 200 Jahre in der Dreiflüssestadt

Mario H. Puhane

1. Einleitung

Die Universität Passau wurde im Herbst 1978 als jüngste bayerische Landesuniversität eröffnet und verzeichnete im Wintersemester 1978/79 offiziell 463 Studierende. Die höhere akademische Ausbildung in der Dreiflüssestadt hat aber eine weitaus längere Tradition. Die ersten Domschulen im bischöflichen Wirkungskreis sind vor Ort schon unter den Bischöfen Ulrich von Nußdorf (1451–1479) und Fürstbischof Wolfgang von Salm (1541–1555) nachgewiesen, aber im engeren Sinne blickt Passau auf exakt 400 Jahre Hochschulgeschichte zurück. 1622 wurde nämlich die Jesuitenhochschule in der heutigen Altstadt eingerichtet. Auch wenn es sich bei dieser Lehrstätte nicht um eine moderne Universität handelte, lieferte das Jesuitenkolleg doch die Grundlage für die Tradition hin zur heutigen Universität.

Vom Jesuitenkolleg des Fürstbischofs Leopold Erzherzog von Österreich von 1612 bzw. mit dem Beleg der ersten jesuitischen Vorlesungen im Jahre 1622 über die „Fürstbischöfliche Akademie Passau" (1784) seit Fürstbischof Leopold Ernst Kardinal Graf von Firmian (1763–1783), nachdem Papst Clemens XIV. 1773 den Jesuitenorden aufgelöst hatte, bis hin zum „Kurfürstlichen Lyzeum" nach der Säkularisation 1803 und bis zur vorläufigen Einstellung des Lehrbetriebs nach dem Ende des Wintersemesters 1808/09 im Zuge der Napoleonischen Kriege erstreckten sich die zeitlichen Vorgängerinstitutionen das späteren königlich-bayerischen Engagements.

2. Königlich Bayerisches Lyzeum

Mit der „Wiedererrichtung" als „Königlich Bayerisches Lyzeum" mit zweijährigen philosophischen und dreijährigen theologischen Kursen sowie neun Professoren durch König Ludwig I. (1825–1848) am 16. September 1833 startete das staatlich-bayerische Hochschulengagement in Passau. Das Lyzeum war als Schule für eine höhere Realbildung zwischen Gymnasium und Universität eingerichtet worden.

Die Statuten für das Lyzeum aus dem Jahre 1834 „auf seiner koeniglichen Majestaet allerhöchsten Befehl verfasst und bekannt gemacht", regeln zum Beispiel detailliert den Studien- und privaten Lebensablauf der Studenten der damaligen Zeit: persönliche Immatrikulation beim Rektor, strenge religiös-sittliche Vorgaben und Anweisungen bzw. Strafen, fixe Studienabläufe, feste Sitzplätze im Hörsaal, weitreichende Verbote und eine Liste der Jahrgangsbesten, auch die Pflicht zum täglichen Gottesdienst, Verbot der Mitgliedschaft in einer politischen Verbindung und des unsittlichen Umgangs mit Frauen oder der Lektüre sittenverderblicher Bücher, das weitere Verbot des Besuchs von Musikveranstaltungen, Fackelumzügen und des öffentlichen Badens sowie des Tabakrauchens, des Besitzes von Waffen, des Fechtens und des Tragens auffälliger Kleidung und bestimmter Bärte waren nur einige der Reglementierungen in der ersten Hälfte des 19. Jahrhunderts.

Im „Organischen Statut" vom 20. November 1910 heißt es in § 1 zum Zweck der Schule, hier sei „vorzugsweise […] die akademische Bildung zum geistlichen Berufe denjenigen zu vermitteln, welche eine Universität nicht besuchen".

Den Alltag des Lyzeums im Ersten Weltkrieg veranschaulicht ein Auszug aus dem „Meldebogen des K. b. Lyzeum Passau Wintersemester 1916/17": Hier findet man den Eintrag des Kandidaten Alois Feilmeier (Jahrgang 1896) aus Edlham, Pfarrei Hofkirchen, als ehemaliger Abiturient des Gymnasiums Leopoldinum, jetzt Priesteramtskandidat und Alumnus des Klerikalseminars. Sein Schicksal als Kriegsteilnehmer zeigt die Bemerkung „im Kriegsdienst". Nach Franz Xaver Eggersdorfer war er als Kanonier Mitglied des I. Fuß-Artillerie-Regiments, 9. Bataillon, galt seit dem Sturmangriff bei Balaria vermisst und ist nach Mitteilung der rumänischen Regierung im Gefangenenlager Sipote verstorben. Heute ist er auf dem Denkmal der Kriegsgefallenen der Hochschule im dritten Stock des Gebäudes Katholische Theologie verewigt.

3. Philosophisch-Theologische Hochschule

Im Dezember 1923 erfolgte die offizielle Einführung des Namens „Philosophisch-Theologische Hochschule" für die Passauer Institution. Diese „Hochschule Passau", wie sie verkürzt bezeichnet wurde, bestand bis zur Eröffnung der Universität im Jahr 1978. Lediglich in den Jahren 1939 bis 1945 wurde die Hochschule in der Altstadt nach dem Sommersemester 1939 per Erlass des Kultusministers Adolf Wagner „für die Dauer des Krieges" zum 9. Oktober 1939 geschlossen. Vorübergehend wurden im 1913/14 bis 1919 neu errichteten Gebäude Katholische Theologie eine NS-Lehrerinnenbildungsanstalt (ab Mai 1941) und ein deutsches Lazarett ab Mai 1945 untergebracht. Aber bereits am 7. November 1945 kam es zur Wiedereröffnung, sogar mit beschränkter Öffnung für Nicht-Theologen.

4. Universität Passau

Im Dezember 1969 wurde von der Bezirksplanungsgemeinschaft Niederbayern entschieden, dass Niederbayern einen Universitätsstandort erhalten sollte. Der dortige Bezirksplanungsbeirat diskutierte in erster Linie über den Standort einer neuen Hochschule, da Landshut mit dem Regierungssitz Niederbayerns aufgrund der Nähe zu den Universitäten Regensburg und München ausgeschlossen werden musste. Somit beschränkte sich die Auswahl auf Deggendorf oder Passau. Die Dreiflüssestadt wurde klar bevorzugt, da sie über 60 Kilometer von anderen Universitäten entfernt und gleichzeitig nahe der Ländergrenze lag. So wurde Passau 1969 als Universitätsstadt nominiert.

Nach wechselseitigen Diskussionen folgte bereits im Juni 1970 der Beschluss der Bayerischen Staatsregierung, eine hochschulmäßige Ausbildungseinrichtung in Südostbayern auf den Weg zu bringen. Schließlich konnte die Unterkommission der bayerischen Hochschulplanungskommission im Februar 1972 ihre Arbeit aufnehmen. Als Ergebnis wurde am 7. Dezember 1972 das „Gesetz über die Errichtung einer Universität in Passau" mit Wirkung zum 1. Januar 1973 im Bayerischen Landtag beschlossen. Der hierzu notwendige Strukturbeirat nahm im Februar 1974 seine Arbeit auf. Begleitet und maßgeblich beeinflusst wurde der politische Prozess der Universitätsgenese durch die Gründung des „Kuratoriums Universität Passau e. V." im Februar 1970.

Dieses Gremium setzte sich aus vielen maßgebenden Persönlichkeiten mit politischen Vertretern des Bezirks Niederbayern, mit diversen Wirtschaftsunternehmen, Organisationen aus Wirtschaft, Wissenschaft und Kirchen sowie Privatpersonen zusammen. Neben dem Vorsitzenden und niederbayerischen Regierungspräsidenten Johann Riederer bildeten Bezirkstagspräsident Josef Haufellner, der Passauer Oberbürgermeister Emil Brichta, der ebenso passauische Stadtdirektor Karl Geisenberger und Karl-Heinz Eckert den Gründungsvorstand des Vereins.

Das Kuratorium legte 1970 binnen eines Jahres drei richtungsweisende Schriften vor: „Universität Passau – Zur Standortfrage", „Universität Passau – Ergänzung der Denkschrift" und „Universität Passau – Ein Strukturmodell". Diese lieferten positive Argumente für den Hochschulstandort Passau und bereiteten den Weg für die rechtliche Errichtung einer Universität am Standort Passau. Das alleinige Ziel dieser Druckwerke bestand darin, die zuständigen Gremien davon zu überzeugen, die geplante hochschulmäßige Ausbildungseinrichtung in Form einer „Europa-Universität" in Passau umzusetzen. Im Juli 1981 wurde das Kuratorium schließlich programmatisch in „Verein der Freunde und Förderer der Universität Passau e. V." umbenannt, der sich heute mit der Betreuung der Alumni eine neue Aufgabe zuteil kommen ließ.

Bereits Anfang Oktober 1974 wurde die Geschäftsstelle für die Universität Passau in den Prunkräumen der Neuen Bischöflichen Residenz eingerichtet, zum 1. Mai 1976 wurde Professor Dr. Karl-Heinz Pollok zum Gründungspräsidenten bestellt, ihm folgte im Dezember 1977 die Bestellung von Dr. Karl August Friedrichs zum ersten Kanzler. Anfang Dezember 1976 trat die „Verordnung über die vorläufige Organisation der Universität Passau" in Kraft. Und im April 1978 gab es die Berufungen und Ernennungen der ersten ordentlichen Professoren für die Fachbereiche Rechts- und Wirtschaftswissenschaften. Mit dem „Gesetz zur Eingliederung der Philosophisch-Theologischen Hochschule in Passau in die Universität Passau" zum 1. August 1978 kamen 13 theologische Professoren dazu.

Die „Verordnung des Bayerischen Staatsministeriums für Unterricht und Kultus zur vorläufigen Regelung der Verfassung der Universität Passau" genehmigte anfangs sechs Fakultäten: Katholische Theologie, Rechtswissenschaft, Wirtschaftswissenschaft, Sprach- und Literaturwissenschaft, Kulturwissenschaft sowie Mathematik und Informatik. Mit dem „Einvernehmen des Bayerischen Staatsministeriums für Unterricht und Kultus zur Führung eines Wappens im Siegel durch die Universität Passau" bekam die neue Einrichtung im September 1978 ihr Siegel und die Universität wurde damit rechtsfähig.

Am 9. Oktober 1978 konnte die Universität schließlich mit einem großen Festakt in der Nibelungenhalle durch den Bayerischen Ministerpräsidenten Dr. Alfons Goppel und den Bayerischen Staatsminister für Unterricht und Kultus Prof. Dr. Hans Maier feierlich eröffnet werden; der Lehrbetrieb startete am 6. November 1978, also einen knappen Monat später, in sein erstes Wintersemester mit 463 Studierenden, 20 Lehrstühlen und den Studiengängen Katholische Theologie (Diplom und Lizentiat), Pharmazie (Teilstudium), Jura (1. Staatsexamen) und Betriebswirtschaftslehre (Diplom).

Das bewegende Jahr 1978 wurde festlich mit dem Erstsemesterempfang des Vereins „Kuratorium Universität Passau e. V." und der Stadt Passau im Großen Rathaussaal im Dezember abgeschlossen. Dieser sollte in den folgenden Jahren (bis heute!) eine beliebte Tradition werden: Die berühmt-berüchtigten „Leberkäs-Empfänge" für die Erst- und teilweise Zweitsemester fanden seither an unterschiedlichen Orten statt, anfangs im Großer Rathaussaal, später in der Nibelungenhalle bzw. in der Dreiländerhalle und aktuell in der Mensa bzw. auf dem Mensahof der Universität. Und 25 Jahre nach einem erfolgreichen Uniabschluss lädt der Präsident die damaligen Absolvia nochmals zu einem kleinen „Leberkäs-Empfang" als nostalgische Reprise ein.

Durch die Partnerschaft mit der tschechischen Karls-Universität in Prag startete die Universität im Oktober 1983 ihr globales Netz von Beziehungen und beschritt damit das Feld der Internationalität als Basis universitären Lebens. Heute umspannt man mit über 250 Partnerschaften weltweit den gesamten Globus. International sind auch das Spezialangebot der „Fachspezifischen Fremdsprachenausbildung" seit 1978 sowie der Diplomstudiengang „Sprachen-, Wirtschafts- und Kulturraumstudien" (heute Bachelor Kulturwirtschaft, KuWi) als fakultätsübergreifender Magnet seit den 1990er Jahren weitere Markenzeichen in Passau.

Auch die Einbindung der Wirtschaft stand von Anfang an auf der Agenda der jungen Universität. Hierzu wurde im Dezember 1983 der „Neuburger Gesprächskreis Wissenschaft und Praxis" ins Leben gerufen. Die Firmenmitglieder verstehen sich als Unternehmerplattform, die die Universität finanziell, fachlich und hochschulpolitisch unterstützen. Jährlich organisiert der Gesprächskreis ein exzellentes und weit über Passau ausstrahlende Symposium und vergibt beim „Dies Academicus" den „Karl-Heinz-Pollok-Gedächtnispreis für ausgezeichnete Habilitationen".

Im Wintersemester 2002/03 begann mit der Einführung des ersten Bachelor- und Master-Studiengangs „Bachelor of European Studies" sowie dem Bachelor „Informatik" auch in Passau der europaweite Bologna-Prozess.

5. Zusammenfassung

Im Jahr 1995 resümierte Gründungspräsident Professor Dr. Karl-Heinz Pollok in der Festschrift „25 Jahre Verein der Freunde und Förderer" zur Gründung der Universität: „Es waren besonders zwei bildungspolitische Einsichten, die zur Errichtung einer Universität in Passau geführt hatten, einmal der Gedanke der Regionalisierung eines umfassenden Bildungsangebotes auch für den strukturell benachteiligten südostbayerischen Raum und zum anderen die Hoffnung auf die Entlastung der alten Universitäten in Bayern. Die Richtigkeit beider Einsichten lässt sich heute unschwer nachweisen. Denn von den 8.673 zum Wintersemester 1994/95 an der Universität Passau eingeschriebenen Studierenden kommen 2.512 (29 %) aus Niederbayern bzw. 1.594 (18 %) aus Passau Stadt und Landkreis. Und mit 4.843 (56 %) Studierenden aus Bayern wird sicherlich ein Beitrag zur Entlastung der alten bayerischen Universitäten geleistet."

Literatur

BAUMGARTNER, Isidor, Von der Fakultät zum Department. Die Katholische Theologie an der Universität Passau im Umbruch, in Passauer Almanach 2009/2010, Regensburg 2010, S. 104–115.

EGGERSDORFER, Franz Xaver, Die philosophisch-theologische Hochschule Passau. Dreihundert Jahre ihrer Geschichte. Ein Blick in die Entwicklung der katholischen Geistlichen-Bildung in Deutschland seit dem Ausgang des Mittelalters. Zur Hundertjahrfeier 1933, Passau 1933.

LANDERSDORFER, Anton, Ein geistiges Zentrum in Bedrängnis: Die Philosophisch-Theologische Hochschule, in: Winfried Becker (Hg.), Passau in der Zeit des Nationalsozialismus. Ausgewählte Fallstudien, Passau 1999, S. 439–466.

DERS., Die Wiedereröffnung der Philosophisch-Theologischen Hochschule Passau im Jahre 1945, in: Fonk, Peter u. a. (Hg.), Zum Aufbruch ermutigt. Kirche und Theologie in einer sich wandelnden Zeit, Festschrift für Franz Xaver Eder, Freiburg 2000, S. 102-120.

DERS., Von der Hochschule der Jesuiten bis zum Department für Katholische Theologie. Ein Streifzug durch die Geschichte der akademischen Bildungsstätten in Passau zwischen 1622 und 2009, in: Schweitzer, Walter (Hg.): Von der Fakultät zum Department. Katholische Theologie an der Universität Passau, Passau 2010, S. 15–37.

Pollok, Karl-Heinz, Die Universität heute, in: Verein der Freunde und Förderer der Universität Passau e. V. (Hg.): Festschrift 25 Jahre Verein der Freunde und Förderer der Universität Passau e. V., Passau 1995, S. 37–70.

Puhane, Mario, … 30 Jahre Universität Passau. Zeitreise durch die Geschichte unserer Hochschule (= Katalog zur Ausstellung im Foyer der Universitätsbibliothek), Passau 2008.

Ders., Die Universität Passau. Mehr als nur ein Standortfaktor für die Stadt und die Region, in: Gamerith, Werner u. a. (Hg.), Passau und seine Nachbarregionen. Orte, Ereignisse und Verbindungen. Ein geographischer Wegweiser, Regensburg 2013. S. 201–215.

Universität Passau, Eine neue Hochschule stellt sich vor, Passau 1978.

Verein der Freunde und Förderer der Universität Passau e. V. (Hg.), Festschrift 25 Jahre Verein der Freunde und Förderer der Universität Passau e. V., Passau 1995.

Studentisches Leben und Studentenverbindungen in Passau

Matthias Stickler

Das Thema dieses Aufsatzes ist bisher noch nie zusammenhängend wissenschaftlich erforscht worden. Dies hängt, wie noch deutlich werden wird, mit der „unübersichtlichen" Hochschulgeschichte Passaus zusammen. Die von vielfältigen Brüchen durchzogene Entstehung dieses Hochschulstandorts ist eng mit der spezifischen Entwicklung studentischen Lebens an den dortigen Hochschulen verbunden. Deshalb werden im Folgenden zunächst die Grundzüge der Passauer Hochschulgeschichte seit 1622 behandelt, dann folgen grundlegende Ausführungen zur Geschichte der studentischen Selbstorganisation in Deutschland seit dem 18. Jahrhundert. Schließlich wird die Geschichte der Passauer Studentenvereine und -verbindungen seit dem letzten Drittel des 19. Jahrhunderts detailliert analysiert.

1. Der Hintergrund: Grundzüge der Passauer Hochschulgeschichte im Überblick

Anders als etwa bei Traditionsuniversitäten wie Heidelberg, Tübingen, Marburg, Göttingen, Erlangen oder Würzburg, die zumeist auf eine weitgehend ununterbrochene Universitätstradition zurückblicken können, gibt es diese lange Kontinuität in Passau nicht. Im Wintersemester 2022/23 wurde zwar „400 Jahre Akademische Tradition in Passau" gefeiert[1] und dabei Bezug genommen auf die Stiftung einer Jesuitenhochschule

---

1 Vgl. https://www.uni-passau.de/400-jahre (22.03.2024), hier vor allem das Festprogramm: https://www.uni-passau.de/fileadmin/dokumente/beschaeftigte/kommunikation_marketing/400_Jahre/Programmheft_400_Jahre_Webversion.pdf (zuletzt aufgerufen am 22.03.2024).

im Jahr 1622 durch Fürstbischof Leopold aus dem Hause Habsburg.[2] Doch war diese keine Volluniversität, es existierte lediglich eine Theologische und eine Philosophische Fakultät. Ihr Hauptzweck war die Ausbildung von Priesternachwuchs gemäß den Bestimmungen des Konzils von Trient. Diese Hochschule existierte bis zur Aufhebung des Jesuitenordens im Jahr 1773. Im gleichen Jahr wurde sie von Kardinal-Fürstbischof Leopold Ernst Graf von Firmian[3] umgewandelt in eine „Fürstbischöfliche Akademie", an der es nun auch eine Medizinische und eine Juristische Fakultät gab. Allerdings besaß diese Hochschule bis zuletzt weder ein kaiserliches noch ein päpstliches Privileg und war damit weiterhin keine Universität im Wortsinne. Die Passauer Umgründung fügt sich ein in vergleichbare Vorgänge in anderen geistlichen Staaten des Heiligen Römischen Reiches Deutscher Nation, wo zur gleichen Zeit etwa Universitäten in Bonn oder Bamberg gestiftet wurden. Aus der kleinen Passauer Hochschule hätte etwas Größeres werden können, wie etwa das Beispiel der Bonner Kurfürstlichen Akademie zeigt, die 1777 vom damaligen Kölner Kurfürst-Erzbischof Maximilian Friedrich von Königsegg-Rothenfels gegründet und 1786 durch Kaiser Joseph II. förmlich zur Universität erhoben wurde. Nach vorübergehender Schließung 1798 als Folge der Annexion des linksrheinischen Deutschlands durch Frankreich entstand sie im Jahr 1818 als preußische „Rheinische Friedrich-Wilhelms-Universität" neu.[4]

Doch in Passau kam es ganz anders: Im Zuge der Koalitionskriege gegen das revolutionäre und dann das napoleonische Frankreich (1792–1814/15) sowie, damit eng verbunden, der völligen Neuordnung der deutschen Staatenwelt im Gefolge von Säkularisation und Mediatisierung bzw. des Untergangs des Heiligen Römischen Reichs (1802–1806) geriet das überkommene alteuropäische Universitätssystem[5] in eine tiefe Krise.[6] Die Ursachen der sog. „Universitätsrevolution" (Christophe Charle)[7] waren zum

---

2 Vgl. Carolin PECHO, Fürstbischof – Putschist – Landesherr. Erzherzog Leopolds Herrschaftsentwürfe im Zeitalter des Dreißigjährigen Krieges, Berlin 2017.
3 Vgl. August LEIDL, Leopold Ernst von Firmian, in: Neue Deutsche Biographie (NDB). Band 14, Berlin 1985, S. 293 f.
4 Vgl. hierzu Festschrift zur 200-Jahrfeier der Universität Bonn. Die Geschichte der Universität Bonn seit 1818 in 4 Bänden, Bonn 2018, v. a. den von Dominik Geppert herausgegebenen Band 1: Preußens Rhein-Universität 1818–1918.
5 Zur Universitätsgeschichte vgl. im Überblick Matthias ASCHE/Stefan GERBER, Art. „Universität", in: Enzyklopädie der Neuzeit Online (zuletzt aufgerufen am 18.01.2022); Rainer A. MÜLLER, Geschichte der Universität. Von der mittelalterlichen Universitas zur deutschen Hochschule, München 1990.
6 Vgl. zum Folgenden v. a.: Walter RÜEGG (Hg.), Geschichte der Universität in Europa. Band III: Vom 19. Jahrhundert zum Zweiten Weltkrieg (1800–1945), München 2004, S. 17–59; Rüdiger VOM BRUCH, Langsamer Abschied von Humboldt? Etappen deutscher Universitätsgeschichte 1810–1945, in: Mitchell G. Ash (Hg.), Mythos Humboldt. Vergangenheit und Zukunft der deutschen Universitäten, Wien/Köln/Weimar 1999, S. 29–57. Zur quantitativen Entwicklung der Universitäten bis ins frühe 19. Jahrhundert vgl. auch: Walter RÜEGG (Hg.), Geschichte der Universität in Europa. Band II: Von der Reformation bis zur Französischen Revolution (1500–1800), München 1996, S. 73–99. Vgl. ferner Notker HAMMERSTEIN, Universitäten, in: Ders./Ulrich Herrmann (Hg.), Handbuch der deutschen Bildungsgeschichte. Band II: 18. Jahrhundert. Vom späten 17. Jahrhundert bis zur Neuordnung Deutschlands um 1800, München 2005, S. 369–400 und R. Steven TURNER, Universitäten, in: Karl-Ernst Jeismann/Peter Lundgreen (Hg.), Handbuch der deutschen Bildungsgeschichte. Band III: 1800–1870. Von der Neuordnung Deutschlands bis zur Gründung des Deutschen Reiches, München 1987, S. 221–249.
7 RÜEGG (Hg.), Geschichte der Universität in Europa. Band III (wie Anm. 6), S. 43.

einen geistiger Natur: Ganz konkret ging es um die Frage, ob die bestehenden Universitäten im Lichte der Tradition zeitgemäß modernisiert oder, nach französischem Vorbild, aufgehoben und durch ein zentralistisch aufgebautes System von Fachschulen ersetzt werden sollten. Bekanntlich setzt sich in Preußen nicht das französische System, sondern das mit dem Namen Wilhelm von Humboldt verbundene Reformmodell durch, das in den folgenden Jahrzehnten auch die Universitätspolitik der übrigen deutschen Staaten prägen sollte. Einen Sonderweg ging dagegen bis in die Mitte des 19. Jahrhunderts das Königreich Bayern[8], das zum einen die Tradition aufgeklärter Hochschulreformen aus der zweiten Hälfte des 18. Jahrhunderts fortsetzte, zum anderen Elemente des französischen Modells übernahm, v. a. was den praktizierten Bildungszentralismus und Bildungsutilitarismus sowie die rigide obrigkeitliche Kontrolle der Hochschulen anbelangt. Bayern versuchte zudem bis in die 1850er Jahre hinein besonders stark, das studentische Leben zu reglementieren.[9] Die andere Seite der „Universitätsrevolution" war die Tatsache, dass die auf Kosten der geistlichen Fürstentümer und der meisten Kleinstaaten vergrößerten deutschen Staaten daran gingen, aus im Kern bildungsutilitaristischem Geist heraus das bestehende Universitätssystem „auszudünnen", d. h. in ihren Augen „überflüssige" Universitäten zu schließen: 1789 gab es auf dem Boden des späteren kleindeutsch-preußischen Kaiserreichs 35 Universitäten mit insgesamt 7900 Studenten; 40 % dieser Studenten verteilten sich auf die Großuniversitäten Halle, Jena, Göttingen und Leipzig, die übrigen 31 Universitäten hatten durchschnittlich 150 Hörer. Von diesen 35 Universitäten wurden 19 geschlossen und 16 überlebten; außerdem kamen im Königreich Preußen drei neue Universitäten hinzu: Berlin, Breslau und Bonn.[10] In Preußen fielen dem Kahlschlag beispielsweise folgende, teilweise sehr traditionsreiche Universitäten zum Opfer: Frankfurt/Oder (1811), Erfurt (1816), Wittenberg (1817), Münster (1818) und Duisburg (1818); es waren vor allem kleine Universitäten, die aufgelöst wurden, so hatte Erfurt zuletzt nur noch 20 Studenten gehabt. Auch die bayerische Regierung respektive der Leitende Minister Maximilian Graf Montgelas agierten entsprechend: Man war in München der Meinung, dass eine Universität im Norden (Würzburg), in der Mitte (Erlangen) und im Süden (Landshut bzw. seit 1826 München) ausreichend seien. Entsprechend wurden geschlossen die Universitäten Bamberg (1803), Dillingen (1803), Altdorf (1809) und Aschaffenburg (1818) sowie die Akademie Passau (1803). An die Stelle der vormaligen Universitäten

---

8 Vgl. hierzu Rudolf W. KECK, Geschichte der Universitäten und Hochschulen (von den Anfängen bis 1900), in: Max Liedtke (Hg.), Handbuch der Geschichte des bayerischen Bildungswesens. Bd. 4.2: Geschichte der Universitäten, der Hochschulen, der vorschulischen Einrichtungen und der Erwachsenenbildung in Bayern, Bad Heilbronn/Obb. 1997, S. 637–678, v. a. S. 647–652 und Laetitia BOEHM, Das akademische Bildungswesen in seiner organisatorischen Entwicklung (1800–1920), in: Max Spindler (Hg.), Handbuch der bayerischen Geschichte, Bd. 4: Das neue Bayern 1800–1970. Teilbd. 2. München 1975, verbess. ND 1979, S. 991–1033.
9 Vgl. hierzu Matthias STICKLER, Zwischen Anpassung und Aufbegehren – Studenten an der Universität Würzburg im 19. Jahrhundert, in: Bernhard Grün/Johannes Schellakowsky/Matthias Stickler/Peter Süß (Hg.), Zwischen Korporation und Konfrontation. Beiträge zur Würzburger Universitäts- und Studentengeschichte, Köln 1999, S. 76–140, hier S. 93–105.
10 Vgl. RÜEGG (Hg.), Geschichte der Universität in Europa. Band III (wie Anm. 6), S. 43.

traten in Bamberg, Dillingen und Aschaffenburg (bis 1873) sog. Lyzeen. In Passau wurde erst 1833 ein Lyzeum errichtet.[11] Dabei handelte es sich um auch in anderen bayerischen Städten vorhandene höhere Bildungseinrichtungen, die eher den Charakter einer gymnasialen Oberstufe hatten, mit den Gymnasien vor Ort auch organisatorisch verbunden waren und die in der Regel eine philosophische und eine (katholisch-) theologische Abteilung umfassten. 1833 wurden die Lyzeen formal den Universitäten bzw. deren Fakultäten gleichgestellt, doch blieben die Unterschiede beträchtlich. Der Sache nach handelte es sich um Hochschulen zweiter Klasse, letztlich waren die Lyzeen katholische Hochschulen in staatlicher Trägerschaft, deren Hauptzweck die Ausbildung von Priestern in Bischofsstädten war, die nicht über eine eigene Universität mit Katholisch-Theologischer Fakultät verfügten. Deshalb hatte die Kirche seit 1924 ein konkordatsrechtlich geregeltes Mitbestimmungsrecht bei der Berufung von Professoren. Im Königreich Bayern war dies durch eine einseitige Ministerialentschließung geregelt worden. 1923 wurden die Lyzeen in „Philosophisch-Theologische Hochschulen" umbenannt und bestanden in dieser Form weiter bis in die 1970er Jahre.[12] Seither wurden sie im Zuge der Bildungsexpansion mehrheitlich zu Gesamthochschulen resp. Universitäten erhoben bzw. in solche eingegliedert, in der Regel aber nicht zu Volluniversitäten aufgewertet.

Passau ist hierfür wieder ein gutes Beispiel: 1978 wurde die Universität Passau eröffnet[13] und die bisherige Philosophisch-Theologische Hochschule dieser als Katholisch-Theologische Fakultät eingegliedert. Inzwischen existiert an der Universität Passau keine Katholisch-Theologische Fakultät mehr, sondern nur noch ein Departement für Katholische Theologie. Die neue Universität umfasste anfangs sechs Fakultäten – Katholische Theologie, Rechtwissenschaft, Wirtschaftswissenschaft, Sprach- und Literaturwissenschaft, Kulturwissenschaft sowie Mathematik und Informatik – hatte also einen deutlichen Schwerpunkt im Bereich der Geisteswissenschaften und keine Medizinische Fakultät. Bemerkenswert ist, dass die neue Universität Passau das Siegel der vormaligen Philosophisch-Theologischen Hochschule, welches das Bild der „Maria im Siege" zeigt, mit der neuen Umschrift „Universitas Pataviensis" übernahm.[14] Diese Mariendarstellung, die ihren Ursprung im Konfessionellen Zeitalter hat, schmückte als Steinfigur bereits das alte Jesuitenkolleg. Damit stellte sich die neue Universität, was

---

11 Vgl. hierzu, wie auch zu den Vorläufern des Lyzeums, ausführlich Franz Xaver EGGERSDORFER, Die philosophisch-theologische Hochschule Passau. Dreihundert Jahre ihrer Geschichte. Ein Blick in die Entwicklung der katholischen Geistlichen-Bildung in Deutschland seit dem Ausgang des Mittelalters. Mit einem Beitrag des Gesamtkollegiums über die Vertretung der Fächer von 1833–1933. Zur Hundertjahrfeier 1933, Passau 1933. Vgl. ferner: Karl HOFFMANN, Denkschrift zur Erinnerungs-Feier des fünfzigjährigen Bestehens des kl. Lyceums zu Passau, Passau 1883.
12 Vgl. Manfred BALDUS, Die philosophisch-theologischen Hochschulen in der Bundesrepublik Deutschland. Geschichte und gegenwärtiger Rechtsstatus, Berlin 1965 und Ingo SCHRÖDER, Die staatlichen philosophisch-theologischen Hochschulen in Bayern von 1923 bis 1978, München 2004.
13 Vgl. UNIVERSITÄT PASSAU (Hg.), Universität Passau. Eine neue Hochschule stellt sich vor, Passau 1978.
14 Vgl. hierzu und zum Folgenden https://museum.uni-passau.de/exhibits/show/logo/logo#?c=0&m=0&s=0&cv=0 (zuletzt aufgerufen am 22.03.2024) und https://museum.uni-passau.de/exhibits/show/logo/der--madonnenstreit- (zuletzt aufgerufen am 22.03.2024).

keineswegs unumstritten war, in die Tradition der katholischen Vorgängerinstitutionen. Inzwischen scheint, obwohl das Madonnensiegel nach wie vor in Gebrauch ist, diese Traditionsbildung an Bedeutung verloren zu haben, die Homepage der Universität Passau[15] wird jedenfalls von einem modernen Logo dominiert.

2. „Oh alte Burschenherrlichkeit!" – Studentenverbindungen im 19. und 20. Jahrhundert

Kennzeichnend für das frühneuzeitliche deutsche Universitätswesen ist, dass sich dieses seit der Reformation konfessionell unterschiedlich entwickelte, was auch erhebliche Auswirkungen auf das Studentenleben hatte. Hinsichtlich der studentischen Kultur und des studentischen Alltagslebens unterschied man in der alteuropäischen Universität[16] zwei Organisationsformen des Studiums[17]: Der Modus Parisiensis (benannt nach der Universität Paris), der vor allem auf den britischen Inseln, der iberischen Halbinsel und in Frankreich verbreitet war, war in hohem Maße verschult und häufig mit Internats- und Konviktssystemen verbunden. Der Modus Bononiensis (benannt nach der Universität Bologna), der vor allem im Heiligen Römischen Reich, in Italien, den Niederlanden sowie Nord- und Ostmitteleuropa anzutreffen war, war demgegenüber freier. Vor diesem Hintergrund konnten dort seit dem 17. Jahrhundert frühe Formen studentischer Verbindungen[18] entstehen, aus denen sich im 18. Jahrhundert die sog. „alten Landmannschaften" und die Studentenorden entwickelten.[19] Das Bildungsprogramm des Jesuitenordens knüpfte aber im Kern an den Modus Parisiensis an, mithin an College-Systeme, wie sie in Paris und Oxford üblich waren. Das Ideal war die Internatserziehung, wobei in der Realität die Mehrheit der Zöglinge Externe waren,

---

15 Vgl. https://www.uni-passau.de/ (zuletzt aufgerufen am 24.03.2024).
16 Vgl. Matthias STICKLER, Bildungsgeschichtliche Aufbrüche oder: Die Universitäten im konfessionellen Zeitalter, in: Frank Kleinhagenbrock/Dorothea Klein/Anuschka Tischer/Joachim Hamm (Hg.), Reformation und katholische Reform. Zwischen Kontinuität und Innovation (= Publikationen aus dem Kolleg ‚Mittelalter und Frühe Neuzeit' 6), Würzburg 2019, S. 423–447.
17 Vgl. Julian KÜMMERLE, Art. „Student", in: Enzyklopädie der Neuzeit Online (zuletzt aufgerufen am 24.03.2024) sowie Rainer A. MÜLLER, Studentenkultur und akademischer Alltag, in: Rüegg (Hg.), Geschichte der Universität in Europa. Band II (wie Anm. 6), S. 266 f.
18 Zu den Studenten in der frühneuzeitlichen Universität im Überblick vgl. KÜMMERLE, „Student" (wie Anm. 17) und Matthias ASCHE/Stefan GERBER, Art. „Studentenverbindung", in: Enzyklopädie der Neuzeit Online (zuletzt aufgerufen am 24.04.2024).
19 Vgl. Wolfgang HARDTWIG, Studentenschaft und Aufklärung. Landsmannschaften und Studentenorden in Deutschland im 18. Jahrhundert, in: Etienne François (Hg.), Sociabilité et société bourgeoise en France, en Allemagne et en Suisse, 1750–1850, Paris 1986, S. 239–260; Rainer A. MÜLLER, Landsmannschaften und studentische Orden an deutschen Universitäten des 17. und 18. Jahrhunderts, in: Harm-Hinrich Brandt/Matthias Stickler (Hg.), „Der Burschen Herrlichkeit". Geschichte und Gegenwart des studentischen Korporationswesens (= Veröffentlichungen des Stadtarchivs Würzburg 8), Würzburg 1998, S. 13–34; Matthias ASCHE, „Handlungen, welche Geheimnisse vermuthen lassen." Studentische Arkangesellschaften an deutschen Universitäten im 17. und 18. Jahrhundert, in: Volkhard Huth (Hg.), Geheime Eliten? Bensheimer Gespräche 2010/11, Frankfurt am Main 2014, S. 163–182.

die allerdings einer strengen Zucht unterworfen wurden. Die Reformen an katholischen Universitäten aus dem Geist der Aufklärung heraus im letzten Drittel des 18. Jahrhunderts änderten daran nichts Wesentliches. Es gab zwar auch an katholischen Universitäten studentische Devianz[20], also von der Norm abweichendes Verhalten, doch entwickelte sich dort bis ins späte 18. Jahrhundert nie ein Burschen- bzw. Verbindungsleben wie an den protestantischen deutschen Universitäten.

Die Entstehung des bis heute existierenden studentischen Verbindungswesens in Deutschland[21] ist untrennbar verknüpft mit dem Umbruch an den deutschen Universitäten im Zuge der Wende vom 18. zum 19. Jahrhundert sowie der Durchsetzung des sog. Humboldt'schen Modells der Universität, das seinen Ausgangspunkt von der 1810 gestifteten Friedrich-Wilhelms-Universität Berlin (heute Humboldt-Universität) nahm.[22] Die Universitäten wandelten sich von der überkommenen altständischen Korporation hin zu vom konstitutionellen Staat zwar mediatisierten, aber weiterhin mit nicht unerheblichen Selbstverwaltungsrechten ausgestatteten Körperschaften öffentlichen Rechts, die sich nun zu modernen Forschungs- und Lehruniversitäten weiterentwickelten. Das Humboldt'sche Modell, das in Bayern, wie erwähnt, erst zeitverzögert verwirklicht wurde, hatte für die Studenten vor allem zwei Konsequenzen: Erstens wurden sie, die vorher integraler Bestandteil der Universitätskorporation mit rechtlich abgesicherten Mitwirkungsrechten gewesen waren, aus dieser gleichsam ausgeschlossen und waren seither, obwohl man ihnen weiter ein romantisch-historistisch verklärtes „akademisches Bürgerrecht" zusprach, faktisch nur noch „Nutzer" einer Bildungs-

---

20 Vgl. Marian FÜSSEL, Devianz als Norm? Studentische Gewalt und akademische Freiheit in Köln im 17. und 18. Jahrhundert, in: Westfälische Forschungen 54 (2004), S. 145–166; DERS., Riten der Gewalt. Zur Geschichte der akademischen Deposition und des Pennalismus in der frühen Neuzeit, in: Zeitschrift für Historische Forschung 32 (2005), S. 605–648.

21 Vgl. hierzu im Überblick Matthias STICKLER, Studentenverbindungen, in: Görres-Gesellschaft (Hg.), Staatslexikon. Recht – Wirtschaft – Gesellschaft. Redaktionsleitung Heinrich Oberreuter. 8., völlig neu bearbeitete Auflage. Band 5, Freiburg 2021, Sp. 846–849. Vgl. ferner: Harm-Hinrich BRANDT, Studentische Korporationen und politisch-sozialer Wandel – Modernisierung und Antimodernismus, in: Ders./Wolfgang Hardtwig (Hg.), Deutschlands Weg in die Moderne. Politik, Gesellschaft und Kultur im 19. Jahrhundert, München 1993, S. 122–143; Matthias STICKLER, Universität als Lebensform? Überlegungen zur Selbststeuerung studentischer Sozialisation im langen 19. Jahrhundert, in: Rüdiger vom Bruch (Hg.) unter Mitarbeit von Elisabeth Müller-Luckner, Die Berliner Universität im Kontext der deutschen Universitätslandschaft nach 1800, um 1860 und um 1910 (= Schriften des Historischen Kollegs, Kolloquien 76), München 2010, S. 149–186; Harald LÖNNECKER, Studenten und Gesellschaft. Studenten in der Gesellschaft – Versuch eines Überblicks seit Beginn des 19. Jahrhunderts, in: Rainer Christoph Schwinges (Hg.), Universität im öffentlichen Raum (= Veröffentlichungen der Gesellschaft für Universitäts- und Wissenschaftsgeschichte 10), Basel 2008, S. 387–438. Vgl. auch den Forschungsbericht von Matthias STICKLER, „Der Burschen Herrlichkeit"? – Old and New Ways of Examining the History of German University Students (1810–1945). A Research Report ["Der Burschen Herrlichkeit"? Viejas y nuevas formas de examinar la historia de los estudiantes universitarios alemanes (1810–1945). Un informe de investigación.], in: CIAN-Revista De Historia De Las Universidades, 1 (2022) 25, S. 22–84 (https://doi.org/10.20318/cian.2022.6993).

22 Vgl. Harm-Hinrich BRANDT, Studierende im Humboldt'schen Modell des 19. Jahrhunderts, in: Rainer Christoph Schwinges (Hg.), Humboldt International. Der Export des deutschen Universitätsmodells im 19. und 20. Jahrhundert (= Veröffentlichungen der Gesellschaft für Universitäts- und Wissenschaftsgeschichte 3), Basel 2001, S. 131–150.

einrichtung. Zweitens entstanden auf diese Weise, insbesondere durch die sog. „Humboldtsche Lücke"[23], also den Verzicht der Universität auf die erzieherische Aufsicht über die Studenten, für diese aber auch Freiräume, die – mehr als etwa in den Hochschulen in der Tradition der Jesuiten bzw. der katholischen Aufklärung – die Selbststeuerung und Selbstorganisation studentischer Sozialisation ermöglichten. Dies hatte auch erhebliche Auswirkungen auf das Selbstverständnis und die kulturellen Praktiken der Studenten. Vor diesem Hintergrund kam es zu einer vorher in dieser Form nicht vorhandenen Politisierung der deutschen Studenten, die seit 1814/15 in der burschenschaftlichen Bewegung ihren ersten Höhepunkt erreichte. Diese Entwicklung prägte die deutsche Studentenschaft in besonderer Weise und löste bis in die zweite Hälfte des 20. Jahrhunderts immer wieder Radikalisierungswellen aus.[24] Zutreffend hat Harald Lönnecker[25] in diesem Zusammenhang davon gesprochen, dass den Studenten eine Art Seismographenfunktion zukam, indem sie politisch-gesellschaftliche Veränderungen gleichsam geistig vorwegnahmen bzw. derartige Tendenzen verstärkten.[26]

Wichtig ist in diesem Zusammenhang, dass die deutschen Universitäten in ihrer klassischen Phase[27] nicht einfach nur Ausbildungseinrichtungen bzw. Stätten von Forschung und Lehre waren, sondern Keimzellen der politischen Eliten und Verkörperung eines heute kaum noch vermittelbaren allgemeinen Prestiges von nationaler und internationaler Ausstrahlung. Zudem waren die Studenten bis weit ins 20. Jahrhundert nicht einfach nur studierende Jugendliche, sondern sie zeichneten sich mehrheitlich durch eine im Vergleich zu anderen sozialen Gruppen große generationelle Homogenität und einen gemeinsamen Habitus hinsichtlich Intellektualität, sozialer Herkunft und kultureller Praktiken aus. V. a. Letztere hatten im Kontext einer im 19. Jahrhundert entstehenden elitären akademischen (Sub-)Kultur auch und vor allem eine Distinktions- und Selbstvergewisserungsfunktion. Das Selbstverständnis der tonangebenden Kreise der Studenten war elitär und mit einem politisch-gesellschaftlichen Avantgarde-Anspruch verbunden, wobei aber zu konstatieren ist, dass das studentische Selbstbild immer auch von Selbstüberschätzung gekennzeichnet war.

---

23 Vgl. Friedrich SCHAFFSTEIN, Wilhelm von Humboldt. Ein Lebensbild, Frankfurt am Main 1952, S. 228 f.
24 Vgl. Konrad H. JARAUSCH, Studentischer Protest im Wandel der Zeiten. Ideologische Seitenwechsel der Studierenden im 19. und 20. Jahrhundert, in: Jahrbuch für Universitätsgeschichte 21 (2018) [2021], S. 103–117.
25 Harald Lönnecker (1963–2022) gehörte zu den produktivsten wissenschaftlich ausgewiesenen Studentenhistorikern der Gegenwart überhaupt. Er war seit 1995 Leiter des Archivs und der Bücherei der Deutschen Burschenschaft und der Gesellschaft für burschenschaftliche Geschichtsforschung im Bundesarchiv in Koblenz. Die Schwerpunkte seiner Forschungen lagen auf dem Felde der Burschenschaftsgeschichte und der Geschichte der akademischen Sängervereine und Sängerverbindungen. Viele seiner Veröffentlichungen sind zugänglich unter http://www.burschenschaftsgeschichte.de/forschung_pub.php (zuletzt aufgerufen am 23.03.2024).
26 Vgl. Harald LÖNNECKER, „… freiwillig nimmer von hier zu weichen …" Die Prager deutsche Studentenschaft 1867–1945. Bd. 1: Verbindungen und Vereine des deutschnationalen Spektrums (= Abhandlungen zum Studenten- und Hochschulwesen 16), Köln 2008, S. 18 f.
27 Vgl. Peter MORAW, Universitäten, Gelehrte und Gelehrsamkeit in Deutschland vor und um 1800, in: Schwinges (Hg.), Humboldt International (wie Anm. 22), S. 75–104.

Den studentischen Verbindungen kam bei dieser sich wandelnden Rolle der Studenten eine Schlüsselrolle zu, deren Folgen in Ausläufern bis in die Zeit der frühen Bundesrepublik Deutschland nachwirkten. Studentische Verbindungen oder Korporationen waren und sind, wie bereits erwähnt, eine alte und sehr wandlungsfähige Sozialisationsform. Das Erbe der alten Landsmannschaften und studentischen Orden wirkte in veränderter Form weiter in Landsmannschaften neuen Typs, die sich später Corps[28] nannten, und seit 1814 in den Burschenschaften[29]. Deren Versuch, eine nationale Organisation der Studentenschaft zu begründen, scheiterte ebenso wie der föderative Alleinvertretungsanspruch der örtlichen Seniorenconvente der Corps. Seit der Mitte des 19. Jahrhunderts pluralisierte sich das Verbindungswesen weiter im Hinblick auf Weltanschauung sowie Brauchtumsformen und verfestigte sich gleichzeitig durch die Entstehung von Dachverbänden. Es entstanden neue Landsmannschaften, akademische Gesang- und Turnvereine, wissenschaftliche, katholische, jüdische sowie Damenverbindungen, die in jeweils unterschiedlich starker Ausprägung die tradierten äußeren Formen der Studentenverbindungen übernahmen und das Lebensbundprinzip einführten. Das heißt, dass alle Studentenverbindungen, auch wenn sie sich teilweise weiterhin Vereine nennen, Gemeinschaften von studierenden „Aktiven" (darunter die als „Füxe" bzw. „Füchse" bezeichneten Neumitglieder auf Probe) und „Alten Herren" oder „Philistern", also berufstätigen Altmitgliedern, sind. Man unterscheidet farbentragende (zumeist dreifarbiges Band und Mütze) und nicht farbentragende oder „schwarze" Studentenverbindungen. Letztere führen aber mehrheitlich dennoch Farben im „Bierzipfel", einem Schmuckanhänger, und tragen bei feierlichen Anlässen den „Wichs", die traditionelle studentische Festtracht, die ihre Ursprünge in den polnischen Freiheitskämpfen des frühen 19. Jahrhunderts hat. Neben den Bestimmungsmensuren schlagenden Studentenverbindungen gibt es solche, die dies ablehnen. Der studentische Zweikampf hat eine jahrhundertealte Tradition; bei der Bestimmungsmensur handelt es sich nicht um ein Duell, sondern um eine stark ritualisierte vereinbarte Form des Zweikampfs. In der klassischen deutschen Universität waren die Studentenverbindun-

---

28 Zu den Corps vgl. Rolf-Joachim BAUM (Hg.), „Wir wollen Männer, wir wollen Taten!" Deutsche Corpsstudenten 1848 bis heute. Festschrift zum 150-jährigen Bestehen des Kösener Senioren-Convents-Verbandes. Hg. i. Auftr. des Kösener Senioren-Convents-Verbandes und des Verbandes Alter Corpsstudenten, Berlin 1998 und die unmittelbar aus den einschlägigen Archivquellen gearbeitete Würzburger Dissertation von Manuel WESKAMP, „Ehre, Frohsinn, Eintracht". Selbstverständnis, Mitgliederrekrutierung und Karrieremuster von Akademikern am Beispiel des Corps Saxonia Göttingen (1840–1951), Göttingen 2018.
29 Zur Geschichte der Burschenschaften vgl. zuletzt Harald LÖNNECKER (Hg.), „Deutschland immer gedient zu haben ist unser höchstes Lob!" Zweihundert Jahre Deutsche Burschenschaften. Eine Festschrift zur 200. Wiederkehr des Gründungstages der Burschenschaft am 12. Juni 1815 in Jena (= Darstellungen und Quellen zur Geschichte der deutschen Einheitsbewegung im 19. und 20. Jahrhundert 21), Heidelberg 2015; vgl. auch Wolfgang HARDTWIG, Die Burschenschaften zwischen aufklärerischer Sozietätsbewegung und Nationalismus. Bemerkungen zu einem Forschungsproblem, in: Helmut Reinalter (Hg.), Aufklärung, Vormärz und Revolution, Bd. 4, Innsbruck 1984, S. 46–55. Die Forschungen zur Geschichte der Burschenschaften sind immer noch stark geprägt von Darstellungen burschenschaftlicher Historiker selbst sowie von Kritikern des Verbindungswesens; vgl. hierzu STICKLER, „Der Burschen Herrlichkeit"? (wie Anm. 21), v. a. S. 41–46.

gen normgebend für das studentische Leben, einer solchen anzugehören war der Regelfall. Sie repräsentierten trotz aller vorhandener Konflikte in ihrer pluralistischen Gesamtheit die Studentenschaft an sich.

Als Folge der Niederlage Deutschlands im Ersten Weltkrieg kam es in einem beträchtlichen Teil der Studentenverbindungen zu einem Rechtsruck[30], der es der NS-Bewegung leicht machte, diese für ihr Ziel einer „Machtergreifung" an den Universitäten zu instrumentalisieren.[31] Daraus resultierte, trotz der Tatsache, dass das die Nationalsozialisten das Verbindungswesen zunächst gleichschalteten und schließlich beseitigten, ein Traditionsbruch, der ausschloss, dass nach dem Zweiten Weltkrieg Symbiose von Universität und Verbindungen eine Fortsetzung finden konnte.[32] Seither grenzten sich die meisten Universitäten von den Studentenverbindungen mehr oder weniger ab, obgleich sich nun nahezu alle Korporationsverbände uneingeschränkt auf den Boden der freiheitlichen Demokratie westeuropäischen Typs stellten. Vor dem Hintergrund der Bildungsexpansion und des damit verbundenen Übergangs von der nachklassischen zur Massenuniversität und der Veränderungen, die mit der sog. 68er-Bewegung verbunden waren, wurden die Studentenverbindungen immer mehr an den Rand gedrängt. Seit den späten 1960er Jahren waren viele Verbände konfrontiert mit dramatisch zurückgehenden Mitgliederzahlen und internen Auseinandersetzungen um die Zukunftsfähigkeit der eigenen Traditionen. Erst seit den späten 1970er und 1980er Jahren verbesserte sich die Nachwuchssituation, das Korporationswesen konnte sich konsolidieren und die Mitgliederzahlen wieder so weit steigern, dass ein Fortbestehen gesichert war.

Noch ein Wort zu den katholischen Studentenverbindungen[33], weil diese für Passau eine nicht unwichtige Rolle spielen: Diese entstanden als Selbsthilfe- und Abwehr-

---

30 Vgl. hierzu die wichtige vergleichende Arbeit von Sonja LEVSEN, Elite, Männlichkeit und Krieg. Tübinger und Cambridger Studenten 1900–1929 (= Kritische Studien zur Geschichtswissenschaft 170), Göttingen 2006.
31 Vgl. hierzu bes. Friedhelm GOLÜCKE (Hg.), Korporationen und Nationalsozialismus, Schernfeld o. J. [1989]; Michael GRÜTTNER, Die Korporationen und der Nationalsozialismus, in: Brandt/Stickler (Hg.): Der Burschen Herrlichkeit" (wie Anm. 19), S. 125–143; Michael GRÜTTNER, Studenten im Dritten Reich, Paderborn 1995; Matthias STICKLER, Zwischen Reich und Republik. Zur Geschichte der studentischen Verbindungen in der Weimarer Republik, in: Brandt/Stickler (Hg.): Der Burschen Herrlichkeit" (wie Anm. 19), S. 85–108.
32 Vgl. hierzu im Überblick: Matthias STICKLER, „Wir sind doch nicht die SA der Professoren!" Das studentische Verbindungswesen und die Achtundsechzigerbewegung, in: Gerrit Dworok/Christoph Weissmann (Hg.), 1968 und die „68er": Ereignisse, Wirkungen und Kontroversen in der Bundesrepublik, Wien/Köln/Weimar 2013, S. 69–99; dort auch weitere Literaturhinweise.
33 Vgl. hierzu im Überblick Harald LÖNNECKER, „Demut und Stolz, … Glaube und Kampfessinn". Die konfessionell gebundenen Studentenverbindungen – protestantische, katholische, jüdische, in: Rainer Christoph Schwinges (Hg.), Universität, Religion und Kirchen (= Veröffentlichungen der Gesellschaft für Universitäts- und Wissenschaftsgeschichte 11), Basel 2011, S. 479–540 und Matthias STICKLER, Katholisches Verbindungswesen als Träger von Konfessionalisierungen 1871 bis 1933, in: Blätter für deutsche Landesgeschichte 155 (2019), S. 187–206. Vgl. ferner: Christopher DOWE, Doppelte Eliten. Die Mitglieder der katholischen Studentenkorporationen im deutschen Kaiserreich, in: Matthias Asche/Markus A. Denzel/Matthias Stickler (Hg.), Religiöse und konfessionelle Minderheiten als wirtschaftliche und geistige Eliten (16. bis frühes 20. Jahrhundert). Büdinger Forschungen zur Sozialgeschichte 2006 und 2007 (= Deutsche

organisationen und sind seit jeher nichtschlagend. Man unterscheidet im Wesentlichen vier Verbände: 1855 wurde der nicht farbentragende Unitas-Verband (UV)[34] gegründet, der bis 1887 ein Zusammenschluss von Theologenverbindungen war. Deshalb war für den UV neben seinem zentralistischen Aufbau eine spezifisch kirchlich-klerikale Ausrichtung charakteristisch. Seit den späten 1960er Jahren ist die Mitarbeit nicht katholischer Christen mit Status eines „Freundes der Verbindung" möglich. Seit 1996 werden in eigenen Damen-Vereinen auch Frauen aufgenommen. 1856 entstand der farbentragende Cartellverband der katholischen deutschen Studentenverbindungen (CV)[35]. Dieser entwickelte sich bis zum Ersten Weltkrieg zum größten katholischen Korporationsverband, ja zu einem der größten Dachverbände überhaupt. Hinsichtlich der Frage der Aufnahme nicht katholischer Christen hält der CV am Katholizitätsprinzip in seiner überlieferten Form fest; d. h. weder Vollmitgliedschaft noch besonderer Status von Nichtkatholiken sind gestattet. Der KV (Kartellverband katholischer deutscher Studentenvereine)[36] wurde 1865 gegründet, nachdem die Schaffung eines gemeinsamen Dachverbandes mit dem CV gescheitert war. Das schwarze Prinzip wurde ursprünglich sehr streng beachtet, seit dem frühen 20. Jahrhundert fanden dann aber Angleichungen an die farbentragenden Verbindungen statt, inzwischen werden in vielen KV-Bünden Bänder getragen. Die Aufnahme nicht katholischer Christen ist seit 1971 möglich. Ferner gibt es den farbentragenden Ring Katholischer Deutscher Burschenschaften (RKDB), der 1924 von vormaligen Unitas-Vereinen gegründet wurde. Er ist heute der kleinste katholische Korporationsverband; die Aufnahme evangelischer Mitglieder ist seit 1970 zulässig.[37] Die katholischen Verbindungen haben seit Mitte des 19. Jahrhunderts ganz entscheidend zur Reproduktion katholischer Eliten und damit zur Formierung des politischen Katholizismus beigetragen. Deshalb wurden CV, KV und UV während des Kulturkampfs diskriminiert. Vom Nationalsozialismus wurden

---

Führungsschichten der Neuzeit 28), St. Katharinen 2009, S. 261–282; Christopher DOWE, Auch Bildungsbürger. Katholische Studierende und Akademiker im Kaiserreich (= Kritische Studien zur Geschichtswissenschaft 171), Göttingen 2006. Wissenschaftlichen Ansprüchen voll genügende Verbandsgeschichten der katholischen Korporationsverbände sind bisher leider Desiderate.

34 Vgl. Wolfgang BURR, Unitas-Handbuch. 5 Bände, Siegburg 1995–2005.
35 Vgl. Peter STITZ, Der akademische Kulturkampf um die Daseinsberechtigung der katholischen Studentenkorporationen in Deutschland und in Österreich von 1903 bis 1908. Ein Beitrag zur Geschichte des CV, München 1960; Peter STITZ, Der CV 1919–1938. Der hochschulpolitische Weg des Cartellverbandes der katholischen deutschen Studentenverbindungen (CV) vom Ende des Ersten Weltkrieges bis zur Vernichtung durch den Nationalsozialismus, o. O. [München] 1970; Siegfried SCHIEWECK-MAUK, Lexikon der CV- und ÖCV-Verbindungen, Köln 1997; CV-Handbuch Regensburg ³2000; Gerhard HARTMANN, Treu zu Gott und Vaterland. Die Geschichte des CV in Österreich, Wien/Kevelaer 2023.
36 Vgl. Bernhard EGEN/Christoph ERGGELET, KV-Handbuch, Köln 1984; Wolfgang LÖHR (Hg.), Rückbesinnung und Ausblick. KV-Studententum nach 150 Jahren, Köln 2006.
37 Vgl. Matthias STICKLER, „… darum nennen wir uns mit Fug und Recht eine Deutsche Burschenschaft." Die Anfänge des Ringes Katholischer Deutscher Burschenschaften (RKDB) im Spannungsfeld von politischem Katholizismus und burschenschaftlicher Idee, in: Harald Lönnecker/Klaus Malettke (Hg.), 200 Jahre Wartburgfest. 18. Oktober 1817 – 18. Oktober 2017. Studien zur politischen Bedeutung, zum Zeithintergrund und zum Fortwirken der Wartburgfeier (= Darstellungen und Quellen zur Geschichte der deutschen Einheitsbewegung im 19. und 20. Jahrhundert 22). Heidelberg 2019, S. 451–488.

die katholischen Korporationsverbände bekämpft, nach 1933 zunächst gleichgeschaltet, zur Selbstauflösung gedrängt und 1938 schließlich ganz verboten. Ihre Wiedergründung war nach 1945 vergleichsweise schnell möglich, weil deren Mitglieder im Dritten Reich vielfach Verfolgungen ausgesetzt gewesen waren. Die Wahlverwandtschaft mit dem Politischen Katholizismus und der Katholischen Kirche blieb auch nach 1945 unter völlig gewandelten Bedingungen lebendig und prägt das Selbstverständnis der katholischen Studentenverbindungen bis heute.

3. „Oh alte Burschenherrlichkeit!"? Das Verbindungswesen an den Passauer Hochschulen seit dem 19. Jahrhundert

Was gerade über die Bedeutung der Studentenverbindungen ausgeführt wurde, sind Befunde, die in Städten mit Traditionsuniversitäten trotz gewisser lokaler Unterschiede allgemeingültig sind.[38] In Passau war bzw. ist dies wegen der ganz anderen universitätsgeschichtlichen Voraussetzungen völlig anders. Der katholisch-jesuitische Charakter der Passauer Hochschule bis 1773 bzw. 1803 hatte weitreichende Konsequenzen für das Studentenleben dort. Formen studentischer Devianz in Form von Ruhestörungen, Raufereien bis hin zu Duellen mit Stichwaffen, Saufereien, Bettelei armer Studenten und Wilderei sind zwar belegt[39], ein frühneuzeitliches Verbindungswesen hat es, nach allem, was wir wissen, in Passau aber nicht gegeben. Passau hatte auch keinen Anteil an den grundsätzlichen Entwicklungsprozessen des deutschen Verbindungswesens im langen 19. und frühen 20. Jahrhundert. Die im Vergleich zu den Universitäten strengere Zucht an den Lyzeen verhinderte dort die Entstehung studentischer Verbindungen, die Studenten wurden mehr als Schüler denn als „Akademische Bürger" behandelt und Versuche der Selbstorganisation tunlichst verhindert.

Dennoch konnte sich das Passauer Lyzeum den Tendenzen der Zeit nicht völlig verschließen: Am 15. November 1872 wurde dort ein Akademischer Bonifatius-Verein gestiftet.[40] Die Akademischen Bonifatius-Vereine waren entstanden nach dem Vorbild der Zweigvereine des „Bonifatius-Vereins" (heute Bonifatius-Werk der deutschen Katholiken e. V.)[41], der auf der „Dritten Generalversammlung der Katholischen Vereine

---

38 Vgl. etwa Matthias STICKLER, Würzburg als „Verbindungsstadt". Überlegungen zu einem bemerkenswerten universitätsgeschichtlichen Phänomen, in: Enno Bünz/Martin Rehak/Katrin Schwarz (Hg.), Kirche, Glaube, Theologie in Franken. Festschrift für Wolfgang Weiß zum 65. Geburtstag (= Quellen und Forschungen zur Geschichte des Bistums und Hochstifts Würzburg 81), Würzburg 2022, S. 501–516.
39 Zu entsprechenden Vorfällen in Passau vgl. EGGERSDORFER, Die philosophisch-theologische Hochschule Passau (wie Anm. 11), v. a. S. 106–110.
40 Michael DOEBERL [u. a.] (Hg.), Das Akademische Deutschland. Bd. II: Die deutschen Hochschulen und ihre akademischen Bürger, Berlin 1931, S. 998.
41 Vgl. Der Bonifatius-Verein. Seine Geschichte, seine Arbeit und sein Arbeitsfeld. 1849–1899. Festschrift zum fünfzigjährigen Bestehen des Vereins, Paderborn 1899 sowie Günter RISSE/Clemens KATHKE (Hg.), Diaspora: Zeugnis von Christen für Christen. 150 Jahre Bonifatiuswerk der Deutschen Katholiken, Paderborn 1999.

Deutschlands", dem Vorläufer der heutigen Katholikentage, am 4. Oktober 1849 in Regensburg gegründet worden war. Vereinszweck des Bonifatius-Vereins war die Unterstützung deutscher Katholiken in der Diaspora, man verstand sich in diesem Zusammenhang durchaus als eine Art Missionsverein. Insofern war der Bonifatius-Verein Teil des entstehenden Politischen Katholizismus, und es verwundert deshalb nicht, dass sich auch Akademische Bonifatius-Vereine gründeten.[42] Dies geschah erstmals 1867 in Münster und Paderborn. Die Akademischen Bonifatius-Vereine sahen in den Hochschulen vor allem deshalb ihr Tätigkeitsfeld, weil diese „für den gläubigen Christen eine geistige Diaspora" seien.[43] In den folgenden Jahren breiteten sich derartige Vereine in nahezu allen Hochschulstädten Deutschlands, teilweise auch Österreichs und der Schweiz aus. Vorübergehende Einbrüche gab es als Folge des Kulturkampfs.[44] Als eigener Dachverband für die Akademischen Bonifatius-Vereine wurde 1885 die „Akademische Bonifatius-Einigung. Verband zur Pflege religiösen Lebens in der katholischen Studentenschaft" (A.B.E.) gegründet, 1914 existierten 52 Mitgliedsvereine.[45] Die A.B.E. nahm für sich in Anspruch, die maßgebliche Dachorganisation aller katholischen Studenten im deutschsprachigen Raum zu sein. Hintergrund dieses Anspruchs war, dass in der A.B.E. Männer und Frauen Mitglied werden konnten und katholische Verbindungen am Ort vielfach korporativ Mitglied waren.[46] Dennoch war das Verhältnis der A.B.E. zu den Korporationen nie konfliktfrei, weil sich natürlich stets die Frage stellte, wem letztlich die höhere Loyalität galt, der A.B.E. oder dem eigenen Bund.[47] Der Akademische Bonifatius-Verein Passau ging im Gefolge des Kulturkampfs, der ja auch im Königreich Bayern ausgefochten wurde, zunächst wieder ein. Erst 1912 kam es zur Wiedergründung; Sitz des Vereins war das Priesterseminar.[48] Dennoch wuchs der Passauer Verein offenbar sehr rasch. 85 Mitglieder nahmen am Ersten Weltkrieg teil, 36 fielen. Im Wintersemester 1930/31 hatte der Passauer Verein 60 aktive Mitglieder sowie 280 Alte Herren, was eine auch nach 1918 sehr positive Entwicklung belegt. Mit den Akademischen Bonifatius-Vereinen Bamberg, Dillingen, Eichstätt, Freiburg im Breisgau, Freising, München-Georgianum, Regensburg und Würzburg schloss sich der Passauer Verein am 3. August 1924 zum Süd-Ostdeutschen Ring (SOR), eine Art Kartell, zusammen und übernahm bis 1926 die Kreisleitung. Der SOR entwickelte sich so dynamisch, dass die hauptamtliche Stelle eines bayerischen Landessekretärs geschaffen werden konnte. Die Akademischen Bonifatius-Vereine

---

42 Vgl. Heinrich WEINAND, Geschichte der Akademischen Bonifatius-Einigung, Paderborn 1923 sowie DOEBERL [u. a.] (Hg.), Das Akademische Deutschland. Bd. II (wie Anm. 40), S. 551 f. und Stephan FUCHS, „Vom Segen des Krieges". Katholische Gebildete im Ersten Weltkrieg. Eine Studie zur Kriegsdeutung im akademischen Katholizismus (= Contubernium 61), Stuttgart 2004, S. 27–34.
43 Weinand, Geschichte der Akademischen Bonifatius-Einigung (wie Anm. 42), S. 90.
44 Vgl. WEINAND, Geschichte der Akademischen Bonifatius-Einigung (wie Anm. 42), S. 17–20.
45 Vgl. FUCHS, „Vom Segen des Krieges" (wie Anm. 42), S. 28.
46 Vgl. hierzu das Foto in DOEBERL [u. a.] (Hg.), Das Akademische Deutschland. Bd. II (wie Anm. 40), S. 552.
47 Vgl. WEINAND, Geschichte der Akademischen Bonifatius-Einigung (wie Anm. 42), S. 75–78.
48 Vgl. hierzu und zum Folgenden DOEBERL [u. a.] (Hg.), Das Akademische Deutschland. Bd. II (wie Anm. 40), S. 998.

pflegten eine ganz Reihe von Traditionen, so wie dies auch in Verbindungen der Fall war; es gab einen Vorort der A.B.E., man unterschied aktive Mitglieder und Alte Herren und man feierte auch Festkommerse.[49] Der Grund für eine derartige Anlehnung an Verbindungsbrauchtum wird erstens darin zu suchen sein, dass die Akademischen Bonifatius-Vereine, wie erwähnt, nicht wenige korporierte Mitglieder hatten; zweitens hatte korporatives Brauchtum und vor allem die entsprechende Geselligkeit in der damaligen bürgerlich-akademischen Welt Vorbildcharakter.[50] Man wird sich folglich den Akademischen Bonifatius-Verein Passau als eine Art nicht farbentragende Verbindung vorstellen können. Offenbar war dies eine Form der studentischen Selbstorganisation, die am Lyzeum bzw. an der Philosophisch-Theologischen Hochschule toleriert wurde.

Dass in Passau lange keine klassischen katholischen Verbindungen entstanden, hängt vor allem damit zusammen, dass die katholischen Bischöfe das im Kern ja demokratisch organisierte Verbindungswesen anfangs mehrheitlich mit Misstrauen beobachteten und kein Interesse daran hatten, dass ihre Alumnen in Verbindungen aktiv wurden. Dies änderte sich erst allmählich seit dem späten 19. Jahrhundert vor dem Hintergrund der Diskriminierungs- und Verfolgungserfahrungen im Kulturkampf, als es immer mehr korporierte Priester und Bischöfe gab bzw. Letzteren, sofern sie nicht bereits Verbindungsmitglieder waren, Ehrenmitgliedschaften verliehen wurden.[51] Die erste katholische Verbindungsgründung im Wortsinn erfolgte in Passau am 11. Februar 1899, als die „Freie katholische Studentenvereinigung Oeno-Danubia" gestiftet wurde. Trotz der Bezeichnung „Vereinigung" handelte es sich hierbei um eine Verbindung, die die Burschenfarben Rot-Gold-Schwarz, die Fuxenfarben Rot-Schwarz und rosafarbene bzw. hellrote Mützen trug. Der Wahlspruch lautete „Gutem Rat – mut'ge Tat".[52] Spiritus Rector der Gründung war der Passauer Domkapellmeister Msgr. Clemens Bachsteffel (1850–1929), anfangs hatte die Oeno-Danubia 22 Mitglieder. Die Satzung der Verbindung, die sich am Vorbild von CV-Verbindungen orientierte, wurde am 18. März 1899 vom Rektor des Lyzeums genehmigt. Es bestand offenbar eine enge Zusammenarbeit mit dem CV-Altherrenzirkel in Passau, mit dem auch gemeinsame Veranstaltungen durchgeführt wurden. Sicherlich spielte für Gründung und Gedeihen der ersten Oeno-Danubia auch eine Rolle, dass der damalige Passauer Bischof Michael (von) Rampf (1889–1901)[53] Ehrenmitglied in der ältesten CV-Verbin-

---

49 Vgl. WEINAND, Geschichte der Akademischen Bonifatius-Einigung (wie Anm. 42), S. 12, 16 und 18.
50 Vgl. hierzu ausführlich Matthias STICKLER, Verbindungsstudentische Geselligkeit im Spannungsfeld von bürgerlichem und antibürgerlichem Habitus, in: Matthias Asche/Dietmar Klenke (Hg.), Von Professorenzirkeln, Studentenkneipen und akademischem Networking. Universitäre Geselligkeiten von der Aufklärung bis zur Gegenwart (= Abhandlungen zum Studenten- und Hochschulwesen 19). Köln/Weimar/Wien 2017, S. 147–166.
51 Vgl. hierzu STICKLER, Katholisches Verbindungswesen als Träger von Konfessionalisierungen (wie Anm. 33), S. 201–204.
52 Vgl. Lexikon der CV und ÖCV-Verbindungen (wie Anm. 35), S. 540 f. und Viktor HEBEL (Hg.), Fuxenfibel Oeno-Danubia [ungedrucktes Manuskript, ⁹2020], S. 24 f.
53 Vgl. Franz X. BAUER, Das Bistum Passau unter Bischof Dr. Michael von Rampf (1889–1901) (= Neue Veröffentlichungen des Instituts für Ostbairische Heimatforschung der Universität Passau 47), Passau 1997.

dung Aenania München⁵⁴ war. 1911/12 wurde Oeno-Danubia aus unbekannten Gründen durch den Regens des Passauer Priesterseminars aufgelöst. Dass kurz darauf der Passauer Akademische Bonifatius-Verein neu gegründet wurde und rasch an Mitgliedern gewann, dürfte kaum ein Zufall sein. Vermutlich fanden die Oeno-Danuben dort Aufnahme, ob der Verein sogar eine Art Tarnorganisation war, muss Spekulation bleiben, ist aber nicht unwahrscheinlich. Jedenfalls kam es 1922 zu einer Wiedergründung Oeno-Danubias als Ferialverbindung, d. h. als eine Verbindung, die (offiziell) nur in den Semesterferien existierte und in die auch Personen aufgenommen werden konnten, die nicht in Passau studierten. Mitglied der erneuerten Oeno-Danubia war (erneut) Clemens Bachsteffel und der Passauer Priester und Kirchenmusiker Max Tremmel (1902–1980), insgesamt hatte die Verbindung 1924/25 18 Mitglieder.⁵⁵ Zusammengearbeitet wurde mit dem örtlichen Altherrenbund „Goldener Steig", der das Protektorat über die Verbindung übernahm. Offenbar war damals ein Anschluss an die verbandsfreie Katholisch-Bayerische Studentenverbindung Rhaetia München in Gestalt eines Kartells geplant.⁵⁶ Rhaetia befand in dieser Zeit in einer Krise, weil sich 1925 deren Tochterverbindung Rhaetia Würzburg (heute KDStV Franco-Raetia im CV), mit der Rhaetia-München einen gemeinsamen Altherrenverband hatte, von der Mutterverbindung getrennt hatte.⁵⁷ Möglicherweise sollte Oeno-Danubia, die ja in Altbayern zuhause war, diese Lücke füllen, doch zerbrach das Freundschaftsverhältnis schon 1926. Bereits 1925 hatte der Regens des Passauer Priesterseminars seinen Alumnen die Mitgliedschaft bei Oeno-Danubia verboten. Der Hintergrund war, dass anlässlich eines Kommerses in Tittling Seminaristen mit Frauen getanzt hatten. Daraufhin verbot der Regens seinen Seminaristen die Mitgliedschaft.⁵⁸ Diese stellten damals im Grunde die einzige Rekrutierungsgruppe der Verbindung am Ort dar, weswegen das Verbot existenzbedrohend war, hinzu kam noch das erwähnte Zerwürfnis mit Rhaetia München. Offenbar bestand Oeno-Danubia noch bis 1928 fort, dann erfolgte endgültig die Sistierung.

Vergleicht man die Verhältnisse in Passau mit anderen bayerischen Standorten von Lyzeen bzw. Philosophisch-Theologischen Hochschulen, so stellt man fest, dass diese vor 1945 durchweg ein schwieriges Pflaster für farbentragende katholische Studentenverbindungen waren. Die einzige erfolgreiche Gründung in dieser Zeit war die katholische Verbindung Fredericia Bamberg im Jahr 1913, die 1932 in den CV aufgenommen wurde und bis heute existiert.⁵⁹ Außerdem gab es noch die 1922 gestiftete

---

54 Vgl. 150 Jahre Katholische Deutsche Studentenverbindung Aenania, München 2001 und Lexikon der CV und ÖCV-Verbindungen (wie Anm. 35), S. 25–37.
55 Vgl. HEBEL (Hg.), Fuxenfibel Oeno-Danubia (wie Anm. 52), S. 24.
56 Vgl. ebd.
57 Vgl. Lexikon der CV und ÖCV-Verbindungen (wie Anm. 35), S. 293–296, hier S. 294. Die 1881 gestiftete Katholische Bayerische Studentenverbindung (KBStV) Rhaetia München hatte und hat bis heute neben dem Katholizitätsprinzip das „Bayern-Prinzip", d. h. aufgenommen wurden bzw. werden nur bayerische Staatsangehörige, der Schwerpunkt der Verbindung lag und liegt hierbei in Altbayern.
58 Vgl. HEBEL (Hg.), Fuxenfibel Oeno-Danubia (wie Anm. 52), S. 24.
59 Vgl. Eduard FLEISCHMANN/Christoph WOJACZEK/Guido WOJACZEK (Hg.), KDStV Fredericia im CV zu Bamberg (1913–1993). Festschrift zum 80. Stiftungsfest vom 25. bis 27. Juni 1993, Bamberg 1993 und

Ratisbona Regensburg, die allerdings bereits 1930 wegen Mitgliedermangels nach München verlegte, dort den Namen Radaspona annahm und in den CV aufgenommen wurde.[60] Ein Sonderfall war die 1922 gestiftete Agilolfia Freising (seit 1935 in CV)[61], weil es in Freising außer dem Lyzeum noch die Hochschule Weihenstephan gab. Besser sah es bei den nichtfarbentragenden Verbindungen aus: 1897 wurde in Augsburg die Ludovicia[62] gestiftet, die 1922/26 in den KV aufgenommen wurde, 1908 in Regensburg die Agilolfia (seit 1919/24 im KV)[63], 1919 Lichtenstein-Hohenheim zu Freising-Weihenstephan (seit 1920/22 im KV)[64], 1927 in Bamberg Unitas Henricia (im UV)[65], 1930 Mainfranken Bamberg (seit 1930/49 im KV)[66]. Dass die nichtfarbentragenden katholischen Verbindungen an den Philosophisch-Theologischen Hochschulen im Vorteil waren, ist insofern wenig verwunderlich, weil sie mangels Band und Mütze weniger sichtbar waren und sie deshalb weniger stark Diskriminierungen durch die kirchliche Obrigkeit ausgesetzt waren. Erst nach 1945 verbesserte sich die Situation vor allem für den wiedererstandenen CV: Jetzt entstanden Mitgliedsverbindungen in Regensburg (Rupertia 1947, 1950 im CV)[67], Eichstätt (Aureata 1947, 1950 im CV, seit 1951 in München; Alcimonia 1958, 1959 im CV)[68] und Augsburg (Algovia 1962, seit 1963 im CV)[69]. Im UV wurde 1960 die Unitas-Frankonia in Eichstätt gestiftet.[70] Dennoch gab es auch nach 1945 bis in die 1960er Jahre hinein immer wieder das Problem, dass, je nach Persönlichkeit des örtlichen Bischofs oder Regens, Priesterseminaristen der Eintritt in Verbindungen erschwert oder unmöglich gemacht wurde. Die Verlegung der Aureata von Eichstätt nach München hing damit maßgeblich zusammen.

In Passau gab es bezeichnenderweise nach 1945 kein korporatives Leben mehr, sieht man einmal vom Schülerverbindungswesen[71] ab bzw. von Korporationen, die Mitglieder von Fachschulen bzw. Hochschulen ohne Promotionsrecht hatten. 1921

Lexikon der CV und ÖCV-Verbindungen (wie Anm. 35), S. 306–310. Vgl. auch Lothar BRAUN/John MOORE/Christoph WOJACZEK, Studentenverbindungen in Bamberg, in: Franz Machilek (Hg.), Haus der Weisheit. Von der Academia Ottoniana zur Otto-Friedrich-Universität Bamberg. Katalog der Ausstellungen aus Anlaß der 350-Jahrfeier, Bamberg 1998, S. 347–350.

60 Vgl. Lexikon der CV und ÖCV-Verbindungen (wie Anm. 35), S. 566 f.
61 Vgl. Lexikon der CV und ÖCV-Verbindungen (wie Anm. 35), S. 37 ff.
62 KV-Jahrbuch 1994, S. 38.
63 KV-Jahrbuch 1994 (wie Anm. 62), S. 33.
64 KV-Jahrbuch 1994 (wie Anm. 62), S. 35. In dieser Verbindung wurde Joseph Ratzinger, der spätere Papst Benedikt XVI., als Student aktiv. Dieser war außerdem Ehrenmitglied der CV-Verbindungen Rupertia-Regensburg, Alcimonia Eichstätt und Aenania München. In Rom gehörte er 1986 zu den Gründungsmitgliedern der CV-Verbindung Capitolina; vgl. Gesamtverzeichnis des CV 2015, S. V-9, V-44, V-160 und V-533.
65 Paulgerhard GLADEN, Die deutschsprachigen Korporationsverbände, Hilden ²2007, S. 365 und S. 370.
66 KV-Jahrbuch 1994 (wie Anm. 62), S. 42.
67 Lexikon der CV und ÖCV-Verbindungen (wie Anm. 35), S. 650–652.
68 Lexikon der CV und ÖCV-Verbindungen (wie Anm. 35), S. 110–114 und S. 54–57.
69 Lexikon der CV und ÖCV-Verbindungen (wie Anm. 35), S. 63 ff.
70 GLADEN, Die deutschsprachigen Korporationsverbände (wie Anm. 65), S. 372 und 376.
71 Vgl. hierzu im Überblick Michaela NEUBERT/Matthias STICKLER, „Olim meminisse iuvabit!" Neuerwerbungen des Instituts für Hochschulkunde an der Universität Würzburg, in: Einst und Jetzt 69 (2024), S. 11–52, hier S. 15–18.

gründete sich in Passau der „Passauer Sammel-Convent" (PSC)[72] als Dachverband von farbentragenden, konfessionell und politisch nicht gebundenen Verbindungen, die eine im weitesten Sinne burschenschaftliche Tradition pflegen und teilweise fakultativ schlagend sind oder waren. 1952 wurde der PSC wiedergegründet und nahm die Verbindungen der vormaligen Verbände „Altenburger Senioren-Convent" (ASC) und „Süddeutscher Verbands-Convent" (SVC) auf. Heute heißt der Verband „Passauer Senioren-Convent" und vereinigt Schülerverbindungen, Fachschul-, Hochschul- und Universitätsverbindungen. In Passau gehörte dem PSC seit seiner Gründung der 1910 gestiftete Abiturienten- und Absolventenverband (AAV) Batavia[73] an, der die Farben Rot-Grün-Violett (Fuxenfarben Grün-Violett) und rote Mützen trägt. Batavia feierte 1985 ihr 75. Stiftungsfest und hatte 1988 bis 1992 letztmals den Vorsitz des PSC inne. Die Verbindung existiert noch heute, hat aber keine Aktivitas mehr.[74] Als zweite Verbindung des PSC gibt es in Passau die 1919 gestiftete Burschenschaft Hanseatia.[75] Sie trägt die Farben Grün-Gold-Rot (Fuxenfarben Gold-Rot) und eine grüne Mütze. Hanseatia war ursprünglich ein Handelsschul-Absolventen-Verband (HAV) an der 1913 gegründeten Handelshochschule und nahm 1921 den Namen Hanseatia und eine burschenschaftliche Ausrichtung an. Einem Verband gehörte Hanseatia vor dem Zweiten Weltkrieg nicht an. 1950 wurde Hanseatia als Absolventen- und Abiturientenverband (AAV) wiedergegründet und schloss sich 1952 dem PSC an. Im Kontext der Auswirkungen der 68er-Bewegung bestand bei Hanseatia wegen des Ausbleibens von Nachwuchs aus Schulen bzw. Fachschulen die Gefahr einer Sistierung des Bundes. Vor diesem Hintergrund wurde, als klar war, dass Passau Sitz einer Universität werden würde, die Umwandlung in eine akademische Verbindung beschlossen. Nach der Gründung der Universität Passau nahm Hanseatia am 11. Oktober 1978 die ersten Füxe auf, die an der Universität studierten. Diese Umorientierung führte zu einer Neubelebung der älteren burschenschaftlichen Traditionen, wobei dies nicht unumstritten war, auch wegen unterschiedlicher Meinungen zur Fechtfrage. Daran und an der Frage, wie mit den „Nichtakademikern" im Altherrenverband umzugehen sei, scheiterte eine engere Kooperation mit dem Altherrenzirkel „Passauer Domorgel"[76], einem örtlichen Zusammenschluss von Waffenstudenten unterschiedlicher Dachverbände.[77] 1980 nahm die Verbindung den Namen „Freie Deutsche Burschenschaft Hanseatia zu Passau" an und trat 1982 dem Dachverband „Deutsche

---

72 Vgl. https://www.passauer-senioren-convent.de/wissenswertes/ (zuletzt aufgerufen am 17.03.2024) und https://www.passauer-senioren-convent.de/wissenswertes/geschichte/ (zuletzt aufgerufen am 17.03.2024) sowie Christian von COELLN/Christoph CLOSE (Hg.), Hanseatia Passau 2019–2019, Düsseldorf 2019, S. 98 f.
73 Vgl. Armin SOMMER, AAV Batavia Passau. Passau 1985.
74 So die mündliche Auskunft des letzten Aktivenseniors der Batavia anlässlich meines Vortrags an der Universität Passau am 20. März 2024.
75 Vgl. http://www.hanseatia.de/ (17.03.2024) und von COELLN/CLOSE (Hg.), Hanseatia Passau (wie Anm. 72).
76 Vgl. Hans FISCHER, 35 Jahre Passauer „Domorgel". [Festschrift anlässlich des 35jährigen Bestehens], Passau [1960] und DERS., 50 Jahre Domorgel zu Passau [Festschrift zum 50. Stiftungsfest], Passau 1975.
77 Vgl. von COELLN/CLOSE (Hg.), Hanseatia Passau (wie Anm. 72), S. 10 und S. 67.

Burschenschaft" (DB) bei. Zu den Merkwürdigkeiten dieser ebenfalls intern umstrittenen Entscheidung gehört, dass Hanseatia, die kurzzeitig eine Pflichtmensur einführte[78], seit 1988 aber (wieder) eine fakultativ schlagende Verbindung ist, trotzdem weiterhin Mitglied im PSC blieb, ohne sich dort allerdings großartig zu engagieren.[79] Im Jahr 2000 verließ Hanseatia die DB wieder, die Unterschiede, was burschenschaftliches Leben konkret zu bedeuten hat, waren zwischen der Mehrheit des Dachverbandes und Hanseatia zu groß. Hinzu kam die weitere Rechtsentwicklung der DB seit den 1990er Jahren.[80] Geschadet hat dieser Schritt der Burschenschaft Hanseatia nicht: Ausweislich ihrer Homepage und ihres Instagram-Auftritts gibt es dort ein reges Aktivenleben. Seit 1992 verfügt die älteste noch existierende akademische Verbindung Passaus über ein eigenes Heim in der Milchgasse 5.

Mit der Gründung der Universität Passau wurde ein völlig neues Kapitel Passauer Studenten- und Verbindungsgeschichte aufgeschlagen. Erstmals entstand nun ein plurales Verbindungsleben, das sich zwar von der Quantität her nicht mit den alten Traditions-Universitäten messen kann, aber dennoch wichtige Teile des historischen studentischen Verbindungswesens abdeckt. Es ist im Grunde erstaunlich, dass nach dem starken Einbruch, den das überkommene Verbindungswesen durch die 68er-Zeit und deren Folgen erlitten hatte, die großen Dachverbände dennoch daran gingen, an den neu gegründeten Universitäten Präsenz zu zeigen. Dies belegt, dass jene den überkommenen Anspruch, Teil der Universitas zu sein, bis heute nicht aufgegeben haben. Konkret wurden entweder ältere Verbindungen an neue Hochschulorte verlegt oder dort neue gestiftet.

An der jungen Universität Passau können wir beide Varianten beobachten: Mit Hanseatia fasste, wie bereits dargelegt, bereits sehr früh burschenschaftliche Tradition Fuß, wobei bezeichnend ist, dass ein weiterer burschenschaftlicher (Wieder-)Gründungsversuch scheiterte. Gemeint ist die Burschenschaft Markomannia Wien, die dort bereits 1860 gestiftet wurde.[81] Markomannia Wien ist eine pflichtschlagende Verbindung, trägt die Farben Schwarz-Weiß-Gold (Fuxenfarben Weiß-Schwarz-Weiß) sowie weiße Mütze und war seit jeher dem äußersten rechten Flügel der burschenschaftlichen Bewegung zuzurechnen. Einer ihrer Wiener Alten Herren war der SS-Obersturmbannführer,

---

78 Vgl. von COELLN/CLOSE (Hg.), Hanseatia Passau (wie Anm. 72), S. 10 und S. 77 f.
79 Vgl. von COELLN/CLOSE (Hg.), Hanseatia Passau (wie Anm. 72), S. 11 und S. 98 f.
80 Vgl. von COELLN/CLOSE (Hg.), Hanseatia Passau (wie Anm. 72), S. 88–90. Zur Entwicklung der DB nach 1945 vgl. Matthias STICKLER, Die Krise der Deutschen Burschenschaft, in: Frankfurter Allgemeine Zeitung, 12.02.2014, S. N 5 [http://www.faz.net/aktuell/gesellschaft/studentische-verbindungen-die-krise-der-deutschen-burschenschaft-12795301.html (14.02.2014)] und Matthias STICKLER, Neuanfang, Restauration und Krise – Anmerkungen zur Geschichte der Deutschen Burschenschaft nach 1945, in: Gerrit Dworok/Christina Schäfer (Hg.), Fragmente zur Geschichte des 19. und 20. Jahrhunderts, Bonn 2016, S. 355–387.
81 Vgl. hierzu Hans-Georg BALDER, Die deutschen Burschenschaften. Ihre Darstellungen in Einzelchroniken. Hilden 2005, S. 342 f. und S. 403 f. Balder, der zahlreiche Veröffentlichungen zur burschenschaftlichen Geschichte vorgelegt hat, ist Mitglied der Bonner Burschenschaft Frankonia. Der Band ist chronikalisch angelegt und bietet, überwiegend auf der Basis gedruckter Quellen und Literatur, im Allgemeinen zuverlässige Basisinformationen, wobei immer wieder deutlich wird, dass der Autor der Wertewelt des rechtskonservativen Flügels der burschenschaftlichen Bewegung verpflichtet ist.

Kriegsverbrecher und Altnazionalsozialist Otto Skorzeny (1908–1975)[82]. Nach dem Zweiten Weltkrieg hatte Markomannia 1955 in der Deutschen Burschenschaft in Österreich (DBÖ) rekonstituiert.[83] Im Wintersemester 1971/72 trat sie aus der DBÖ aus und der DB bei, musste jedoch am 7. Oktober 1972 den Aktivenbetrieb in Wien einstellen und trat deshalb aus der DB wieder aus. Am 4. Mai 1985 rekonstituierte Markomannia Wien an der Universität Passau. Da, wie erwähnt, die Burschenschaft Hanseatia Passau der DB seit 1982 angehörte, gab es somit seit Mitte der 1980er Jahre zwei DB-Burschenschaften in Passau, die allerdings weltanschaulich sehr unterschiedlich ausgerichtet waren: Markomannia war stark rechtsgerichtet und fechtfreudig, Hanseatia liberal und in der Fechtfrage eher unentschieden.[84] Markomannia besitzt zwei Freundschaftsverhältnisse mit den ebenfalls rechtsgerichteten Burschenschaften Germania Salzburg[85] und Thessalia Prag zu Bayreuth in der DB[86]. Trotz aller Bemühungen konnte Markomannia Wien in Passau nicht wirklich Wurzeln schlagen. Nachdem die Burschenschaft 1997 erneut in die DB und auch in die Burschenschaftliche Gemeinschaft, ein Zusammenschluss stark rechtsgerichteter Burschenschaften[87], aufgenommen worden war, musste am 13. Dezember 2003 der Aktivenbetrieb in Passau eingestellt werden. Seit 2008 firmierte die Verbindung unter dem Namen „Akademische Burschenschaft Markomannia Wien zu Deggendorf in der DB". Ob dort an der Technischen Hochschule Deggendorf aktuell noch aktives Verbindungsleben besteht, ist unklar, eine Homepage gibt es anscheinend nicht mehr, die dokumentierten Aktivitäten auf Instagram und Facebook sind mindestens drei Jahre alt. Dass die Verlegung der Markomannia-Wien an die Universität Passau gescheitert ist, dürfte vor allem zwei Gründe haben: Erstens ist ohne eine Rückhalt gebende Altherrenschaft vor Ort ein nachhaltiger Verbindungsbetrieb nur schwer möglich, zumal an einem Ort, an dem es offenbar keine wirkliche „Unterstützerszene" gibt. Hinzu kommt zweitens, dass sich gerade das österreichische Burschenschaftertum aus weltanschaulichen und parteipolitischen Traditionen speist[88], die der politischen und universitären Kultur Bayerns fremd sind.

---

82 Vgl. Carlo GENTILE, Skorzeny, Otto, in: Neue Deutsche Biographie (NDB). Band 24, Berlin 2010, S. 491 f. und Willy NOLTE (Hg.), Burschenschafter-Stammrolle. Verzeichnis der Mitglieder der Deutschen Burschenschaft nach dem Stande vom Sommer-Semester 1934, Berlin 1934, S. 470.

83 Zu den Daten der Geschichte der Markomannia vgl. GLADEN, Die deutschsprachigen Korporationsverbände (wie Anm. 65), S. 156 f. und S. 161 sowie S. 184. Die DBÖ war bzw. ist ein eigener Dachverband für die österreichischen Burschenschaften, weil die bundesdeutsche DB bis 1971 keine österreichischen Burschenschaften aufnahm; vgl. hierzu ausführlich STICKLER, Neuanfang, Restauration und Krise (wie Anm. 80).

84 In der Festschrift der Burschenschaft Hanseatia von 2019 wird immer wieder deutlich, dass das Verhältnis zu Markomannia Wien eher schwierig war.

85 https://germania-salzburg.at/ (zuletzt aufgerufen am 24.03.2024).

86 Vgl. https://web.archive.org/web/20161028010958/http://thessalia.de/verweise.html (zuletzt aufgerufen am 24.03.2024). Thessalia-Prag stellt ein weiteres Beispiel dafür dar, dass eine Traditionsburschenschaft an einen neuen Hochschulort verlegt wurde; vgl. hierzu BALDER, Die Deutschen Burschenschaften (wie Anm. 81), S. 32, S. 332 f., S. 351 f., S. 354.

87 Vgl. hierzu STICKLER, Neuanfang, Restauration und Krise (wie Anm. 80).

88 Vgl. hierzu Michael GEHLER, „… erheb' ich, wie üblich, die Rechte zum Gruß…". Rechtskonservativismus, Rechtsextremismus und Neonazismus in österreichischer Studentenverbindungen von 1945 bis 1995, in:

Der zweite Fall, dass eine Traditionsverbindung nach Passau verlegt wurde, ist das Corps Budissa Leipzig[89] im Kösener Senioren-Convents-Verband (KSCV), dem Dachverband der Corps an Universitäten. Budissa trägt die Farben Tiefblau-Gold-Weiß mit goldener Perkussion, die Fuxenfarben sind Tiefblau-Weiß-Tiefblau, die Mützen im Biedermeierformat sind ebenfalls von tiefblauer Farbe. Budissa, der Name ist die latinisierte Form von Bautzen bzw. sorbisch „Budyšin", wurde 1859 in Dresden als Landsmannschaft gestiftet und verlegte 1861 nach Leipzig. Die Verbindungsfarben entstammen dem Bautzener Stadtwappen. Budissa gehörte seit 1874 dem Coburger Landsmannschafter Convent (CLC) an, wandelte sich aber 1899 in ein Corps um und wurde in den Leipziger Seniorenconvent (SC) und damit in den KSCV aufgenommen. Nach 1945 gelang es Budissa anfangs nicht, an einer westdeutschen Hochschule zu rekonstituieren. Der wiedergegründete Altherrenverband schloss daher mit dem Würzburger Corps Makaria-Guesphalia[90], dem es über den 1927 gegründeten sog. Magdeburger Kreis, ein Kartell gleichgesinnter Corps[91], verbunden war, ein Patenschaftsabkommen ab, das auch Unterstützung bei einer künftigen Rekonstituierung beinhaltete. Diese gelang schließlich in Passau. Das Corps rekonstituierte dort am 14. September 1984 zum Wintersemester 1984/85 und erwarb 1991 das 1631 errichtete denkmalgeschützte „Gasthaus zur blauen Taube" in der Passauer Innstadt als Corpshaus. Nach der Wiedervereinigung kehrte Budissa, anders als andere Leipziger Corps, nicht an seine frühere Universitätsstadt zurück, sondern blieb in Passau. Im Wintersemester 2005/06 stellte Budissa den Vorort des KSCV und 2006 den Vorsitzenden des Kösener Congresses. Dass Budissa in Passau erfolgreich Wurzeln geschlagen hat, hängt wohl vor allem damit zusammen, dass es als Corps im Magdeburger Kreis, aber auch im KSCV viel Rückhalt und Unterstützung erfahren hat. So etwa durch die bereits erwähnte Vereinigung der Waffenstudenten „Domorgel zu Passau" und den Alte-Herren-Senioren-Convent (AHSC) zu Passau, in dem Kösener und Weinheimer[92] Alte Herren zusammengeschlossen sind.

Dietrich Heither/Michael Gehler/Alexandra Kurth/Gerhard Schäfer (Hg.), Blut und Paukboden. Eine Geschichte der Burschenschaften, Frankfurt am Main 1997, S. 187–222; DERS., Österreichische Studentenvereine und Korporationen. Ein Überblick von den Anfängen im 19. Jh. bis zum 20. Jh.: Entstehungsbedingungen – Zielsetzungen – Wirkungsgeschichte, in: Brandt/Stickler (Hg.), „Der Burschen Herrlichkeit" (wie Anm. 19), S. 173–205 und DERS., Studentenverbindungen und Politik an Österreichs Universitäten. Ein historischer Überblick unter besonderer Berücksichtigung des akademischen Rechtsextremismus vom 19. Jahrhundert bis heute, in: Helmut Reinalter/Franko Petri/Rüdiger Kaufmann (Hg.), Das Weltbild des Rechtsextremismus. Die Strukturen der Entsolidarisierung, Innsbruck/Wien 1998, S. 338–428.

89 Vgl. hierzu Werner LINCKE, Hundert Jahre Budissa 1859–1959. Festschrift, Bönnigheim/Württ. 1959; 125 Jahre Corps Budissa Leipzig zu Passau, Passau 1984 und Corps Budissa Leipzig zu Passau, Passau 1984. Vgl. auch GLADEN, Die deutschsprachigen Korporationsverbände (wie Anm. 65), S. 28 und S. 41 f. und https://budissa.de/unsere-geschichte/ (zuletzt aufgerufen am 24.03.2024).
90 Vgl. Peter-Philipp SCHMITT, Corps Makaria-Guestphalia zu Würzburg 1863–2013. Festschrift zum 150. Stiftungsfest, Neustadt an der Aisch/Würzburg 2013.
91 Vgl. Udo BECKERS, Freundschaften in ganz Deutschland – der Magdeburger Kreis, in: Schmitt, Corps Makaria-Guestphalia (wie Anm. 90), S. 119–148; hier ebenfalls viele Informationen über das Corps Budissa und dessen Verhältnis zum Corps Makaria-Guestphalia.
92 Der Weinheimer Senioren-Convent (WSC) ist der Dachverband von Corps an Technischen Hochschulen und Universitäten.

Eine weitere Verlegung einer waffenstudentischen Verbindung nach Passau scheiterte.[93] Am 29. April 1983 wurde in Passau eine Landsmannschaft Markomannia gegründet, die am 21. Mai 1983 probend in den Coburger Convent (CC) der farbentragenden und schlagenden Landsmannschaften und Turnerschaften aufgenommen wurde und am 4. Februar 1984 mit dem sistierten Altherrenverband der Landsmannschaft Paleomarchia Halle zur Landsmannschaft Paleomarchia Halle zu Passau im CC fusionierte. Traditionsträger dieses Altherrenverbands war nach 1945 die Landsmannschaft Ulmia Tübingen im CC gewesen. Bereits im WS 1991/92 verlegte Paleomarchia zurück nach Halle, suspendierte dort 2013 und fusionierte 2015 mit der Landsmannschaft Ubia Brunsviga im CC zu Bochum zur Landsmannschaft Ubia Brunsviga Palaeomarchia im CC zu Bochum.

2001 wurde in Passau die Hochschulgilde Witiko gestiftet, eine bandtragende (Weinrot auf Silber), nichtschlagende und gemischtgeschlechtliche Verbindung, die 2003 in die Deutsche Gildenschaft aufgenommen wurde.[94] Die Deutsche Gildenschaft[95] ist ein Korporationsverband, der aus der Tradition der Jugendbewegung kommt und 1920 gegründet wurde.[96] In der Zwischenkriegszeit waren die Hochschulgilden deutlich völkisch-nationalistisch orientiert, sie verstanden sich als zeitgemäße studentische Reformbewegung, auch Historiker wie Theodor Schieder[97], Werner Conze[98] oder Helmut Diwald[99] waren Gildenschafter, ebenso der zweite Bundesvertriebenenminister der Bundesrepublik Deutschland Theodor Oberländer (GB/BHE, CDU)[100]. 1958 entstand

---

93 Vgl. zum Folgenden: GLADEN, Die deutschsprachigen Korporationsverbände (wie Anm. 65), S. 114, 116, 119 und https://www.l-ubp.de/ (zuletzt aufgerufen am 24.03.2024); Joscha F. Westerkamp: Aus der Zeit gefochten. Studentenverbindungen in Deutschland (28.03.2023) (https://taz.de/Studentenverbindungen-in-Deutschland/!5921957/ zuletzt aufgerufen am 24.03.2024).
94 Vgl. https://deutsche-gildenschaft.de/aktive-gilden/dhg-witiko-zu-passau/ (18.03.2024)
95 https://deutsche-gildenschaft.de/ (18.03.2024).
96 Vgl. Helmut KELLERSHOHN, Im „Dienst an der nationalsozialistischen Revolution". Die Deutsche Gildenschaft und ihr Verhältnis zum Nationalsozialismus, in: Jahrbuch des Archivs der deutschen Jugendbewegung. Band 19 (1999–2001), Schwalbach/Taunus 2003, S. 255–292. Vgl. ferner https://de.wikipedia.org/wiki/Deutsche_Gildenschaft (18.03.2024); Im Strom der Zeit. Festschrift zum 75. Jahrestag der Deutschen Gildenschaft (= Schriften der Deutschen Gildenschaft, Sonderheft 3), Dezember 1998. Eine umfassende, wissenschaftlichen Ansprüchen genügende Darstellung der Geschichte der Deutschen Gildenschaft fehlt bisher.
97 Vgl. Christoph NONN, Theodor Schieder. Ein bürgerlicher Historiker im 20. Jahrhundert, Düsseldorf 2013; Christoph NONN, Theodor Schieder, in: Barbara Stambolis (Hg.), Jugendbewegt geprägt. Essays zu autobiographischen Texten von Werner Heisenberg, Robert Jungk und vielen anderen, Göttingen 2013, S. 611–662.
98 Vgl. Ingo HAAR, Historiker im Nationalsozialismus. Deutsche Geschichtswissenschaft und der „Volkstumskampf" im Osten (= Kritische Studien zur Geschichtswissenschaft 143), Göttingen ²2000; Jan Eike DUNKHASE, Werner Conze. Ein deutscher Historiker im 20. Jahrhundert (= Kritische Studien zur Geschichtswissenschaft 194), Göttingen 2010.
99 Vgl. Moritz FISCHER, Die Neue Rechte im letzten Jahrzehnt der Bonner Republik. Armin Mohler, Franz Schönhuber, Hellmut Diwald und die Gründung des „Deutschlandrats" 1983, in: Vierteljahrshefte für Zeitgeschichte 71 (2023) 1, S. 111–153. Eine wissenschaftliche Biographie dieser zwiespältigen Wissenschaftlerpersönlichkeit fehlt bisher.
100 Vgl. Philipp-Christian WACHS, Der Fall Oberländer (1905–1998). Ein Lehrstück deutscher Geschichte, Frankfurt am Main 2000.

der Verband neu, blieb aber stets sehr klein. Heute gibt es noch sieben Gilden, von denen offenbar aber nur noch drei über eine Aktivitas verfügen. Die Deutsche Gildenschaft hat Mitglieder, die völkisch-nationalistisch orientiert sind, doch werden der Dachverband bzw. einzelne Gilden vom Verfassungsschutz nicht als verfassungsfeindlich eingestuft. Die Passauer Gilde Witiko verfügt anscheinend über keine aktiven Mitglieder mehr.[101]

Bleibt noch ein Blick auf die katholischen Verbindungen Passaus, deren Tradition mit der Suspendierung der Oeno-Danubia Ende der 1920er Jahre zunächst geendet hatte. Als 1972 klar war, dass in Passau eine Universität entstehen würde, strebte der Passauer CV-Zirkel zunächst an, eine bereits bestehende CV-Verbindung nach Passau zu verlegen.[102] Dies hätte den Vorteil gehabt, dass eine Altherrschaft, gegebenenfalls sogar eine (kleine) Aktivitas bereits vorhanden gewesen wäre, doch scheiterte dieses Vorhaben. Darauf wurde beschlossen, eine Neugründung in Anlehnung an die erste Oeno-Danubia zu wagen. Dies geschah am 20. Februar 1979 auf dem Gründungsconvent im Hotel Weißer Hase. Am 5. Mai 1979 wurde Oeno-Danubia zunächst als Freie Vereinigung in den CV aufgenommen, am 25. Mai 1980 dann als vollberechtigte Verbindung. Die Patenschaft über die neue Verbindung übernahmen Markomannia Würzburg[103] und Vandalia Prag zu München[104]. Im Vergleich zur alten Oeno-Danubia war die Couleur der neuen Verbindung geringfügig anders: Hellrot-Gold-Schwarz als Burschenfarben (Rot-Schwarz als Fuxenfarben) mit schwarzer Mütze. Der Wahlspruch lautete nun in lateinischer Sprache „Bono consilio – opera bona". Mit Pfarrer i.R. Robert Kulzer war ein Mitglied der Ur-Oeno-Danubia erster Urphilister der neuen KDStV Oeno-Danubia Passau im CV. Der größte Teil des Philisteriums in den ersten Jahren waren Bandphilister aus dem örtlichen CV-Zirkel, die das Oeno-Danuben-Band annahmen, um die Fortexistenz der Neugründung abzusichern. Die große Bereitschaft der örtlichen CVer, die neue Verbindung aktiv zu unterstützen, erklärt wohl den bemerkenswerten Erfolg dieser Neugründung. Beim Publikationsfest wurde dem Passauer Bischof Antonius Hofmann (1968–1984)[105] die Ehrenmitgliedschaft verliehen. Bischof Wilhelm Schraml (2002–2012), der als Student Mitglied der KV-Verbindung Agilolfia Regensburg geworden war, wurde 2005 ebenfalls Ehrenmitglied der Oeno-Danubia[106], ferner 1999 der angesehene Stochastiker und Statistiker Walter Schweitzer und 2004 der damalige bayerische Staatsminister und Leiter der Bayerischen Staats-

---

101 Vgl. https://de.wikipedia.org/wiki/Deutsche_Gildenschaft (zuletzt aufgerufen am 18.03.2024).
102 Zur Geschichte der neuen Oeno-Danubia vgl. Lexikon der CV und ÖCV-Verbindungen (wie Anm. 35), S. 540–542 und HEBEL (Hg.), Fuxenfibel Oeno-Danubia (wie Anm. 52), v. a. S. 24 f. sowie https://www.oenodanubia.de/Startseite.html (zuletzt aufgerufen am 24.03.2024).
103 Vgl. Lexikon der CV und ÖCV-Verbindungen (wie Anm. 35), S. 459–471; Ralf VOLLMUTH/Walter KONRAD im Auftrag des Altherrenverbandes der KDStV Markomannia im CV (Hg.), Verbindung in unserer Zeit. Festschrift zum 150-jährigen Bestehen der Katholischen Deutschen Studentenverbindung Markomannia im CV zu Würzburg (1871–2021), Würzburg 2021.
104 Vgl. Lexikon der CV und ÖCV-Verbindungen (wie Anm. 35), S. 778–783.
105 Vgl. HEBEL (Hg.), Fuxenfibel Oeno-Danubia (wie Anm. 52), S. 27.
106 Vgl. Gesamtverzeichnis des CV 2015 (wie Anm. 64), S. V-426.

kanzlei Erwin Huber (CSU).[107] Walter Schweitzer war 1980/81 Prodekan und von 1981 bis 1983 Dekan der Wirtschaftswissenschaftlichen Fakultät gewesen; 1994 wurde er Prorektor der Universität Passau, von 1997 bis 2012 amtierte er schließlich als Nachfolger von Gründungsrektor Karl-Heinz Pollok als Rektor bzw. (ab 2008) als Präsident der Universität Passau. Bereits 1981 wurde das Oeno-Danuben-Gewölbe in der Schustergasse eingeweiht, das der Verbindung bis heute als Verbindungshaus dient. 2000/01 und 2019/20 beteiligte sich Oeno-Danubia am Vorort des CV.

Zwei weiterer Neugründungen katholischer Verbindungen in Passau misslangen allerdings: Unitas Bavaria Passau wurde am 24. Juni 1983 gegründet und am 22. Juni 1984 in den UV aufgenommen. Die Verbindung vertagte am 30. Mai 2003.[108] Der Katholische Studentenverein (KStV) Boiotro Passau wurde am 15. Dezember 1981 gestiftet und am 11. Juni 1982 bzw. 17. Juni 1983 in den KV aufgenommen.[109] Seit 2008 hatte diese Verbindung keine Aktivitas mehr, der Altherrenverband soll sich 2010 aufgelöst haben.[110] Die Ursachen für dieses Scheitern liegen im Dunkeln. Ein Grund dürfte sein, dass KV und UV in besonderer Weise unter den inneren Konflikten im Gefolge der Achtundsechzigerbewegung gelitten hatten. Dies schwächte beide Verbände stark und führte, im Vergleich zum CV, der seit Mitte der 1970er Jahre wieder Tritt fasste, zu überproportional vielen Suspendierungen von Verbindungen sowie zu einer Erschütterung des eigenen Selbstverständnisses. Ein weiterer Grund dürfte die faktische Dominanz der KDStV Oeno-Danubia am Ort gewesen sein, der es mehr als den anderen Verbindungen gelang, am Verbindungsleben interessierte katholische Studenten an sich zu binden.

Eine Besonderheit im Passauer Verbindungswesen stellt heute die (Damen-)Verbindung Delta Psi Omega dar, die 2022 gegründet wurde und die abschließend noch erwähnt werden soll. Damenverbindungen existierten in Deutschland zwischen der Wende vom 19. zum 20. Jahrhundert und der Mitte der 1930er Jahre und wurden dann erst wieder seit den späten 1970er Jahren neu gegründet.[111] Schon der Name der nichtfarbentragenden, aber die Farben „Dunkelgrün-hellblau-weiß" im Wappen führenden Verbindung weist auf US-amerikanische Vorbilder hin, ebenso die Chargenbezeichnungen „President", „Vice President" und „Parliamentarian". Als Ziel ihres Verbindungswesens gibt Delta Psi Omega auf ihrem Instagram-Auftritt[112] an, „Student_innen weiblicher und nicht binärer Identität aller Nationalitäten, Ethnien, Sexualitäten und Religionen an der Universität Passau mit dem Wunsch nach persönlicher und professioneller Weiterentwicklung, ehrenamtlichem Engagement und lebenslanger Freund-

---

107 Vgl. Gesamtverzeichnis des CV 2015 (wie Anm. 64), S. V-426.
108 Vgl. GLADEN, Die deutschsprachigen Korporationsverbände (wie Anm. 65), S. 374 und S. 377.
109 Vgl. GLADEN, Die deutschsprachigen Korporationsverbände (wie Anm. 65), S 392 und KV-Jahrbuch 1994 (wie Anm. 62), S. 48.
110 Vgl. KV-Info 12/2010, S. 6.
111 Vgl. hierzu jetzt neu Simone RUOFFNER-UNTERRAINER, Zwischen Verein, Korporation und Gesinnungsgemeinschaft. Die Damenverbindungen an den Universitäten Tübingen und Würzburg von den Anfängen bis zum Nationalsozialismus. (= Abhandlungen zum Studenten- und Hochschulwesen 22), Köln 2023.
112 https://www.instagram.com/deltapsiomega_passau/ (zuletzt aufgerufen am 18.03.2024).

schaft zu fördern und zusammenzuführen". Als Prinzipien werden „Female Empowerment", „Friendship" und „Social Commitment" angegeben. Es scheint so, als ob mit Delta Psi Omega auch „wokes" respektive identitätspolitisch fundiertes Gedankengut im Verbindungswesen angekommen sind, was sonst bei Verbindungen eher weniger der Fall ist. Es bleibt also spannend und dieses Fallbeispiel zeigt deutlich, wie anpassungsfähig verbindungsstudentisches Leben immer noch ist.

4. Fazit

Heute scheint das Verbindungswesen an der Universität Passau recht gefestigt dazustehen. Im Kreise der ca. 100 studentischen Hochschulgruppen, die an der Universität Passau registriert sind[113], zählen die drei Korporationen Burschenschaft Hanseatia im PSC, die KDStV Oeno-Danubia im CV und das Corps Budissa-Leipzig im KSCV als Lebensbünde zu den ältesten und stabilsten Vereinigungen der 1978 gegründeten Universität. Hinzu kommt als jüngste noch Delta Psi Omega, die die Ausbildung eines Lebensbundes noch vor sich hat. Insofern könnten die Verhältnisse an der Universität Passau ein Beleg dafür sein, dass Studentenverbindungen, auch wenn sie nicht mehr, wie vor 1933 und in Überresten bis in die 1960er Jahre, eine Quasi-Monopolstellungen auf dem Felde der studentischen Selbstorganisation haben, dennoch als Glieder einer pluralistischen Studentenschaft an der Universität des 21. Jahrhunderts eine Zukunft haben.

---

113 https://www.uni-passau.de/studium/campus-und-kultur/studentische-gruppen/ (zuletzt aufgerufen am 24.03.2024).

Die Sprache der Studierenden an der Universität Passau

Günter Koch

In diesem Beitrag soll versucht werden, sich der aktuellen Sprechweise der Studierenden an der Universität Passau anzunähern. Ein kleiner historischer Abstecher soll dabei nicht fehlen, denn das, was in der Sprachwissenschaft als „Studentensprache" bezeichnet wird, hat eine lange Tradition, die bis in die Frühe Neuzeit reicht – damit auch die Gründungsphase des Jesuitenkollegs in Passau erfasst – und die Sprechweise über nahezu vier Jahrhunderte geprägt haben mag. Für die aktuelle Sprechweise wird aber ein anderer Ansatz benötigt, sodass sich die weiteren Ausführungen im Wesentlichen auf sprachliche Entwicklungen beziehen, wie sie in den über vier Dekaden seit der Gründung der Universität im Jahr 1978 zu beobachten sind.

Folgende inhaltliche Schwerpunkte werden zur Sprache kommen: Zunächst soll die historische Studentensprache in Grundzügen skizziert werden, v. a. auch um zu zeigen, dass diese Sprechweise heute im Prinzip nicht mehr existiert, ein Vergleich aber dennoch lohnenswert sein kann. Dann soll eine Annäherung an die moderne Sprechweise Studierender stattfinden, indem verschiedene Faktoren einbezogen werden, die sich auf diese Varietät – sofern man von einer eigenen Varietät überhaupt sprechen kann –, prägend auswirken können. Hier müssen auch einige Definitionen gesetzt werden, die, möglichst knapp gehalten, das Erfassen des Varietätenspektrums erleichtern sollen. Im Mittelpunkt der Betrachtungen soll dann ein kleines Projekt namens „StudiSprech22" vorgestellt werden, das im Sommersemester 2022 konzipiert und durchgeführt wurde. Anhand der erhobenen Daten wird sich zeigen, inwieweit die modellhaften Vorannahmen tragfähig sind. Die Forschungsfrage, an der sich das Projekt ausrichtet, wird formuliert als: Handelt es sich bei der Sprechweise der Studierenden an der Universität Passau um eine eigene Varietät im Sinne einer Studierendensprache? Am Ende erfolgt eine Zusammenfassung mit Forschungsausblick.

Günter Koch

1. Die historische Studentensprache[1]

Die Ursprünge sind, den Ausführungen des Sprachhistorikers Friedrich Kluge folgend, schon zu Zeiten Martin Luthers erkennbar, in den Tischgesprächen sei „ein Nachschein von Studentenritualen mit entsprechendem Jargon aus der Universitätszeit des Reformators"[2] nachweisbar. Die Ausbildung studentischer Sprechweisen wird, im Zusammenhang mit den Randalen, Tumulten und auch Raufereien, die sich Studenten mit Soldaten und Handwerkern lieferten, als Halbstarkensprache und damit als Vorläufer von Jugendsprache gesehen[3], zudem werden aber auch Einflüsse aus dem Rotwelschen postuliert und damit diese Sprechweisen in die Nähe der Gaunersprachen gerückt[4]. Wortschatzsammlungen zur ‚Sprache' der Studenten gibt es seit dem 18. Jahrhundert. Sie wurden als sog. Idiotika konzipiert, d. h. es wurden nur die Wortschatzeinheiten (= Idiotismen) verzeichnet, die allein in der betrachteten Varietät vorkommen[5]. Eine thematische Sichtung des Wortschatzes zeigt, dass die eigentliche Beschäftigung an den Universitäten, das Lernen, Studieren, eine eher marginale Rolle spielt und v. a. außeruniversitäre Bereiche ihren Niederschlag finden, wie das Duellieren und Renommieren (Prahlerei), Disziplin als auch Disziplinlosigkeit, das Trinken und das Spielen, das Schuldenmachen und die Liebe[6]. Damit dienen diese Wörterbücher als sprachlicher „Leitfaden" für Neumitglieder studentischer Gruppen, zugleich aber wird mit „dem Erlernen des Sprachstils [...] die Sozialisation in einen Lebensstil verbunden"[7]. Da ein gegenseitiger Einfluss dieser Wortschatzsammlungen festzustellen ist, erstellte Objartel eine sog. Filiation der Wörterbücher, die aufzeigt, welche dieser Wortschatzsammlungen in neuere Idiotika eingegangen sind[8].

---

1 Da Studierende im Kontext der Historischen Studentensprache immer männlich waren, verbietet sich hier geradezu das Gendern, z. B. als *Studierende*. Dieser wesentliche Unterschied in der Bezeichnung der hier untersuchten (historischen vs. gegenwärtigen) Personengruppen soll sich auch in den zu Ende dieses Beitrags formulierten Varietätenbezeichnungen niederschlagen.
2 Matthias HEINE, Krass. 500 Jahre deutsche Jugendsprache, Berlin 2021, S. 10 und vgl. S. 17 f.; Heine bezieht sich dabei auf Friedrich KLUGE, Deutsche Studentensprache, Straßburg 1895, S. 27 f.
3 Vgl. hierzu HEINE, Krass (wie Anm. 2), S. 14 f. und 22; dazu Eva NEULAND, Jugendsprache, Tübingen ²2018, S. 151 mit Ausführungen zu Halbstarken und Halbstarken-Chinesisch der Nachkriegszeit, kennzeichnend sind dabei (dem Psychologen Curt Bondy folgend) Müßiggang, lautes Gebaren und verbale wie tätliche Belästigung Umstehender/Vorbeikommender.
4 Vgl. KLUGE, Studentensprache (wie Anm. 2), S. 60.
5 Die Bezeichnung *Idiotikon* bezieht sich in erster Linie auf dialektale Wortschatzsammlungen des 18. Jhs., vgl. hierzu Helmut GLÜCK/Michael RÖDEL (Hg.), Metzler Lexikon Sprache, Stuttgart ⁵2016, Eintrag Idiotikon, S. 279–280, hier S. 279.
6 Vgl. Norbert NAIL, Go-in / Go-out – Kontinuität und Wandel in der deutschen Studentensprache des 19. und 20. Jahrhunderts. Ein Versuch, 2005, S. 2 f., https://www.uni-marburg.de/de/uniarchiv/inhalte-pdf/studentenspracheneu.pdf (zuletzt aufgerufen am 26.02.2024).
7 NEULAND, Jugendsprache (wie Anm. 3), S. 130.
8 Georg OBJARTEL, Wörterbücher der Studentensprache 1749–1888, in: Helmut Henne/Heidrun Kämper-Jensen/Georg Objartel: Historische deutsche Studenten- und Schülersprache. Einführung, Bibliographie und Wortregister (= Bibliothek zur historischen deutschen Studenten- und Schülersprache 1), Berlin/New York 1984, S. 32–61, hier S. 34 Abb. 4: In der netzwerkartigen Darstellung sind im Südosten auch

Der Gesamtwortschatz aller Wörterbücher ist beachtlich und beläuft sich auf ca. 16.500 lexikalische Einheiten. Nail erfasst die Charakteristika jener ‚Sprache' mit folgenden Merkmalen[9]:
- eine hyperbolisch-grobianische Tendenz, die aus der Gaunersprache herrührt;
- eine Anlehnung an die Modesprache Französisch, mit Wörtern wie *Corps*, *Charge*, *famos* und Suffixen wie *-age* oder *-ieren*, die Verwendung lateinischer/französischer Suffixe wie *-ität/-ité* oder auch griechische Suffixe wie *-ikos*;
- eine Neigung zur Kürze, einmal durch die Vorliebe für einsilbige Wörter, zum anderen durch Abkürzungen.

Zu ergänzen wäre diese Liste mit zahlreichen verhüllenden, metaphorischen und metonymischen Bezeichnungen, so etwa *Schnurrbart* für *Soldat* oder *Besen* für *Mädchen*, mit der Differenzierung von *Staubbesen* in der Bedeutung ‚junges Mädchen vom Lande, als Dienstmagd in der Stadt beschäftigt', im Gegensatz zum *Florbesen*, eine ‚gutsituierte Bürgertochter'[10].

Ein Nachhall dieser studentischen Organisationen ist bis heute vorhanden, allerdings treten sie immer weniger in der Öffentlichkeit auf – ein Verzeichnis auf Wikipedia führt aktuell fünf aktive Verbindungen, meist mit Verlinkungen zu entsprechenden Internetpräsenzen, die aber nur recht spärliche Informationen liefern[11]. Immerhin, im Sommersemester 2018 war auf der Homepage der Hanseatia Passau noch ein Bild mit *Chargenwichs* (*Wichs* = festliche Kleidung; *Charge* = Führungsamt einer Verbindung) zu sehen, daneben eine Erläuterung mit den damaligen *Chargierten* der *Burschenschaft*, und auch ein kleines „couleurstudentisches Lexikon" (*Couleur* = Kleidungsstücke der farbentragenden Verbindungen), das die gängigsten studentensprachlichen Begriffe erklärte, so etwa *Krassfux* ‚Mitglied auf Probe im ersten halben Jahr; rot-goldenes Band', *Brandfux* ‚Mitglied auf Probe; d. h. ein neues Mitglied hat die Möglichkeit die Verbindung näher kennenzulernen' und *Brandung* ‚Feierlicher Festakt zum erfolgreichen Abschluss der Bewährungszeit der Krassfuxen; danach Bezeichnung als Brandfux'[12]. Diese Informationen sind aber mittlerweile vom Netz genommen worden; Wortschatz und Sprechweisen sind nun endgültig aus dem Universitätsalltag geschwunden und in geschlossene Gesellschaften abgewandert. Deshalb ist diese Form von Studentensprache – auch wenn sie nicht gänzlich verschwunden ist, nicht Gegenstand der nachfolgenden Betrachtungen. Das heißt aber nicht, dass keine Parallelen zu heute praktizierten Sprechweisen an den Universitäten gezogen werden könnten.

München (1878) und Wien (1888) verzeichnet. Einflüsse auf das 1833 (wiedereröffnete) Königlich Bayerische Lyzeum in Passau, aus dem 1923 die Philosophisch-Theologische Hochschule hervorging, sind deshalb durchaus anzunehmen.

9 Vgl. NAIL, *Go-in* (wie Anm. 6), S. 3 f., mit einer Vielzahl an Beispielen.
10 Vgl. dazu die strukturierte Darstellung des Wortfeldes ‚weibliche Wesen im Blickfeld der Studenten' in OBJARTEL, Wörterbücher (wie Anm. 8), S. 18.
11 Vgl. Eintrag „Liste der Studentenverbindungen in Passau" auf de.wikipedia.org (zuletzt aufgerufen am 25.02.2024); bemerkenswert ist eine aktuelle Neuniederlassung des unabhängigen Damenbundes „Delta Psi Omega" im Jahr 2022.
12 Couleurstudentisches Lexikon der Hanseatia Passau, www.hanseatia-passau.de (zuletzt aufgerufen im Sommersemester 2018).

2. Faktoren heutiger Studierendensprache

Wurde die historische Studentensprache als Sondersprache gesehen, mit der sich Studierende bewusst von der Alltagswelt absetzten, kann das von der heutigen Sprache Studierender nicht mehr gesagt werden. Vielmehr ist diese als Soziolekt im Schnittfeld verschiedener Varietäten zu sehen: Ausgehend von dem soziolinguistischen Varietätenmodell von Löffler, das eine Vielzahl von Einflussfaktoren wie Arealität, individuelle Sprechweisen, mediale Einflüsse, Genderzugehörigkeit und andere einbezieht[13], kann aus dem Umfeld der Studierenden eine ähnliche Einflusssphäre postuliert werden.

Abb. 1 zeigt, dass im Folgenden als zentrale Faktoren Jugendsprache, Schülersprache, Bildungssprache und Fachsprache in Betracht gezogen werden sollen, daneben auch Dialekt: Diese fünf Faktoren lassen – als ‚spezielle Mischung' – eine Grenzziehung zu anderen Soziolekten im engeren Sinne und auch zu Soziolekten im Allgemeinen zu. Nach der Theorie Löfflers ist nämlich jedes gruppenbezogene Sprechen als soziolektales Sprechen zu erfassen: „Wo immer eine nach sozialen, beruflichen, fachlichen, status- und ansehensbedingten Merkmalen gekennzeichnete Gruppe auch ein sprachliches Erkennungssymbol oder eine grammatisch-lexikalisch-intonatorische Varietät besitzt, sollen diese ‚soziolektal' oder ‚Soziolekt' heißen."[14]

Zu projizieren ist das zunächst nur auf die mediale Variante der gesprochenen Sprache – dass Studierende auch schriftlich in besonderer Weise kommunizieren, muss noch eingehender untersucht werden, indem etwa social media-Kanäle einer korpuslinguistischen Analyse unterzogen werden. Reine, medial schriftliche Fachsprachlichkeit wäre auch untersuchenswert, um zu sehen, wie sich Studierende im Laufe des Studiums die Fachsprache zu eigen machen; sie ist dann aber eher als Gegenstand der Fachsprachenforschung einzuordnen.

Die Relevanz der genannten Faktoren soll nun kurz begründet werden.

Jugendsprache: Denkt man bei Jugendsprache an Jugendliche im Alter von etwa 12 bis 19 Jahren, so ist diese Phase der Adoleszenz um eine Präadoleszenz und eine Postadoleszenz zu erweitern. Die Postadoleszenz erstreckt sich, unter entwicklungspsychologischen Aspekten, bis zum 25. oder gar 30. Lebensjahr, und damit ist die Zeitspanne des Studiums in der Regel in diesen Zeitraum vollständig eingeschlossen[15]. Bezogen auf die zuvor kurz angesprochene historische Studentensprache, lassen sich schon deutliche Parallelen zur heutigen Jugendsprache entdecken, die aufgrund der

---

13 Vgl. Heinrich LÖFFLER, Germanistische Soziolinguistik (= Grundlagen der Germanistik 28), Berlin ⁴2010, S. 79; im Modell werden – stets im Plural, wodurch der Heterogenität der Bereiche Rechnung getragen wird – sieben sprachliche Großbereiche benannt: Idiolekte (Individuum), Mediolekte (Medium), Funktiolekte (Funktion), Dialekte (areale Verteilung), Soziolekte (Sprechergruppen), Alterssprachen (Alter), Genderlekte (Geschlecht) und Situolekte (Situation). Diese Bereiche „überlagern und überschneiden" (ebd., S. 80) sich gegenseitig.
14 Ebd., S. 114.
15 Zu den aus der Entwicklungspsychologie übernommenen Stufenmodellen vgl. Günter KOCH, Jugendsprache(n): Jugendliche Identität durch sprachliche Symbolisierung, in: Ders. (Hg.), Sprachminderheit, Identität und Sprachbiographie (= Sprachen im Kontakt 1), Regensburg 2013, S. 255–268, hier S. 255 Anm. 1.

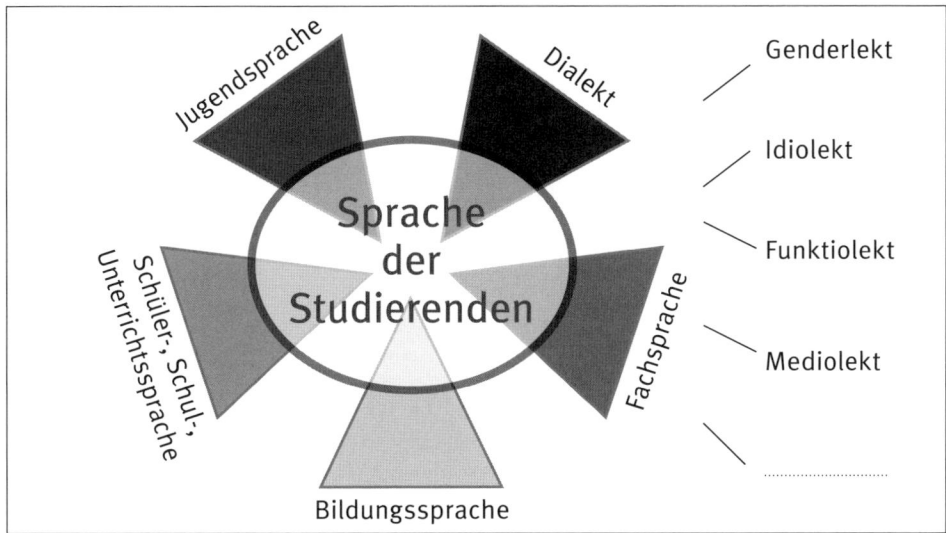

Abb. 1: Faktorenmodell zur Studierendensprache (in Anlehnung an Löffler, Soziolinguistik (wie Anm. 13), S. 79)

vielen Abkürzungen auch als Akü-Sprache bezeichnet wird[16], daneben gerade auch zu Tabuthemen wie Alkohol oder Sexualität zahlreiche metaphorisierende Hüllwörter hervorbringt, aber auch vor Derbheiten nicht zurückschreckt[17].

Schülersprache: Bereits in der Präadoleszenzphase (bis zum 11./12. Lebensjahr) zeichnen sich Merkmale der Jugendsprache ab, die dann in der Adoleszenzphase ausgebaut werden – damit überlagern sich, als Schnittmenge von Alter und sozialer Verortung, Jugendsprache und Schülersprache. Demgemäß definiert Neuland *Schülersprache* als „den Sprachgebrauch von Jugendlichen im Schulalter"[18] und grenzt sie als Teilgebiet des umfassenderen Phänomens Jugendsprache, in dem sich verschiedenste Gruppierungen sammeln, ab[19]. Dieser Terminus kann aber noch erweitert werden mit „Schulsprache" – man könnte auch sagen, die interne Unternehmenskommunikation der Institution

---

16 Vgl. z. B. Nils Bahlo/Tabea Becker/Zeynep Kalavan-Aydin u. a., Jugendsprache. Eine Einführung, Berlin 2019, S. 20 und 60.
17 Vgl. hierzu Neuland, Jugendsprache (wie Anm. 3), S. 191; zur allgemeinen Sprachgebrauchstendenz im Gegenwartsdeutschen Helmut Glück/Wolfgang Werner Sauer, Gegenwartsdeutsch, Stuttgart/Weimar ²1997, S. 36 ff. Vielfältig finden sich Metaphern zu Tabubereichen in dem von PONS (Stuttgart) in den Jahren 2002–2017 herausgegebenen „Wörterbuch der Jugendsprache".
18 Eva Neuland, Deutsche Schülersprache. Sprachgebrauch und Spracheinstellungen Jugendlicher in Deutschland (= Sprache – Kommunikation – Kultur. Soziolinguistische Beiträge 20), unter Mitarbeit von Daniel Buchenauer, geb. Schubert, Frankfurt am Main/Bern/Bruxelles u. a. 2016, S. 28.
19 Neuland grenzt Grundschüler als „noch Nicht-Jugendliche" (ebd., S. 29) davon aus. Eigene Beobachtungen aber zeigen, dass bereits in der Grundschule kommunikative Praktiken, die die Basis für jugendsprachlichkeit bilden, im sozialen Miteinander erlernt werden. Auch der immer früher einsetzende Medienkonsum muss berücksichtigt werden, denn gerade die durch Medien erzeugten und bereitgestellten sprachlichen Versatzstücke bieten sich für die typische Bricolage-Technik (vgl. dazu Neuland, Jugendsprache, wie Anm. 3, S. 61) der De-Standardisierung an.

Schule – und Unterrichtssprache: Hier sind die Lehrkräfte als Kommunikationspartner beteiligt, denn im Sinne einer sprachdynamischen Interaktion mit den Schülern finden fortlaufend Synchronisierungsprozesse zwischen Lernenden und Lehrenden statt. Dabei stellt das Unterrichtsgespräch die Hauptkommunikation dar, parallel dazu laufende „Nebenkommunikationen dienen der personalen und sozialen Identitätsbalance"[20]. Diese Aufschlüsselung macht deutlich, wie Kommunikation an der Universität vorbereitet wird: Das alltägliche Sprechen in verschiedenen Situationen mit sozial gleich- oder unterschiedlich gestellten Kommunikationspartnern will erlernt und praktiziert sein. Die dazu notwendige Fähigkeit zum Wechseln verschiedener Sprechlagen und sprachlicher Register kann als Ausbildung einer sog. Inneren Mehrsprachigkeit (IM) bezeichnet werden, die Vergeiner folgendermaßen definiert: „IM rekurriert auf die Variation innerhalb einer Sprache und die variablen Realisierungen form- oder funktionsgleicher Strukturen, d. h. Varianten."[21] Vergeiner bezieht in seiner Untersuchung zur Kommunikation an der Paris-Lodron-Universität Salzburg dieses Konzept der Inneren Mehrsprachigkeit direkt auf die Sprachgebrauchsnormen, die an der Salzburger Universität sowohl in institutioneller Kommunikation, im Lehrbetrieb als auch im studentischen Miteinander vorliegen. Die Kommunikation an der Universität wird, im Sinne einer Inneren Mehrsprachigkeit, durch die verschiedenen Sprachverwendungen an der Schule vorbereitet.

Dialekt: Die Relevanz mundartlichen Sprechens wird auch insbesondere durch die Studie von Vergeiner begründet – Salzburg zählt wie Passau zum mittelbairischen Dialektraum, ein Sprachraum, der noch sehr vitalen Dialektgebrauch zeigt, insbesondere auch auf institutioneller Ebene, wie Forschungen des Marburger Regionalsprachprojekts zeigen – hier wurde u. a. die Sprechweise von Polizeibeamten analysiert[22]. Es kommt also nicht nur darauf an, ob die Studierenden Bairisch sprechen, vielmehr ist das universitäre Umfeld durchaus auch von mundartlichen Einflüssen geprägt. Neben gemäßigtem Dialektgebrauch, der als Regiolekt bezeichnet werden kann und einer regionalen Umgangssprache gleichkommt, dabei dem öffentlich-institutionellen Charakter einer Universität angepasst ist, sind durchaus auch grundmundartliche Sprechweisen möglich, wenn sich die Sprecher gut kennen und daher das Konzept der Nähesprachlichkeit maximal auslasten. Dialektverwendung und auch der ‚Dialektgrad' ist semiotisch zu interpretieren, denn es ergibt sich ein indexikalisches Feld zur Anzeige sozialer Qualitäten[23]. Dabei existieren puristische Vorstellungen zu scheinbar homogenen

---

20 Neuland, Jugendsprache (wie Anm. 3), S. 216.
21 Philip C. Vergeiner, Bewertungen – Erwartungen – Gebrauch. Sprachgebrauchsnormen zur inneren Mehrsprachigkeit an der Universität (= Zeitschrift für Dialektologie und Linguistik, Beihefte 184), Stuttgart 2021, S. 110.
22 Vgl. Roland Kehrein, Regionalsprachliche Spektren im Raum: Zur linguistischen Struktur der Vertikale (= Zeitschrift für Dialektologie und Linguistik, Beihefte 152), Stuttgart 2012. Zum Mittelbairischen (Ort Trostberg), dem auch das Gebiet um Passau angehört, vgl. S. 250–275.
23 Vgl. Konstantin Niehaus, Zur sozialen Bedeutung des Bairischen in Bayern. Das indexikalische Feld einer Dialektgruppe, in: Philip C. Vergeiner/Stephan Elspass/Dominik Wallner (Hg.), Struktur von Variation zwischen Individuum und Gesellschaft. Akten der 14. Bayerisch-Österreichischen Dialektologietagung 2019 (= Zeitschrift für Dialektologie und Linguistik, Beihefte 189), Stuttgart 2022, S. 261–286, hier S. 262.

Dialektgruppen, aber auch eine „doppelte Stereotypisierung"[24] ist möglich, wenn authentische, ländliche Dialekte den inauthentischen, künstlichen Dialekten der Großstädte gegenübergestellt werden. Im Zusammenhang mit Sprache im universitären Bereich bedeutet das, dass Dialekt nicht als homogene Varietät gesehen werden darf, sondern dass gerade von einheimischen Sprechern indexikalische Dialektmarker zur Selbstzuordnung genutzt werden können bzw. bei anderen Sprechern solche Zeichen wahrgenommen und interpretiert werden[25]. Ein Test zeigt, dass ein Ingroup/Outgroup-Verhalten vorliegen kann, indem Dialektsprecher im Kontrast zu anderen Varietäten eine Selbstevaluation durchführen, die zu einer Abwertung der Outgroup-Varietät führen kann. Das beeinflusst dann zum einen studentische Gruppenbildung, zum anderen aber auch das Verhältnis der Studierenden zu den Dozierenden[26].

Bildungssprache: Was unter Bildungssprache zu verstehen ist, entzieht sich bislang einer konkreteren Definition. Von Jürgen Habermans 1977 in Zusammenhang mit Umgangs- und Wissenschaftssprache in den Diskurs eingebracht, wird Bildungssprache nach Drumm definiert als „Sprachregister, das vor allem in der schulischen Ausbildung Verwendung findet"[27]. Gerhard August differenziert in seinem Wörterbuch zum Bildungswortschatz drei Auffassungen von Bildungssprache[28]: Eine sehr weite Auslegung (= Bildungssprache 1) umfasst ein durch schriftsprachliche Kompetenz erworbenes Sprachregister, das sich als Sprache der Distanz gegen die der Nähe (nach Koch/Osterreicher[29]) abhebt; als engster Begriff (= Bildungssprache 2) ist er, so wie Drumm definiert, die Schulsprache – damit werde die Fach-, Wissenschafts- und Bildungssprache, wie sie gebildete Laien untereinander verwenden, zur systematischen Orientierung in der Welt und der Durchsetzung ihrer gesellschaftlichen Ansprüche (= Bildungssprache 3, engere Bildungssprache), erlernt. Diese engere Bildungssprache ist auch die des öffentlichen Diskurses. Alle drei Sprechlagen zeichnen sich durch komplexeren Satzbau, stilistische Variation und gehobenen Wortschatz aus. Dabei ist zwischen klassischem

---

24 Ebd., S. 271.
25 Vgl. dazu ebd., S. 272, den Begriff *Isarbreissn*: An der Universität Passau war mir in den 1990er Jahren eine Studierendengruppe aus dem Bayerischen Wald bekannt, die sich dezidiert gegen die *Isarbreissn* (Isar-Preußen, d. h. niederbayerische Sprecher unter dem Einfluss der als künstlich beurteilten Münchner Stadtsprache, aber im Prinzip alle, die sich selbst als Dialektsprecher einordnen, von dieser Gruppe aber als zu gemäßigt beurteilt wurden) abgrenzte.
26 Der Test wurde durchgeführt mit thüringischen und bairischen Dialektsprechern: Alfred Lameli/Gerhard Riener, Perzeption und Reaktion. Zum Einfluss regionaler Akzente auf das individuelle Handeln und zum Unterschied zwischen Bewertung und Verhalten, in: Toke Hoffmeister/Markus Hundt/Saskia Naths (Hg.), Laien, Wissen, Sprache. Theoretische, methodische und domänenspezifische Perspektiven, Berlin/Boston 2021, S. 281–304.
27 Sandra Drumm, Bildungssprache, in: Stefan J. Schierholz/Laura Giacomini (Hg.), Wörterbücher zur Sprach- und Kommunikationswissenschaft (WSK) Online, Berlin/Boston 2014 (zuletzt aufgerufen am 27.02.2024).
28 Vgl. Gerhard August, Der Bildungswortschatz. Darstellung und Wörterverzeichnis, Hildesheim/Zürich/New York 2019, S. 14.
29 Gemeint ist hier das Modell zur Sprache der Nähe und Distanz bzw. zur konzeptionellen und medialen Mündlichkeit bzw. Schriftlichkeit, vgl. Peter Koch/Wulf Oesterreicher, Sprache der Nähe – Sprache der Distanz. Mündlichkeit und Schriftlichkeit im Spannungsfeld von Sprachtheorie und Sprachgeschichte, in: Romanisches Jahrbuch 36 (1985), S. 15–43.

Bildungswortschatz, der der humanistischen Bildung verschrieben ist und sich hauptsächlich speist aus dem Griechischen und Lateinischen, aber auch dem Italienischen und Französischen (dementsprechend sind Kenntnisse zur fremdsprachlichen Morphologie und Aussprache notwendig), der antiken Mythologie, Religion, Philosophie, Geschichte und der Nationaldichtung, und dem modernen Bildungswortschatz zu unterscheiden, als dessen Quellen sich attraktive Begriffe der Wissenschaften, der Wortschatz der universitären Ausbildung und Anglizismen bestimmen lassen. Daneben findet sich ein großer ‚heimischer Bildungswortschatz', mit Eindeutschungen fremdsprachlicher Termini, Trivialnamen und metaphorischen Übersetzungen[30]. Zudem kann Bildungssprache durchaus dialektal gefärbt sein, wie etwa das sog. Honoratiorenbairisch oder -schwäbisch zeigen[31].

Fachsprache: Primär ist diese Varietät zwar durch fachbereichsbezogene Lexik definiert, um eine präzise, terminologisch abgesicherte Kommunikation der Fachleute untereinander zu gewährleisten[32]. Die Sprachkritik erfasst genau den Aspekt, der Fachlexik zum Kriterium eines Soziolekts macht: „Der Wissenschaft wirft man vor, ihre Sprache sei wegen der Fachwörter (bewusst) unverständlich und hermetisch"[33]. Hinzu kommen speziellere grammatische Konstruktionen, wie etwa der Nominalstil, und im Großen und Ganzen zeigen sich in Lexik und Grammatik Affinitäten zur Bildungssprache. Zum anderen deutet eine vertikale Ausdifferenzierung fachsprachlicher Register auf Berührungen zur Unterrichtssprache, denn die didaktisch vermittelnde Fachliteratur bildet neben dem „Forscherstil" und dem „Lexikonstil" einen „belehrenden Stil [aus], der in Lehrbüchern und Kompendien anzutreffen ist"[34]. Auch der Wissenstransfer zwischen Experte und Laie ist hier einzuordnen, in dem der Laie durchaus auch eine aktive Rolle einnehmen kann[35].

Die einzelnen Skizzen der vorgestellten Faktoren zeigen deutlich, dass durch den Kommunikationsort Universität vielfältige Varietäten ‚unter einen Hut' gebracht werden, dass es aber auch zwischen allen diesen Varietäten Brücken gibt, sodass letztlich ein optimiertes Sprachverhalten für unterschiedlichste Zwecke grundsätzlich möglich ist.

Für die Universitäten Augsburg, Regensburg und Passau bestätigen Franz/Klein, dass auf dem Campus „im Gespräch verschiedene Varietäten genutzt"[36] werden. Auch wird postuliert, dass eine studentensprachliche Varietät – zum Beispiel *Bib* (für *Bibliothek*), *Cafete* (für *Cafeteria*) und *Prof* (für *Professor*)" – verwendet wird, „als Anzeiger der Zu-

---

30 Vgl. AUGST, Bildungswortschatz (wie Anm. 28), Inhaltsverzeichnis und S. 28, S. 40 f., S. 69–73, S. 93 f.
31 Hermann FISCHER, *Beiträge zur Litteraturgeschichte Schwabens*. Tübingen 1891, S. 218; Ludwig ZEHETNER, Ist Regensburg eine Sprachinsel?, in: Sabine Krämer-Neubert/Norbert Richard Wolf (Hg.), Bayerische Dialektologie: Akten der Internationalen Dialektologischen Konferenz 26.–28. Februar 2002 (= Schriften zum Bayerischen Sprachatlas 8), Heidelberg 2005, S. 213–222, hier S. 216.
32 Vgl. Thorsten ROELCKE, Fachsprachen (= Grundlagen der Germanistik 37), Berlin ³2010, S. 55.
33 Christian D. KREUZ, Kritik an Fremd- und Fachwörtern in der deutschen Gegenwartssprache, in: Thomas Niehr/Jörg Kilian/Jürgen Schiewe (Hg.), Handbuch Sprachkritik, Berlin 2020, S. 120–128, hier S. 120.
34 Hans-Rüdiger FLUCK, Fachsprachen. Einführung und Bibliographie, Tübingen/Basel ⁵1996, S. 17.
35 Vgl. ROELCKE, Fachsprachen (wie Anm. 32), S. 38 f.
36 Sarah Katharina FRANZ/Mirjam KLEIN, Sprachenwahl und Identität an der Universität, in: Zeitschrift für Dialektologie und Linguistik 88 (2021), S. 105–123, hier S. 107.

gehörigkeit zur StudentInnengruppe"[37]. Der Nachweis, dass es sich dabei tatsächlich um eine eigene Varietät handelt, wird aber nicht erbracht. Im Folgenden soll versucht werden, die Existenz einer solchen Varietät nachzuweisen. Dabei spielen die bei Franz/ Klein thematisierten Faktoren Erwartungshaltungen, Selbstpräsentation, Prestige/ Stigma, Sprachloyalität (zur In-Group) und Identität stets eine wesentliche Rolle[38].

3. Projekt „StudiSprech22" (2022)

Die Daten zur aktuellen Sprechweise Studierender an der Universität Passau wurden methodisch mit einer Fragebogenerhebung – in Form einer indirekten Erhebung – gewonnen. Neben der Auswertung von Interviews ist das eine gängige Praxis zur Ermittlung sozialer Sprachausprägungen. Insgesamt bestand der Fragebogen aus 23 Abschnitten, die entweder über Multiple Choice, Skalenwerte, Schieberegler oder offene Fragen beantwortet werden konnten. Lanciert wurde das Projekt über die Online-Plattform SoSci Survey[39], die Kontaktierung erfolgte über Stud.IP, eine an der Universität Passau genutzte Lernplattform[40].

Der Zähler auf Stud.IP gab Anfang September einen Wert von über 5.000 Aufrufen an, der Fragebogen wurde inklusive Pretest insgesamt 418 mal vollständig beantwortet – ein Rücklauf von gut 8 %; bezogen auf die knapp 12.000 Studierenden sind 3,5 % der Grundgesamtheit erreicht worden. Die Umfrage ist zwar gut angenommen worden, doch wäre es etwas voreilig, damit eine Repräsentativität zu postulieren[41]. Eine Tendenz ist aber in jedem Fall aus den Zahlen abzulesen[42]. Die prozentuale Verteilung über die Fakultäten hinweg hält sich in etwa die Waage. Der Fragebogen war vom 8. August bis zum 15. September zugänglich, die meisten Aufrufe erfolgten in den ersten drei Tagen, aber auch danach war ein kontinuierliches Interesse zu verzeichnen. Auch bei

---

37 Ebd.
38 Vgl. ebd., S. 111–118.
39 SoSci Survey – die Lösung für eine professionelle Onlinebefragung, https://www.soscisurvey.de (zuletzt aufgerufen am 29.02.2024).
40 Hier danke ich Herrn Ludwig Bachmaier vom ZIM, Universität Passau, für die hervorragende Unterstützung.
41 Verschiedene, online verfügbare „sample size calculator" geben für die Grundgesamtheit von 12.000 Studierenden eine Stichprobengröße von etwa 380 Proband:innen aus. Die Rücklaufquote der Umfrage entspricht diesem Wert recht gut, eine Repräsentativität mit einer Schwankungsbreite von 5 % kann jedoch nur angenommen werden, wenn sichergestellt wäre, dass alle Studierenden den Aufruf auch zur Kenntnis genommen hätten. Eine ‚echte' Stichprobe müsste per Zufallsprinzip aus der Grundgesamtheit diese Probandenzahl generieren, die Probanden müssten dann für die Umfrage kontaktiert werden; vgl. hierzu Ruth ALBERT/Cor J. KOSTER, Empirie in Linguistik und Sprachlehrforschung. Ein methodologisches Arbeitsbuch, Tübingen 2002, S. 27 ff. Der Aufruf zur Umfrage war zwar an exponierter Stelle platziert, doch war es letztlich doch auch Zufall, wer ihn zur Kenntnis genommen hat – es handelt sich daher nicht um eine empirisch gesicherte Stichprobe. Im Sinne eines ersten Vorfühlens zu diesem Forschungsthema wird dieses Manko in Kauf genommen. Ein Desiderat für weiterführende Untersuchungen ist deshalb, methodisch den Anforderungen einer empirischen Stichprobe gerecht zu werden.
42 Da es hier in erster Linie darum geht, Tendenzen zu erkennen, wird im Folgenden, wie sonst üblich bei empirischen Studien, weniger mit absoluten Prozentzahlen hantiert als vielmehr mit relationalen Vergleichen.

den Abschlussbemerkungen wurde mehrfach angegeben, dass es Spaß gemacht habe, die Fragen zu beantworten[43].

Neben Sozialdaten – Geschlecht, Herkunft, Alter, Semesterzahl, Fakultätszuordnung – wurden folgende Themen befragt: Sprachverhalten inner- und außerhalb der Universität, sprachliche Selbsteinschätzung, sprachliches Gendern, lexikalische Felder zur Bezeichnung der Dozierenden, der Gebäude, für das Lernen, von Prüfungen und technischen Geräten, und auch Freizeitaktivitäten an der Universität wurden thematisiert. Zum Abschluss wurde noch nach dem „Wort der Universität Passau" gefragt.

Bemerkenswert ist, dass v. a. das Thema Gendern sehr viele kritische Kommentare einbrachte; das ist ein Thema, das viele beschäftigt und sehr kontrovers diskutiert wird. Im Folgenden werden drei Themenbereiche näher beleuchtet: 1. Die Nutzung des Dialekt-Standard-Kontinuums an der Universität, 2. Das Gendern und 3. Lexikalische Besonderheiten studentischen Sprechens. Für diese Bereiche sollen exemplarisch einige Aspekte herausgegriffen werden.

3.1 Studentisches Sprechen innerhalb eines Dialekt-Standard-Kontinuums

Zunächst soll eine lokale Verortung der Studierenden erfolgen: Wie der Frage nach der Herkunft zu entnehmen ist, stammt der Großteil der Proband:innen mit 66 % aus dem Bundesland Bayern, gefolgt von Baden-Württemberg mit 8 %, Nordrhein-Westfalen mit 6 %. Da gerade oberdeutsche Regionen als dialektnah eingestuft werden können, darf daraus abgeleitet werden, dass die Studierenden zum Großteil über eine sprachgeographisch gegebene Innere Mehrsprachigkeit verfügen, die dann im Spektrum universitären Sprechens eingesetzt werden kann. Zunächst wurde nach dem Sprachverhalten außerhalb der Universität gefragt (Abb. 2).

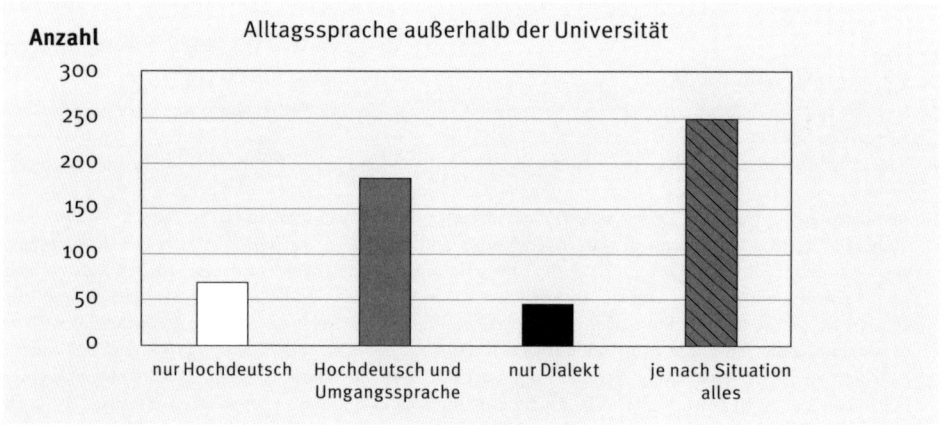

Abb. 2: Alltagssprache Studierender außerhalb der Universität

---

[43] An dieser Stelle gilt mein herzliches Dankeschön allen Passauer Studierenden, die an dieser Umfrage teilgenommen haben.

Die Säulengrafik zeigt, dass Hochdeutsch und Dialekt zwar gut vertreten sind, wesentlich häufiger jedoch eine umgangssprachliche Variante gewählt wird, d. h. Hochdeutsch, versetzt mit typisch gesprochensprachlichen Elementen (wie z. B. Artikelverkürzungen von *ein/eine* zu *n/ne*). Den höchsten Wert erreichte jedoch „je nach Situation alles" – daran wird erkennbar, dass Studierende ein Sprachbewusstsein entwickelt haben, das der Einschätzung einer Gesprächssituation gemäß erlaubt, die gerade passende Varietät aus ihrem Repertoire auszuwählen. Für den universitären Bereich wurde auch nach dem Sprachverhalten innerhalb von Studierendengruppen, zwischen Studierenden und Dozierenden und auch zwischen Studierenden und dem Personal gefragt. In Form von Box-Plots visualisiert eine Kastengrafik (Abb. 3), dass eine Selbsteinschätzung der Studierenden unterschiedliches Sprachverhalten zeigt:

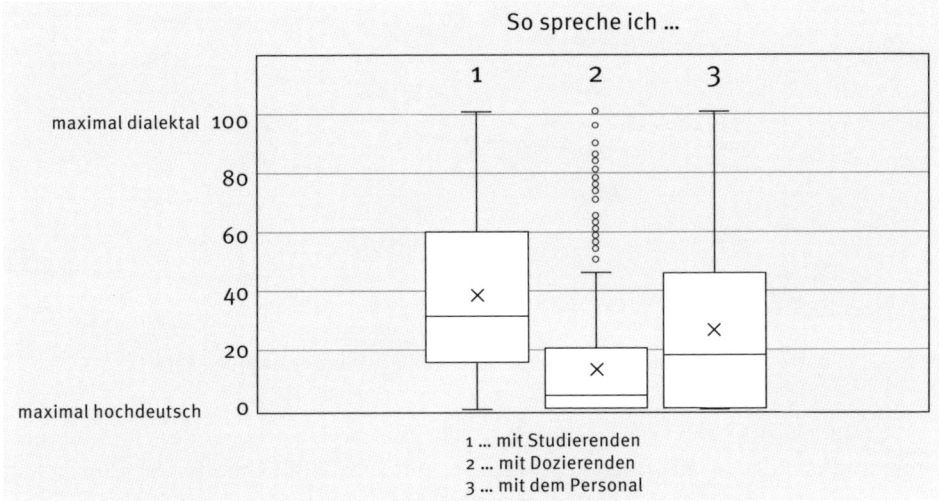

Abb. 3: Varietätenverwendung Studierender innerhalb der Universität

Die Verteilung entspricht dabei den Erwartungen – zwar erreichen alle Skalen Extremwerte, aber eine Zweidrittel-Schwerpunktverteilung beweist, dass die Studierenden untereinander am dialektalsten sprechen. In Gesprächen mit Dozierenden und dem Personal erfolgt eine Schwerpunktverlagerung in Richtung Standard, mit abnehmender Dialektalität – eine Annäherung an die Standardsprache wird also angestrebt und von vielen, wohlgemerkt, der subjektiven Selbsteinschätzung nach, auch erreicht. Diese Ergebnisse sind mit Vergeiners Studie zur Universität Salzburg vergleichbar: Ein streng ‚monovarietärer Habitus', der alle anderen Varietäten marginalisieren würde, bestehe nicht. Es gebe „durchaus universitäre Situationen […], in denen Dialekt und/oder Umgangssprache gebilligt oder sogar präferiert werden (zumindest von einem Teil der Probanden). Dabei handelt es sich etwa um studentische Wortmeldungen und Sprechstundengespräche, wohingegen bei Referaten und auch mündlichen Prüfungen in stärkerem Maße eine Standardwahl eingefordert wird"[44].

---

[44] VERGEINER, Bewertungen (wie Anm. 21), S. 459.

3.2 Fach- und Bildungssprache

Um zu sehen, wie sich die Hochschulbildung auf die Alltagssprache auswirkt, also in Form von Bildungssprache registriert wird, wurde nach Verwendung von Abstrakta (wie *Ablauf, Zustand, Gesamtheit*), Fremdwörtern (wie *Prozess, dynamisch, differenzieren*) und speziellen Fachwörtern gefragt:

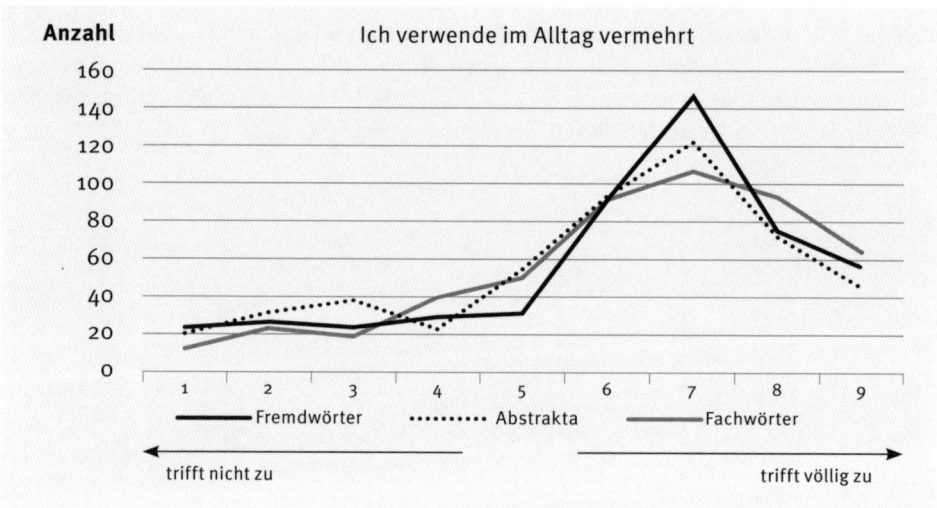

Abb. 4: Selbstwahrnehmung der Sprachveränderung Studierender (Lexik)

Die Liniengrafik (Abb. 4) zeigt hier eine recht gut übereinstimmende Selbsteinschätzung Studierender bei allen drei Parametern, mit sehr deutlicher Tendenz, dass sich diese Lexik im alltäglichen Sprechen niederschlägt.

Bei der Frage, ob das Umfeld der Studierenden deren Sprachveränderung wahrnimmt, ist festzustellen (Abb. 5), dass der Maximalwert zwar bei ‚unverändert' liegt, aber doch auch eine erhebliche Anzahl Studierender eine Tendenz zu erkennen gibt, dass das Umfeld eine veränderte Sprechweise registriert hat (Werte 6–9). Eine Differenzierung zwischen Fach- und Bildungssprache im Umfeld wurde nicht erfragt, da keine klare Differenzierung zu erwarten wäre – beide Register weisen gleichermaßen fremdsprachlich-unverständliche Lexeme auf und teilen sich komplexere grammatische Konstruktionen, sodass ähnliche Reaktionen zu erwarten sind.

Die Frage, ob man sein eigenes Sprechen selbst als typisch studentensprachlich einschätzen würde, wurde tendenziell von 42 % der Proband:innen bejaht, von ebenso vielen aber auch tendenziell verneint (Abb. 5)[45]. Selbsteinschätzung und rückgemeldete Fremdwahrnehmung passen beim veränderten Sprachverhalten gut zueinander, während, in der linken Diagrammhälfte eine größere Diskrepanz zu verzeichnen ist. Diese kann aber auch auf ausgebliebener Rückmeldung aus dem Umfeld beruhen.

---

45 Werte 1–4 und 6–9 wurden jeweils 209 Mal angekreuzt. Position 5 gilt als tendenzneutraler Wert (79 Mal).

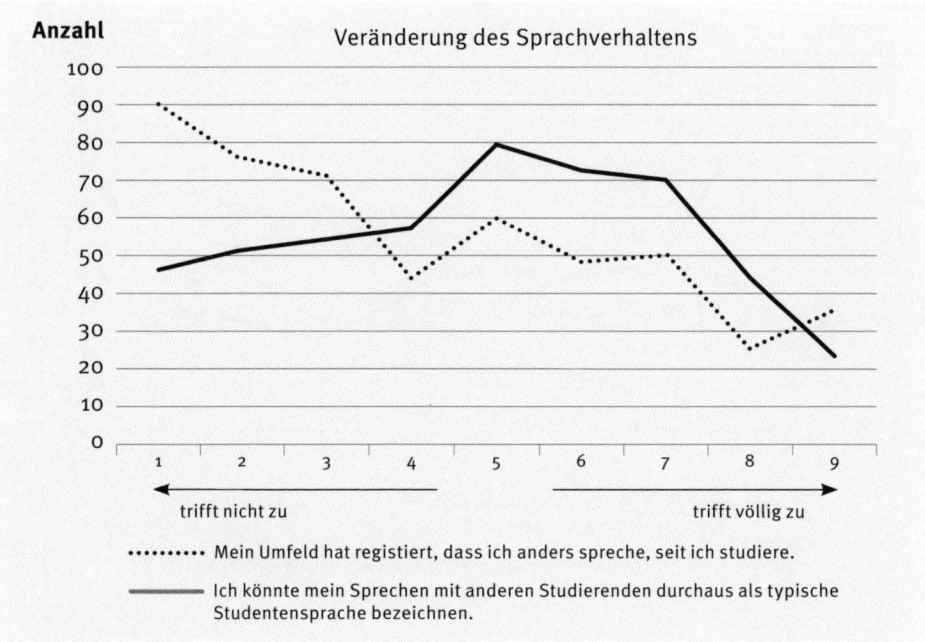

Abb. 5: Selbsteinschätzung und Fremdwahrnehmung Studierender zu „Studentensprache"

3.3 Studierende und Gendern

Das in der Öffentlichkeit in den letzten Jahren am intensivsten diskutierte sprachliche Thema, der seit den 1970er Jahren geforderte ‚geschlechtergerechte Sprachgebrauch', der sich jüngst in einer extrem polarisierenden Gender-Debatte zuspitzte, wird von Gegnern des Genderns als in erster Linie akademisches Sprachverhalten eingeordnet[46]. Gerade deshalb wurden auch in diese Umfrage einige Fragen zu diesem Thema aufgenommen, ob das Gendern an der Universität generell als wichtig erachtet wird, ob man sich durch gegenderte Texte besser angesprochen fühlt, und ob man selbst – schriftlich bzw. auch mündlich – gendert. In der Auswertung zeichnet sich zum einen eine breite Streuung, zum anderen aber auch eine deutliche Polarität ab. Erstellt wurden hierzu zwei Diagramme, zu den Fragen, die eine positive Einstellung suggerieren sowie zu den ablehnend und einschränkend formulierten Frage-Stimuli.

Diagramm 1 (Abb. 6) visualisiert mit den an den Polen 1 und 9 stark ansteigenden Graphen eine gegensätzliche Sichtweise, sodass die zwiespältige Haltung des öffentlichen Diskurses auf die Studentenschaft projiziert werden kann. Trotz dieser ambigen

---

46 Vgl. hierzu die Übersicht der Landeszentrale für politische Bildung Baden-Württemberg: „Gendern ist ein akademisches Elitenprojekt und geht an der Lebens- und Sprachwirklichkeit vieler Menschen vorbei; es ist eine Bevormundung." (Internetredaktion der LpB BW, Gendern: Ein Pro und Contra. Was für die gendergerechte Sprache spricht – und was dagegen. Ein Pro und Contra, Stand der Aktualisierung: Dezember 2023, https://www.lpb-bw.de/gendern (zuletzt aufgerufen am 26.02.2024)).

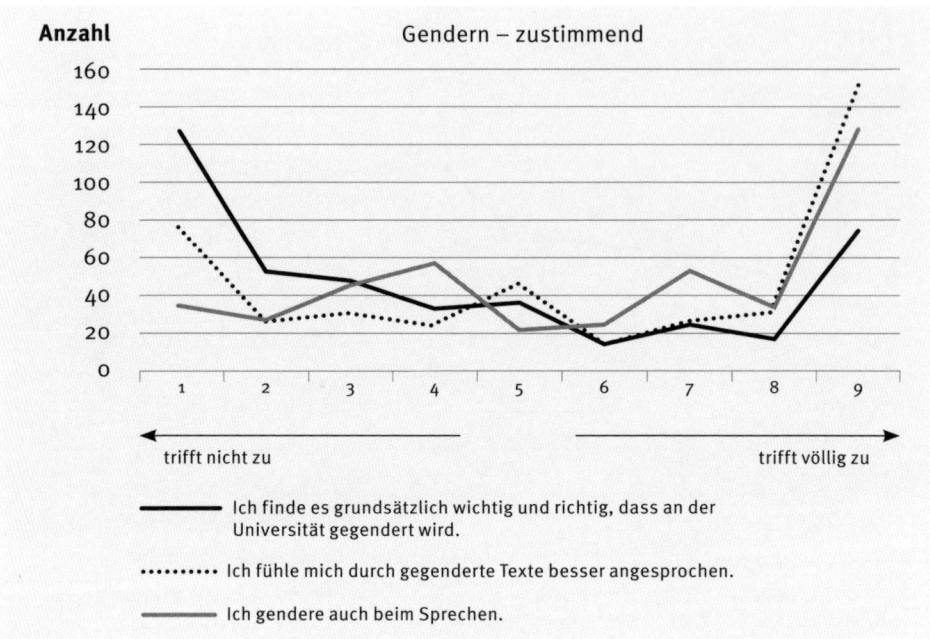

Abb. 6: Gendern: polarisierende Ergebnisse der Umfrage

Haltung überwiegt bei der Frage, ob sich Studierende durch gegenderte Texte besser angesprochen fühlen, der positive Mehrwert des Genderns. Dass auch im Gesprochenen gegendert wird, erstaunt etwas, da diese Sprechweisen allgemein noch nicht so fest etabliert sind, und es wäre auch methodisch genauer zu fassen, in welcher Situation dann das auch zutrifft – im Unterrichtsgespräch und in der Sprechstunde mit Dozierenden wahrscheinlich eher, als im privaten Gespräch mit Kommiliton:innen.

Das zweite Diagramm (Abb. 7) relativiert die Aussagen des ersten Diagramms dahingehend, dass die ablehnende Haltung sehr viel deutlicher zum Ausdruck kommt, die Einhaltung des erforderlichen institutionellen Zwanges wird erkennbar, als auch die Einschränkung auf die mediale Schriftlichkeit.

3.4 Lexik

Bei den lexikalischen Auswertungen sollen hier zwei thematische Bereiche herausgegriffen und als Wortwolke konstruiert werden[47]. Dabei lassen sich verschiedene Zuordnungen zu Jugendsprache, Fachsprache, Bildungssprache und Dialekt feststellen. Das Besondere dieser Wortschätze besteht gerade in ihrer Heterogenität – ein

---

47 In Wortwolken wird die Token-Frequenz der Lexeme durch Schriftgröße symbolisiert. Die kleinste Schriftgröße entspricht dabei Einmalnennungen. Erstellt wurden die Wortwolken zunächst mit dem Cloud-Generator www.jasondavies.com/wordcloud/ (zuletzt aufgerufen am 28.02.2024), in einer anschließenden Bearbeitung erfolgten Wortschatzgruppierungen.

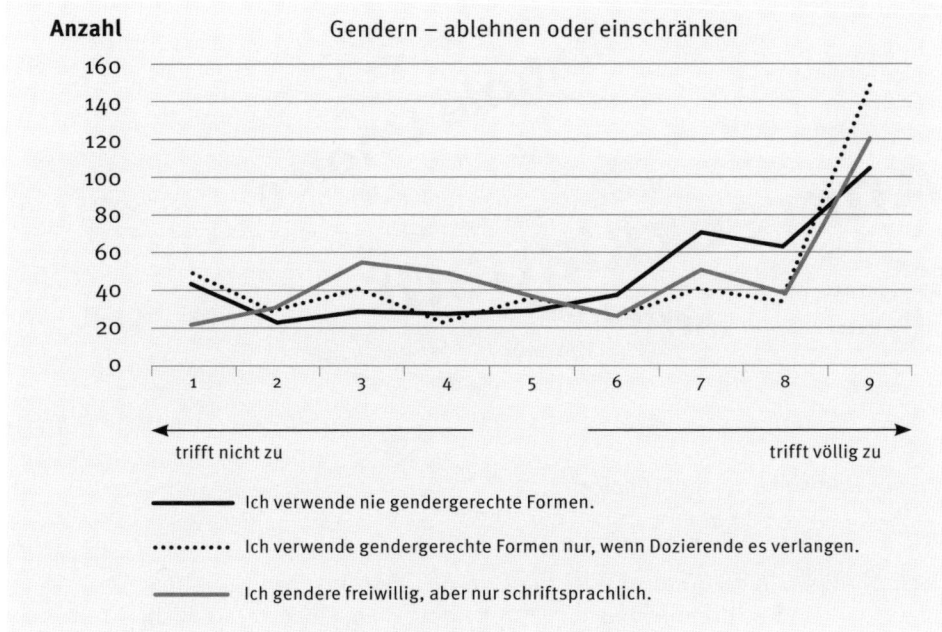

Abb. 7: Gendern: tendenziell negative Ergebnisse der Umfrage

Hinweis darauf, dass in verschiedenen Kontexten und Situationen eine Lexemwahl im Sinne der Inneren Mehrsprachigkeit stattfinden kann. Als onomasiologische Begriffe werden *Multiple Choice* und die ‚Gebäudebrücke zwischen Nikolakloster und Philosophicum' gewählt.

Bei dem aus dem akademischen Bereich (nach Augst also aus dem modernen Bildungswortschatz) stammenden Begriff *Multiple Choice* handelt es sich um die Bezeichnung einer etablierten Prüfungsform, bei der den Fragen verschiedene Antwortmöglichkeiten vorgegeben werden, aus denen dann die zutreffende(n) Antwort(en) anzukreuzen sind. Die Bezeichnung *Ankreuzklausur* ist deshalb eine sehr passende, mit heimischem Wortmaterial gebildete Alternative zum englischsprachigen Fachwort. Neben phrasenhaften Formulierungen sind hier auch dialektale und umgangssprachliche Einflüsse in Form von Entrundung *(Kreuz > Kreiz)* und Synkope *(kreuzln)* zu erkennen. Der fremdsprachige Ausdruck *Multiple Choice* wird in verschiedenen Kurzwort-Versionen angeboten: als Initialkurzwort *MC* oder *MCT (T* für *Test)* und als Kopfform *Multitest (Multi < Multiple)*. Bemerkenswert ist, dass Studierende zum Teil ein ‚verstärkendes' Lexem hinzusetzen[48], das den Prüfungscharakter deutlich werden

---

[48] Vgl. hierzu (semantische Verstärkung, Pleonasmus) Rüdiger HARNISCH, Zu einer Typologie sprachlicher Verstärkungsprozesse, in: Ders. (Hg.), Prozesse sprachlicher Verstärkung. Typen formaler Resegmentierung und semantischer Remotivierung (= Linguistik – Impulse & Tendenzen 37), Berlin/New York 2010, S. 3–23, hier S. 17.

Abb. 8: Wortwolke ‚Multiple Choice'

lässt: *Multiple Choice Klausur, MC Klausur, MC Test*. Inwieweit *Multiple-Choice-Verfahren*, wie im Rechtschreibduden (²⁵2010) vorgegeben, einen verbindlichen Terminus mit deutschem Grundwort darstellt, oder ob allein *Multiple Choice* (Wikipedia-Eintrag, 28.02.2024) schon ausreicht, sei dahingestellt – Studierende adaptieren den Begriff so, wie er ihnen für die Organisation des Studiums handsam erscheint. Neben diesen neutralen Bezeichnungen finden sich dann noch singulär genannte, jugendsprachlich anmutende Belege, die ironisierend, etwa bei Wissenslücken oder aus Studierendensicht unklaren Fragestellungen, den Zufallscharakter hervorheben: *4 gewinnt, Lotto-Klausur*. Bewertend hinsichtlich des (vermeintlich) niedrigen Anspruchs solcher Klausuren sind die Ausdrücke *1er Test, Schimpansenklausur, MuK-Test* und wohl auch *Machotest* zu interpretieren.

Bei der Gebäudebrücke zwischen Nikolakloster und Philosophicum handelt es sich um einen markanten, als Straßenübergang hochfrequentierten Gebäudeteil aus dem Jahr 1981. Bereits in den 1990er Jahren hatte sich der Ausdruck *Durchlauferhitzer* – bei sommerlichen Temperaturen entstand (bis zur Sanierung in jüngerer Zeit) in dieser mit Kupfer verkleideten und Glasdach versehenen Konstruktion ein enormer Hitzestau – als Zusammenbildung (Syntagma *beim Durchlaufen erhitzen* + {-er}) fest in der Studentenschaft etabliert, seit 2023 wird diese Bezeichnung auch als offizielles Wort bei der Raumplanung in der Verwaltung verwendet – jugendsprachlich gedacht wäre das der Prozess der Re-Standardisierung. Das mag auch ein schlagendes Argument dafür sein, dass einige Studierende versuchen, dieses Wort zu meiden und dafür andere ins Feld zu führen, womit der Kreislauf der Re-Standardisierung von vorne beginnt. Wie bei *Multiple Choice* bieten sich hier dialektale Umsetzungen an, als *Bruck* oder *Brügge*, Zusammensetzungen mit anderen Basismorphemen – *Philosophensteig*, mit Abkürzung *Philobrücke*, die Konstruktion betreffende Lexeme wie *Bogen, Tunnel, Gang* oder *Flur*, die zu sehr sachlichen, transparenten Bezeichnungen führen. Aber auch hier gibt es – wie zu Beginn dieser Wortgeschichte – metaphorisierende Neubildungen, die den Hitze-

Abb. 9: Wortwolke ‚Gebäudebrücke zwischen Nikolakloster und Philosophicum'

Aspekt ironisierend hervorheben: *Sauna*, *Saunagang*[49], *Heizkessel* und *Heizer* (neu kontextualisiert aus dem Wortschatz zur Haustechnik), *Toaster* und *Backofen* (neu kontextualisiert aus dem Wortschatz zu Haushaltsgeräten), oder – als Gebäude – *Gewächshaus*, und zuletzt eine Anleihe aus der Populärkultur: *Highway to Hell* (Songtitel, AC/DC 1979). Sprachspielerisch-kreativer Erfindungsdrang ist hier unverkennbar.

3.5 Das „Wort der Universität Passau"

In der Öffentlichkeit sind sog. Wort-Aktionen (z. B. Wort des Jahres, Unwort des Jahres, Jugendwort des Jahres) recht beliebt. Ziel dieser Aktionen ist, in einem einzelnen Wort ein sprachliches Zeichen zu finden, das nicht nur wie andere sprachliche Zeichen für seinen Inhalt steht, sondern darüber hinaus – in Form einer Metasymbolisierung – gesellschaftliche Erscheinungen kondensiert zum Ausdruck bringen kann. Deshalb stellt sich hier die Frage, ob denn auch für den sozialen Raum „Universität Passau" ein schlagkräftiges Wort existiert. Einige „Wort-Kandidaten" sollen, versehen mit dem Kommentar der Probanden, kurz vorgestellt werden:

Bücherturm   „zwar die offizielle Bezeichnung, aber nach bisherigem Wissensstand einmalig"
mensieren   „sehr häufig gehört" (zur Mensa gehen, Anm. GK)
Leberkas   „omnipräsent" (hier auch der Bezug zum traditionellen Leberkäs-Empfang der Stadt Passau für Erstsemester, Anm. GK)
Leberkasbau   „Gebäude Philosophicum, lustig und passend"
Frau Mahlzeit   „Legende" (Mensa-Bedienstete an der Kasse, Anm. GK)
MuKler   „eine süße Bezeichnung für Medien- und Kommunikationsstudenten"

---

49 *Saunagang* ist hier neu motiviert, nicht zu verstehen als ‚zeitlich bemessener Aufenthalt in der Sauna', sondern als ‚Weg wie in der Sauna'; dazu (Verstärkung durch De-Idiomatisierung) ebd., S. 12.

Auch unter diesen Wörtern finden sich, wie in den zuvor vorgestellten Wortwolken, verschiedene Bezüge zum universitären Alltag – zu typischen Gebäude(teilen), markanten Persönlichkeiten oder Studierendengruppen. Die häufigsten Nennungen, und deshalb soll es auch zum „Wort der Universität Passau" gekürt werden, erreichte das Lexem *Quietschi* für Studierende im ersten Semester. Das Wort sei „niedlich", „einzigartig", „amüsant", „toll" und „das einzige Wort, das ich wirklich nur aus Passau kenne". Ein Wort also, das einen Beitrag zur Identifikation mit diesem Studienort leistet.

4. Zusammenfassung

Die eingangs gestellte Forschungsfrage, ob es sich bei der Sprechweise der Studierenden an der Universität Passau um eine eigene Varietät im Sinne einer allgemeinen Studierendensprache handelt, kann zumindest mit Perspektivierung auf die Universität Passau nicht eindeutig beantwortet werden. Von einer eigenen Sprache im Sinne einer von anderen Varietäten der deutschen Sprache deutlich abgrenzbaren Sprechweise, die außerhalb der Universität unverständlich wäre, kann bei dieser ‚Studierendensprache' jedenfalls nicht gesprochen werden. Dennoch zeigen die Daten, dass der universitäre Lebensmittelpunkt das Sprachverhalten beeinflusst und auch dazu beiträgt, identitätskonturierend die soziale Position Studierender an dieser Institution mitzubestimmen – hier sind v. a. die Selbsteinschätzungen aussagekräftig. Handelt es sich also nun um eine eigene Varietät oder nicht? Die Grenze ist fließend, ganz so wie auch bei der Jugendsprache bzw. allen anderen Varietätenbereichen, die immer als dynamisches Spektrum von stark ausgeprägt bis weniger ausgeprägt begriffen werden müssen, mit fließenden Übergängen zu anderen Varietäten, hier z. B. zu den Varietäten Dialekt oder Fachsprache (die selbst auch wieder intern dynamisch zu gliedern sind). Jugendliche resp. Studierende, die sich sprachlichen Experimenten gegenüber sehr offen zeigen, werden ein ausgeprägteres studentisches Sprechen praktizieren, das dann auch für Außenstehende an die Grenze der Verständlichkeit führen mag. Dann wäre diesem Sprechen der soziolektale Status einer Sondersprache zuzuschreiben, so wie das auch bei der historischen Studentensprache der Fall ist, v. a. durch fremdsprachlich ‚verbrämten' Wortschatz – wenn auch Latein, Griechisch ebenso wie das Französische v. a. durch das Englische zurückgedrängt erscheinen. Der wesentliche Unterschied zur historischen Varietät aber liegt darin, dass Ritualisierungen und Bräuche, die zur Ausbildung eigener Wortschatzbereiche geführt haben, die wiederum zeitnah ihren Niederschlag in Wörterbüchern gefunden haben, heute nicht mehr vorhanden sind: Konnte man früher durch diese normierenden Prozesse tatsächlich von *der* Studentensprache sprechen, so ist heute keinesfalls mehr eine Einheitlichkeit gegeben. Es bietet sich deshalb an, den Terminus *Studentensprache* auf die historische Studentensprache einzugrenzen, die gegenwärtigen Sprechweisen dagegen als *Studierendensprache* zu bezeichnen.

Natürlich gibt es auch Studierende, die sich vom universitären Umfeld sprachlich nicht beeinflussen lassen (möchten) – hier stellt sich auch die Frage nach bewusster und unbewusster Enthaltung –, auch wenn ein völliges Verschließen nicht möglich ist, um den Alltag an der Universität zu bewältigen. Dann ist fraglich, ob noch von einer Studierendensprache die Rede sein darf. Eines aber, und das zeigen die Forschungsergebnisse von Vergeiner, die ich durch meine eigene nunmehr langjährige Lehrtätigkeit an der Universität durchaus bestätigen kann: Studierende verfügen über mehrere Sprechweisen, ein Repertoire[50], das aus verschiedenen sprachlichen Registern und vertikal differenzierten Sprechlagen besteht: Vertikal wird das Spektrum zwischen Dialekt und Standardsprache genutzt, um den sozialen Rollen (ein Studierender unter anderen Studierenden, Studierender – Dozent, Studierender – Uni-Mitarbeiter) und den verschiedenen Sprechsituationen (zwanglos in der Cafeteria, semiformal bis formal in der Sprechstunde oder im Seminar, formal im Referat/Prüfung) gerecht zu werden. Spezifisch fachsprachliche Register müssen genutzt werden, um verschiedene thematische Bereiche zu bewältigen, sich in den studierten Fachbereichen angemessen zu artikulieren und in der universitären Verwaltung zurechtzufinden – über die Bibliothek, die digitale Lernplattform, die verschiedensten institutionellen Benennungen bis hin zu den Studien- und Prüfungsordnungen sowie Modulkatalogen.

Mit der Varietätenwahl hängt eine Indexikalisierung zusammen, wie man vom Gegenüber wahrgenommen werden möchte, z. B. eloquent, gebildet, heimatverbunden[51]. Hier kann der von Franz/Klein vorgeschlagene Terminus *Varietätenselbstkonzept* eingebracht werden, definiert als „sprecherInnenbezogene Konzepte von Varietäten in Bezug auf das individuelle Selbst(-konzept)."[52]

Eine sog. Innere Mehrsprachigkeit, in der Schulbildung mit der Ausprägung einer „Schülersprache" vorbereitet, wird an der Universität intensiviert, sodass die Universität neben dem Ort für Erwerb von fachlichen Kompetenzen auch ein sprachlicher Wegbereiter ist, sozusagen eine sprachliche Brücke in ein spezialisiertes Berufsleben schlägt, in dem Kompetenzen der Inneren Mehrsprachigkeit effektiv angepasst und genutzt werden müssen. Die Analyse von Kommunikationssituationen und das Abschätzen nach sprachlichen Möglichkeiten der Varietätenwahl und Anpassung gelingt in der Regel, auch ohne Sprachwissenschaftler:in zu sein, aufgrund der mehrjährigen Erfahrungen, die an diesem Bildungsort gesammelt werden können. Diese Kompetenz trägt dann auch, da sie immer in individueller Ausprägung vorliegt, zu einer eigenen Identitätskonstruktion bei. Darüber hinaus sind gewisse Erwartungshaltungen vorhanden, wie sie Vergeiner auch für die Universität Salzburg herausgearbeitet hat: „Von etlichen Probanden wird eine authentische Varietätenwahl erwartet, bei der Dialektsprecher Dialekt und Standardsprecher Standard verwenden sollen / dürfen. Jedem solle es erlaubt sein, so zu sprechen, wie es seiner eigenen Identität entspricht – die daraus resultierende Diversität wird vielfach positiv evaluiert und als schützenswert begriffen, als Wert an sich, aber auch als Ausdruck herrschender Freiheiten."[53]

Zuletzt sei noch das Jugendsprachliche an der Studierendensprache thematisiert: Jugendsprache gilt als kurzlebig, es findet eine stete Erneuerung in einem Kreislauf aus De- und Restandardisierung statt[54]. Wesentliche Triebfeder dieser steten Erneuerung

---
50 Vgl. dazu Vergeiner, Bewertungen (wie Anm. 21), S. 79.
51 Vgl. Franz/Klein, Sprachenwahl (wie Anm. 36), S. 109.
52 Ebd.
53 Vergeiner, Bewertungen (wie Anm. 21), S. 278.

von Jugendsprache ist ein spielerischer Umgang mit Sprache, um sich im Identitätswettbewerb zu beteiligen, aber auch Unterhaltsamkeit und Emotionalisierung sind Kerncharakteristika von Jugendsprache[55]. Insbesondere die Emotionalisierung scheint im universitären Kontext zunächst fehl am Platz zu sein, da sich Wissenschaft der Sachlichkeit und Objektivität verschrieben hat. Aber gerade aus diesem Gegensatz ergibt sich ein Spannungspotenzial[56], das für unterhaltsamen Sprachwitz genutzt werden kann. Funktional kann darin ein verkürzender, schablonisierender, auch ironisierender Umgang mit der fachlichen Materie gesehen werden, der dabei hilft, die Ohnmacht vor der oft undurchdringlichen Komplexität wissenschaftlicher Gegenstände zu verarbeiten. Weber weist in seiner Studie von 1980 auch auf „Sprachangstsymptome"[57] hin: „Die meisten Studierenden sind nicht die gefeierten Matadore der Sprechkunst, die sich ohne Furcht und Tadel in der Arena des Diskurses behaupten. […] Vor allem die Angst beim Sprechen in Seminaren und Übungen, Sprechstunden und Prüfungen wird immer wieder in Gesprächen über die Leiden der Studenten an der Universität genannt[.]"[58]

Da Studierende in erster Linie „Spracharbeiter" sind, bietet sich die spielerische Form der Auseinandersetzung mit dem fachlichen Gegenstand geradezu an, um Berührungsängste mit dem Fachgegenstand als auch soziale Ängste in Sprechsituationen abzubauen. Auch im späteren Beruf ist das eine wichtige Kompetenz, um die eigene Situation zu reflektieren und etwas Abstand vom Gegenstand zu gewinnen[59]. So zeigen etwa Untersuchungen zum Alltag in Arztpraxen, dass unterschiedliche Formen von Slang existieren, die zwar zum Teil derb, aber letztlich auch entspannend wirken[60].

Wenn also im Studium alles gut geht, dann werden an einer Universität nicht nur Fachkräfte ausgebildet, die Studierenden entfalten sich als Persönlichkeiten und sind in der Lage, verschiedenste Situationen im Berufsleben sprachlich zu bewältigen.

---

54 Vgl. NEULAND, Jugendsprache (wie Anm. 3), S. 116 Abb. III.3.2.
55 Vgl. Benjamin KÖNNING, Jugendsprache und Jugendkommunikation, in: Niehr u. a. (Hg.), Sprachkritik (wie Anm. 33), S. 333–342, hier S. 335.
56 Vgl. hierzu allgemein, alle Sprachebenen betreffend, Alwin FILL, Das Prinzip Spannung. Sprachwissenschaftliche Betrachtungen zu einem universalen Phänomen, Tübingen 2003.
57 Heinz WEBER, Studentensprache. Über den Zusammenhang von Sprache und Leben (= Pragmalinguistik 24), Weinheim/Basel 1980, S. 234.
58 Ebd., S. 233. Mit „Gespräche" sind die für die Studie erhobenen Interviews gemeint.
59 Siehe hierzu das Kap. *Fröhliche Wissenschaftssprache* in ROELCKE, Fachsprachen (wie Anm. 32), S. 208–217. Geradezu berühmt geworden ist Loriots Eintrag *Steinlaus (Petrophaga lorioti)* im Klinischen Wörterbuch Pschyrembel, vgl. dazu ebd., S. 214 ff.
60 Vgl. Werner H. VEITH, Soziolinguistik, Tübingen ²2005, S. 81.

Die Einschränkung des Theologiestudiums und die Restriktionen der NS-Zeit mit dem Beispiel Franz Xaver Eggersdorfer

Helmut Böhm

1. Nationalsozialismus und Christentum

Die Situation* der Kirchen im Dritten Reich wurde vielfach – und insgesamt auch nicht unzutreffend – unter dem Begriff „Kirchenkampf" erfasst.

---

* Bei dem im Rahmen des Symposiums „400 Jahre Hochschule in Passau" am 1. Oktober 2022 gehaltenen und hier um die Anmerkungen erweiterten Vortrag konnte ich auf meine früheren universitätsgeschichtlichen Forschungen zurückgreifen, bei denen ich wiederholt auch mit der speziellen Thematik der Theologie im Dritten Reich konfrontiert war und dazu auch einschlägige Akten im Bundesarchiv [künftig: BA], vor allem BA R 21/460, ausgewertet habe. Sie wurden inzwischen in mehreren Publikationen zugrunde gelegt, auf die jeweils auch hingewiesen werden soll. Bezüglich der allgemeinen hochschulpolitischen Maßnahmen im Dritten Reich kann ich unter Hinweis auf meine Arbeiten (s. Anm. 5 und 18) auf eine durchgehende konkrete Angabe der Belegstellen verzichten. Hilfreich bei der Vorbereitung waren zunächst Arbeiten und Beiträge v. a. von Zipfel, Mussinghoff, Siegele-Wenschkewitz, Stasiewski, Wolgast und Meier und – für Eggersdorfer – Landersdorfer. Sie wurden ergänzt und in Teilen überholt durch die Ergebnisse des von Burkard und Weiß als Herausgeber verantworteten großen Forschungsprojekts zur „Katholischen Theologie im Nationalsozialismus". Der daraus hervorgegangene Sammelband (Bd. 1/1) über „Institutionen und Strukturen" bringt nach einleitenden Ausführungen zur kirchenrechtlichen und politischen Gesamtsituation in einzelnen Beiträgen einen fundierten und umfassenden, fast alle katholisch-theologischen Ausbildungsstätten behandelnden Überblick mit jeweils ausführlichen biographischen Angaben zu den agierenden Personen. Der Band ist wegweisend und kann auch aufgrund des jeweils aufgezeigten Forschungsstandes Ausgangspunkt für weitere – auch vergleichende – Forschungen sein.
In diesem Beitrag kann es nur darum gehen, die allgemeine Entwicklung exemplarisch in verkürzter Form darzustellen. Vorbemerkung: In der aktuellen Literatur wird die Groß- bzw. Kleinschreibung der Begriffe „Katholisch-Theologische Fakultät" und „Philosophisch-Theologische Hochschule" unterschiedlich gehandhabt. Hier wird die Großschreibung bevorzugt. Im Untersuchungszeitraum dominierte die Kleinschreibung, die dann an der jeweiligen Stelle – auch außerhalb des Zitats – übernommen wird.

Beiden Konfessionen stand die grundsätzlich christentumsfeindliche Ideologie gegenüber, die anfangs in der Übergangszeit aus taktischen Gründen noch in recht harmlosen und zu Hoffnungen Anlass gebenden Verlautbarungen auftrat. Von Neutralität in Kirchenfragen und von Religionsausübung als Privatsache sprach Rudolf Heß noch 1933, und im Parteiprogramm von 1920 (Artikel 24) bekannte sich die NSDAP zu einem – freilich missverständlichen – „positiven Christentum"[1].

Im katholischen Bereich kam es zum Reichskonkordat vom 20.7.1933 mit der Erwartung auf ein erträgliches Nebeneinander, das aber schon bald, Ende 1933, durch laufende Verstöße der staatlichen und politischen Stellen ausgehöhlt wurde.

Im evangelischen Bereich, wo die Verhältnisse mit 28 Landeskirchen und innerkirchlich unterschiedlichen Gruppierungen sehr disparat waren, ist die versuchte Gleichschaltung über Reichsbischof Müller und die „Deutschen Christen" ebenso gescheitert wie die Politik des zur Beruhigung und Schaffung einer regimetreuen Reichskirche 1935 eingesetzten Ministers Hans Kerrl, der in seinem recht naiven Idealismus noch von einer möglichen Versöhnung von Christentum und Nationalsozialismus ausgegangen war[2]. Auch wenn ganz bewusst offizielle Stellungnahmen Hitlers in der Öffentlichkeit vermieden wurden, stand für ihn und für die neben ihm bestimmenden, dem radikalen Flügel hinsichtlich der Kirchenpolitik zuzurechnenden Kräfte – Dienststelle des Stellvertreters des Führers [künftig: StdF] mit Stabsleiter Martin Bormann, Reichsführer SS Heinrich Himmler, Propagandaminister Josef Goebbels, „Parteiideologe" Alfred Rosenberg – von Anfang an die Unvereinbarkeit von Nationalsozialismus und Christentum fest und damit die Zielsetzung der Verdrängung der Kirche aus dem öffentlichen Leben. Und so waren gerade auch die kirchlichen Ausbildungsstätten im Visier dieser Politik. Galt es doch zuvörderst, den Kirchen die Wurzeln abzuschneiden und den theologischen Nachwuchs einzuschränken und zu behindern.

So hieß es 1937 in einer 1938 bekräftigten Arbeitsanweisung des Sicherheitshauptamtes der SS für den Sicherheitsdienst [künftig: SD] zum Stichwort „Katholizismus und Wissenschaft"[3]: „Die für die Ausbildung der katholischen Geistlichen be-

---

1 Dieses Bekenntnis war freilich nicht vorbehaltlos. Es musste dabei eine Gefährdung des Bestandes des Staates und ein Verstoß gegen das „Sittlichkeits- und Moralgefühl der germanischen Rasse" ausgeschlossen sein. Nach der Auslegung des bekannten Staatsrechtlers E. R. Huber besaß die „Erhaltung des völkischen und staatlichen Bestandes" unbedingten Vorrang vor der Religionsfreiheit. Hier nach Eike WOLGAST, Nationalsozialistische Hochschulpolitik und die evangelisch-theologischen Fakultäten, in: Leonore Siegele-Wenschkewitz (Hg.), Theologische Fakultäten im Nationalsozialismus, Göttingen 1993, S. 45–79, hier S. 48.
2 Dazu und ausführlich die Arbeit von Heike KREUTZER, Das Reichskirchenministerium im Gefüge der nationalsozialistischen Herrschaft, Düsseldorf 2000.
3 Bernhard STASIEWSKI, Zur Geschichte der Katholisch-Theologischen Fakultäten und der Philosophisch-Theologischen Hochschulen in Deutschland 1933–1945, in: Franz Gronen (Hg.), Die Kirche im Wandel der Zeit (= Festschrift für Joseph Kardinal Höffner), Köln 1971, S. 177. Dazu allgemein Heinz BOBERACH (Hg.), Berichte des SD und der Gestapo über Kirchen und Kirchenvolk in Deutschland 1934–1944, Mainz 1971. Daraus die Arbeitsanweisungen, zitiert auch bei Jochen KRENZ, Die Philosophisch-Theologische Hochschule Bamberg, in: Dominik Burkard/Wolfgang Weiß (Hg.), Katholische Theologie im Nationalsozialismus, Bd. 1/1 Institutionen und Strukturen, Würzburg 2007, hier S. 385.

stimmten Studienanstalten sind die Schulungsstätten des weltanschaulichen Gegners. Die an den katholisch-theologischen Fakultäten der Universitäten, an den philosophisch-theologischen Hochschulen, an den Priesterseminaren wirkenden Lehrer und Dozenten sind die geistigen Führer, Träger und eigentlichen Aktivisten der kulturpolitischen Opposition. Die Ausrichtung des völkischen kulturellen Lebens wird durch den katholischen Wissenschaftsbetrieb gefährdet", der „den weltanschaulichen Aufbau und die planmäßige Schulung des nationalsozialistischen Staates immer wieder zu verhindern sucht".

2. Das Theologiestudium

Das der NS-Ideologie inhärente Ziel der Ausschaltung der Kirchen begann im Hochschulbereich mit mehreren Maßnahmen zur zahlenmäßigen Begrenzung, Erschwerung und politischen Beeinflussung des Theologiestudiums. Wenig Erfolg und kaum Auswirkungen auf das Theologiestudium hatte die nach 1933 einsetzende allgemeine Reglementierung des Hochschulstudiums, zumal die Kampagne gegen das – vermeintliche – Überfüllungsproblem ohnehin bald wirkungslos und überflüssig wurde. Der zunächst vorgesehene Reifevermerk als zusätzliche Zulassungsvoraussetzung neben dem Reifezeugnis war für Theologiestudenten nicht zum Tragen gekommen[4]. Von der Kontingentierung der „Großstadt-Hochschulen" ab dem Sommersemester 1935 waren gerade Theologiestudenten kaum betroffen, weil die große Mehrheit an kleineren Universitäten und Hochschulen und an den kirchlichen Einrichtungen studierte und es für größere Universitäten Ausnahmeregelungen gab. Die neuen außerwissenschaftlichen Verpflichtungen[5] der Studenten (Vorträge, Schulungen, Fachschaftsarbeit) trafen wegen ihrer politischen Inhalte und ideologischen Zielsetzung die Theologiestudenten in besonderer Weise, wurden doch dabei wesentliche Grundsätze des Christentums berührt und verletzt. Zwar konnte kirchlicherseits in Verhandlungen mit der Reichsregierung[6] erreicht werden, dass katholische Geistliche und katholische Theologiestudierende generell vom SA-Dienst sowie studentischen Arbeitsdienst befreit wurden und

---

4 Heinz MUSSINGHOFF, Theologische Fakultäten im Spannungsfeld von Staat und Kirche, Mainz 1979, S. 378. Damit sollte die politische Zuverlässigkeit attestiert werden. Für die am 28.12.1933 ergangene Verfügung wurden vom Reichsinnenministerium schon Anfang 1934 Ausnahmen für angehende Theologiestudenten konzediert.
5 Helmut BOEHM, Von der Selbstverwaltung zum Führerprinzip. Die Universität München in den ersten Jahren des Dritten Reiches (1933–1936), Berlin 1995, S. 281 ff.
6 MUSSINGHOFF, Theologische Fakultäten (wie Anm. 4), S. 706–709.
7 In Stück 7 der Verfassung der Deutschen Studentenschaft vom Februar 1934 wurde den Fachschaften die Aufgabe zugewiesen, „die Studenten auf den pflichtbewussten, uneigennützigen Dienst in ihrer künftigen Berufsgemeinschaft vorzubereiten", d. h. letztlich, sie im NS-Sinn zu beeinflussen. Im Zusammenhang mit der neuen studentischen Erziehung sollte nach den Richtlinien der Deutschen Studentenschaft jede Fachschaft „ihre Wissenschaft so gestalten, wie sie in der zukünftigen nationalsozialistischen Hochschule einzugliedern ist". BOEHM, Selbstverwaltung (wie Anm. 5), S. 316–327, hier S. 319.

nur im sog. Samariterdienst ausgebildet werden sollten, aber am durch das Reichsarbeitsdienstgesetz 1935 eingeführten allgemeinen Arbeitsdienst mussten alle teilnehmen: An den im Studentenrecht festgelegen[7] Fachschaften und der damit einhergehenden Zielsetzung, das Fachliche mit dem Politischen zu verbinden, kamen auch die angehenden Theologen nicht vorbei. Die Sorge der kirchlichen Stellen war berechtigt, wenn die Bischöfe[8] die Schulungsmaßnahmen im Rahmen der Fachschaft unter Verweis auf Art. 31 und 32[9] des Reichskonkordats ablehnten und auch Kardinalstaatssekretär Pacelli in Noten von 1934 (9.5.) und 1935 (22.1.) nicht unter bischöflicher Leitung stehende theologische Fachschaften ablehnte und eine politische Schulung als inkompatibel mit den Aufgaben eines Priesters bezeichnete[10]. Die Intensität und Handhabung der Fachschaftsarbeit und die politische Dimension hing stark vom jeweiligen Fachschaftsleiter ab, der mit Verzögerungen und Scheinaktivitäten eine besondere Entfaltung auch verhindern konnte. Die Einschätzung der zentralen Rolle des Fachschaftsleiters hat den Würzburger Bischof Ehrenfried 1935 zu einer Entscheidung geführt, die in einer lokalen Auseinandersetzung sogar zum Auslöser für die zehntägige Schließung der Katholisch-Theologischen Fakultät wurde. Als nach der Absetzung des bisherigen Fachschaftsleiters durch den Studentenschaftsführer dieser selbst kommissarisch die Leitung der Fachschaft übernahm, entschied der Bischof, seine Theologen nicht zu Veranstaltungen der Theologischen Fakultät zuzulassen, solange ein Nichttheologe und Nichtkatholik auch nur vorübergehend Fachschaftsleiter sei[11]. Theologische Fachschaften wurden meist – so in München und Würzburg – als letzte eingerichtet.

Da von Studenten der Theologie, v. a. von katholischen Studenten, eine aktive Mitarbeit in den Gliederungen der Partei oder ein besonderes politisches Engagement in studentenspezifischen Organisationen nicht erwartet werden konnte, verblieb für sie in erster Linie als hauptsächliches Betätigungsfeld zum Nachweis der für alle Förderungen notwendigen Erfüllung der studentischen Verpflichtungen und ihrer allgemeinen politischen Einsatzbereitschaft die Fachschaftsarbeit.

So war vom Urteil des Fachschaftsleiters[12] und dann vom zustimmenden Votum der Studentenführung die Gewährung von Vergünstigungen und Förderungen abhängig.

---

8 So der Eichstätter Bischof Konrad Graf von Preysing. Hier nach Ludwig BRANDL, Die Bischöflich Philosophisch-Theologische Hochschule Eichstätt, in: Burkard/Weiß, Katholische Theologie (wie Anm. 3), S. 575–603, hier S. 587.

9 In Art. 31 heißt es: „Insoweit das Reich und die Länder sportliche und andere Jugendorganisationen betreuen, wird Sorge getragen, dass deren Mitglieder[n] … zu nichts veranlaßt werden, was mit ihren religiösen und sittlichen Überzeugungen und Pflichten nicht vereinbar wäre."

10 MUSSINGHOFF, Theologische Fakultäten (wie Anm. 4), S. 378 u. 379; Pacelli am 22.1.1935: Verpflichtende „Veranstaltungen" der theologischen Fachschaft oder der Deutschen Studentenschaft könnten nicht „unbeschränkt und ungeprüft" von der kirchlichen Autorität zugelassen werden, da „in den Schulungslagern als nationalsozialistisches Gedankengut manches betrachtet und behandelt wird, was mit der Lehre der Kirche und den Lebensgrundsätzen des kirchlichen Sittengesetzes nicht vereinbar ist".

11 Gernot HARMS, Die Schließung der Katholisch-Theologischen Fakultät Würzburg im Herbst 1935, in: Burkard/Weiß, Katholische Theologie (wie Anm. 3), S. 327–360, hier S. 331, Anm. 24: Für Bischof Ehrenfried (Schreiben v. 5.8.1935 an Nuntius Orsenigo) und die Bischöfe war klar, dass über die Fachschaften über das Konkordat hinaus für die Erziehung der Theologen Bestimmungen und Bindungen getroffen würden und dass diese theologischen Fachschaften benutzt werden würden, um die Theologen auch nationalsozialistisch und parteipolitisch zu schulen.

Dieser ab dem vierten Semester pflichtmäßigen Fachschaftsarbeit, die die Studenten mit den weltanschaulichen Implikationen ihres Fachgebiets vertraut machen sollte bzw. – wie es der Vorsitzende der Katholisch-Theologischen-Reichsfachschaft in einem Rundschreiben (10.8.1934) direkt formulierte – den Zweck hatten, „den katholischen Theologiestudenten auf die Stellung seines späteren Berufes im nationalsozialistischen deutschen Staat vorzubereiten"[13], konnten sich auch die Theologiestudenten nicht entziehen. Mussten doch die Teilnahmescheine – ausgestellt vom Studentenschaftsleiter auf der Basis eines Votums des Fachschaftsleiters – bei der Anmeldung zu staatlichen und akademischen Prüfungen vorgelegt werden[14]. Die politische Intention, die Studenten „in den nationalsozialistischen Geist einzuführen", war auch Professoren und Studenten klar, die gemeinsam in Arbeitsgemeinschaften (sog. Arbeitskreisen) bestimmte Themen in der üblichen Terminologie der Zeit hinsichtlich ihrer Bedeutung für den Beruf und die aktuelle politische Situation hinterfragen sollten. Viele nahmen daran teil – im Sommer 1937 122 von 142 Fachschaftsmitgliedern der Universität München –, weil dies wieder notwendige Voraussetzung für Gebührenermäßigung und Stipendien war und weil die Fachschaftsarbeit im Vergleich zu anderen Verpflichtungen noch als relativ angenehm empfunden wurde und weil sich hier die politischen Konzessionen in Grenzen halten ließen[15].

In einer schwierigen Situation war der Leiter der theologischen Fachschaft, der zumindest formal und bis zu einem gewissen Grade die mit den Prinzipien eines Theologiestudenten in nur wenigen Punkten zu vereinbarenden Fachschaftsziele zu vertreten hatte und bei aller Anpassung in erster Linie die eigenen Grundsätze eines Theologen bewahren und vertreten musste[16].

Ab 1936/37 arbeiteten die zuständigen Stellen von Staat und Partei, wohl auch im Zusammenhang mit dem sich verschärfenden Kirchenkampf[17], immer stärker auf die

---

12 So brüstete sich im Juli 1934 ein Fachschaftsleiter an der Universität München in einer Fachschaftsversammlung, das entscheidende Wort bei der Vergabe von Stipendien und bei Hörgeldermäßigungen habe die Fachschaft, und ein Gesuch sei schon abschlägig entschieden, wenn der Fachschaftsleiter von einem Studenten sage, „er kenne ihn gar nicht". Böhm, Selbstverwaltung (wie Anm. 5), S. 325.
13 Stasiewski, Katholisch-Theologische Fakultäten (wie Anm. 3), S. 176.
14 Sie (möglichst zwei) sollten nach einem Erlass des Reichserziehungsministeriums [künftig: REM] vom 12.2.1936 „den Prüfern die Bewertung der wissenschaftlichen Leistungen und der Gesamtpersönlichkeit des Prüflings erleichtern und den Eindruck vom Prüfling ergänzen". Schließlich waren Fachschaften ein Instrument der Erziehung und damit auch der Überwachung und Kontrolle. Böhm, Selbstverwaltung (wie Anm. 5), S. 325.
15 Inhalt und Etikett stimmten oft nicht überein. Die Ergebnisse entsprachen selten dem, was die Themenstellung suggerierte, die in der Formulierung eine mitunter überbetonte Anpassung an den Zeitgeist verriet. Dennoch konnten auch solide fachliche Ergebnisse vorgelegt werden, denen ein politischer Einschlag kaum anzumerken war.
16 Geschicktes Lavieren war notwendig in dieser zwiespältigen Rolle, um die Fachschaft vor größeren politischen Eingriffen zu bewahren und das Optimale für die Theologie zu erreichen. Am Ende des Weges stand meist die Erkenntnis der Unvereinbarkeit von Nationalsozialismus und Christentum. Die jeweils örtlichen Verhältnisse sind maßgebend für eine Beurteilung.
17 Hinzuweisen ist auf die Wirkung der Enzyklika Pius' XI. „Mit brennender Sorge" und die Reaktion der politischen Stellen. Kurt Meier, Die Theologischen Fakultäten im Dritten Reich, Berlin 1996, S. 400f. konstatiert den seit 1937 verstärkt wahrnehmbaren weltanschaulichen Distanzierungstrend von Christentum und Kirche.

Eindämmung des Theologiestudiums hin. Die bisher im Sinne einer Politisierung geforderten und gezeigten Aktivitäten reichten neben der sozialen Bedürftigkeit für eine Förderung nicht mehr aus. Durch eine Anordnung des Reichserziehungsministeriums (REM) vom 15.1.1937 wurden die Förderungsmöglichkeiten für katholische Theologiestudenten erheblich eingeschränkt[18]. Entsprechend der seit Jahren praktizierten Politik gegenüber den Orden waren studierende Ordensangehörige in besonderer Weise betroffen. So hat die Universität München – einer Stellungnahme der Studentenführung und der zuständigen Dekane folgend – mit ausdrücklicher Zustimmung des Kultusministeriums 1939 dem Jesuitenpater Alfred Delp die Immatrikulation und Zulassung zur Doktorprüfung verweigert[19]. Theologiestudenten sollten in Zukunft bezüglich der „Einsatzbereitschaft" mit denselben politischen Kriterien zu messen sein wie alle anderen Studenten. Dies war aber eine harte Maßnahme und klare Benachteiligung vor allem der katholischen Theologiestudenten, die ja von bestimmten Pflichten befreit waren und damit nicht dieselbe „Einsatzbereitschaft" vorweisen konnten[20]. Die evangelischen Theologiestudenten wurden vielfach „gegen ihren Wunsch" aufgefordert, ihren Austritt aus der SA zu beantragen[21]. Nach dem oben genannten Erlass konnten Stipendien für Theologiestudenten nur noch bis zum sechsten Semester bewilligt werden, und Ordensangehörige waren von der Gewährung von Vergünstigungen ganz ausgeschlossen. Für die Förderung kamen nun nur Studenten in Frage, die Arbeitsdienst und Wehrdienst bzw. als Studenten der katholischen Theologie freiwilligen Wehrdienst abgeleistet hatten – oder die in sog. Gliederungen der Partei wie SA, SS,

---

18 Helmut BOEHM, Die Theologische Fakultät der Universität München, in: Georg Schwaiger (Hg.), Das Erzbistum München und Freising in der Zeit der nationalsozialistischen Herrschaft, München/Zürich 1984, S. 684–738, hier S. 709 f. und Universitätsarchiv München [künftig: UAM] Sen 862: Schreiben des REM an das Reichsstudentenwerk. Alle kirchlichen (bischöflichen) Anstalten wurden von der Betreuung durch das Reichsstudentenwerk ausgenommen, auf die Beseitigung noch vorhandener alter Gebühren-Privilegien der Theologiestudenten sollte hingearbeitet werden. S. auch UAM KN 16c.
19 Ausgangsliteratur u. a.: Hans Günter HOCKERTS, Die Sittlichkeitsprozesse gegen katholische Ordensangehörige und Priester 1936/37. Eine Studie zur nationalsozialistischen Herrschaftstechnik und zum Kirchenkampf, Mainz 1971. In einem Schreiben vom 13.12.1937 beschwerte sich das Ordinariat der Erzdiözese München und Freising über die Verunglimpfung und Bedrohung der Studierenden geistlichen Standes, besonders der Ordensschwestern, UAM Sen 690. Zu Delp vgl. UAM Sen 301.
20 Die katholischen Theologiestudenten waren vom Wehrdienst befreit, und unter ihnen gab es den kirchlichen Richtlinien entsprechend im Unterschied zu den evangelischen Theologiestudenten wenige, die Mitglied in der Partei oder ihren Gliederungen waren oder freiwilligen Wehrdienst leisteten, was dann eine Förderung möglich machen konnte.
21 MEIER, Theologische Fakultäten (wie Anm. 17), S. 403 f., hier S. 405: Vom Erlass der SA-Führung, Theologen sollten ihre Zugehörigkeit zur SA beenden, waren zahlreiche Theologiestudenten betroffen. Die Lockerung der Aufnahmesperre 1937 durfte nach einer Verfügung des StdF nicht dazu führen, dass „zur Vermeidung des Hereintragens kirchenpolitischer Gegensätze in die Bewegung" eine „Aufnahme von Angehörigen des geistlichen Standes – gleich welcher Konfession – erfolgt" (S. 406). Auch eine Parteianwärterschaft für Studenten und Professoren der Theologie war parteiamtlich nicht mehr erwünscht (S. 411). Friedrich ZIPFEL, Kirchenkampf in Deutschland. Religionsverfolgung und Selbstbehauptung der Kirchen in der nationalsozialistischen Zeit, Berlin 1965, S. 244 weist darauf hin, dass der Reichsstudentenführer 1938 verfügt habe, Theologiestudenten nicht mehr in den Studentenbund aufzunehmen, wodurch diese ihre diesbezüglichen berufsständischen Vorteile verloren.

Die Einschränkung des Theologiestudiums und die Restriktionen der NS-Zeit

NSKK (Nationalsozialistisches Kraftfahrkorps), HJ usw. Dienst geleistet oder am studentischen Ausgleichsdienst teilgenommen hatten zum Nachweis ihrer Einsatzbereitschaft während des Studiums. Das REM blieb bei seiner harten Linie, bekräftigte und verschärfte die bisherigen und am 15.1.1937 verfügten Einschränkungen noch mit dem Erlass vom 19.5.1938: Von Studenten, denen dieser Dienst nicht möglich sei, so Minister Rust, sei jedoch zu verlangen, „sich freudig, tatkräftig und anhaltend" in der NSV (NS-Volkswohlfahrt) oder im Reichsluftschutzbund zu betätigen. Eine Tätigkeit lediglich als Krankenpfleger könne nicht mehr als ausreichend anerkannt werden[22]. Das bedeutete zwar keinen grundsätzlichen Ausschluss von Vergünstigungen, aber doch in den allermeisten Fällen, zumal wie so oft auch hier aus taktischen Gründen das scheinlegale Argument nachgeschoben wurde, die finanziellen Mittel seien begrenzt und für kriegswichtige Fächer verbraucht[23].

Eine gezielte Nachwuchsförderung lasse es erwünscht erscheinen, die frei werdenden Mittel den Fachgebieten zukommen zu lassen, die man im Gegensatz zur Theologie für förderungswürdig hielt. Eine gewisse Erleichterung könnte es gegeben haben nach einer Verfügung des Reichsfinanzministers vom 12.9.1939, wonach Studierenden der Theologie in Abänderung eines früheren Erlasses vom 28.9.1938 nunmehr „Ausbildungsbeihilfen" gewährt werden konnten, „wenn nicht Tatsachen darauf schließen lassen, dass die Studierenden nicht gewillt sind, in Treue zum deutschen Volk und Reich zu dienen"[24]. Aber auch in dieser abgeschwächten Form blieben im Dienste einer gezielten Nachwuchslenkung die Bewährungsklausel und der Indoktrinationsdruck bestehen.

Die Auswirkung all dieser Maßnahmen auf die Studentenzahlen ist nicht eindeutig festzustellen. Das Studium der katholischen Theologie jedenfalls war nicht wesentlich tangiert, denn die Studentenzahlen blieben bis 1938/39 durchgehend relativ stabil, und zwar in allen Ausbildungseinrichtungen, mit leichtem – verständlichem – Anstieg in den kirchlichen Akademien[25]. Dagegen verlief die Entwicklung bei den evangelischen Theologen, d. h. bei den Fakultäten, umgekehrt: Ein tiefer Einbruch war zu verzeichnen[26].

---

22 MEIER, Theologische Fakultäten (wie Anm. 17), S. 410 u. 411. UAM Sen 862 u. 690.
23 BOEHM, Theologische Fakultät (wie Anm. 18), S. 733, Anm. 153. In den einschlägigen Ausführungsbestimmungen hieß es u. a.: „Die sinngemäße Anwendung der Ausleserichtlinien und die Knappheit der Mittel fordern, dass nicht etwa die Förderung der katholischen Theologiestudenten nach dem zahlenmäßigen Anteil durchgeführt wird, sondern dass den ersten Anspruch auf diese Mittel die für den nationalsozialistischen Einsatz eindeutig bewährten Studenten jeder Fachrichtung haben."
24 MEIER, Theologische Fakultäten (wie Anm. 17), S. 408; WOLGAST, Hochschulpolitik (wie Anm. 1), S. 65: Die vom StdF im September 1938 angeregte Anordnung des Reichsfinanzministers (Lutz Graf Schwerin von Krosigk), Theologiestudenten keine Ausbildungsbeihilfen mehr zu gewähren, sei nach einer Intervention des Reichskirchenministers Hanns Kerrl im September 1939 rückgängig gemacht worden. Durch diesen wohl durch die Kriegssituation bedingten Erlass war die „Beweispflicht" gleichsam umgedreht.
25 Übersichtliche Diagramme der Studentenzahlen bei Dominik BURKARD, Kirchenpolitik in der Wissenschaftspolitik? Akteure und Faktoren, in: Burkard/Weiß, Katholische Theologie (wie Anm. 3), S. 98–103.
26 WOLGAST, Hochschulpolitik (wie Anm. 1), S. 64 f. Die Zahlen der Theologiestudenten der deutschen Universitäten sanken von etwa 6800 im Wintersemester 1932 auf 1300 im Sommersemester 1939, davon 39 Erstsemester. In acht Fakultäten gab es keine Neueinschreibungen mehr. Der Anteil an den Gesamtstudenten ging von 4,57 % auf 2,78 % zurück. Nach einem Bericht von 18.6.1942 (hier Anm. 101) sahen die Situation und die Prognose noch schlimmer aus (im Sommersemester 1941 gab es 178 Einschreibungen, ein starkes

Die Gründe sind vielfältig, aber auch in der Struktur und kirchenpolitischen Position der beiden Konfessionen begründet[27].

3. Professoren, Dozenten, Personalpolitik

Die Theologischen Fakultäten und die Professoren der Theologie waren grundsätzlich wie die anderen Fakultäten und Hochschullehrer von den Maßnahmen der Hochschulpolitik des Dritten Reiches[28] zunächst gleichermaßen betroffen, in bestimmter Hinsicht und in speziellen Fällen aber schwerer wegen der auch im Hochschulbereich durchschlagenden Kirchenpolitik des Regimes und der im Hintergrund stehenden Unvereinbarkeit von Christentum und NS-Ideologie, die in den Professoren und Ausbildungseinrichtungen der Theologie die weltanschaulichen Gegner sah. Die wirksamen Neuerungen ab 1933 waren die Einführung des Führerprinzips und die damit einhergehende Beschneidung des Selbstergänzungsrechts der Fakultäten, die Zentralisierung der Hochschulpolitik im REM mit einer zentral gesteuerten planvollen Personalpolitik unter politischen Gesichtspunkten (1934/35) sowie die Etablierung politischer Kontroll- und Beurteilungsinstanzen, beginnend mit der Dozentenschaft bzw. dem Dozentenbund vor Ort und den auf dem staatlichen und parteilichen „Dienstweg" mitwirkenden Stellen. So war es möglich, politisch unliebsame Personen zurückzudrängen oder auszuschalten und regimenahe Professoren und Dozenten zu fördern[29].

Absinken der Abiturienten mit dem Berufswunsch Pfarrer, die voraussichtliche Verringerung der „berufsfertigen" evangelischen Theologen auf ein Zehntel von 1939 bis 1943). 1943 gab es mehrere Fakultäten mit weniger als sechs, insgesamt 175 Theologiestudenten (S. 76 f.); vgl. auch MEIER, Theologische Fakultäten (wie Anm. 17), S. 452–455 mit entsprechenden Zahlen; ZIPFEL, Kirchenkampf (wie Anm. 21), S. 492 f. (Dok. 55): „Während die Zahl der evangelischen Theologiestudenten mit 1440 bei 163 Neuzugängen im Wintersemester 1938/39 den objektiven und relativen Tiefststand seit etwa 1911 erreicht hat, ist die Entwicklung auf katholischer Seite genau umgekehrt. Dort hat die Zahl mit 4.950 und 786 Neuzugängen im Wintersemester 1938/39 relativ und objektiv ihren Höchststand überhaupt erreicht" (nach einem Vermerk im REM vom März 1939).

27 Ebd., Dok. 55: Der evangelische Bevölkerungsteil habe aus der politischen Entwicklung die Konsequenz gezogen. Damit deckt sich inhaltlich der von MEIER, Theologische Fakultäten (wie Anm. 17), S. 453 angeführte SD-Bericht von 1942, der den Rückgang der Studentenzahl neben dem Durchbruch der nationalsozialistischen Weltanschauung auf den Verlust der Attraktivität des Theologiestudiums durch mangelnde Berufsaussichten zurückführt. Im REM sieht man den Grund für die zahlenmäßige Stabilität des Studiums der katholischen Theologie vor allem im wirtschaftlichen Vorteil durch die Zurückstellung der Studenten von der allgemeinen Wehrpflicht (Vermerk vom März 1939).

28 Dazu allgemein ohne Angabe einzelner Belege: BOEHM, Selbstverwaltung (wie Anm. 5); BURKARD, Wissenschaftspolitik in: Burkard/Weiß, Katholische Theologie (wie Anm. 25); WOLGAST, Hochschulpolitik (wie Anm. 1).

29 Eine exakte Quantifizierung ist kaum möglich und würde eine umfassende Bestandsaufnahme voraussetzen. Ursachen, Grad und Auswirkung der Restriktionen können nur im Einzelfall beurteilt werden unter Berücksichtigung auch des jeweiligen – meist komplexen – Kontextes. Bezüglich der inhaltlichen theologischen Ausrichtung wollten und konnten die Nationalsozialisten, allen voran Bormann, sich nicht einmischen oder bestimmte Vorgaben formulieren – hier hätten sie ja theologisch argumentieren müssen –, nur der „Parteiideologe" Reichsleiter Alfred Rosenberg versuchte Gegenentwürfe zu entwickeln.

Die intendierte ‚Säuberung' begann mit dem sog. „Berufsbeamtengesetz" [künftig: BBG][30] vom 7.4.1933, das zur Entlassung bzw. Ruhestandssetzung von Personen „nicht arischer Abstammung" (§ 3 BBG) führte und von solchen, „die nach ihrer bisherigen politischen Betätigung nicht die Gewähr dafür bieten, dass sie jederzeit rückhaltlos für den nationalen Staat eintreten" (§ 4 BBG). Theologen waren von den §§ 3 und 4 BBG kaum oder nur indirekt betroffen, weil man bei politisch nicht eindeutigen Fällen unliebsame Personen meist nach § 6 BBG ohne Begründung in den Ruhestand versetzen konnte, um, wie es in einem Fall in Münster der Rektor formulierte, „ihm jede Möglichkeit zur Einwirkung auf die Studenten abzuschneiden".

Eine gezielte – und auch nicht wenige Theologen treffende – Hochschulpolitik nach Gutdünken war möglich durch das Gesetz vom 21.1.1935 „über die Entpflichtung und Versetzung von Hochschullehrern aus Anlass des Neuaufbaus des deutschen Hochschulwesens". Damit waren eine fast beliebig zu rechtfertigende Versetzung und eine vorzeitige Entbindung von amtlichen Verpflichtungen mit Vollendung des 65. Lebensjahres möglich. Eine Weiterführung der Lehrtätigkeit kam nur mit besonderer Erlaubnis des Rektors in Betracht, wenn der Antragsteller die Gewähr bot, „dass er sich in die im jungen Geiste sich erneuernde Universität hineinfügt, und dass seine politische Haltung die nationalsozialistische Erziehungsarbeit an der akademischen Jugend nicht gefährdet" (Erlass des REM vom 15.5.1935). So kam es vielfach zu der politisch erwünschten Fluktuation, auch wenn die Verjüngung der Fakultäten ein mitunter auch objektives Erfordernis war. In München wurden alle betroffenen Professoren – vier an der Zahl – mit Erreichen der Altersgrenze entpflichtet, Anträge auf Verschiebung der Altersgrenze wurden abgelehnt. Das starre Festhalten am Entpflichtungsalter zeigt, dass man sich von neuen Leuten mehr versprach als von kaum mehr zu beeinflussenden langjährigen Ordinarien[31].

In den Berufungen, die ebenfalls als Mittel einer systematischen Hochschulplanung und Chance einer gewissen Gleichschaltung genutzt wurden, sah man langfristig einen größeren Spielraum, kam doch hier die Beurteilung der politischen Instanzen zum Tragen, die in den meisten Fällen ausschlaggebend war. Freilich war den zuständigen

---

30 „Gesetz zur Wiederherstellung des Berufsbeamtentums". Der unmittelbare politische Hebel war § 4, aber auch §§ 5 und 6 enthalten politisch motivierte und den Interessen der Verwaltung Rechnung tragende unliebsame bürokratische Bestimmungen: Versetzungen in ein anderes Amt (§ 5) und Ruhestandsversetzung „zur Vereinfachung der Verwaltung" (§ 6). Dadurch konnten aufsehenerregende und zeitraubende Verfahren mit ggf. schwieriger Beweisführung vermieden werden. Unter § 4 wäre wohl, hätte es nicht eine rechtzeitige Wende gegeben, auch der „Fall Eggersdorfer" abgehandelt worden. Zum nachfolgend erwähnten Fall in Münster: Thomas FLAMMER, Die Katholisch-Theologische Fakultät Münster, in: Burkard/Weiß, Katholische Theologie (wie Anm. 3), S. 204.

31 Das Gesetz traf nicht nur einzelne Personen (Entrechtung), die „auf einen ihrem Fachgebiet entsprechenden Lehrstuhl einer anderen Hochschule" versetzt oder, falls „aus Anlass des Neuaufbaus" ein Lehrstuhl wegfiel oder einem anderen Fachgebiet zugeschlagen wurde, entpflichtet werden konnten, sondern war ein erstes wesentliches Element zur planmäßigen systematischen Umgestaltung der Hochschullandschaft, zur Schwerpunktsetzung, aber auch zum Abbau einzelner Fachgebiete und Fakultäten: eine Vorstufe gleichsam zu dem konzentrischen Angriff auf die Fakultäten 1938 (s. u.). Für München vgl. BÖHM, Theologische Fakultät (wie Anm. 18), S. 694 und DERS., Selbstverwaltung (wie Anm. 5), S. 186 f. u. 363 f.

Stellen klar, dass dabei, wie es in einem Dozentenschaftsgutachten von 1934 hieß, der an die Theologen anzulegende Maßstab nicht zu streng sein dürfe, „sonst müsste man auf die Besetzung theologischer Lehrstühle zurzeit fast durchwegs verzichten"[32].

Die Quellen der politischen Gutachten waren meist undurchsichtig und nicht nachvollziehbar und so vielfältig wie die Einflussnahmen der politischen Stellen bis zum Stabsleiter Martin Bormann beim StdF, der seit 1935 (Erlass vom 24.9.) bei allen Personalangelegenheiten – gleichsam als letzte und meist entscheidende Instanz – beteiligt werden musste[33]. Das Reichskirchenministerium[34] unter Minister Hans Kerrl, das insgesamt, v. a. hinsichtlich der evangelischen Kirche, erfolglos operierte und im Gefüge des NS-Systems eine recht schwache Stellung einnahm – ähnlich wie auch das REM – versuchte etwa ab 1937/38 immer mehr auf Personalentscheidungen des REM Einfluss zu nehmen[35]. Treibende Kraft war dabei der Abteilungsleiter der katholischen Abteilung, Ministerialrat – seit 1939 Ministerialdirigent – Joseph Roth, ein überzeugter Nationalsozialist und entschiedener Kirchengegner, inzwischen maßgebliche Figur in katholischen Angelegenheiten[36]. Seine Vorschläge, die auch von überörtlichen planerischen Überlegungen getragen waren mit dem Ziel, bestimmte Fakultäten im Sinne des Systems zu stärken und andere eher abzubauen[37], hatten Gewicht bei den Referenten im REM, wie sich z. B. auch im Fall „Barion" zeigte.

Am 4.8.1937 setzte sich der Reichskirchenminister beim REM entschieden für Professor Barion ein: Es bestehe ein erhebliches allgemeinpolitisches und kirchenpolitisches Interesse daran, dass gerade Barion auf den Lehrstuhl für katholisches Kirchen-

---

32 DERS., Theologische Fakultät (wie Anm. 18), S. 691. Man hatte Mühe, bei Theologen explizit Positives im Sinne des Systems anzuführen: In Frage kamen dann v. a. „nationale Gesinnung", „Weltkriegsteilnahme", Differenzen mit oder weitgehende Unabhängigkeit von kirchlichen Behörden, Gegnerschaft zum „politischen Katholizismus". Entsprechend negativ waren die Nähe zum politischen Katholizismus, zum Zentrum, zu Jesuiten, zur Amtskirche und „Romhörigkeit" und die Verbindung mit Orden.
33 In diesem Gewirr spielten Zufälligkeiten und Beziehungen eine nicht geringe Rolle.
34 Dazu jetzt umfassend Heike KREUTZER, Reichskirchenministerium (wie Anm. 2).
35 Üblich waren bisher, nach einem Referentenvermerk im REM, telefonische oder schriftliche Mitteilungen des REM über beabsichtigte Berufungen (BA Rep76/815). 1937 hatte Kerrl sich beschwert, dass er in Berufungsangelegenheiten katholischer Theologen übergangen werde, worauf der REM-Referent zusicherte, das Reichskirchenministerium künftig „gegebenenfalls" bei Personalentscheidungen im Fach der Theologie miteinzubeziehen. Hier nach BURKARD, Wissenschaftspolitik (wie Anm. 25), S. 62 f.
36 Dazu ausführlich KREUTZER, Reichskirchenministerium (wie Anm. 2), S. 160 ff. Roth, Priester des Erzbistums München-Freising, bekämpfte vor allem den politischen Katholizismus und agierte für die Trennung von Kirche und Staat.
37 In einem Bonner Berufungsfall schrieb Roth an den zuständigen Referenten im REM: „... Eine Berufung S. würde ich nicht begrüßen ... Ich würde vielmehr die Versetzung S. nach Tübingen begrüßen, um diese Fakultät mal aufzulockern ... M. verdient keinerlei Beförderung, die seine Berufung nach Bonn bedeuten würde. Ich möchte vielmehr vorschlagen, die Moralprofessur in Bonn zunächst mit einem Vertretungsauftrag für Sch. weiterzuführen (Sch. ist antisemitisch und deshalb nicht Liebkind bei der kirchlichen Behörde)". Hier nach Erwin GATZ, Die Katholisch-Theologische Fakultät Bonn, in: Burkard/Weiß, Katholische Theologie (wie Anm. 3), S. 143. Im April 1940 äußerte sich Roth zu einer Besetzung: für Prag komme Dozent H. nicht in Frage, weil er das Christentum des CV einführen könnte ... aber der Dozent F., der seiner völkischen Einstellung und ... Erscheinung wegen in Prag besonders am Platze wäre (hier nach BA Rep76/815).

recht nach München berufen werde. Mit ihm würde ein Mann berufen, dessen wissenschaftliche Qualitäten außer Frage stünden, der aber auch eine starke Stütze für die bezüglich der katholischen Fakultäten einzuhaltende Personalpolitik bedeuten würde. Da er an der Braunsberger Akademie seine Lehrtätigkeit unbeanstandet von der dortigen kirchlichen Behörde ausübe, könnten von kirchlicher Seite in München keine berechtigten und begründeten Einwendungen gegen seine Berufung vorgebracht werden; unter dem Einfluss einiger Mitglieder der Fakultät sehe ihn aber die kirchliche Behörde vielleicht ungern nach München kommen.

Minister Rust (REM) bekundete daraufhin im Schreiben vom 16.8.1937 an das bayerische Kultusministerium bezugnehmend auf das Schreiben des Reichskirchenministers, dessen Inhalt er weitgehend übernahm, nochmals „das stärkste Interesse" an der Berufung Barions[38]: Gerade dass ihn die Kirche, die Behörde und die Fakultät ungern kommen sähen, erscheine ihm „als gute Empfehlung für einen Mann, dem gegenüber Staat und Partei eine gewisse moralische Verpflichtung zur Förderung haben dürften".

Vor dem Hintergrund der innerkirchlichen Auseinandersetzung in der evangelischen Kirche wurden bei Neuberufungen Anhänger der „Deutschen Christen" klar bevorzugt und Mitglieder oder Sympathisanten der „Bekennenden Kirche" weitgehend ausgeschlossen[39]. Den wissenschaftlichen Nachwuchs nach Bedarf und politischer Zweckmäßigkeit zu steuern und damit auch zu drosseln, dazu bot die Habilitationsordnung von 1934 bzw. 1939 ein wirksames Ausleseinstrument gerade auch im theologischen Bereich. Zugelassen zur Habilitation in katholischer Theologie wurden nur Kandidaten, die an einer deutschen staatlichen Hochschule promoviert worden waren und die einer deutschen Diözese angehörten, sodass die Habilitation von Ordensgeistlichen ausgeschlossen war. Gemäß der Trennung von Habilitation und Lehrbefugnis war neben der Erlangung der fachwissenschaftlichen Leistung durch die Habilitationsschrift und die wissenschaftliche Aussprache – als notwendige Voraussetzung – die Erteilung der Lehrbefugnis abhängig von der erfolgreichen Ablegung einer Lehrprobe und der Bewährung im Gemeinschaftslager und in der Dozentenakademie – als hinreichende Voraussetzung[40]. Für die Einberufung zu den Lehrgängen war das REM zuständig, das die Erteilung der Dozentur auch am Bedarf orientierte – und der war nach

---

38 Hier nach Sebastian Schröcker, Der Fall Barion, in: Werner Böckenförde (Hg.), Kirche und Kirchenrecht. Gesammelte Aufsätze, Paderborn/München/Wien/Zürich 1984, S. 25–75, hier S. 35. Vgl. auch Manfred Weitlauff, Kardinal Faulhaber und der Fall Barion, in: Münchner Theologische Zeitschrift 54 (2003), S. 296–332.
39 Dazu v. a. Meier, Theologische Fakultäten (wie Anm. 17).
40 Volker Losemann, Zur Konzeption der NS-Dozentenlager, in: Manfred Heinemann (Hg.), Erziehung und Schulung im Dritten Reich, Teil 2. Hochschule, Erwachsenenbildung, Stuttgart 1980, S. 87–109. 1936 wurden Gemeinschaftslager und Dozentenakademie zu einem sechswöchigen Lehrgang zusammengelegt im Lager Tännich (Thüringen). Im Mai 1937 wurde nur noch ein vierwöchiger Dienst gefordert, ein Dozentenlehrgang, absolviert in einem Gemeinschaftslager. Vom Gemeinschaftslager waren Habilitanden und Bewerber um eine Dozentur aus den Katholisch-Theologischen Fakultäten befreit, an der Dozentenakademie, die allerdings wie ein Lager geführt wurde, mussten sie aber teilnehmen (Böhm, Theologische Fakultät [wie Anm. 18], S. 701).

Ansicht des Ministeriums und der politischen Stellen für die Theologie keinesfalls groß. Die jeweilige Beurteilung[41] in den Lehrgängen spielte eine wesentliche, wenn auch nicht klar fassbare Rolle bei der beantragten Zuteilung der Dozentur und konnte ein Grund für eine Ablehnung sein. So war bereits 1937 in einer Anleitung zur Abfassung von Gutachten der Dozentenbundführer festgelegt worden: „Theologen sind bei der Nachwuchsförderung abzulehnen. Ausnahmen nur bei hervorragendem politischen Einsatz, in diesem Falle ist genauestens zu erörtern"[42].

Nach der Auflösung des Lagers Tännich im Juni 1938 wurde ein dreiwöchiger Lehrgang im „Reichslager für Beamte" in Bad Tölz verpflichtend als Voraussetzung für jede Berufung zum Hochschullehrer. Von der dortigen Beurteilung sollte auch das Urteil des letztendlich entscheidenden StdF abhängen, nach dessen unter den 24.1.1939 verfügten Richtlinien aber Theologen beider Konfessionen zu Reichsbeamtenlagern nicht mehr einzuberufen waren[43]. Die Sorgen und Befürchtungen der Fakultäten, diese Ausgrenzung des theologischen Nachwuchses könne zu einer Austrocknung der Theologischen Fakultäten führen, war nur allzu berechtigt, war dies doch schon lange ein festes und in den Folgejahren verfolgtes Ziel der Nationalsozialisten. Die Neufassung der Reichshabilitationsordnung vom 17.2.1939 wirkte als zusätzliches Ausleseinstrument: Habilitierte und Dozenten konnten zu „Dozenten neuer Ordnung" ernannt werden, was zur Verbeamtung und der damit verbundenen finanziellen Absicherung führte. Relativ wenige, vor allem politisch genehme Privatdozenten, kamen in den Genuss dieser Besserstellung. Auch die bisherigen nicht verbeamteten außerplanmäßigen Professoren mussten einen solchen Antrag stellen, sonst wäre ihre Lehrbefugnis automatisch erloschen.

Die unter dem Schlagwort „Neuaufbau des deutschen Hochschulwesens" laufenden Planungen hatten durchaus auch sachliche und modernistische, auf Effektivität und rationelle Umsetzung sowie Ressourcenökonomie zielende Ansätze, die aber durch das Kompetenzgerangel der mitwirkenden Stellen und v. a. der Partei weit-

---

41 Neben der Lagerbeurteilung flossen in das Gesamturteil noch Beobachtungen vieler Stellen ein (der Dekane, Dozentenschaft und bei der Lehrprobe auch der Studentenschaft ...), die alle dann dem entscheidenden REM vorlagen. Die Kriterien waren hochschulfremd und neben dem Politischen stark auf das Körperliche (Männlichkeit, Härte, Frische) und den wie auch immer festgestellten Charakter bezogen und gerade zur Beurteilung von Theologen nicht geeignet. Sie passten nicht in dieses Beurteilungsschema.
42 WOLGAST, Hochschulpolitik (wie Anm. 1), S. 72 f.
43 MEIER, Theologische Fakultäten (wie Anm. 17), S. 362 und Anm. 21: Der Runderlass des REM vom 24.6.1938 besagte, dem Stellvertreter des Führers werde für alle höheren Beamten als Grundlage seiner Zustimmung entsprechend dem Führererlass über Ernennung von Beamten vom 10.7.1937 und als Grundlage der dafür notwendigen Beurteilung die Teilnahme an einem dreiwöchigen Beamtenlager in Bad Tölz dienen. – Die Ungereimtheiten (Beurteilung aus dem Lager trotz Nicht-Teilnahme) mussten nach Kriegsbeginn und den weiteren drastischen Maßnahmen gegen die Theologie nicht aufgelöst werden. Man wollte ja keine Theologen mehr ernennen.
44 Helmut BOEHM, Die Universität München nach 1933, in: Lothar Mertens (Hg.), Politischer Systemumbruch als irreversibler Faktor von Modernisierung in der Wissenschaft? Berlin 2001, S. 73–99, hier S. 89 ff. Beispiel u. a.: Vorausschauende Planungen aufgrund statistischer Erfassung, Gesamtübersicht, Regionalplanung bzw. „Raumplanung", Schwerpunktsetzung, Profilbildung einzelner Hochschulen.

gehend paralysiert wurden und immer einer explizit politischen Zielsetzung unterworfen waren[44]. Personelle und strukturelle Restriktionen gleichzeitig zeigten sich bei den Maßnahmen zur Ausdünnung der Fakultäten, die eine Vorstufe zum geplanten grundsätzlichen Abbau der Fakultäten waren und nach Zurückstellung dieser Pläne in den Kriegsjahren noch verstärkt wurden. So wurden Lehraufträge eingeschränkt oder vielfach auch ganz eingezogen und Lehrstühle umgewidmet und in andere, meist Philosophische Fakultäten verlegt[45]. Oft gab es große Verzögerungen bei der Wiederbesetzung und die Vakanzen wurden durch Vertretungen überbrückt, die zeitlich begrenzt und jederzeit kündbar waren. Manche Professuren wurden nicht mehr ordnungsgemäß wiederbesetzt, herabgestuft und dauernd durch Lehraufträge ersetzt[46]. Eine entschieden ablehnende, feindselige Haltung nahmen die politischen Stellen von Anfang an gegenüber den sog. „Konkordatsprofessuren" ein, die sie als „Brückenkopf der Kirche" in der Philosophischen Fakultät sahen. Wurden die beiden Professuren für Geschichte und Philosophie zunächst immer wieder auch fakultätsintern benachteiligt, so kamen nach und nach auch Angriffe von Seiten der NS-Studentenschaft. Nach Schließung der Katholisch-Theologischen Fakultät an der Universität München nach dem Wintersemester 1938/39 wollte man – v. a. Studentenschaft und Dozentenschaft – den Konkordatsprofessuren das Existenzrecht absprechen und fand Gehör bei Kultusminister und Gauleiter Wagner, der zur Beseitigung der Professuren entschlossen war. Entgegen den einschlägigen staatskirchenrechtlichen und beamtenrechtlichen Bestimmungen beurlaubte er im Alleingang – ohne Anordnung durch das REM – die beiden Professoren im Februar 1941 mit der Begründung: „ Die einheitliche Ausrichtung des nationalsozialistischen Unterrichtswesens lässt ein Weiterbestehen dieser Weltanschauungsprofessuren nicht mehr zu". Die nach dem Tod des Inhabers der Geschichtsprofessur im April 1941 vakante Stelle wurde nicht mehr besetzt. Und obwohl das REM noch um einen Kompromiss bemüht war, blieb der Inhaber der Philosophieprofessur bis zum Ende des Dritten Reichs beurlaubt[47].

---

45 So auch der Hinweis von Bormann vom 31.5.1939 an das REM (s. u.).
46 Dominik BURKARD, Die Katholisch-Theologische Fakultät Tübingen, in: Burkard/Weiß (wie Anm. 3), S. 274 fasst diese bei fast allen Fakultäten erkennbare NS-Strategie für Tübingen zusammen: die schleichende Austrocknung der Theologischen Fakultäten in ihrer „Kernsubstanz"; die Verzögerung der Besetzung von Lehrstühlen; die provisorische Versorgung der Lehraufträge durch politisch genehme, jederzeit kündbare Vertreter; die Herabstufung und Aufteilung von Lehrstühlen.
47 UAM, v. a. ON 14, ON 24 und ON 24a: Prof. Max Buchner, Geschichte, und Prof. Fritz-Joachim Paul von Rintelen, Philosophie. Dazu auch BA R21/749: Noch im April 1944 war der Abbau der Konkordatslehrstühle Thema einer Korrespondenz zwischen SD und REM. Beide hielten einen allmählichen Abbau für „durchaus möglich". Für München sei nach der Schließung der Theologischen Fakultät eine konkordatsmäßige Bindung (Konkordat von 1924) nicht mehr anzuerkennen und bezüglich Würzburg stehe die Entscheidung „auf jeden Fall im Ermessen des Staates". Das REM hielt sich, so der Referentenentwurf, durchaus für berechtigt, alle in Frage stehenden Lehrstühle, sobald sie frei sind, jederzeit mit nationalsozialistisch unbedingt zuverlässigen Männern zu besetzen. Ein formeller Abbau „erscheint ... hiernach nicht erforderlich".

4. Der Frontalangriff auf die theologischen Ausbildungsstätten: Die Pläne zur Zusammenlegung und Schließung der Theologischen Fakultäten

Von dem systematischen Angriff ab 1938 waren beide Konfessionen gleichermaßen betroffen. Aufgrund der innerkirchlichen Auseinandersetzungen waren aber die Evangelisch-Theologischen Fakultäten[48] in einer besonderen, ob der inneren Zerrissenheit geschwächten Position und standen schon um 1935 vor einer unsicheren Zukunft. Die Bevorzugung der deutsch-christlichen Richtung, die Disziplinierung der Fakultäten, denen „jede öffentliche Stellungnahme im Kirchenstreit" untersagt wurde und die Gegenmaßnahmen und Forderungen der Bekennenden Kirche – Prüfungen durch Professoren und Behörden der Bekennenden Kirche und Errichtung eigener kirchlicher Hochschulen – stellten die staatlichen Fakultäten vor eine Zerreißprobe. Das REM reagierte mir strikten Verboten, und im Einvernehmen mit dem REM löste der Reichsführer SS und Chef der deutschen Polizei mit Erlass vom 29.8.1937 alle von der Bekennenden Kirche errichteten „Ersatzhochschulen, Arbeitsgemeinschaften und die Lehr-, Studenten- und Prüfungsämter" auf und verbot „sämtliche von ihnen veranstalteten theologischen Kurse und Freizeiten"[49].

Auch im katholischen Bereich wuchs nach den ersten Monaten einer relativen Ruhe schon 1934 die Sorge um die – offiziell im Rahmen der Sparmaßnahmen – bedrohten Philosophisch-Theologischen Hochschulen; am 15.1.1935 hatte Kardinal Bertram als Vertreter der Fuldaer Bischofskonferenz in einem Schreiben an den Kardinalstaatssekretär Pacelli fünf Punkte vorgetragen, die nach Verhandlungen mit den zuständigen Ministerien zu ernster Sorge Anlass gaben und die neuralgischen Punkte im Verhältnis Staat/Kirche im Hochschulbereich betrafen. Abschließend betonte er: „Die Aufhebung der theologischen Fakultäten, die dem bestimmten Vernehmen nach in der Ministerialinstanz bereits erwogen wird, würde den Episkopat vor die schwierigsten Probleme stellen und würde den sehr hoch zu schätzenden Einfluss der theologischen Fakultäten im Organismus des deutschen Bildungswesens zum großen Schaden der Stellung der Kirche in Deutschland und zum Schaden der religiösen Haltung der weltlichen Studierenden beseitigen"[50].

In einem Antwortschreiben auf die diesbezügliche große Note von Pacelli vom 22.1.1935 ließ der deutsche Botschafter im Vatikan von Bergen am 18.5.1935 u. a. auch bereits die unterschiedliche und für die Fakultäten besorgniserregende Auslegung des

---

48 Meier, Die Theologischen Fakultäten (wie Anm. 17): eine umfassende Darstellung mit vielen Einzelbelegen.
49 Hier nach Wolgast, Hochschulpolitik (wie Anm. 1), S. 59 ff., hier S. 63.
50 Stasiewski, Theologische Fakultäten (wie Anm. 3), S. 180 f. Fünf Punkte: 1. Zulassung zum theologischen Studium an Universitäten und anderen Hochschulen – 2. Rechte des Ministers bezüglich Versetzung und Amtsentlassung von Professoren sowie Beseitigung von Lehrstühlen – 3. Anforderungen an die Theologiestudierenden in SA-Sport – Verpflichtung zu Anhören der nationalsozialistischen Veranstaltungen – Theologische Fachschaften – 4. Immatrikulation im Jahre 1935 – 5. Anforderungen an die Dozentenschaft. Auch Mussinghoff, Theologische Fakultäten (wie Anm. 4), der den Notenwechsel des Vatikans mit dem NS-Staat referiert, S. 374 ff., hier S. 380: Schreiben von Bergen vom 18.5.1935.

Die Einschränkung des Theologiestudiums und die Restriktionen der NS-Zeit

Konkordats erkennen, wenn er schreibt: Art. 19 RK (Reichskonkordat) garantiere nach Ansicht der Reichsregierung nicht den Status quo der Fakultäten schlechthin, sondern schütze in Satz 1 die Institution als solche.

Um 1935 war bei den staatlichen und politischen Stellen die Absicht gereift, bei günstiger Gelegenheit gegen die Theologischen Fakultäten vorzugehen[51]. Gerade in den evangelischen Fakultäten gab es eine intensive Diskussion, wie man dieser Gefahr begegnen sollte[52].

Angefacht wurde die Diskussion um die Existenz der Theologischen Fakultäten nach dem Anschluss Österreichs im März 1938, da man hier seitens der staatlichen und politischen Stellen einen konkordatsfreien Raum sah und so die Maßnahmen durchziehen konnte, von denen man bisher im „Altreich" mit Rücksicht auf die Vertragslage, das Konkordat, noch Abstand nahm. Maßgebende Instanzen waren in der Umsetzung das REM – ermuntert durch das Reichskirchenministerium – und in der Anregung und letztendlichen Genehmigung und Entscheidung die Dienststelle des StdF mit Stabsleiter Martin Bormann, flankiert vom SD unter Reinhard Heydrich.

Treibende Kraft beim Abbau der theologischen Ausbildungsstätten in Österreich war zunächst das – für Konkordatsfragen auch zuständige – Reichskirchenministerium, das schon frühzeitig keine konkordatsrechtlichen Schwierigkeiten bei der Aufhebung von Fakultäten, zunächst in Innsbruck, sah und das am 14.5.1938 dem REM zu verstehen gab, es bestehe ein politisches Interesse an ihrem Verschwinden, keine Notwendigkeit dagegen für ihr Weiterbestehen[53].

Das REM zeigte sich abwartend und vorsichtig im Hinblick auf weitergehende Schritte, „ehe nicht eine allgemeine Erklärung der Regierung zu dieser Frage vorliegt, die gleichzeitig entsprechende Folgerungen für alle übrigen Konkordatseinrichtungen nach sich ziehen würde". Das REM wollte vorher eine entsprechende Führerentscheidung[54].

---

51 Nach WOLGAST, Hochschulpolitik (wie Anm. 1), S. 66 habe im Januar 1938 der bisherige Staatssekretär im REM Wilhelm Stuckart in einer Denkschrift für Hitler befunden, das Volk sei für die vollständige Trennung von Staat und Kirche, die u. a. auch den Wegfall der theologischen Fakultäten einschließen würde, noch nicht reif.

52 Dazu MEIER, Theologische Fakultäten (wie Anm. 17), v. a. S. 436 ff. In einem Schreiben eines Dekans Anfang April 1938 hieß es, er sei von vielen Seiten bedrängt worden, unbedingt etwas zu tun „in der Frage der Erhaltung der theologischen Fakultäten", bestehe doch nach wie vor in politisch maßgebenden zentralen Parteikreisen die Absicht, „eine grundsätzliche Entscheidung des Führers in der Fakultätenfrage herbeizuführen" (S. 441).

53 Österreich war gleichsam das Experimentierfeld für die im „Altreich" geplanten Maßnahmen. Das Folgende, die Zeit bis September 1939 betreffend, aus einschlägigen Akten des Bundesarchivs, v. a. BA R21/460: Das Reichskirchenministerium konnte schon am 30.5.1938 mitteilen, dass der Führer am 22.5.1938 gegenüber Reichskommissar Bürckel erklärt habe, dass bei Maßnahmen in Österreich das österreichische Konkordat als nicht existent zu betrachten sei. Das Ministerium war sehr aktiv, übermittelte dem REM auch eine Denkschrift zur Aufhebung der Fakultäten und machte – auch am 14.5.1938 – Vorschläge, z. B. dass die katholischen Theologiestudenten aus Tirol und Vorarlberg aus volkspolitischem Interesse weiter in Brixen studieren sollten, um das deutsche Element zu stärken – und ein Teil der Tiroler Theologen auch an der Universität München studieren könnte, deren Stärkung – dies in der kritischen Zeit der Berufung Barions (d. Verf.) – ein besonderes Anliegen der Unterrichtsverwaltung sei.

54 REM am 4.7.1938 an die Parteileitung des NS-Dozentenbundes: In Österreich gebe es drei katholisch-theologische Fakultäten an Universitäten, eine vierte als staatliche katholisch-theologische Fakultät

In einem Referentenvermerk im bisher eher zurückhaltenden REM (Huber an Schwarz) vom 22.6.1938 hieß es aber sehr deutlich, dass die Auffassung des Reichskirchenministeriums „hier grundsätzlich geteilt" werde. Man sollte zum Ausdruck bringen, „dass grundsätzlich überhaupt die Schließung sämtlicher theologischer Fakultäten als erwünscht bezeichnet werden müsste", und man die aktuelle Gelegenheit benutzen sollte, „die ganze Frage jetzt zur Entscheidung zu bringen und zwar in der Richtung einer totalen Aufhebung der theologischen Fakultäten" – zumindest aber der Fakultäten in Österreich. Vorher solle man sich vorsichtshalber noch an Lammers[55] wenden wegen der Führer-Zustimmung. Dies geschah auch und die förmliche Zustimmung Hitlers traf einige Wochen später ein[56]. Am 20.7.1938 wurde die Katholisch-Theologische Fakultät in Innsbruck und am 12.9.1938 die in Salzburg aufgelassen, die Grazer Fakultät wurde am 1.4.1939 nach Wien verlegt (Zusammenlegung)[57]. So kam über die Regelung der österreichischen Verhältnisse hinaus eine Grundsatzdiskussion über die Behandlung der Theologischen Fakultäten in Gang, bei der sich das REM nicht mehr auf nur reaktives Verhalten beschränken konnte, sondern immer mehr in die Rolle des administrativen Gestalters rückte, zumal auch die Dienststelle des StdF mit Stabsleiter Martin Bormann, einem radikalen Kirchengegner, mit der Frage befasst wurde.

Im REM wurde jetzt der Amtschef Wissenschaft und Staatssekretär Otto Wacker[58] treibende Kraft in der Diskussion um den Abbau der Theologischen Fakultäten. Er ergriff die Initiative zur internen Verständigung der zuständigen und eine Mitsprache

---

(Salzburg), die zu einer katholischen Universität ausgestaltet werden sollte. Ihr Schicksal sei davon abhängig, welche endgültigen Stellungnahmen die verantwortlichen Stellen zu der Frage des Konkordats auf dem Gebiet des Landes Österreich einnehmen. Infolge des Aufhörens der österreichischen Souveränität (österreichisches Konkordat) habe das Reichskonkordat keine Anwendung auf das Gebiet. So bestehe auf dem Gebiet des Landes Österreich ein konkordatsloser Zustand, der auch die Aufhebung der theologischen Fakultäten gestatten würde. Ob diese formalrechtliche Begründung endgültig eingenommen werde, sei noch nicht gewiss. Ob so dahingehend eingenommen wird, dass die theologischen Fakultäten aufgelassen werden sollten, unterliege nicht in erster Linie der Entscheidung des REM, sondern sei eine Entscheidung, die in Anbetracht ihrer Wichtigkeit und ihrer Auswirkungen vom Führer selbst getroffen werden müsse. Hier nach BA Rep76/815.

55 Hans Heinrich Lammers: Reichsminister und Chef der Reichskanzlei, der Hitler vortragen und diese vom REM erbetene Grundsatzentscheidung erwirken sollte.

56 Ein Aktenvermerk von Regierungsrat Schwarz im REM vom 16.7.1938 bezieht sich auf eine Information des Reichskirchenministeriums, nach der laut einem Geheimschreiben des Chefs der Reichskanzlei Lammers vom 12.7.1938 der Führer die Weisung erteilt habe, dass Österreich frei von jeder konkordatsrechtlichen Bindung zu behandeln sei. Das österreichische Konkordat sei erloschen, das Reichskonkordat finde keine neue Anwendung. Damit gebe es keinen Grund mehr zur Nichtschließung.

57 S. dazu die jeweiligen Beiträge im Sammelband von BURKARD/WEISS, Katholische Theologie (wie Anm. 3), S. 491–573.

58 Wacker war in Baden in vielen Funktionen in Partei und Staat tätig, hatte einen hohen SS-Rang und zusätzlich zu seinem Amt als Badischer Kultusminister von 1933 bis kurz vor seinem Tod 1940 von 1937 bis 1939 die – kommissarische – Leitung des Amtes Wissenschaft im REM inne. Dazu s. u. a. Leonore SIEGELE-WENSCHKEWITZ, Die Theologische Fakultät im Dritten Reich „Bollwerk gegen Basel", in: Semper Apertus. 600 Jahre Ruprecht-Karls-Universität Heidelberg 1386–1986, Bd. 3: Das 20. Jahrhundert 1918–1985, Berlin/Heidelberg 1985, S. 504–543, hier S. 506f. und Anne C. NAGEL, Hitlers Bildungsreformer. Das Reichsministerium für Wissenschaft, Erziehung und Volksbildung 1934–1945, Frankfurt am Main 2012, hier v. a. S. 265 ff., 283 f. und 287–293.

fordernden staatlichen und politischen Stellen über die Beseitigung der Theologischen Fakultäten als Staatseinrichtungen. Am 28.11.1938 wandte er sich an Bormann mit der Bitte, zu der „höchst politischen Entscheidung", ob – unabhängig von der Gesamtfrage der Trennung von Staat und Kirche im Rahmen der Etat- und Planungserwägungen – eine Anzahl theologischer Fakultäten beider christlichen Konfessionen geschlossen oder zusammengelegt werden sollten, „gelegentlich den Willen des Führers darüber zu ermitteln". Aufgrund des Reichs-, des Preußischen und Badischen Konkordats sei die Aufrechterhaltung der Fakultäten der Universitäten Breslau, Bonn, Freiburg und Münster festgelegt, während das bayerische Konkordat eine zwingende Vorschrift nicht enthalte. Für die Ostmark bestehe volle Entscheidungsfreiheit, sodass bisher nur die ostmärkischen theologischen Fakultäten Innsbruck und Salzburg geschlossen seien, und zurzeit in Bayern die Schließung Münchens schwebe. Hier wird zum ersten Mal ein zumindest indirekter Zusammenhang zwischen der allgemeinen Diskussion und dem besonderen Münchner Fall deutlich und die spezielle – restriktive – staatliche und politische Auslegung der konkordatsrechtlichen Bestimmungen auch durch das REM dargelegt. Und so, resümierte Wacker, hätte er keine Bedenken, „wenn man sich im Zuge der Planungen und aus Ersparnisgründen [das wäre die stille, eher unpolitisch aussehende Verwaltungslösung (d. Verf.)] entschließen würde, auch im Reich, außerhalb Bayerns, unter bewusster Verletzung der Konkordate einige katholisch-theologische Fakultäten zusammenzulegen", dann in gleicher Weise eine ebenso große Zahl evangelisch-theologischer Fakultäten zu behandeln. Dazu hatte er auch erstmals seitens des REM eine vorläufige – spontan entworfene – Planskizze vorgelegt[59].

Daraufhin fand im REM eine Besprechung zwischen Staatsminister Wacker und Ludwig Wemmer, dem Sachbearbeiter von Reichsleiter Bormann als Stabsleiter des StdF statt[60]. In dieser Eigenschaft teilte dann Bormann in einem zentralen, auch als „Magna Charta des Kampfes gegen die theologischen Fakultäten[61]" bezeichneten Schreiben an das REM vom 24.1.1939 zwar nicht direkt die Willensäußerung des Führers, aber die – grundsätzliche – Stellungnahme der Partei mit. Hitler sollte, wie Wemmer dem REM mündlich zu verstehen gab, „außen vor" gelassen werden, und

---

59 Dazu s. auch WOLGAST, Hochschulpolitik (wie Anm. 1), S. 66f.; SIEGELE-WENSCHKEWITZ, Theologische Fakultät (wie Anm. 58), S. 507f.; NAGEL, REM (wie Anm. 58), S. 291f. und MEIER, Theologische Fakultäten (wie Anm. 17), S. 436f. und v. a. S. 444f. Nach der Liste von Wacker sollten, nach der endgültigen Schließung der katholischen Fakultäten von Innsbruck und Salzburg, München mit Würzburg und die philosophisch-theologische Hochschule Regensburg mit der in Passau zusammengelegt werden. Die Fakultät in Tübingen sollte nach Freiburg, die in Bonn nach Münster verlegt werden. Von den evangelischen Fakultäten sollten Heidelberg nach Tübingen, Kiel nach Göttingen, Leipzig nach Jena und Halle, Gießen nach Marburg, Greifswald nach Berlin oder Königsberg, Rostock nach Berlin verlegt werden.
60 Dies wird in dem Schreiben von Bormann vom 24.1.1939 bestätigt und auch von SCHROECKER, Der Fall Barion (wie Anm. 38), S. 50, der darauf hinweist, dass das REM zur selben Zeit (28. November) beim StdF eine politische Beurteilung über Barion bei dem laufenden Berufungsverfahren einholte.
61 WOLGAST, Hochschulpolitik (wie Anm. 1), S. 67. Zu Bormann und seinem umfassenden Einfluss bezüglich der Taktik gegenüber den Kirchen s. Peter LONGERICH, Hitlers Stellvertreter. Führung der Partei und Kontrolle des Staatsapparates durch den Stab Heß und die Partei-Kanzlei Bormann, München 1992, v. a. S. 234 ff.

die Angelegenheit in der Sphäre der Reichsministerien, insbesondere des REM und des StdF belassen werden, „ohne den Namen des Führers nach außen zu belasten". Es kann mit Sicherheit davon ausgegangen werden, dass Bormann als „Sprachrohr" Hitlers die originäre Meinung Hitlers verkündete, der das Vorgehen gebilligt und wohl auch angeregt hat[62].

„Grundsätzlich", so begann das Schreiben vom 24.1.1939, „kann die theologische Forschung nicht mit den übrigen Wissenschaftsgebieten an den Universitäten gleichgestellt werden, da sie weniger eine freie Wissenschaft, als vielmehr eine konfessionelle Zweckforschung darstellt. Aus diesem Grunde bestehen deshalb keine Bedenken, wenn die theologischen Fakultäten an den deutschen Hochschulen wesentlich eingeschränkt werden.

Dabei ist, wie Sie in Ihrem Schreiben ebenfalls ausgeführt haben, auf die Bestimmungen der Konkordate und Kirchenverträge Rücksicht zu nehmen. Bei denjenigen Fakultäten, die durch keine ausdrückliche Bestimmung in den Konkordaten und Kirchenverträgen erwähnt sind, wie z. B. München und einige andere, kann ohne Weiteres eine Beseitigung in die Wege geleitet werden. Dasselbe gilt für die theologischen Fakultäten in der Ostmark, Wien und Graz.

Aber auch bei den Fakultäten, die im Einzelnen in den Konkordaten oder Kirchenverträgen erwähnt sind, besteht nunmehr eine besondere Rechtslage, die durch die allgemeine Veränderung der Verhältnisse gegeben ist; insbesondere muss hier die Einführung der Wehrpflicht und die Durchführung des Vierjahresplanes berücksichtigt werden. Durch diese Maßnahmen, ferner durch die Tatsache eines außerordentlich großen Nachwuchsmangels im Gegensatz zu den früher zahlreich vorhandenen Nachwuchskräften, wird eine gewisse planvolle Gestaltung auch des deutschen Hochschulwesens notwendig werden, sodass Zusammenlegungen, Vereinfachungen usw. notwendig sind. Ich darf zu diesen Fragen auf die mündliche Besprechung zwischen Herrn Staatsminister Dr. Wacker und meinem Sachbearbeiter noch einmal besonders verweisen.

Ich würde es deshalb begrüssen, wenn Sie die theologischen Fakultäten, soweit sie nach den obigen Ausführungen nicht ganz beseitigt werden können, wesentlich einschränken. Dabei wird es nicht nur auf die theologischen Fakultäten an den Universitäten ankommen, sondern auch auf die verschiedenen staatlichen Anstalten, die als ausschließliche theologische Hochschulen, ohne Verbindung mit einer Universität, in vielen Orten noch bestehen.

Ausdrückliche Erklärungen Kirchen oder sonstigen Stellen gegenüber, sowie ein Bekanntgeben dieser Maßnahmen in der Öffentlichkeit, bitte ich dabei zu unterlas-

---

62 Dies wird indirekt auch bestätigt in einem Vermerk des REM-Referenten Schwarz vom 24.2.1939: Demnach hat der Sachbearbeiter Wemmer bei Bormann auf eine diesbezügliche Nachfrage des REM – die Meinung der Partei sei im Hause bekannt, wir müssten, da es sich um eine staatspolitisch außerordentlich wichtige Frage handle, die wirkliche Meinung des Führers kennen – die genannte Auskunft gegeben und hinzugefügt, jeder Zweifel sei ausgeschlossen, dass die Zusammenlegung von höchster Seite revidiert würde – das habe Bormann am 24.1.1939 zwischen den Zeilen zum Ausdruck bringen wollen. Das hieß letztlich, dass die geltende Rechtsposition verlassen werden konnte und ein Verstoß dagegen gebilligt würde.

sen. Beschwerden und dergleichen müssten, wenn sie überhaupt zu beantworten sind, damit begründet werden, dass diese Maßnahmen im Zuge der planwirtschaftlichen Gestaltung, ebenso wie dies an den anderen Fakultäten geschieht, durchgeführt werden.

Wenn die dadurch freiwerdenden Lehrstühle den besonders in den letzten Jahren neugeschaffenen Forschungsgebieten wie der Rassenforschung, der Altertumskunde usw., zugeführt werden können, würde ich dies durchaus begrüssen."

Bezugnehmend auf dieses Schreiben und die Besprechung der Referenten Schwarz (REM) und Wemmer vom StdF bat Bormann am 24.2.1939 einen Plan für die Zusammenlegung mitzuteilen und im Hinblick auf die große politische Bedeutung den die Partei betreffenden Schriftverkehr nur mit ihm zu führen[63]. Dies zeigt, wer das Sagen hatte und letztlich auch die oberste Kompetenz bei der Entscheidung über die Theologischen Fakultäten[64].

Die Thematik war inzwischen längst beim einflussreichen Reichsführer SS und seinem Chef des Sicherheitshauptamtes Heydrich angekommen, der eine eigene Denkschrift über das katholische Hochschulwesen und die Ausbildung des Priesternachwuchses erstellte, die er am 21.2.1939 dem REM z. Hd. Staatsminister Wacker zuleitete und in der er Möglichkeiten aufzeigte, „welche einer Zurückdrängung des Priesternachwuchses im staatlichen Raum dienlich sein können"[65]. Ziel müsse es sein, „in konsequenter Durchführung der Trennung von Kirche und Staat die Ausbildung der Geistlichen der Kirche selbst zu überlassen und den noch bestehenden Apparat von staatlichen theologischen Fakultäten und staatlichen philosophisch-theologischen Hochschulen planmäßig abzubauen"[66].

---

63 Unter Hinweis auf das Schreiben Bormanns vom 4.2.1939 betreffend die Vertretung der Partei in politischen Angelegenheiten gegenüber Reichs- und Preußischer und Bayerischer Staatsregierung.
64 So auch SIEGELE-WENSCHKEWITZ, Theologische Fakultät (wie Anm. 58), S. 510.
65 ZIPFEL, Kirchenkampf (wie Anm. 21), S. 258 und Dokument Nr. 54, S. 485–491. Danach war zuständiger Sachbearbeiter im SD-Hauptamt und mutmaßlicher Verfasser dieser Denkschrift Dr. Friedrich Murawski, ein ehemaliger katholischer Geistlicher. Er wurde 1935 von Hartl, ebenfalls ehemaliger katholischer Theologe – und Freund von J. Roth im Reichskirchenministerium – für die SS und den SD angeworben, wo er hauptamtlich tätig und 1941 Leiter des Referats VII B2 (Politische Kirche) im Reichssicherheitshauptamt war.
66 Solange dieser Abbau nicht durch einfache Auflösung durchgeführt werden könne, blieben die Möglichkeiten zur Auflösung, wenn die Fakultäten und Hochschulen zu „Zentralen des Widerstandes gegen den nationalsozialistischen Staat" geworden sind, wenn sich innerhalb einer Diözese zwei Anstalten befinden (Hochschule in Freising und Fakultät in München) – was am 21.2.1939 allerdings nicht mehr der Fall war (der Verf.) – und zum Eingreifen, wenn mehr als die in den kirchenrechtlichen Bestimmungen als genügend angesehenen sechs Professuren vorhanden sind. Freiwerdende Professuren könnten, wie es auch Bormann vorgeschlagen hat, für andere Gebiete an anderen Fakultäten verwendet werden, „die für die Lebensnotwendigkeiten des deutschen Volkes von fundamentalerer Bedeutung sind": Durch einen solchen planmäßigen Abbau „auf das Mindestmaß der von den kirchlichen Bestimmungen geforderten Lehrstühle würden diese staatlichen Anstalten bald zur Bedeutungslosigkeit herabsinken". Dieser Abbau habe den Vorteil, dass er sich innerhalb des Rahmens der kirchlichen Bestimmungen halte und schrittweise ohne größeres Aufsehen durchgeführt werden könne, dass er aber gleichzeitig den Endschritt weitgehend vorbereite und ungeheuer erleichtere. Damit war in dieser Denkschrift die von Bormann geforderte und in den 1930er Jahren und auch in der Kriegszeit praktizierte Strategie skizziert.

Mit dieser Denkschrift hat man sich im REM, das nun stärker in die Offensive gehen musste, eingehend befasst. Die angedeuteten Maßnahmen seien im REM „bereits in weitem Maße vorbereitet und könnten wahrscheinlich baldigst in die Tat umgesetzt werden", hieß es im Antwortschreiben von Wacker vom 14.3.1939. Zugleich bat er um eine kurze Besprechung mit Heydrich, da „zugleich die Gründung kirchlicher Ersatzeinrichtungen verhindert werden müsste". Diese Position wurde in einem als geheim eingestuften Referentenvermerk (Schwarz) vom 16.3.1939 vorbereitet[67], die angeregte Besprechung mit Heydrich hat offensichtlich nicht mehr stattgefunden. Aber im REM kam es in diesen Wochen zu intensiven kirchenfeindlichen Diskussionen und zur Ausarbeitung von Vorschlägen zur Eindämmung v. a. des katholischen Theologiestudiums und zur Zusammenlegung bzw. Schließung von Fakultäten. In den Ausarbeitungen von Vermerken für die Spitze des Hauses wurden die Wissenschaftlichkeit der Theologie bestritten, die unterschiedliche Entwicklung der Zahlen der evangelischen („Tiefstand") und der katholischen („Höchststand") Theologiestudenten vor allem auf den in der Zurückstellung vom Wehrdienst liegenden Vorteil der katholischen Theologiestudenten zurückgeführt und die Einführung der Wehrpflicht für diese gefordert, wobei die „theoretisch ideale Lösung" wäre, „sämtliche Theologiestudenten beider Konfessionen heute und künftig wichtigeren Berufen zuzuführen"[68].

So war es nach dem intern zwischen staatlichen und politischen Stellen festgelegten Positionen verständlich, wenn auch für die Teilnehmer überraschend und z. T. auch befremdlich, als Wacker auf der ersten großdeutschen Rektorenkonferenz Ende Februar/Anfang März 1939[69] abweichend von der bisher eher sachlichen und zurückhal-

---

67 ZIPFEL, Kirchenkampf (wie Anm. 21), Dok. Nr. 54, S. 490 „Mit den staatlichen Einschränkungsmaßnahmen, wie wir sie bereits in stärkerer Weise als offenbar vom Chef des Sicherheitshauptamtes angenommen wird, vorbereitet haben", sei es auf dem Wege einer Entklerikalisierung des Volkes allein nicht getan. Es müsse verhindert werden, dass die Beschränkungen durch kirchliche Mittel und Einrichtungen über das bestehende Maß hinaus ersetzt werden. Das könne geschehen durch die Mittel, die die Geheime Staatspolizei und der Sicherheitsdienst in der Hand haben.

68 Ebd., Dok. Nr. 55, S. 492, Referentenvermerk im REM vom März 1939. Die Verhinderung kirchlicher Ersatzeinrichtungen war für den evangelischen Bereich (s. Bekennende Kirche) von besonderer Bedeutung. Bestimmte Restriktionen gegen das katholische Theologiestudium könnten, so der Vermerk, die Studenten „an die allein der bischöflichen Aufsicht unterstehenden kirchlichen Hochschulen" führen, „die in weit klerikaleren Sinne als die staatlichen Fakultäten arbeiten, und an deren Besuch daher, solange staatliche Einrichtungen dieser Art bestehen, keinesfalls ein Interesse besteht". Hier wird ein Grundproblem angesprochen: Kirchliche oder staatliche Theologenausbildung. Im Unterschied zu Heydrich (s. Denkschrift vom 21.2.1939) wollte das REM zunächst auf den Einfluss im Rahmen der staatlichen Ausbildungseinrichtungen nicht verzichten. Eine durchgehende eindeutige Präferenz gab es unter den Bedingungen des Dritten Reiches weder von kirchlicher noch von staatlicher Seite. – Ins Gewicht falle, nach dem Vermerk, die kommende Einschränkung von Fakultäten, weitere Maßnahmen würden erst durch eine Gesamtentwicklung der Dinge, im katholischen Sektor insbesondere nach endgültiger tatsächlicher Freistellung von den Konkordatsbestimmungen sinnvoll werden. Es sei denkbar, dass in dieser Richtung bereits auch die Schließung der katholischen Fakultät in München klärend wirke.

69 Hier nach BA R 21/768 und NAGEL, Reichserziehungsministerium (wie Anm. 58), S. 287 ff. Wacker u. a.: „Wir haben festgestellt, dass die Theologie gar nicht zur Wissenschaft gehört" – während die theologischen Fakultäten von sich die Vorstellung hätten, dass sie im Zentrum der Universität seien. Die bei der Planung freiwerdenden Lehrstühle würden in der philosophischen Fakultät verwendet – wie es z. T. schon geschah, z. B. für Vorgeschichte, Religionsgeschichte oder vergleichende Religionswissenschaft (d. Verf.).

tenden Vorgehensweise des REM äußerst abwertende Ausführungen über die Theologie machte, die keine Wissenschaft sei. Sie sollte in der „Universitas des 20. Jahrhunderts" keine Rolle mehr spielen und werde stillschweigend abgebaut. Hier seien geheime Vorbereitungen seines Hauses im Gange. „Wir müssen also durch Verschweigen sprechen", meinte er. Er habe sich mit dem StdF in Verbindung gesetzt, der die Sache ähnlich beurteile und für eine Entfernung der Theologie von den Universitäten plädiere. Wir könnten – im Hinblick auf die im Konkordat über die katholisch-theologischen Fakultäten getroffenen Regelungen – die Sache nicht gesetzlich, sondern nur auf dem Verwaltungswege regeln. Um vertrauliche Behandlung bittend sagte er, die bewährte Taktik preisgebend: „Es gibt also nur eine Möglichkeit: so lange zu planen, bis es zurecht geplant ist". Auch wenn man mit diesem der Linie Bormanns – Schreiben vom 24.1.1939 – folgenden Vorhaben nicht in die Öffentlichkeit gehen, sondern es eher „stillschweigend" auf dem üblichen Verwaltungsweg durchziehen wollte, wurden immerhin die Rektoren auf die künftigen Planungen vorbereitet, die nicht zu einer Aufhebung, sondern zu einer Zusammenlegung von Fakultäten – mit einhergehenden Folgen – führen würden.

Am 6.4.1939 lieferte das REM Bormann den am 24.2.1939 angeforderten und bis zum Beginn des Wintersemesters 1939/40 durchzuführenden und auch begründeten Plan zur Zusammenlegung von Fakultäten: ein eher pragmatisches Konzept als vorläufige Regelung zum Gesamtabbau der Fakultäten[70]. Maßgeblich war neben taktischen und politischen Überlegungen die regionale Abdeckung. Von den 16 evangelisch-theologischen Fakultäten sollten fünf durch Verlegung aufgehoben werden: Heidelberg, Bonn oder Münster, Leipzig, Rostock und Berlin[71]. Von den 17 katholischen Fakultäten und philosophisch-theologischen Hochschulen waren vier bereits geschlossen – Graz, Innsbruck, Salzburg und München –, vier sollten noch verlegt werden. Von den fünf staatlichen bayerischen philosophisch-theologischen Hochschulen sollten drei zusammengelegt, zwei geschlossen werden[72].

Am 31.5.1939 stellte Bormann gegenüber dem REM noch einmal klar, dass freiwerdende Lehrstühle auf keinen Fall als Einsparungen betrachtet und dem Finanzministerium zur Verfügung gestellt werden dürfen: „Die beabsichtige Einschränkung der theologischen Fakultäten ist vielmehr vor allem politisch bedingt. Es ist notwendig, den der Zurückdrängung des konfessionellen Einflusses an den deutschen Hochschu-

---

70 Wolgast, Hochschulpolitik (wie Anm. 1), S. 67 ff.; Meier, Theologische Fakultäten (wie Anm. 17), S. 444 f., hier v. a. S. 446–448; Siegele-Wenschkewitz, Theologische Fakultät (wie Anm. 58), S. 510 ff.
71 Man wollte u. a. kleine Universitäten (Gießen, Greifswald) nicht weiter schwächen, wollte gewisse außenpolitische Aspekte berücksichtigen, so das Interesse der angelsächsischen Welt bei Göttingen, die Mitarbeit ausländischer Gelehrter bei Marburg und dem extrem deutsch-christlichen Jena aus kirchenpolitischen Gründen eine Bewährungsprobe einräumen. Halle sollte schon wegen des Namens der Universität („Martin-Luther-Universität") aufrecht erhalten bleiben.
72 Man solle dem REM mitteilen, welche zwei Hochschulen geschlossen werden sollten. Freising sei nicht geeignet, da sonst – nach Schließung der Münchner Fakultät – Ersatzmaßnahmen notwendig würden. Im katholischen Bereich fürchtete man gerade bei den kleinen Hochschulen das besonders ausgeprägte und kaum zu beeinflussende katholische Milieu.

len dienenden Maßnahmen die Förderung der nationalsozialistischen Wissenschaft folgen zu lassen". Dadurch frei gewordene Lehrstühle sollten – wie nach Schließung der Münchner Fakultät – auf andere Fakultäten und Hochschulen übertragen werden. „An der Frage, welche Lehraufträge und wo diese erteilt werden sollten, habe ich großes politisches Interesse", betonte Bormann, und verlangte, ihn bei der Entscheidung über frei gewordene und noch freiwerdende Lehrstühle zu beteiligen.

Der Plan des REM wurde auch dem „Parteiideologen" Reichsleiter Alfred Rosenberg zugeleitet, der im Großen und Ganzen einverstanden war[73], und dem Reichsdozentenführer Dr. Walter Schultze, dessen Vorschlag nicht von der regionalen Bedarfsabdeckung ausging, sondern der offen ideologisch, kirchenpolitisch argumentierte und danach entscheiden wollte, ob eine Fakultät a) positiv zum Nationalsozialismus stehe, b) eine unbestimmte Haltung einnehme oder c) der Bekennenden Kirche nahestehe[74].

Nach einer Besprechung mit sämtlichen beteiligten Parteidienststellen, auch Rosenberg war geladen, erklärte Bormann im Schreiben vom 23.6.1939 an das REM mit einigen Änderungswünschen sein grundsätzliches Einverständnis mit den Planungen des REM[75]. Für Bayern schlug er weitergehende Maßnahmen vor, nämlich sämtliche philosophisch-theologischen Hochschulen aufzulassen – was dann in gut zwei Monaten zu Kriegsbeginn auch geschah –, und zwar in der Reihenfolge Passau, Augsburg, Bamberg, „da sie Mittelpunkte einer außerordentlich starken konfessionellen Betätigung gegen den Nationalsozialismus" seien. Die Zuschüsse sollten eingestellt werden. Die Durchführung der gesamten Maßnahmen sollte im Einvernehmen mit ihm und in Fühlungnahme mit den Gauleitern erfolgen. Die Planungen waren abgeschlossen und von der obersten politischen Stelle gebilligt, aber zwei Monate später war Krieg. Konkrete Vorbereitungen zur Umsetzung hat es offensichtlich nicht mehr gegeben, nur die staatlichen Philosophisch-Theologischen Hochschulen in Bayern wurden zu Kriegsbeginn am 1.9.1939 geschlossen (s. u.). Jetzt gab es andere Prioritäten und es galt unnötige Beunruhigungen zu vermeiden.

So war im „Altreich" bis zum Kriegsbeginn nur die Katholisch-Theologische Fakultät der Universität München geschlossen worden zum Ende des Wintersemesters 1938/39 nach langen kontroversen Verhandlungen um die Wiederbesetzung der kirchenrechtlichen Professur, bei der das REM unbedingt aus kirchenpolitischen

---

73 Er betonte, wie Bormann, die erreichten Einsparungen der Errichtung notwendiger Lehrstühle besonders in der Philosophischen Fakultät zukommen zu lassen, wie Religionswissenschaft. Solche Lehrstühle sollten nach und nach in den Philosophischen Fakultäten aller Hochschulen eingerichtet werden – letztlich um die Theologie überflüssig zu machen. Passau und Freising sollten nach Regensburg verlegt werden (WOLGAST, Hochschulpolitik [wie Anm. 1], S. 69, Anm. 120 und Institut für Zeitgeschichte, MA 544).
74 MEIER, Theologische Fakultäten (wie Anm. 17), S. 447 f.: a) Berlin, Wien, Jena und Gießen, b) Bonn, Breslau, Königsberg und Kiel, c) Tübingen, Erlangen, Leipzig, Halle, Marburg, Heidelberg, Göttingen, Greifswald, Rostock und Münster; WOLGAST, Hochschulpolitik (wie Anm. 1), S. 70.
75 MEIER, Theologische Fakultäten (wie Anm. 17), S. 447; BURKARD, Wissenschaftspolitik in: Burkard/Weiß, Katholische Theologie (wie Anm. 25), S. 75 gibt einen vergleichbaren Überblick über die Planungen vom 28.11.1939, vom 6.4.1939 und die endgültige Version vom 23.6.1939, ebenso auch WOLGAST, Hochschulpolitik (wie Anm. 1), S. 69 f.

Gründen seinen Mann, Prof. Barion, nach München bringen wollte, dem aber Kardinal Faulhaber das „nihil obstat" nicht erteilte[76]. Auch wenn es sich hier um einen speziellen Münchner Fall mit einer besonderen personellen Konstellation handelte, einer Machtprobe zwischen dem am meisten gehassten Kirchenführer, der sich gegen den Konkordatsbruch zur Wehr und ein allgemeines Zeichen setzen wollte, und den staatlichen Stellen und der Partei, die einer offiziellen Klärung als Konkordatsfall aus dem Weg gingen, weil sie mittlerweile zum Konkordatsbruch entschlossen waren: Diese Position schälte sich heraus und festigte sich bei den Diskussionen um die Planungen zum Abbau, der Schließung der Fakultäten Ende November 1938, spätestens mit dem Schreiben von Bormann vom 24.1.1939. Dies hat letztendlich die Entscheidung des REM Ende 1938 leichter und die Umsetzung der Schließung für den radikal kirchenfeindlichen Kultusminister und Gauleiter selbstverständlich absolut begrüßenswert gemacht. Die Schließung der Münchner Fakultät hat ihrerseits auf die weitere Planungsdiskussion eingewirkt und den Scharfmachern Mut gemacht für entsprechende ähnliche Lösungen.

5. Die staatlichen Philosophisch-Theologischen Hochschulen in Bayern und ihre Schließung am 1.9.1939 und die Bischöflich Philosophisch-Theologische Hochschule Eichstätt

Als staatliche Einrichtungen mit einem primär kirchlichen Ausbildungsziel sind diese Hochschulen – Bamberg, Dillingen, Freising, Passau und Regensburg – eine katholische und bayerische Besonderheit[77]. Schon vor 1933 musste man um die Erhaltung dieser Hochschulen, insbesondere ihrer Profanlehrstühle, besorgt sein.

---

76 Dazu erstmals BOEHM, Theologische Fakultät (wie Anm. 18), und der Beitrag von Walter Dürig über das „Herzogliche Georgianum in München" in demselben von Schwaiger herausgegebenen Sammelband, S. 739–746. Jetzt umfassend unter Einbeziehung zusätzlicher Aktenbestände aus dem Bayerischen Hauptstaatsarchiv und dem Archiv des Erzbistums München und Freising (Nachlass Faulhaber) und mit einem Dokumentenanhang Manfred WEITLAUFF, Die Katholisch-Theologische Fakultät der Universität München und ihr Schicksal im Dritten Reich. Kardinal Faulhaber, der „Fall" des Professors Dr. Hans Barion und die Schließung der Fakultät 1939 durch das NS-Regime. Mit einem Quellenanhang, in: Beiträge zur altbayerischen Kirchengeschichte 48 (2005) S. 149–373. Die Münchener Fakultät ist, so Weitlauff in seinem Beitrag im Sammelband von Burkard/Weiß, S. 196, mit dem „Fall Barion" zum „Brennpunkt der eskalierenden Auseinandersetzungen zwischen NS-Parteistaat und Kirche geworden, war Opfer übergeordneter antikirchlicher Interessen, auch eines Racheakts am Münchner Kardinal, der ‚unter den bayerischen Bischöfen gegenüber dem nationalsozialistischen Staat die offensivste Haltung einnimmt', so der Reichserziehungsminister in einer Note an der Auswärtige Amt". S. auch Bayerisches Hauptstaatsarchiv [künftig: BayHStA] MK 69248.

77 Spezialhochschulen in staatlicher Trägerschaft zur Ausbildung katholischer Priester mit dem Strukturproblem der Spannung zwischen weltlicher Trägerschaft und kirchlicher Mitaufsicht. S. dazu Ingo SCHROEDER, Die staatlichen philosophisch-theologischen Hochschulen in Bayern von 1923–1978, München 2004 und die einzelnen Beiträge zu den Hochschulen im Sammelband von BURKARD/WEISS (wie Anm. 3), insbesondere Anton LANDERSDORFER, Passau, S. 445–465 und Monika NICKEL, Freising, S. 419–443.

Spätestens Anfang 1934 gab es ernste Zweifel an ihrer weiteren Existenz wegen der eingeleiteten bzw. vorgeschobenen Sparmaßnahmen[78]. In mehreren Noten wandte sich der Vatikan gegen den Abbau.

Anfang 1934 begann ein fünfjähriges Ringen um die bayerischen Hochschulen auf höchster diplomatischer Ebene mit der erpresserischen Alternative: Auflösung Freisings oder Streichung einzelner Lehrstühle der philosophischen Abteilungen an allen bayerischen Hochschulen. Nach entsprechenden Protesten und nach Verhandlungen im Frühjahr 1934 stimmte der Vatikan (Kardinalstaatssekretär Pacelli) einem – lediglich partiellen – Abbau der jeweiligen philosophischen Abteilungen zu[79].

In der folgenden Note von Botschafter von Bergen vom 6.6.1935 wurde diese Konzession Pacellis aber in einen weitgehenden Abbau umgemünzt, es sei denn, die Kirche stimme einer Auflösung der Freisinger Hochschule zu. Es folgten die üblichen meist erfolglosen Proteste des Vatikans v. a. zur Verteidigung Freisings. Am 27.6.1935 informierte das bayerische Kultusministerium die Rektoren, voraussichtlich 16 Professuren der philosophischen Abteilung – einschließlich Pädagogik – aufheben zu wollen, allein fünf davon in Freising. Am 7.1.1936 teilte nach einem Protest des bayerischen Episkopats vom 9.8.1935[80] das REM mit, dass sich bei Aufhebung der Freisinger Hochschule der Abbau in engeren Grenzen halten würde als am 27.6.1935 vorgegeben[81]. Der massive Protest Faulhabers vom 30.1.1936 hatte zumindest einen Teilerfolg. Am 12.3.1936 verfügte das REM (über das Kultusministerium am 24.3.) nur mehr die Aufhebung von sieben Lehrstühlen und drei Lehraufträgen an den bayerischen Hochschulen mit Wirkung vom 1.4.1936 – darunter die beiden naturwissenschaftlichen Professuren in Passau.

---

78 Profanlehrstühle, z. B. beschreibende Naturwissenschaften wie Chemie und Biologie, Physik und Mathematik, Geschichte, Pädagogik, Philologie, Philosophie. Dazu die von Eggersdorfer unterzeichnete Denkschrift vom 1.12.1932 und nachfolgende Initiativen, z. B. am 20.6.1933, s. Nickel, Freising in: Burkard/Weiß (Hg.), Theologische Fakultäten (wie Anm. 3), S. 428 ff. In einem Schreiben vom 24.11.1933 fasste der bayerische Kultusminister Hans Schemm seine Überlegungen zu den Philosophisch-Theologischen Hochschulen zusammen: Ein Abbau sei unumgänglich, eine vollständige Aufhebung sei nach dem Konkordat mit Ausgleichszahlungen an die Diözesen verbunden und es stelle sich die – später immer wieder aufgeworfene – Frage, ob der Staat wirklich jeden Einfluss auf die Ausbildung des Klerus aus der Hand geben wolle. Er tendierte zu einer „Teilaufhebung" als kostengünstigste Lösung. Hier nach Jochen Krenz, Bamberg, in: Burkard/Weiß (Hg.), Katholische Theologie (wie Anm. 3), S. 375.

79 Es könnte, so Pacelli in der Note vom 11.6.1934, auf die Lehrfächer der beschreibenden Naturwissenschaften, der Physik und Chemie, der allgemeinen Geschichte und Philologie verzichtet werden. Die eigentlichen philosophischen Lehrfächer sollten demnach von der Abbaumöglichkeit ausgenommen sein.

80 Kollektiveingabe an das Kultusministerium u. a. mit dem Ziel, den von den staatlichen Stellen geforderten „beschleunigten Abbau" zu verzögern und Härten zu vermeiden. S. dazu auch Landersdorfer (wie Anm. 77), Passau, S. 455 f.

81 In der Note des Botschafters von Bergen vom 16.1.1936 wurde Pacelli zugesichert, von der völligen Durchführung der Abbaumaßnahmen Abstand nehmen zu können, wenn man mit der Zustimmung der Kirche zur Aufhebung der Philosophisch-Theologischen Hochschule Freising rechnen könne, was nochmals vehement gefordert wurde. Hier nach Krenz, Bamberg, in: Burkhard/Weiß (Hg.); Katholische Theologie (wie Anm. 3); S. 376, Anm. 48.

Die Bischöfe protestierten wieder und solidarisierten sich mit Freising, was zu einer Note Pacellis an Botschafter von Bergen führte. Von der geplanten direkten Beseitigung der Freisinger Hochschule wurde zunächst abgesehen, aber es kam – in einer Art von aufgezwungenem Kompromiss – zu einer weiteren Reduzierung der nichtphilosophischen Professuren in der philosophischen Abteilung – nicht nur in Freising.

Mit der Teilaufhebung dieser Abteilung war aber die vollständige Auflösung Freisings nicht vom Tisch. Sie wurde im Stillen weiter betrieben – freiwerdende Professuren wurden auch in der theologischen Abteilung nicht mehr besetzt, meist gab es nur Vertretungen. Ende 1937 wurden die Anstrengungen zur Beseitigung intensiviert und über die bisherige Taktik der Austrocknung – Einzug der Professuren der philosophischen Abteilung und Nichtbesetzung offener Professuren – hinaus begann man mit Versetzungen und der Demontage und Verlagerung ganzer Einheiten an Hochschulen, die noch verschont bleiben sollten. So wurde z. B., um mit dem Abbau der zur Auflösung bestimmten Freisinger Hochschule zu beginnen, der zuständige Inhaber des Lehrstuhls für Geschichte und Kunstgeschichte, Prof. Dr. Anton Mayer, nicht einfach wegberufen, sondern musste zum 1.7.1938 mit seiner ganzen Fachbibliothek und sämtlichen Materialien an die Passauer Hochschule übersiedeln[82].

Zur Auflösung der Freisinger Hochschule sollte es dann nach der Schließung der Münchner Katholisch-Theologischen Fakultät nicht mehr kommen[83], und auch die im Rahmen der Gesamtplanung vorgegebenen Zusammenlegungen bzw. Schließungen der Philosophisch-Theologischen Hochschulen wurden nicht mehr durchgeführt im letzten Friedensjahr.

Der alle staatlichen Philosophisch-Theologischen Hochschulen Bayerns erfassende Schrumpfungsprozess sollte, wie Kardinal Faulhaber am 29.8.1938 an seine Amtsbrüder schrieb, dem letzten Ziel des Bayerischen Kultusministeriums und des REM dienen, dem „Abbau aller sechs Hochschulen in Bayern". Die Methode habe sich jedoch „insofern geändert, als man nicht mehr die Hochschulen auf dem Weg der Gewalt mit einem Schlag auflösen wird, dass man vielmehr, um keinen offenen Widerspruch zum Konkordat zu schaffen, eine Professur nach der anderen abbauen und so die Hochschule zum Untergang bringen will"[84].

---

82 SCHROEDER, Staatliche philosophisch-theologische Hochschulen (wie Anm. 77), S. 59; NICKEL, Freising in: Burkard/Weiß (Hg.), Theologische Fakultäten (wie Anm. 3), S. 419 f. und 439.

83 Das war ein Wendepunkt für Freising, wohin nun die Münchner Studenten ausweichen mussten. Eine Ausbildungsstätte in der Erzdiözese musste wohl zunächst gehalten werden, und einen weiteren Konflikt nach der Schließung der Münchner Fakultät wollten die staatlichen und politischen Stellen in dieser Zeit vermutlich vermeiden. Zu den allgemeinen Reduzierungsplänen, speziell den Plänen zur Aufhebung der Philosophisch-Theologischen Hochschule Freising und ihrem Verhältnis zur Theologischen Fakultät München s. auch BayHStA, MK 69248.

84 Hier nach Karl HAUSBERGER, Regensburg, in: Burkard/Weiß (Hg.), Theologische Fakultäten (wie Anm. 3), S. 481 f.

Dazu verhalf schneller als erwartet der von Hitler begonnene Krieg, der diese Strategie noch überholte. Mit Kriegsbeginn verfügte das REM die Schließung aller staatlichen Philosophisch-Theologischen Hochschulen in Bayern. Die Gebäude wurden, wie es im diesbezüglichen Erlass des Bayerischen Kultusministeriums hieß, „für die Dauer des Krieges zur Unterbringung von Volksgenossen aus den Bergungsgebieten und gegebenenfalls auch für andere kriegsnotwendige Zwecke beschlagnahmt[85].

Damit verblieb die Bischöflich Philosophisch-Theologische Hochschule Eichstätt[86] die einzige Studienmöglichkeit für die katholische Priesterausbildung im südbayerischen Raum, nach der kurzzeitigen Schließung der Universitäten, auch Würzburgs, bis Frühjahr 1940 sogar in ganz Bayern. Schon am 1.3.1939 war ihr die staatliche Anerkennung entzogen worden. Die Hochschule wurde vom REM aus der Liste der deutschen Hochschulen gestrichen. Seit dem 11.11.1939 musste die Philosophisch-Theologische Hochschule Eichstätt ohne staatliche Zuschüsse auskommen. Dies hatte Bormann schon früher gefordert[87]. Am 4.10.1940 wurde der Eichstätter Hochschule von Kultusminister Wagner – trotz des bischöflichen Widerspruchs – der Charakter einer öffentlichen Lehranstalt entzogen, den sie seit 1843 besessen hatte[88]. Die Studierenden sollten darauf hingewiesen werden, dass das Studium an der kirchlichen Hochschule in Eichstätt nicht mehr dem Studium an einer staatlichen oder sonstigen öffentlichen Hochschule gleichkomme[89]. Das REM wiederholte und unterstrich mit Schreiben vom 15.5.1941 die Aberkennung des Öffentlichkeitscharaktes mit dem Hinweis, ein Studium in Eichstätt sei einem Studium an einer staatlichen Hochschule nicht mehr gleichwertig. Die Hochschule war somit eine rein kirchliche Einrichtung geworden (s. Anm. 88), die nun eine Hauptlast bei der Theologenausbildung zu tragen hatte[90], und als solche auch weitere Benachteiligungen in Kauf

---

85 Gleichlautender Erlass vom 9.10.1939 an die Hochschulen.
86 Hier v. a. nach Ludwig Brandl, Eichstätt, in: Burkard/Weiß (Hg.), Theologische Fakultäten (wie Anm. 3), S. 575–603.
87 Im Zuge der allgemeinen Schließungsdiskussion am 23.6.1939: Wenn eine Auflösung nicht in Frage komme, solle Sorge getragen werden, dass staatliche Zuschüsse möglichst eingestellt werden. Die Diözese musste die Professorengehälter übernehmen, der Rektor konnte die Professoren ohne staatliche Zustimmung ernennen.
88 Nach der Einstellung der Staatszuschüsse habe die bisherige bischöfliche philosophisch-theologische Hochschule den Charakter einer kirchlichen philosophisch-theologischen Lehranstalt im Sinne des Art. 20 des Reichskonkordats angenommen. Da somit die Möglichkeit der Einflussnahme auf die Anstalt nicht mehr im bisherigen Umfange bestehe, entziehe er mit Wirkung vom kommenden Trimester an den … Charakter einer öffentlichen Lehranstalt – Art. 20 beinhaltet das Recht der Kirche, „zur Ausbildung des Klerus philosophische und theologische Lehranstalten zu errichten, die ausschließlich von den kirchlichen Behörden abhängen, falls keine staatlichen Zuschüsse verlangt werden".
89 Damit schied Eichstätt auch für Studienurlauber, die vom Militär zur Ablegung von Prüfungen freigestellt waren, aus.
90 Viele nicht zum Wehrdienst eingezogene Theologiestudenten aus Bayern gingen jetzt nach Eichstätt. Der zahlenmäßige Anstieg nach der Schließung der staatlichen Hochschulen durch Studenten aus anderen Diözesen und aus Orden stellte die Eichstätter Hochschule vor große Herausforderungen, mit fast 600 Studenten im Wintersemester 1939/40. Für Ordensleute gab es seit 1937 keine Befreiung vom Wehrdienst mehr, wenn sie an ordenseigenen Lehranstalten studierten.

nehmen musste. So wurde z. B. vom REM am 18.6.1940 den Bischöfen die Berechtigung entzogen, den Lehrern der bischöflichen philosophisch-theologischen Lehranstalten die Titel „Professor" oder „Dozent" zu verleihen[91].

Die von einzelnen Bischöfen und vom gesamten bayerischen Episkopat am 16.9.1940 vorgetragenen Bitten um Wiedereröffnung der staatlichen Hochschulen waren ohne Erfolg, die Gebäude blieben konfisziert. An eine Wiedereröffnung war von offizieller Seite ohnehin nicht gedacht, man wollte sie in Fortführung der bisherigen Ausdünnungsstrategie unmöglich machen, wie aus einem in einem Aktenvermerk im REM vom April 1940 festgehaltenen Schreiben des Abteilungsleiters im Reichskirchenministerium, J. Roth, eines kirchenpolitischen Scharfmachers, hervorgeht: Es bezwecke im Zuge des bisherigen Übereinkommens „den katholisch-theologischen Hochschulen Bayerns im Stillen weiter das Wasser abzugraben"[92].

Auch im Münchner Kultusministerium war man Ende 1942 davon überzeugt, dass es nach der erst nach dem Krieg zu treffenden Entscheidung über die künftige Ausbildung der Theologen „neben der theologischen Fakultät in Würzburg kaum noch zusätzliche fünf philosophisch-theologische Hochschulen mit 22 ordentlichen und 22 außerordentlichen Professuren geben werde" und dass die für die Übertragung auf den Haushalt der Technischen Hochschule München beantragten drei Professuren bestimmt für jene nicht mehr benötigt würden[93].

Die beamteten Professoren bezogen weiterhin Gehalt, die anderen Dozenten mussten sich selber um ihr Fortkommen kümmern, die Rektoren waren mit Verwaltungsaufgaben und der Betreuung der Gebäude befasst – alles noch mit gewissen Auflagen und Kontrollen[94].

---

91 Als bischöfliche Anstalt unterlag Eichstätt oft den vom Reichskirchenministerium als dafür zuständiger Behörde getroffenen Maßnahmen und Schikanen. STASIEWSKI, Theologische Fakultäten (wie Anm. 3), S. 178. Das Recht stehe ausschließlich dem Führer und Reichskanzler zu. Die Bezeichnung „Dozent" stelle die „Amtsbezeichnung für einen im Staatsdienst befindlichen Lehrer" dar.
92 Hier nach BA Rep. 76/815. Roth dachte an die Verwendung der dort brachliegenden Professuren – soweit geeignet – an noch bestehenden Fakultäten der wissenschaftlichen Hochschulen, zumal damit die Heranziehung jungen Nachwuchses aus der Theologenschaft zu Zwecken der Hochschule vereitelt würde. Nach Roth würden Neuberufungen in bayerische Hochschulen, deren Aufhebung vorbereitet wird, kaum noch in Frage kommen.
93 Antrag von Kultusminister und Gauleiter Paul Giesler vom 4.11.1942 an das REM, drei Professuren aus dem Topf der bayerischen philosophisch-theologischen Hochschulen für den Ausbau der TH München freizugeben. In der diesbezüglichen Vormerkung wurde dargelegt, dass derzeit 13 Professorenstellen an den bayerischen philosophisch-theologischen Hochschulen unbesetzt seien. Auf diese „freien" Professuren müsse zugegriffen werden können. Hier nach KRENZ, Bamberg (wie Anm. 3), S. 385 f.
94 Die nicht beamteten Dozenten übernahmen vielfach kirchliche Aufgaben oder waren, wie auch einige beamtete Professoren, im Schuldienst tätig, im Religions- und Lateinunterricht etwa. Ein Einsatz außerhalb des konfessionellen Unterrichts an den Schulen war Theologen aber 1942 grundsätzlich untersagt worden wegen des weltanschaulichen Einflusses. Die ungeregelten Personalverhältnisse brachten es mit sich, dass nicht alle einer Tätigkeit nachgingen, die nach Auffassung der Parteikanzlei eine Weiterzahlung der Gehälter rechtfertigen könnte. Deswegen musste sich noch Anfang 1945 der Stabsleiter des Kultusministeriums vor der Parteikanzlei verteidigen, die als Beispiel anführte: „Die Beschäftigung der Rektoren mit Verwaltungsaufgaben der geschlossenen Hochschulen dürfte auch keine ausreichende Arbeit für vollbezahlte Staatsbeamte sein". Hier nach KRENZ, Bamberg (wie Anm. 3), S. 386 f.

6. Das Theologiestudium in den Kriegsjahren: „Burgfrieden" oder Weiterführung der Restriktionen?

Die vorübergehende Schließung der Universitäten zu Kriegsbeginn wurde nicht zur Verwirklichung der Planungen genutzt – wohl im Hinblick auf die Stimmung in den ersten Kriegsmonaten[95]. Obwohl in den SD-Berichten auch weiterhin das Konzept der Reduzierung der Zahl der Theologischen Fakultäten favorisiert und propagiert wurde, unter Hinweis auch auf das Missverhältnis zwischen Lehrkräften und Studenten, wofür in nationalsozialistischen Hochschulkreisen kein Verständnis mehr bestehe[96], hat das REM Anfang März 1940 auch von seinem schon reduzierten Plan einer Zusammenlegung Theologischer Fakultäten Abstand genommen, wenigstens Rostock, Kiel und Bonn nach Münster zu verlegen.

Am 23.4.1940 einigte sich der neue Amtschef Wissenschaft im REM Rudolf Mentzel mit den zuständigen Referenten der Dienststelle des StdF darauf, dass der im Vorjahr – 23.6.1939 – beschlossene Abbau der theologischen Fakultäten „mit Rücksicht auf die besonderen, durch den Krieg bedingten Verhältnisse vorläufig zurückgestellt wird"[97].

Am 24.7.1940 wurde vom Reichsinnenministerium in einem vertraulichen Rundschreiben an die Reichsstatthalter und Oberpräsidenten zur Kenntnis gegeben, „dass der Führer alle nicht unbedingt notwendigen Maßnahmen zu vermeiden wünscht, die das Verhältnis des Staates und der Partei zur Kirche verschlechtern könnten"[98].

Wie dieser sog. Burgfrieden aber von NS-Seite tatsächlich verstanden wurde, geht aus einem Schreiben des Reichsorganisationsleiters Robert Ley vom April 1941 hervor: „Der Wunsch des Führers, während des Krieges die konfessionellen kirchlichen Fragen

---

95 Die von der Wiedereröffnung zunächst ausgenommene Leipziger Fakultät, was v. a. an Gauleiter Martin Mutschmann lag, konnte nach Interventionen maßgeblicher Personen und Instanzen u. a. von Hermann Göring Ende des Jahres wieder geöffnet werden. Hier nach MEIER, Theologische Fakultäten (wie Anm. 17), S. 448–450.
96 WOLGAST, Hochschulpolitik (wie Anm. 1), S. 72; BA R 21/460. Der Minister war über die Hinweise aus den „Meldungen aus dem Reich" und die indirekte Kritik nicht gerade erfreut und beauftragte seinen Referenten Schwarz (Vermerk am 29.3.1940), den SD u. a. darauf hinzuweisen, dass er und die Herren seines Hauses irgendwelcher Anregungen in Sachen Theologie nicht bedürften. Dem SD könne die Gesamthaltung seines Hauses zur Frage der theologischen Fakultäten mitgeteilt werden. Diese sei klar und würde bald nach Beendigung des Krieges umgesetzt. Bis dahin sei, wie auch Generalfeldmarschall Göring ausdrücklich gewünscht hätte, jede beunruhigende Änderung hintanzustellen. Im Schreiben wies Minister Rust das Zahlenargument zurück: Auch bei viel höheren Zahlen müsste er die theologischen Fakultäten als Fremdkörper betrachten, „weil sie nicht echte Wissenschaft betrieben". Dass seiner Auffassung nach noch keine durchgreifenden Folgerungen gezogen worden sind, liege in Gründen der gesamten Innen- und Außenpolitik des Reiches. Diesen Gründen habe er während des Krieges Folge zu leisten. Bei dieser Lage müsse er sich im Hinblick auf die theologischen Fakultäten auf die gesamte Vorbereitung künftiger Planungen beschränken, deren Ausarbeitung bereits weitgehend fortgeschritten sei.
97 Von Bormann ausdrücklich bestätigt in einem Schreiben am 26.4.1940 an das REM, hier nach WOLGAST, Hochschulpolitik (wie Anm. 1), S. 72, hier mit Datum 27.4.1940.
98 John S. CONWAY, Die nationalsozialistische Kirchenpolitik 1933–1945. Ihre Ziele, Widersprüche und Fehlschläge, München 1969, S. 375; BA R 21/460: Im REM wird am 14.9.1940 die nur dem Chef der Reichskanzlei Lammers zugegangene Weisung vermerkt.

zurückzustellen und sie nicht zu einem Streitobjekt zu machen, darf aber nicht aufgefaßt werden, als ob der Partei selbst irgendwelche Fesseln auferlegt wären, klare Entscheidungen herbeizuführen"[99].

War schon Ende 1939 Einvernehmen mit dem StdF erzielt worden, Neuberufungen in den Theologischen Fakultäten nicht mehr vorzunehmen und auch Dozenten nur mehr vereinzelt zu ernennen – die letzten Ernennungen sind in den Personalnachrichten des ministeriellen Amtsblatts im Frühjahr 1940 zu verzeichnen[100] –, so hat Bormann mit der Bestätigung der Vereinbarung von Mentzel und Oberregierungsrat Werner Krüger im Schreiben vom 26.4.1940 auch das ausdrücklich begrüßt, was vom REM – gleichsam als Ersatzprogramm für die Zurückstellung des am 23.6.1939 allseits gebilligten großen Plans – vorgelegt wurde[101]:

- Neuernennungen an den theologischen Fakultäten nicht mehr vorzunehmen, Wegberufungen von einer Universität zur anderen nicht mehr vorzunehmen;
- keine Lehraufträge mehr an den theologischen Fakultäten zu erteilen, auch dann nicht, wenn Professoren oder Dozenten zum Wehrdienst eingezogen werden;
- Dozenten nicht mehr wie bisher zu Dozenten neuer Ordnung zu ernennen und damit beamtenrechtlich abzusichern;
- Professoren und Dozenten in Fakultäten mit besonders großem Hörerschwund an andere abzuordnen, wenn an den großen Fakultäten ein Lehrstuhl frei geworden oder sein Inhaber zur Wehrmacht einberufen ist und diese Maßnahme zur Aufrechterhaltung des Lehrbetriebs an dieser Fakultät notwendig erscheint;
- Im einzelnen Falle auf diese Weise frei gewordenen Lehrstühle für andere Aufgaben einzusetzen.

Dabei mahnte Bormann zu besonderer Vorsicht und zur Kaschierung durch einen für den Außenstehenden nicht allzu durchsichtigen Ringtausch. Der Anschein eines gezielten Vorgehens gegen die theologischen Fakultäten, die offensichtliche Tendenz, dass freie Lehrstühle anderen Fakultäten zugutekommen, sollte vermieden werden. Nicht vorgenommene Wiederbesetzungen sollten durch allgemeine Sparmaßnahmen oder kriegsbedingte Maßnahmen gerechtfertigt werden. Wenn wegen des Krieges die große Planung vom Sommer 1939 erst einmal zurückgestellt worden war, so war sie

---

99 ZIPFEL, Kirchenkampf (wie Anm. 21), S. 509, Dok. 62: Entwurf des Schreibens, das für eine einheitliche und klare innere weltanschauliche Haltung allen konfessionellen und kirchlichen Problemen gegenüber warb.
100 WOLGAST, Hochschulpolitik (wie Anm. 1), S. 72.
101 BA R21/460; auch WOLGAST, Hochschulpolitik (wie Anm. 1), S. 73; SIEGELE-WENSCHKEWITZ, Theologische Fakultät (wie Anm. 58), S. 516; BURKARD, Wissenschaftspolitik in: Burkard/Weiß, Katholische Theologie (wie Anm. 25), S. 79 f. Festgehalten in einem geheimen Vermerk im REM vom 6.6.1940 (Zustimmung Bormanns zu Mentzels Absicht).

nicht aufgegeben, wie die zusammenfassende Bewertung Bormanns zu den oben genannten Vorschlägen vom 26. bzw. 27.4.1940 zeigt: „Auf diese Weise könnte auf kaltem Wege der Abbau im Rahmen des seinerzeit festgelegten Planes wenigstens teilweise auch während des Krieges in Angriff genommen werden."

Geändert haben sich nur die Strategie und Taktik: keine Beunruhigung durch aufsehenerregende Maßnahmen, Vorbringen von Scheinargumenten und legalistischen Begründungen (Sparmaßnahmen, Krieg), Vorgehen im Stillen durch Verschweigen und Verschleierung und möglichste Geheimhaltung, schrittweises Vorgehen durch gezielte, aber wirksame Einzelmaßnahmen – alles zur Vorbereitung und leichteren Erreichung des „Endziels", des Abbaus der Theologischen Fakultäten und der Theologie nach dem Krieg.

Von einem Burgfrieden konnte, zumindest für die Theologischen Fakultäten, keine Rede sein. Viele der angekündigten Maßnahmen wurden im Rahmen der Möglichkeiten an den einzelnen Fakultäten auch umgesetzt. Es begann die „Politik der Nadelstiche". Obwohl sogar Hitler in der Kriegssituation intern mitunter zur Zurückhaltung mahnte und auch Bormann aus taktischen Gründen 1943 die „kleinliche Nadelstichpolitik" untersagte, wurde diese systematisch und eben unter Bormanns Führung aktiv fortgesetzt. Neben der die Fakultäten nur indirekt berührenden Einschränkung des Religionsunterrichts waren die Enteignungen der Priesterseminare, v. a. 1941/42, schwere und rechtswidrige Eingriffe zur Drosselung des theologischen Nachwuchses[102]. Mangels einer einsichtigen rechtlichen Grundlage wurden sie wegen unterstellter staatsfeindlicher Betätigung einiger Insassen von der Geheimen Staatspolizei (Gestapo) beschlagnahmt. Vor allem sollte auch der Nachwuchs für Orden und Klöster beschränkt werden. So hat der Reichsarbeitsminister „im Einvernehmen mit dem StdF und dem Reichskirchenminister" mit Erlass vom 29.9.1940 an die Landesarbeitsämter die Anordnung Bormanns weitergeleitet, den Eintritt von arbeitsfähigen Deutschen in Orden und Klöster aus Gründen des Arbeitseinsatzes zu unterbinden[103].

In ähnlicher Weise sollten „diejenigen evangelischen Theologiekandidaten, Vikare, Hilfsprediger usw. als arbeitslos erfasst und einer nutzbringenden Beschäftigung zugeführt werden, die auf den verbotenen Ersatzhochschulen der Bekenntnisfront ausgebildet oder illegal ordiniert worden sind und die durch ihre hetzerische Tätigkeit in der Bevölkerung einen zersetzenden Einfluß ausüben"[104].

Die Verfolgung der Orden war ein besonderes Anliegen des Leiters der katholischen Abteilung im Reichskirchenministerium, Joseph Roth. Er legte 1939/40 sein Veto ein bei einer von einem Würzburger Privatdozenten beantragten und vom REM zunächst schon genehmigten Ernennung zum außerplanmäßigen Professor, weil dieser – trotz seiner politischen Verdienste als Offizier im 1. Weltkrieg und Mitglied des Freikorps

---

102 Beispiele sind Trier und Köln (Bensberg) neben Salzburg und Innsbruck. S. Jörg SEILER, Priesterseminare als theologische Lehranstalten: Trier und Mainz, in: Burkard/Weiß (Hg.), Theologische Fakultäten (wie Anm. 3), S. 605–646.
103 ZIPFEL, Kirchenkampf (wie Anm. 21), S. 504, Dok. 59.
104 Ebd., S. 506, Dok. 60.

Epp – als Ordensgeistlicher wegen seiner Bindungen zum Orden für ihn grundsätzlich für eine Ernennung nicht in Frage käme. Er verwies dabei auf den Wunsch der Parteikanzlei, den Dozentenstand der theologischen Fakultäten während des Kriegs vorerst nicht zu mehren. Die eingeholte Stellungnahme des StdF vom 23.4.1940 war ebenso ablehnend, weil Ordensmitglieder sowie Dozenten päpstlicher und kirchlicher Hochschulen prinzipiell „nicht auf einen Lehrstuhl an einer deutschen Hochschule berufen werden sollten"[105].

Auf Betreiben Roths ging das Reichskirchenministerium schon ab 1936/37 gezielt gegen die Ordenshochschulen vor, deren Beseitigung er anstrebte. Der akademische Charakter wurde angezweifelt und bestritten und das Studieren an den Ordenshochschulen in Verbindung mit den jeweiligen militärischen Bestimmungen und einer einseitigen Auslegung des Konkordats erschwert und unmöglich gemacht[106]. Das REM strebte an, die Katholisch-Theologischen Fakultäten auf das Gebiet der klassischen theologischen Professuren zu beschränken und ihre Lehrveranstaltungen streng auf theologische Inhalte einzugrenzen. Im Mai 1941 erging ein diesbezüglicher Erlass. Indirektes Ziel war, „unnötige" Lehraufträge abzubauen[107].

In den letzten Kriegsjahren kam es kaum noch zu normalen Wiederbesetzungen von Lehrstühlen, meist nur zur Bestellung von Vertretern. „Mit Rücksicht auf die Neuplanung an den theologischen Fakultäten nach dem Kriege" wurde in Münster 1944 der kirchenrechtliche Lehrstuhl nicht mehr besetzt[108].

Auch die Kriegsverhältnisse förderten die weitere Ausdünnung der Fakultäten und v. a. den Rückgang der Studentenzahlen, insbesondere im evangelischen Bereich[109], sodass 1943 im REM erwogen wurde, im Rahmen des „totalen Kriegseinsatzes" die Theologischen Fakultäten mit geringer Hörerzahl stillzulegen. Im Einverständnis von Bormann wurde darauf „aus politischen Gründen" verzichtet. Und als Hitler im Herbst 1943 zumindest die Fakultäten mit weniger als sechs Studenten schließen wollte, versuchte das REM den Führerwunsch mit einer Hinhaltetaktik zu umgehen unter

---

105 Wolfgang WEISS, Die katholisch-theologische Fakultät Würzburg, in: Burkard/Weiß (Hg.), Theologische Fakultäten (wie Anm. 3), S. 287 ff.
106 Die unterschiedliche Auslegung des Art. 14 des Reichskonkordats bezüglich der „kirchlichen Lehranstalten" – die Klärung war späteren, aber unterbliebenen Verhandlungen vorbehalten – erlaubte es Roth aus seiner Sicht, die Ordenshochschulen nicht dazu zu zählen. Damit sollten für die Studenten der Ordenshochschulen nicht die für Theologiestudenten zutreffenden Bestimmungen – Zurückstellung vom Wehrdienst usw. – gelten, wodurch sie gezwungen waren, an andere Lehranstalten zu gehen.
107 Z. B. an den Fakultäten in Bonn, Münster und Tübingen.
108 STASIEWSKI, Theologische Fakultäten (wie Anm. 3), S. 179.
109 Nach WOLGAST, Hochschulpolitik (wie Anm. 1), S. 76 f. standen im Sommersemester 1942 222 Lehrkräften nur 175 Studierende gegenüber, z. B. in: Berlin 20, Wien 7, Jena 3, Bonn 3, Breslau 3, Königsberg 5, Kiel 1, Tübingen 48, Erlangen 23, Leipzig 19, Halle 17, Marburg 14, Heidelberg 5, Göttingen 6, Greifswald 12, Münster 2, Gießen und Rostock 0 Studierende. S. auch oben unter Anm. 26. Die Entwicklung bei den katholischen Theologen war umgekehrt, die Zahlen blieben konstant, waren z. T. sogar leicht ansteigend. Eine Schließung der evangelischen Fakultäten würde die katholischen Fakultäten begünstigen und falsche Rückschlüsse auf die Kirchenpolitik des Staates ermöglichen. Dazu auch BURKARD, Wissenschaftspolitik, in: Burkard/Weiß (Hg.), Theologische Fakultäten (wie Anm. 25), S. 81; MEIER, Theologische Fakultäten (wie Anm. 17), S. 454.

Hinweis auf das durch die bisherige restriktive Personalpolitik schon Erreichte, wodurch der Abbau der Fakultäten bereits erheblich fortgeschritten sei. Mehr ließe sich durch eine förmliche Stilllegung oder Schließung auch nicht bewegen, der gegnerischen Propaganda aber würden Argumente geliefert. Bormann und der Leiter der Reichskanzlei Lammers konnten überzeugt werden und stimmten zu, entsprechend der Gesamtstrategie: vor Kriegsende effektive Maßnahmen, aber keine unnötige Beunruhigung.

Die Fakultäten, die bis in die letzten Monate der destruktiven und radikal antikirchlichen Politik Bormanns[110] ausgesetzt waren, wurden letztlich durch den Krieg vor der Eliminierung aus der Wissenschaftsgemeinschaft der Universitäten bewahrt, und der Zusammenbruch des NS-Systems hat die Kirchen und die Theologie vor der fest eingeplanten „Abrechnung", d. h. Vernichtung gerettet. Trotz starker Reduzierungen und schädigender Eingriffe konnten die Fakultäten aber als Institution überleben.

7. Der Fall Eggersdorfer

Ein lokales und in vieler Hinsicht einzigartiges Beispiel für die Ausschaltung eines Theologieprofessors war der Fall Eggersdorfer, der zugleich ein Licht wirft auf das labile Verhältnis zwischen Staat und Kirche in der Anfangszeit des Dritten Reiches[111]. Der hochangesehene Professor für Pädagogik und deren Hilfswissenschaften und Rektor der Philosophisch-Theologischen Hochschule Passau war eine vielseitige und einflussreiche Persönlichkeit in seinen Funktionen als Seelsorger, Kirchenbeamter, Theologe, Pädagoge und auch als Politiker[112]. Er hatte als Rektor seit 1930 auch das Vertrauen seiner Kollegen und trat wiederholt als Sprecher und Interessenvertreter der Philosophisch-Theologischen Hochschulen auf; noch im Dezember 1932 und zuletzt am 20.6.1933 – einen Tag vor dem Sturm auf seine Wohnung – unterzeichnete er die Denkschrift der Professoren

---

110 Bormann war, v. a. ab Mitte 1941 als Leiter der Partei-Kanzlei, die treibende Kraft und entscheidende Instanz in der antikirchlichen Politik des NS-Systems. Noch Anfang 1945 monierte er die noch nicht an allen Hochschulen durchgeführte Änderung der Rangfolge der Fakultäten, nach der die Theologische Fakultät – statt des ersten – den letzten Rang einnehmen sollte: WOLGAST, Hochschulpolitik (wie Anm. 1), S. 78 f.

111 Im Folgenden stützt d. Verf. sich v. a. auf die umfassenden Forschungen von Anton LANDERSDORFER, Vom Hochschulrektor zum Domkapitular. Der Fall Eggersdorfer (1933) (mit Dokumentenanhang), in: Ostbairische Grenzmarken [künftig: OG] 41 (1999) S. 117–137; DERS., Ein geistiges Zentrum in Bedrängnis: Die Philosophisch-Theologische Hochschule, in: Winfried Becker (Hg.), Passau in der Zeit des Nationalsozialismus. Ausgewählte Fallstudien (= Schriften der Universität Passau), Passau 1999, S. 439–466; DERS., Passau, in: Burkard/Weiß (Hg.), Theologische Fakultäten (wie Anm. 3), S. 445–465.

112 Im Vordergrund steht hier themabezogen die politische – nicht die innerkirchliche – Behandlung des Falles. Zur Biographie sei verwiesen auf Reinhold WEINSCHENK, Franz Xaver Eggersdorfer (1879–1958). Aus seinem Leben und Wirken, in: OG 13 (1971) S. 27–64. Von diesem Verfasser stammt auch eine 1969 vorgelegte Dissertation über „Franz Xaver Eggersdorfer und sein System der Allgemeinen Erziehungslehre". Eggersdorfer, der seit 1911 in Passau lehrte, genoss als „markanter Vertreter einer christlichen Erziehungswissenschaft einen hervorragenden, weit über Bayern hinausreichenden Ruf" (so Landersdorfer). Als Mitglied der neu gegründeten Bayerischen Volkspartei (BVP) bis zu deren Auflösung ließ er sich 1919 auch in den verfassungsgebenden Landtag wählen, nahm aber seit 1920 kein Mandat mehr an.

dieser Hochschulen an den bayerischen Episkopat gegen ihre Einschränkung, den Wegfall der sog. Profanlehrstühle[113]. Eggersdorfer war einer der ganz wenigen Theologieprofessoren, gegen den nach dem sog. Berufsbeamtengesetz von 7.4.1933 die Entlassung aus politischen Gründen (§ 4) eingeleitet wurde. Er war seit Jahren als entschiedener Gegner der Nationalsozialisten bekannt, der sich schon seit 1923 offen und mutig in Wort und Schrift gegen deren Irrlehren gewandt und davor gewarnt hatte. Als überzeugter Vertreter einer „christlich konservativen Idee und des wahren Nationalismus" (Landersdorfer) setze sich der national denkende Eggersdorfer in vielen Artikeln und Versammlungen argumentativ mit der widersprüchlichen Lehre der Nationalsozialisten auseinander[114]. Dies geschah z. B. in besonderer Weise in einem Schulungskurs über Gegenwartsfragen, den er im Frühjahr 1931 an der Hochschule hielt und der große Resonanz fand, zumal die stark frequentierten Vorträge nicht nur in der Passauer Donau-Zeitung publiziert, sondern auch als Broschüre mit dem Titel „Die deutsche Not der Gegenwart und die Versuche ihrer Meisterung" in vielen Exemplaren verbreitet wurden.

So war es nicht verwunderlich, dass Eggersdorfer nach der Machtergreifung die Rache der Nationalsozialisten zu spüren bekam. Treibende Kraft dabei war der Kreisleiter und erste Bürgermeister von Passau, Max Moosbauer, der den Hochschulrektor mit „tödlichem Haß" (Landersdorfer) verfolgte und ihn aus seinem Gebiet, aus Passau, weghaben wollte[115]. Obwohl ihm wegen einer – angeblichen – Verweigerung der Flaggenhissung bereits die Verhaftung angedroht worden war, meldete sich Eggersdorfer noch im März 1933 mehrmals mit kritischen Äußerungen zu Wort[116]. Ein konkreter Anlass, gegen ihn vorzugehen, ergab sich am 13. Mai 1933, als er nach einem Vortrag in Linz die Restauflage seiner bekannten Broschüre den Teilnehmern in Linz schicken wollte. Die Sendung wurde geöffnet und er wegen Hochverrats denunziert. Eggersdorfer konnte die Angelegenheit in München noch klären und kam mit einer ernstlichen Verwarnung davon[117].

---

113 NICKEL, Freising, in: Burkard/Weiß (Hg.), Theologische Fakultäten (wie Anm. 3), S. 428, Anm. 36 u. 38. Damit sei nicht nur die Rolle der Philosophisch-Theologischen Hochschulen als „Träger und Mittelpunkt der Bildungs- und Kulturbestrebungen der Provinz", sondern ihre Existenz überhaupt in Gefahr. Damit hoffe man den Klerus aus den Bildungseinrichtungen des deutschen Volkes zu drängen. Die Arbeitsgemeinschaft der Professoren der Philosophisch-Theologischen Hochschulen Bayerns wollte den Bischöfen Argumentationsmaterial liefern für die wohl bevorstehenden Verhandlungen mit dem Staat.

114 Diese grundsätzliche systematische Kritik und Widerlegung der NS-Lehre durch einen Hochschullehrer war in dieser Form wohl einzigartig. Ihre Bedeutung wird in aktuellen Fachpublikationen (Paul MASON, Faschismus. Und wie man ihn stoppt, Berlin 2022) bestätigt: Die wirkungsvollste Waffe der Faschisten sei „die ideelle Verwirrung ihrer Gegner" gewesen.

115 Moosbauer bezeichnete Eggersdorfer als den „berüchtigsten, größten und gefährlichsten Feind der Bewegung", so Eggersdorfer selbst 1946, als er einmal unter Anspielung auf Moosbauers Beruf den Nationalsozialismus mit außen braunen und innen hohlen Semmeln („Hitlersemmeln") verglichen hatte.

116 So in einer Rede in der Academia – Passau und am 21. März 1933 vor dem Gefallenendenkmal der Hochschule, als er beweiskräftig den Nationalismus der Tat der katholischen Theologen dem Nationalismus des Wortes (der Nationalsozialisten) gegenüberstellte. Dies war auch eine Replik auf einen verunglimpfenden Presseartikel, in dem von der „schwarzen Pest" und „schwarzen Brut" geschrieben wurde, die aus nationalen Gründen ausgerottet werden müsse.

117 Bei Minister Quadt und Polizeipräsident Himmler, der bezüglich einer früheren Rede Eggersdorfers bei einer Langemarckfeier aus außenpolitischen Rücksichtnahmen von harten Maßnahmen absah. Dies wiederum steigerte nur noch den Hass Moosbauers.

Aber im Rahmen der einheitlichen Aktion der Bayerischen Politischen Polizei gegen die Bayerische Volkspartei am 21. Juni erfolgte eine groß angelegte und inszenierte Demonstration mit einem Sturm auf die Wohnung Eggersdorfers und einer Hausdurchsuchung. Eggersdorfer wurde von der Polizei, die, wie in solchen Fällen üblich, nicht einschritt, und der Partei deutlich gemacht, dass die sog. „Volkswut" so groß sei, dass man ihn in Passau nicht mehr schützen könne und er – ganz nach dem Wunsch Moosbauers – Passau verlassen müsse[118].

Eggersdorfer fuhr sofort nach München, nachdem er – mit Genehmigung – die Rektoratsgeschäfte an den Prorektor übergeben und dem Ministerium die Einstellung seiner Vorlesungen mitgeteilt hatte. Am 31. Juli erging dann an ihn unter Bezugnahme auf das Berufsbeamtengesetz vom 7.4.1933 die Aufforderung zur Verantwortung wegen seiner 1931 herausgegebenen Druckschrift. Am Ausgang des Verfahrens konnte es wohl keine Zweifel geben.

So kam es kirchlicherseits – im objektiven Interesse Eggersdorfers – zu dem von Passau ausgehenden Plan, Eggersdorfer noch vor der zu erwartenden Entlassung aus dem Staatsdienst für die vakante Stelle des Domdekans vorzuschlagen, was am 9. August unter besonderer Befürwortung an die Apostolische Nuntiatur so weitergegeben wurde. Durch rechtzeitige Übernahme in den kirchlichen Dienst sollte die zu erwartende Entlassung nach § 4 des Berufsbeamtengesetzes vermieden werden. Aber der übervorsichtige Nuntius behandelte die Angelegenheit mit Rücksicht auf das eben geschlossene Konkordat lange Zeit dilatorisch[119]. Der Vorschlag lag erst Ende September (am 25.9.) in Rom, als Kultusminister Schemm, wohl auf Druck der Passauer Kreisleitung[120], bereits offiziell die Absicht von der Entlassung Eggersdorfer verkündet hatte, der, wie es im Schreiben vom 20.9. an das Rektorat der Hochschule hieß, „nach seiner bisherigen politischen Betätigung nicht die Gewähr dafür" biete, „dass er jederzeit rückhaltlos für den nationalen Staat eintreten" werde[121].

Als Eggersdorfer sich am 26. September zur Selbstverteidigung stellte, wurde ihm im Ministerium von den – noch relativ sachlich arbeitenden – Beamten[122] signalisiert, dass man von Seiten des Ministeriums nichts einzuwenden hätte, wenn er durch baldige kirchliche Verwendung noch vor Abschluss des Dienstenthebungsverfahrens aus dem Staatsdienst ausscheiden würde. Am 9. Oktober aber kam die Nachricht, dass Eggersdorfer von der Kurie – zur großen Enttäuschung auch der Passauer kirchlichen Stellen und von Kardinal Faulhaber[123] – als Domdekan abgelehnt worden sei.

---

118 Eggersdorfer hatte wohl unter den Mitgliedern der Bayerischen Volkspartei Hitler am schärfsten bekämpft, so die Passauer Zeitung. Die Hetze gegen ihn wurde auch getragen von den nach Passau geflüchteten österreichischen Illegalen.

119 Der Name des Heiligen Vaters sollte nicht in eine Sache hineingezogen werden, die ihm den Vorwurf einbringen könne, er habe sich kurze Zeit nach dem Konkordat gegen die Regierung gestellt.

120 Schemm hatte sich am 17. September anlässlich der Errichtung des Schlageterkreuzes auf dem Hammerberg in Passau aufgehalten und war von dort nach Aussage Eggersdorfers mit einem „Giftstachel" gegen ihn – so die Ministerialbeamten – zurückgekehrt.

121 Die übliche Formulierung des § 4 des Gesetzes.

122 Man hätte sich so aus der Sicht der Beamten Zeit und Arbeit erspart und hätte einen aufsehenerregenden Konfliktfall vermeiden können.

Nun sollte er zumindest zum Domkapitular gewählt werden, was am 11. Oktober einstimmig beschlossen wurde.

Wider Erwarten stellte sich jetzt die Staatsregierung quer, und das Kultusministerium ließ am 18. Oktober wissen, dass man einerseits von einer Entlassung Eggersdorfers nicht Abstand nehmen könne und andererseits die Übernahme in den kirchlichen Dienst den Belangen des Staates zuwiderlaufe: ein klarer Verstoß gegen das Reichskonkordat, das die Besetzung der Kanonikate durch die kirchlichen Stellen garantierte[124].

Die Nuntiatur hielt sich wieder zurück und wollte trotz aller Rechtsverwahrungen des Domkapitels zunächst nicht grundsätzlich gegen die offensichtliche Konkordatsverletzung tätig werden[125].

Erst in direkten Gesprächen im Kultusministerium gelang es den beiden Diginitären, Dompropst Riemer und Domdekan Ranzinger, trotz des anhaltenden Widerstands des Ministers die Rücknahme des staatlichen Einspruchs gegen die Wahl Eggersdorfers zum Domkapitular zu erreichen – wenn auch gegen die Zusicherung, dass er nur mit internen Angelegenheiten betraut und nach außen nicht weiter in Erscheinung treten werde[126].

In persönlichen Verhandlungen mit Ministerialdirektor Fischer[127], dem damaligen obersten Beamten des Ministeriums, Ende November 1933, konnte Eggersdorfer immerhin eine diskriminierende Form der Entlassung nach § 4 des Berufsbeamtengesetzes abwenden zugunsten der normalen Formulierung, dass der Reichsstatthalter in Bayern Eggersdorfer „seinem Ansuchen entsprechend mit Wirkung vom 1. Dezember

---

123 Eggersdorfer pflegte durchgehend einen intensiven schriftlichen Kontakt mit Kardinal Faulhaber, der für ihn der zuständige Ordinarius war, weil Eggersdorfer, eigentlich ein Passauer Diözesan, 1909 anlässlich seiner Ernennung zum Chorherrn beim Kollegialstift St. Kajetan in München in das Erzbistum München und Freising übergetreten war. Der Kardinal war wohl neben Dompropst Riemer sein größter Unterstützer. Das belegt auch der Dokumentenanhang bei Landersdorfer (OG 41 [1999]).

124 Art. 14: Grundsätzlich freies Besetzungsrecht für alle Kirchenämter ohne Mitwirkung des Staates. Diese Ministerentscheidung war nicht die Position der Ministerialbeamten, z. B. von Ministerialrat Karl Müller.

125 Man wollte den Fall erneut verschleppen und Eggersdorfer sollte nicht in ein kirchliches Amt übernommen werden, bis Gras über die Sache gewachsen sei. Die Nuntiatur wollte sich nicht schriftlich zu dem Vorfall äußern und beließ es bei der mündlichen Zusage, das Domkapitel bei der Vertretung seiner konkordatsgemäßen Rechte zu schützen. Kardinal Faulhaber lobte das Passauer Vorgehen und warnte vor einem einmaligen Nachgeben, das als Präzedenzfall aufgefasst werden könne.

126 Nach einem entsprechenden ministerialen Schreiben konnte Eggersdorfer am 20. November mit Wirkung vom 1. Dezember zum Domkapitular gewählt werden.

127 Karl August Fischer (1885–1975) war ein erfahrener Verwaltungsjurist, politisch der Deutschnationalen Volkspartei nahestehend, aber kein Mitglied der NSDAP. Ende März 1933 holte ihn Minister Schemm ins Ministerium, wo er zeitweilig auch mit der Stellvertretung des Ministers beauftragt war.
https://dewiki.de/Lexikon/Karl_August_Fischer (5.6.2023).
Zum Kultusministerium sei verwiesen auf die Beiträge von Winfried MÜLLER, z. B. Gauleiter als Minister. Die Gauleiter Hans Schemm, Adolf Wagner, Paul Giesler und das Bayerische Staatsministerium für Unterricht und Kultus 1933–1945, in: Zeitschrift für bayerische Landesgeschichte 66 (1997) S. 978 f. (u. a.).

128 Das Kultusministerium an den Rektor am 20. Dezember. Im Hinblick auf die literarische Produktion lag Eggersdorfer viel daran, nicht als „Gebrandmarkter" auszuscheiden. Dennoch hat er auch später wiederholt die Willkür der Machthaber zu spüren bekommen, auch was seine Publikationen betraf.

1933 aus dem bayerischen Staatsdienst unter Anerkennung seiner Dienstleistung entlassen" habe[128].

Wenn der Fall Eggersdorfer noch einen halbwegs versöhnlichen Abschluss fand, so wohl auch deshalb, weil die sachliche Behandlung durch die Verwaltungsbeamten in dieser Zeit noch ein gewisses Gewicht hatte[129] und auch die entscheidenden staatlichen und politischen Stellen – hier v. a. Minister Schemm – einen offenen Konflikt im Hinblick auf die zu erwartenden Reaktionen in der Region und in kirchlichen Kreisen vermeiden wollten.

---

129 Man kann wohl davon ausgehen, dass Fischer, ein Stipendiat der Stiftung Maximilianeum, als langjähriger und erfahrener Verwaltungsbeamter aus seinen früheren Einsätzen u. a. in den Bezirksämtern Wegscheid und Grafenau sowie in der Regierung von Niederbayern Eggersdorfer kannte, vielleicht auch schätzte und um den Einfluss dieses hochangesehenen Rektors und Kirchenmannes wusste.

Die Gründung der Universität Passau und die ersten Jahrzehnte

Walter Schweitzer

Vorbemerkung

In diesem Beitrag soll die Gründungsphase der Universität Passau sowie die Entwicklung schwerpunktmäßig, aber nicht ausschließlich in den ersten zwei Jahrzehnten betrachtet werden. Das akademische Leben ab dem Jahr 1622 mit der Gründung der Jesuitenhochschule sowie die Lehrtätigkeit an der Philosophisch-Theologischen Hochschule ab 1833 bzw. 1923 bis zu ihrer Eingliederung im Jahr 1978 in die Universität Passau ist anderen Beiträgen in diesem Band vorbehalten.

1. Gründungsphase vor 1978

1.1. Gründungsgeschichte bis 1977

Im Jahr 1967 forderte der Bezirksplanungsverein Niederbayern erstmals die Errichtung einer Universität in Passau. Die Begründung dafür waren der Ausbaustand der Gymnasien und das Anwachsen der Abiturient:innenzahlen in der Region. Mit einer solchen Gründung sollte die Möglichkeit für ein heimatnahes Studium eröffnet werden. Zudem war damals Niederbayern der einzige Regierungsbezirk Bayerns, der noch keine Landesuniversität aufwies. Motor dieser Forderungen war der damalige Regierungspräsident Johann Riederer, auf dessen Initiative dann eine Denkschrift an alle politischen Entscheidungsträger in Bayern versandt wurde, um diese Forderungen zu untermauern. Allerdings trafen diese Forderungen für Passau auf heftigen Widerstand, besonders aus der Stadt Landshut, die stattdessen für eine dortige Gründung einer Universität plädierte. Wegen der allzu großen Nähe Landshuts zur Landeshauptstadt

München mit den beiden großen Universitäten entschied sich die Bayerische Staatsregierung aber für den Standort Passau. Die Tatsache, dass es dort bereits eine Philosophisch-Theologische Hochschule gab, hat sicher wesentlich zu dieser Entscheidung beigetragen.

1970 beschlossen die Bayerische Staatsregierung sowie der Bayerische Landtag endgültig die Errichtung einer Universität in Passau. Begleitet wurden die Beschlüsse vom Verein Kuratorium Universität Passau, der sich intensiv für eine Universität in Passau einsetzte und für sie warb. 1972 gab auch der Wissenschaftsrat, der bei Neugründungen unbedingt zustimmen muss, sein Einverständnis, ergänzt durch Beschlüsse der Stadt Passau, insbesondere zur Bebauungsplanung. Endgültig verkündet wurde das Gesetz zur Errichtung der Universität Passau schließlich am 7.12.1972 und am 1.1.1973 trat es in Kraft.

Im nächsten Schritt musste entschieden werden, welche Fächer und Studiengänge die zukünftige Universität anbieten sollte. Dazu wurde 1974 ein Strukturbeirat für die Ausrichtung der Universität berufen, aber auch schon die erste Geschäftsstelle der Universität in der Neuen Bischöflichen Residenz eingerichtet. Nach den Vorstellungen des Strukturbeirates sollte die neue Universität eine Katholisch-Theologische, eine Juristische, eine Wirtschaftswissenschaftliche, eine Sprach- und Literaturwissenschaftliche, eine Kulturwissenschaftliche sowie eine Fakultät für Mathematik und Informatik aufweisen. Bereits 1980 wurde die Sprach- und Literaturwissenschaftliche mit der Kulturwissenschaftlichen Fakultät zur Philosophischen Fakultät zusammengefasst, ein Beschluss, der vor Kurzem revidiert wurde. Die Fakultät für Mathematik und Informatik nahm erst 1983 den Lehr- und Forschungsbetrieb auf, war aber im Konzeptpapier des Strukturbeirates von Anfang an enthalten. Zusätzlich sollten als Zentrale Einrichtungen eine Universitätsbibliothek, ein Sprachen- sowie ein Sportzentrum eingerichtet werden; ein Rechenzentrum kam erst später dazu.

Dieses Konzeptpapier enthielt die für die damalige Universitätslandschaft neue Idee einer fachspezifischen Fremdsprachenausbildung, bei der nicht die Philologien, sondern die Fachsprachen für Juristen und Wirtschaftswissenschaftler angeboten werden sollten. Dieses innovative Konzept war dann auch richtungsweisend für die weitere Entwicklung der Universität.

1976 wurde Prof. Dr. Karl-Heinz Pollok, Inhaber des Lehrstuhls für Slawistik an der Universität Regensburg, zum ersten Präsidenten der Universität Passau bestellt; vorher war er bereits Präsident der Universität Regensburg und dann Leiter der Bayerischen Hochschulplanungskommission, die sich damals mit der Planung neuer Landesuniversitäten in Bayern befasste. Im Jahr 1977 wurde Dr. Karl-August Friedrichs erster Kanzler der Universität Passau.

Für die Leitung der Universität Passau war damit gesorgt, aber jetzt mussten auch noch Professor:innen ausgewählt werden; dazu wurde eine hochkarätig besetzte Berufungskommission eingerichtet. Da die Errichtung einer Juristischen Fakultät an der neuen Landesuniversität auf heftigen Widerstand der übrigen Juristischen Fakultäten an den anderen bayerischen Universitäten stieß, bedurfte es nochmals eines ausdrücklichen Beschlusses der Bayerischen Staatsregierung, auch tatsächlich eine Juristische Fakultät an der Universität Passau einrichten zu wollen.

Laut Strukturbeirat sollte mit den Lehramtsstudiengängen und den Studiengängen in den Wirtschaftswissenschaften begonnen werden. Da damals allerdings wegen der großen Zahl von Absolvent:innen der Lehramtsstudiengänge ein Überangebot bestand (wie auch in späteren Jahrzehnten immer wieder), wurden die Lehramtsstudiengänge bis zu Beginn der 1980er Jahre zurückgestellt; es sollte nun mit den Studiengängen in Jura und Wirtschaftswissenschaften gestartet werden.

1.2. Bauentwicklung bis 1977

Die Struktur der neuen Universität war damit festgelegt, aber es musste auch entschieden werden, wo sie stehen sollte. Dazu wurden 1970 Standorte im Neuburger Wald, im Westen der Stadt und auf der Ries untersucht, die alle in großer Entfernung zum Stadtzentrum gelegen waren. Diese Idee zur Errichtung von Universitäten „auf der grünen Wiese" war damit durchaus vergleichbar mit einigen Hochschulneugründungen in Bayern und im übrigen Deutschland in den damaligen Jahren. Allerdings wurden damals auch schon Überlegungen angestellt, die neue Universität entlang des Innufers zu platzieren. 1972 empfahl die Oberste Baubehörde in München dann endgültig den Standort am Innufer, eine seinerzeit sicher sehr mutige Entscheidung. Denn es musste mit über 60 verschiedenen Grundeigentümern verhandelt werden, schwierige Betriebsumsiedlungen standen an und Mieter mussten in neue Wohnungen umziehen. Diese Verhandlungen waren jedoch mit Ausnahme des Grundstücks einer Spedition erfolgreich, welches tatsächlich erst Anfang der 2020er Jahre erworben werden konnte. Dieses Speditionsgrundstück mitten im Universitätsgelände verursachte über lange Jahre umfangreiche und kostspielige Um- und Neuplanungen sowie Bauverzögerungen. Da die vorhandenen Gebäude und Grundstücke durchweg sanierungsbedürftig waren, war die Neuplanung und Bebauung des Geländes am Innufer für die Stadt Passau letztlich auch ein Stück gelungene Stadtsanierung.

Nach einem Architektenwettbewerb 1976 wurde entschieden, den Westflügel des Nikolaklosters zu sanieren und den Südflügel nach Abriss der dort bestehenden Gebäude neu zu errichten. Das altehrwürdige Nikolakloster erhielt damit nach einer jahrhundertelangen, wechselvollen Geschichte als Kloster, Kaserne und Flüchtlingslager eine neue Verwendung.

2. Gründungsgeschichte ab 1978

2.1. Universitätsgeschichte ab 1978

Die Berufungskommission war ab Spätherbst 1977 tätig, die Hauptarbeit wurde aber erst ab 1.1.1978 unter dem Vorsitzenden Prof. Dr. Matthäus Kaiser, Inhaber des Lehrstuhls für Systematische Theologie (Kirchenrecht) an der Universität Regensburg, geleistet. Da geeignete Räumlichkeiten in Passau noch nicht zur Verfügung standen, fanden die ersten Berufungsvorträge in der Staatsbibliothek in München statt. Diese Entscheidung hing sicher auch damit zusammen, dass München für die Mitglieder der

Abb. 1: Neue Bischöfliche Residenz (Universitätsarchiv Passau)

Berufungskommission leichter zu erreichen war, zumal es damals noch keine Autobahn nach Passau gab.

Im April 1978 wurde Prof. Dr. Michael Kobler als erster Professor an der Juristischen Fakultät ernannt. Später fanden seine Bayerisch-Kurse für Juristen bundesweite Beachtung, außerdem war er über viele Jahre Mitglied im Stadtrat. An der Wirtschaftswissenschaftliche Fakultät trat als erster Prof. Dr. Gerhard Kleinhenz den Dienst an. Die erste Professorin kam erst später an die Universität Passau, nämlich Prof. Dr. Inka Stampfl, die Anfang der 1980er Jahre an der Philosophischen Fakultät zur Professorin für Musikerziehung ernannt wurde.

Das gemeinsame Dienstzimmer der bereits im Sommer 1978 ernannten Professoren der Juristischen und der Wirtschaftswissenschaftlichen Fakultät war zunächst das ehemalige Schlafzimmer des Fürstbischofs in der Neuen Bischöflichen Residenz. Für jeden Professor musste ein Schreibtisch genügen, Wissenschaftliche Mitarbeiter:innen an den Lehrstühlen gab es damals noch nicht.

Im November 1978 wurde dann von der Juristischen und der Wirtschaftlichen Fakultät der renovierte Ostflügel des Nikolaklosters im 5. Stock bezogen.

Die Eingliederung der Philosophisch-Theologischen Hochschule als Katholisch-Theologische Fakultät erfolgte am 25.7.1978; dabei wurden alle 13 Lehrstühle in die neue Fakultät überführt – ein wichtiger Unterschied zu anderen universitären Neugründungen in Bayern, bei denen die Lehrstühle erst nach aufwändigen Bewerbungsverfahren besetzt wurden, was mit den dort bisher tätigen Professor:innen der Theologie zu Konflikten führte, die der Universität Passau erspart blieben.

Abb. 2: Nikolakloster (Stadtarchiv Passau)

Eine neue Universität benötigt auch ein Siegel. Bei einem Treffen der damaligen Professoren mit Präsident Pollok entschied man sich nach langer Diskussion, das frühere Siegel der Philosophisch-Theologischen Hochschule mit neuer Umrahmung zu verwenden, die „Maria vom Siege". Sie schmückte dann nicht nur das universitäre Siegel, sondern wurde auch als Logo auf Zeugnissen, Plakaten, Briefbögen, Bierkrügen u. ä. verwendet. Wegen dieses exzessiven Einsatzes eines Symbols der Gegenreformation entzündete sich daran der „Passauer Siegel-Streit", der sogar in der überregionalen Presse kommentiert wurde. In einer Senatssitzung wurde nach intensiver Diskussion beschlossen, dieses Siegel nur noch sehr zurückhaltend weiter zu verwenden und ein neues Logo entwerfen zu lassen. Dies führte dann zu dem wenig gelungenen „Wasser-Logo" und schließlich dann am Ende der 1990er Jahre zum aktuellen Logo – nach Einschätzung vieler Fachleute einem außerordentlich gelungenen Entwurf.

Abb. 3a–c:
„Wasser-Logo"; aktuelles Logo; Siegel (Universitätsarchiv Passau)

Mit einem Festakt am 9.10.1978 in der – inzwischen abgerissenen – Nibelungenhalle am Kleinen Exerzierplatz wurde die Universität Passau feierlich eröffnet. Nach einem Evangelischen Gottesdienst in der Matthäuskirche und einem Pontifikalamt im Dom trat in der Nibelungenhalle eine eindrucksvolle Zahl von Rednern ans Pult, unter anderen Prof. Dr. Hans Maier, damals Staatsminister für Unterricht und Kultus, Ministerpräsident Alfons Goppel bis zum Präsidenten Karl-Heinz Pollok. Ein Bürgerfest auf

PROGRAMM

FÜR DIE FEIERLICHE ERÖFFNUNG DER UNIVERSITÄT PASSAU

AM 9. OKTOBER 1978

8.30 UHR EVANGELISCHER GOTTESDIENST
IN DER KRYPTA DER UNIVERSITÄTSKIRCHE ST. NIKOLA
OBERKIRCHENRAT HERMANN BÜRCKSTÜMMER

9.30 UHR PONTIFIKALAMT
IN DER UNIVERSITÄTSKIRCHE ST. NIKOLA
BISCHOF DR. ANTON HOFMANN

11.00 UHR FESTAKT IN DER NIBELUNGENHALLE

W. A. MOZART: HAFFNER-SYMPHONIE, 1. SATZ

BEGRÜSSUNG UND ANSPRACHE DES BAYERISCHEN STAATSMINISTERS
FÜR UNTERRICHT UND KULTUS
PROFESSOR DR. HANS MAIER

GRUSSWORTE:

JOHANN RIEDERER
VORSITZENDER DES KURATORIUMS UNIVERSITÄT PASSAU

PROFESSOR DR. HANSJÜRG STEINLIN
PRÄSIDENT DER WESTDEUTSCHEN REKTORENKONFERENZ

PROFESSOR DR. THEODOR BERCHEM
FEDERFÜHRENDER DER BAYERISCHEN REKTORENKONFERENZ

DR. EMIL BRICHTA
OBERBÜRGERMEISTER DER STADT PASSAU

BJÖRN ENGHOLM
PARLAMENTARISCHER STAATSSEKRETÄR IM BUNDESMINISTERIUM
FÜR BILDUNG UND WISSENSCHAFT

F. X. RICHTER: FUGE

ANSPRACHE DES BAYERISCHEN MINISTERPRÄSIDENTEN
DR. ALFONS GOPPEL

ÜBERGABE DER AMTSKETTE AN DIE UNIVERSITÄT PASSAU
DURCH DEN BISHERIGEN PRÄSIDENTEN DER
PHILOSOPHISCH-THEOLOGISCHEN HOCHSCHULE PASSAU
PROFESSOR DR. FRANZ ESER

ANSPRACHE DES PRÄSIDENTEN DER UNIVERSITÄT PASSAU
PROFESSOR DR. KARL-HEINZ POLLOK

J. HAYDN: SYMPHONIE »MARIA THERESIA«, 4. SATZ

13.00 UHR EMPFANG DES BAYERISCHEN MINISTERPRÄSIDENTEN
DR. ALFONS GOPPEL
IN DER NIBELUNGENHALLE

ANSCHLIESSEND: MÖGLICHKEIT ZUR BESICHTIGUNG DER
UNIVERSITÄTSRÄUME IM NIKOLAKLOSTER
UND IN DER INNSTEGTURNHALLE

MUSIKALISCHE GESTALTUNG: THEATERORCHESTER PASSAU
UNTER LEITUNG VON MUSIKDIREKTOR GERD UECKER

Abb. 4: Programm des Festaktes (Universitätsarchiv Passau) dem Rathausplatz sowie ein Empfang im Großen Rathaussaal für die Festgäste beschlossen den Festtag der Gründung – abgerundet durch ein Feuerwerk, von dem die Besucher:innen allerdings wegen des starken Nebels überhaupt nichts sahen.

2.2. Studiensituation ab 1978

Anfang November 1978 startete die neu gegründete Universität mit einer Studierendenzahl von 453, der Größenordnung eines mittelgroßen Gymnasiums und weit entfernt von den damals avisierten 4000 Studierenden. Heute liegt die Zahl der Studierenden bei über 11.000; entsprechend gibt es allerdings auch mehr Personalstellen sowie Gebäude, die ursprünglich nicht geplant waren.

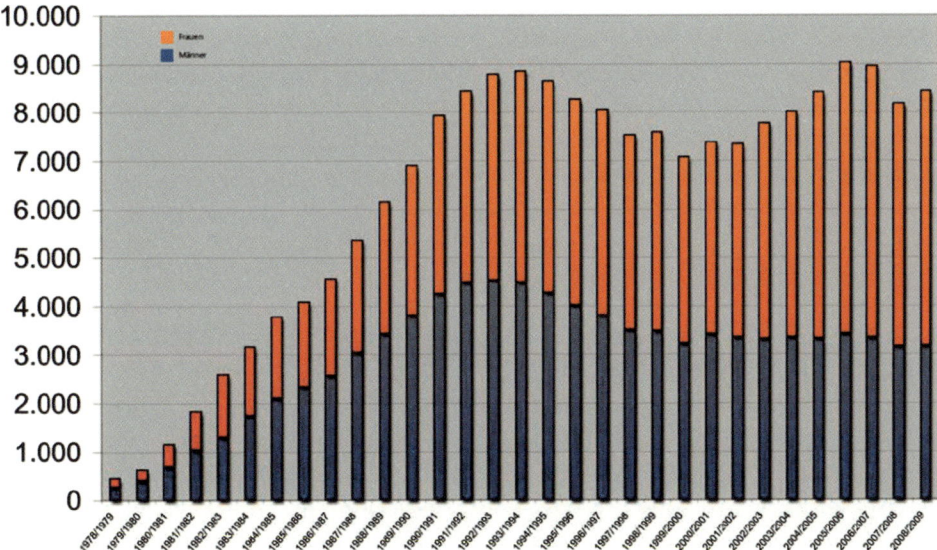

Abb. 5: Entwicklung der Studierendenzahl bis zum WS 2007/08 (Universitätsarchiv Passau)

Alle Studienbewerber:innen für die Juristische und die Wirtschaftswissenschaftliche Fakultät mussten sich anfangs bei der Zentralen Vergabestelle für Studienplätze (ZVS) in Dortmund bewerben. Bewerber:innen, die als erste Wahl des Studienortes große und renommierte Universitäten angaben, wurden damals häufig nach Passau „zwangsverschickt". Es gab aber auch schon viele, die sich als erste Wahl für Passau entschieden – vor allem wegen der neuartigen fachspezifischen Fremdsprachenausbildung, die auf großes Interesse stieß. Die Befürchtung der Universitätsleitung, Verwaltung und Professorenschaft, dass viele Studierende nach dem ersten Semester Passau wieder verlassen würden, war allerdings dauerhaft unbegründet. Während in der Wirtschaftswissenschaftlichen Fakultät nur Studierende im 1. Fachsemester zugelassen wurden, öffnete die Juristische Fakultät ihren Studiengang für alle Fachsemester, was bei einer zu geringen Teilnehmer:innenzahl immer wieder zu Ausfällen von Lehrveranstaltungen führte.

Legendär wurde der Erstsemester-Empfang für die Studierenden im Großen Rathaussaal, später in der Nibelungenhalle, nach deren Abriss in der Dreiländerhalle und schließlich in der Mensa, mit Leberkäse, Emmentaler, Bier, alkoholfreien Getränken und Blasmusik der Stadtkapelle Passau – der Musikstil hat sich allerdings im Laufe der Zeit geändert. Die Vorlesungen fanden, da neugebaute Hörsäle noch nicht zur Verfügung standen, in den Räumen der Katholisch-Theologischen Fakultät, im einzigen neuen Hörsaal im 4. Stock des Nikolaklosters sowie später auch in der Redoute neben dem Stadttheater statt. Die ersten Absolvent:innen Anfang der 1980er Jahre wurden zunächst nur an der Wirtschaftswissenschaftliche Fakultät, später auch an den anderen Fakultäten, in feierlichen Zeugnisüberreichungen aus der Universität verabschiedet – damals ebenfalls ein Novum in der deutschen Universitätslandschaft.

Da die Gebäude für das Sportzentrum fehlten, fand das damals schon umfangreiche Sportprogramm in angemieteten Turnhallen und Sportanlagen über die ganze Stadt verteilt statt, was zu Kritik bei den örtlichen Vereinen wegen der zeitlichen Belegung führte. Es wurden die üblichen Sportarten, aber auch regionalspezifische wie Skilaufen, Langlauf, Golf, Rudern und Kanu angeboten. Eröffnet wurde dann der 1. Bauabschnitt des Sportzentrums 1994, gleichzeitig wurde der 2. Bauabschnitt auf einem Gelände geplant, auf dem noch Wohngebäude standen, in denen provisorisch Studierende, aber auch Lehrstühle untergebracht waren. Der Abriss der Gebäude auf diesem Areal, damals als „Ghetto" bezeichnet, führte zu erheblichen Protesten der betroffenen Studierenden, da sich dort auch eine bemerkenswerte Kulturszene entwickelt hatte.

Das Sprachenzentrum wurde im Südflügel des Nikolaklosters untergebracht, das Rechenzentrum im dortigen Keller, später provisorisch in weiteren neu errichteten Gebäuden, bis es im Gebäude der Fakultät für Informatik und Mathematik seinen endgültigen Standort fand. Dort wurde zunächst mit einer Großrechner-Architektur der Firmen Hewlett-Packard und IBM gearbeitet, danach mit der heute üblichen Server-Architektur. Die Universitätsbibliothek wurde schon ab 1976 als Provisorium in der Innstegturnhalle (heute Innstegaula) untergebracht, bis ab 1986 dafür ein neues Gebäude zur Verfügung stand.

2.3. Bauentwicklung ab 1983

Entscheidend verbessert wurde die Hörsaal-Situation 1983 durch das erste völlig neu erbaute Gebäude Nikolakloster-Neubau (heute Philosophikum). Entworfen wurde dieses Gebäude vom Architekturbüro Fauser aus München. Dieser Neubau wurde von Fachleuten sehr gelobt und mit Preisen ausgezeichnet.

In den folgenden Jahren wurde das Gebäude Geisteswissenschaften II (GW II, heute Gebäude Wirtschaftswissenschaften) erbaut, es folgten die Mensa und die Zentralbibliothek. Wegen der in diesen Jahren stark gestiegenen Studierendenzahlen konnte für einige Lehrveranstaltungen der größte Hörsaal im GW II nicht alle Studierenden aufnehmen, sodass damals schon Video-Übertragungen in benachbarte Hörsäle notwendig waren. Diese Engpass-Situation führte zu einer zügigen Planung und zum Bau eines Zentralen Hörsaalgebäudes mit einem Audimax, das jedoch – im Gegensatz zum Audimax an der Universität Regensburg – für kulturelle Veranstaltungen nur sehr

Die Gründung der Universität Passau und die ersten Jahrzehnte

Abb. 6: Gesamtes Universitätsareal (Universitätsarchiv Passau)

eingeschränkt nutzbar war. Weitere Gebäude folgten, das der Fakultät für Mathematik und Informatik sowie das der Juristischen Fakultät (Juridicum), die Ruderanlage des Sportzentrums, das IT-Zentrum/International House, das Verwaltungsgebäude und vorläufig als Letztes das Medienzentrum. Das Gebäude der Katholisch-Theologischen Fakultät wurde weiterhin genutzt, es wurden einige Gebäude sowohl in der Stadtmitte als auch in der neu errichteten „Neuen Mitte" angemietet bzw. gekauft. Die meisten der neu gebauten Gebäude auf dem eigentlichen Universitätsareal wurden in hoher architektonischer Qualität vom Staatlichen Hochbauamt geplant, sodass es nicht überraschend war, dass bei einer deutschlandweiten Umfrage unter Studierenden die Universität Passau zum schönsten Campus Deutschlands gewählt wurde.

Bei staatlichen Gebäuden muss ein festgelegter Prozentsatz der Baukosten für Kunst am Bau ausgegeben werden. Auf diese Weise entstand an der Universität Passau eine beachtliche Sammlung an hochwertigen Kunstwerken, die auch immer wieder im Rahmen von Kunstführungen besichtigt werden können. Schon das erste Kunstwerk von Herbert Peters auf dem Freigelände am Innufer erzeugte nach der Aufstellung 1981 geradezu eine „Leserbrief-Schlacht". Nicht traurig war der Künstler über die regelmäßige Bemalung des bearbeiteten Granitsteins, da es seiner Meinung nach nur ein gutes Zeichen war, wenn man sich auf diese Weise mit seinem Kunstwerk auseinandersetzte. Das später aufgestellte Werk „Boot" von Andreas Sobeck, ebenfalls aus Granit, wurde seiner Bezeichnung im Jahr 2013 fast gerecht, als das damalige extreme Hochwasser genau bis zu diesem Kunstwerk reichte.

Abb. 7a/b: „Hinkelstein"; „Boot" (Universitätsarchiv Passau)

2.4. Studiengänge

An den einzelnen Fakultäten wurden bewusst traditionell konzipierte Diplom- und Magisterstudiengänge angeboten, die am Ende der 1990er Jahre durch Bachelor- und Masterstudiengänge abgelöst wurden. Diese bildungspolitische Entscheidung, die von den Universitäten nicht beeinflusst werden konnte, bot aber neue Gestaltungsmöglichkeiten, die von der Universität Passau auch umfassend genutzt wurden. Bei den Studiengängen mit dem Abschluss des Staatsexamens konnte die Universität hingegen nicht so einfach eigene Schwerpunkte zu setzen.

Im Wintersemester 1983/84 startete der Lehr- und Forschungsbetrieb der Fakultät für Mathematik und Informatik, die später wegen des Übergewichts der Informatik-Lehrstühle in Fakultät für Informatik und Mathematik umbenannt wurde. Mit den Schwerpunkten Digitalisierung und Künstliche Intelligenz, nicht nur im Kernbereich der Informatik, sondern auch in den Wissenschaftsbereichen der übrigen Fakultäten, wurde eine Entwicklungslinie angelegt, die die Ausrichtung der Universität Passau in den nächsten Jahren entscheidend prägen wird.

Auf der Grundlage der bereits erläuterten fachspezifischen Fremdsprachenausbildung wurde ein weiterer Schwerpunkt an der Philosophischen Fakultät begründet, der auch in die anderen Studiengänge hineinwirkte: der Diplom-Studiengang Sprachen, Wirtschafts- und Kulturraumstudien – untrennbar verbunden mit dem Namen Prof. Dr. Klaus Dirscherl, der den Lehrstuhl für Romanische Sprachen und Kulturen innehatte. Der völlig neu konzipierte Studiengang, den es in dieser Ausprägung bisher an keiner Universität gab, wurde sofort nach dem Start ein Riesenerfolg, sodass die Nachfrage nach Studienplätzen nur durch einen rigiden Numerus Clausus geregelt werden konnte. Die Anregung für diesen Studiengang kam aus dem Neuburger Gesprächskreis für Wissenschaft und Praxis, von dem später noch ausführlicher berichtet wird.

Ein einschneidendes Ereignis in der Universitätsgeschichte war zweifellos die Schließung (in der dafür erforderlichen Änderung des Konkordats als „Ruhen" bezeichnet) der Katholisch-Theologischen Fakultät Ende der 1990er Jahre und deren Umwandlung in ein Department für Katholische Theologie an der Philosophischen Fakultät. Damit verbunden war wegen der viel zu geringen Studierendenzahl die Beendigung der Priesterausbildung und die Beschränkung auf das Fach Katholische Religionslehre im Rahmen der Lehramtsstudiengänge. Auch das Lehramtsfach Evangelische Religionslehre wurde in dieser Zeit geschlossen. Der in dieser Umbruchphase entwickelte neue Diplom-Studiengang Caritaswissenschaft und Angewandte Theologie, der später in einen Masterstudiengang umgewandelt wurde, trug ganz entscheidend zur positiven Entwicklung dieses Departments bei.

2.5. Fördereinrichtungen

Bereits berichtet wurde vom Kuratorium Universität Passau, das sich in den Jahren 1970 bis 1976 intensiv für die Errichtung einer Universität in Passau eingesetzt hat. Dieses Vorhaben einer Universitätsgründung fand bei den regionalen politischen Entscheidungsträgern breite Unterstützung, nicht aber unbedingt in der Bevölkerung, was ein Blick auf die kritischen Leserbriefe in den Pressearchiven beweist. Nach dem Tod von Regierungspräsident Johann Riederer am 15.1.1979, der auch der erste Vorsitzende des Kuratoriums war und zum ersten Ehrensenator der Universität Passau ernannt wurde, wurde diese Fördereinrichtung in Verein der Freunde und Förderer in der Universität Passau umbenannt. Heute kümmert sich diese Institution um die Förderung von studentischen und wissenschaftlichen Projekten sowie um die Organisation eines ausreichenden Wohnangebotes für ausländische Studierende.

Am 22.12.1983 wurde der Neuburger Gesprächskreis Wissenschaft und Praxis an der Universität Passau gegründet, untrennbar verbunden mit dem Namen Hubert Wagner, damals Leiter der Geschäftsstelle der Gerling Versicherungs-AG in München, der mit seiner Initiative auf Seiten der Universität mit Präsident Dr. Karl-Heinz Pollok und Kanzler Dr. Karl-August Friedrichs aufgeschlossene Gesprächspartner fand. Eine solche Gesprächsplattform für den Dialog zwischen Unternehmenspraxis und Wissenschaft war damals in der deutschen Universitätslandschaft einzigartig und stellt bis heute eine unverzichtbare Fördereinrichtung für die Universität dar. Die Bezeichnung rührt daher, dass die Vereinsgründung nach einem Symposium auf einer Feier an einem lauen Sommerabend auf Schloss Neuburg/Inn beschlossen wurde. Dieser Gesprächskreis war dann auch Vorbild für ähnliche Gesprächsplattformen an anderen Universitäten, so etwa für den Dresdner Gesprächskreis sowie für den Budapester Gesprächskreis.

Eine weitere wichtige Institution wurde am 13.7.1990 gegründet: der Ehemaligenverein der Universität Passau (heute Alumni-Club). Er war von Anfang an fakultätsübergreifend organisiert und gemessen an der Zahl der bisherigen Absolvent:innen dürfte er wohl immer noch die größte universitäre Absolventenvereinigung in Deutschland sein. Da der neue Studiengang Sprachen, Wirtschafts- und Kulturraumstudien in der Wirtschaft und bei anderen potenziellen Arbeitgebern völlig unbekannt war, wurde zur Förderung des Bekanntheitsgrades das KuWi-Netzwerk International gegründet. Diese studiengangsbezogene Einrichtung arbeitet mittlerweile mit dem Alumni-Club eng zusammen und organisiert immer wieder für Studierende und Absolvent:innen gemeinsame Initiativen.

Auf Anregung von Kanzler Dr. Karl-August Friedrichs wurde am 10.5.1994 die Passau Universitätsstiftung gegründet in der Hoffnung, dass damit mittel- und langfristig die Universität Passau nicht mehr nur ausschließlich auf staatliche Finanzmittel zurückgreifen muss. Durch die intensive Einwerbung von Stiftungsmitteln wuchs der Kapitalstock schnell an, reicht aber für eine maßgebliche Förderung der Universität Passau bei Weitem nicht aus. Aktuell unterstützt die Universitätsstiftung die Vergabe von Deutschland-Stipendien und fördert immer wieder aktuelle studentische Initiativen.

3. Weitere Themen und Ausblick

3.1. Weitere Themen

In den ersten Jahren des Lehrbetriebs der Universität war es wegen der geringen Zahl der Studierenden kein Problem, auf dem privaten Wohnungsmarkt Unterkünfte zu finden. Zu den Aufgaben des Studentenwerks Niederbayern-Oberpfalz gehört es, Studierendenheime zu bauen und zu betreiben. Das erste dieser Art wurde in der Bräugasse in einem von Grund auf renovierten Altstadtgebäude eröffnet, weitere neu gebaute Wohnanlagen kamen später dazu. Da die Studierendenzahlen in den 1990er Jahren stark anstiegen, wurde der Wohnraum für Studierende knapp, und die Universität brachte auf dem Universitätsgelände, dem „Ghetto", zeitweise Studierende unter. Aber auch private Investoren erkannten die Chance und erbauten zusätzliche Wohnheime für Studierende. Besonders beliebt in der Altstadt sind nach wie vor Wohngemeinschaften, die immer wieder angeboten werden. Der Betrieb der Mensen ist ebenfalls eine wesentliche Aufgabe des Studentenwerks. Anfangs gab es eine provisorische Mensa in der bald zu kleinen Cafeteria im Südflügel des Nikolaklosters, dann wurde als weiteres Provisorium der Redoutensaal beim Stadttheater genutzt, bis schließlich ein eigenes, architektonisch viel gerühmtes Gebäude für die Mensa entstand.

Einen hohen Stellenwert hatte von Anfang die internationale Ausrichtung. Bereits 1985, also noch vor der Wende, wurde mit der Karlsuniversität Prag ein erster Partnerschaftsvertrag geschlossen, also eine Kooperation zwischen der ältesten, deutschsprachigen Universität und der damals jüngsten Universität in Deutschland. Weitere Partnerschaften auf der ganzen Welt, besonders aber in West- und Osteuropa, folgten; aktuell sind es mehr als 200, dabei besteht bei einigen von ihnen die Möglichkeit, einen Doppelabschluss zu erwerben.

Eine besondere Bedeutung hatte dabei ab Ende der 1990er Jahre die Zusammenarbeit mit der Staatsuniversität für Management in Moskau sowie mit der Karl-Marx-Universität (heute Corvinus-Universität) in Budapest. Dort wurden von Dozent:innen aus Passau zusammen mit dortigen Mitarbeiter:innen deutschsprachige Studiengänge in Betriebswirtschaftslehre angeboten, finanziert vom Deutschen Akademischen Austauschdienst (DAAD). Beide Studiengänge wurden von Prof. Dr. Helmut Schmalen, Lehrstuhl für Betriebswirtschaftslehre mit Schwerpunkt Absatzwirtschaft und Handel, organisiert und geleitet. Der Studiengang in Moskau musste wegen Unregelmäßigkeiten bei der Prüfungsabwicklung zwischenzeitlich eingestellt werden. Den Studiengang in Budapest, dort seit Beginn unter der Leitung von Prof. Dr. Judit Simon, Lehrstuhl für Marketing an der dortigen Universität, gibt es bis heute. Eine ähnliche Zusammenarbeit existiert seit 2010 mit der Deutsch-Türkischen Universität in Istanbul, an deren Aufbau Prof. Dr. Ernst Struck, Lehrstuhl für Anthropogeographie an der Philosophischen Fakultät, maßgeblich beteiligt war.

Bei nationalen und internationalen Rankings für einzelne Fakultäten und für die Gesamtuniversität wurden von Anfang an, aber auch aktuell, beachtliche Ergebnisse erzielt, die zum guten Ruf der Universität ganz wesentlich beigetragen haben. Mittlerweile arbeiten junge Forscher:innen in zwei Graduiertenkollegs an der Philosophischen und an der Wirtschaftswissenschaftlichen Fakultät, die von der Deutschen Forschungsgemeinschaft (DFG) finanziert werden. Der von der Europäischen Gemeinschaft eingerichtete European Research Council (ERC), der besonders hohe Anforderungen an die Genehmigung von Anträgen stellt, finanziert zwei weitere Forschergruppen.

3.2. Ausblick

Die bauliche Erweiterung der Universität mit dem Internationalen Wissenschaftszentrum (IWZ) am Spitzberg unterhalb der Löwenbrauerei wird für eine noch bessere Anbindung an die Stadt sorgen. Außerdem bekommt Passau damit endlich einen konzertsaalfähigen Hörsaal, der für kulturelle Veranstaltungen jeglicher Art genutzt werden kann und der die Stadt keinen Euro kostet.

Bereits erwähnt wurde, dass die über 40 Jahre andauernden vergeblichen Bemühungen, das Grundstück der Spedition inmitten des Universitätsgeländes zu erwerben, im Jahr 2022 endlich erfolgreich waren. Dieser Grunderwerb bietet beachtliche architektonische Gestaltungsmöglichkeiten im Umfeld des Verwaltungsgebäudes und des IT-Zentrums/International House.

Aktuell realisiert wurde die Aufteilung der sehr heterogen zusammengesetzten Philosophischen Fakultät auf zwei Fakultäten, eine Geistes- und Kulturwissenschaftliche sowie eine Sozial- und Bildungswissenschaftliche Fakultät. Damit wurde ein Konzept wieder aufgegriffen, das der Strukturbeirat für die Ausrichtung der Universität Passau Anfang der 1970er Jahre bereits vorgeschlagen hatte.

Der geplante MedizinCampus Niederbayern unter der Federführung der Universität Regensburg, aber unter maßgeblicher Einbeziehung des Klinikums und der Universität Passau, wird die medizinische Versorgung in der Region entscheidend verbessern, gleichgültig, welche endgültige Ausgestaltung er letztlich erfahren wird.

4. Schlussbemerkung

Auch wenn in diesem Beitrag viele Themen angesprochen wurden, ist es unmöglich, die über 40-jährige Erfolgsgeschichte der Universität Passau vollständig und umfassend darzustellen. Die gewählten Schwerpunkte sind subjektiv aus dem Blickwinkel des Verfassers gewählt und hätten sicher auch anders gesetzt werden können.

Studieren auf der grünen Wiese.
Die Entstehung des architektonischen Grundkonzepts der Universität Passau

Elena Mühlbauer

„In jedem Fall sind die landschaftlichen Gegebenheiten besonders zu berücksichtigen"[1]. Dieser Satz legt im April 1976 den Grundstein für die Ausschreibung zum kombinierten städtebaulichen Ideen- und Realisierungswettbewerb der neugegründeten Universität Passau. Einige Jahre zuvor entschied sich die bayerische Regierung für die Dreiflüssestadt als jüngsten Hochschulstandort in Bayern[2]. 1970 begann man mit der Aufgabe, einen geeigneten Ort für die Campusuniversität innerhalb der Stadtgrenzen zu finden und diesen genauer zu untersuchen. Zur Auswahl standen abgelegenere Flächen wie beispielsweise knapp 170 Hektar Staatsforst im Neuburger Wald sowie Gebiete im Passauer Westen, die aufgrund der Distanz zur Kernstadt abgelehnt wurden. In der zweiten Standortuntersuchung von 1972 konzentrierte man sich auf freie Bereiche am Oberhaus, entschied sich aber schlussendlich einstimmig für das Gebiet am Inn. Die Nähe zur Stadt, die mögliche Verflechtung und die potenziellen Erweiterungsbereiche sprachen klar für den Standort am Flussufer. Bedenken gab es durchaus, da sich nur ein Teil der Fläche im Besitz des Freistaates befand und hohe Kosten durch den Ankauf weiterer Grundstücke sowie die Erschließung entstehen würden[3].

---

1 Universitätsarchiv Passau, Nachlass Pollok, Ausschreibung Universität Passau, Städtebaulicher Ideenwettbewerb für die Gesamtplanung der Universität einschließlich der städtischen Verflechtungsbereiche und Bauwettbewerb für die Baustufe Ost B vom April 1976, S. 38.
2 Vgl. hierzu Walter SCHWEIZER im selben Band.
3 Alexandra BINDER, Standort, Eine Universität entsteht. Der Weg zur Campus-Universität Passau, in: Jörg Trempler (Hg.), Architektur am Campus Passau. Eine neue Universität entsteht, Passau 2021, S. 21–29.

Elena Mühlbauer

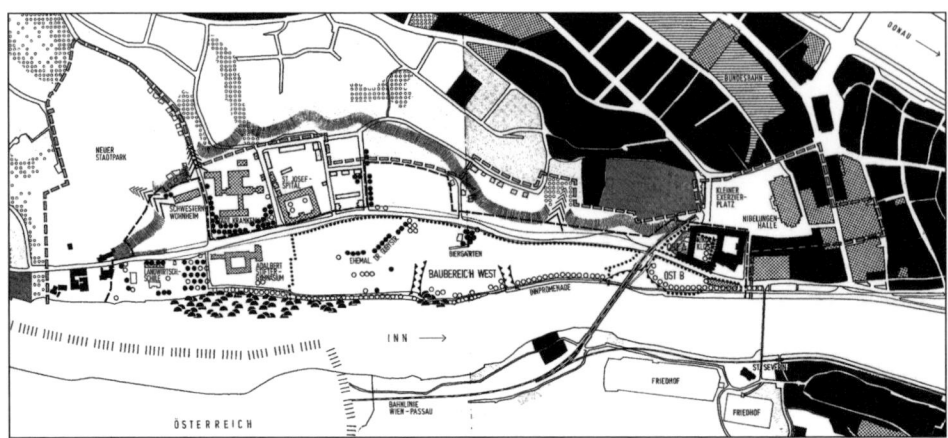

Abb. 1: Das Ausschreibungsgelände von 1976 zog sich vom Klinikum bis zum Exerzierplatz (Universitätsarchiv Passau (bearbeitet von Elena Mühlbauer))

Das anspruchsvolle Ausschreibungsgebiet (Abb. 1) für den neuen Campus mit seiner langgestreckten, schmalen Form stellte hohe Ansprüche an die Architekturbüros, die an der Ausschreibung teilnahmen. Am östlichen Ende wurde die Fläche durch die Bahnlinie Passau-Wien mit einer Stahlbrücke durchschnitten, wodurch zwei Campusbereiche entstanden. Der erste Bereich südlich des Nikolaklosters umfasste ca. drei Hektar und wurde in der Planung als „Baubereich Ost B" bezeichnet. Der restliche, wesentlich größere Teil im Westen verfügte über eine Grundfläche von ca. zehn Hektar und wurde „Baubereich West" genannt. In den Entwürfen sollten die charakteristischen landschaftlichen Elemente des Innufers wie Uferböschungen, Felsen und Geländeeinschnitte so gut wie möglich erhalten bleiben. „Die Landschaft [muss] dominieren, die Architektur [hat] sich ihr unter[zu]ordnen"[4].

Ein weiteres Anliegen war die Miteinbeziehung der bestehenden Formsprache durch die Inn-Salzach-Architektur des Stadtkerns. Der Campus, aber besonders das Philosophicum im Bauabschnitt Ost B, sollte Teil eines großen Baugedankens sein und gut zur Silhouette der Dreiflüssestadt passen, jedoch gleichzeitig moderne Akzente setzen[5]. Die Grundrisse der gedrungenen, blockartigen Inn-Salzach-Häuser sind ähnlich: Sie bilden Häuserzeilen mit wenigen Einschnitten, im Untergeschoss verfügen sie häufig über Arkadengänge. Markant sind außerdem die Dachformen. Die verputzten, oft einfarbigen Fassaden wurden mit hochgezogenen Vorschuss- oder Stirnmauern ausgestattet, die das eigentliche Pultdach unsichtbar machen. Im obersten Stockwerk wurden vielfach Rundfenster eingesetzt. Durch eine gemeinsame Geschosshöhe entsteht so eine starre Gleichförmigkeit, die durch den Wechsel mit offenen Plätzen und schmalen

---

4 Passauer Neue Presse [künftig PNP] vom 23. Januar 1978.
5 Ausschreibung (wie Anm. 1), S. 20.

Gassen durchbrochen wird[6]. Schlüsselgebäude der Gesamtbebauung wurden farblich markiert. In der Passauer Altstadt befindet sich beispielsweise das Amtsgericht, ehemals Herbersteinpalais, das im sog. „böhmisch-rot" gehalten ist. Ein weiterer dieser Marker ist außerdem die Stadtpfarrkirche St. Paul am Rindermarkt. Später sollte sich der Rotton am Philosophicum als Kennzeichnung für den Beginn des Campus sowie dem Audimax für das Gebäude mit dem größten Hörsaal wiederfinden[7].

Um möglichst früh starten zu können, sollte der Campus in Teilabschnitten errichtet werden. Im Mai 1976 begannen die Arbeiten am Westflügel des Nikolaklosters, um einen Studienbeginn im Wintersemester 1978 zu ermöglichen[8]. Hierfür wurde das barocke Kloster grundlegend saniert und modernisiert, der Westflügel abgerissen und neugestaltet. Die erste neugeschaffene Bibliothek fand im Innenhof Einzug und eine kleine Cafeteria sollte Studierende verpflegen[9]. Dieser Gebäudekomplex wurde als Keimzelle der neuen Universität und gleichzeitig als Brücke zur Stadt angelegt, um beide Bereiche von Anfang an eng zu vernetzen. Um diese Beziehung noch tiefer zu stärken, beschloss auch die Stadt Passau, sich an der Ausschreibung zu beteiligen. Gesucht wurden hier ausgearbeitete Ideen für die Gestaltung des Exerzierplatzes unter anderem mit einem großen Kaufhaus, einer Tiefgarage, Dultplatz und Stadthalle, inklusive Konzertsaal[10]. Diese Idee sollte Passau über 45 Jahre lang beschäftigen und wird in der aktuell durchgeführten Erweiterung am Spitzberg wieder aufgegriffen[11].

Die Planungen waren 1976 abgeschlossen, die Ausschreibungsfläche und Verflechtungsräume klar definiert. Der nun folgende Architekturwettbewerb gliederte sich in zwei Teile, entlang der vorgegebenen Bauabschnitte durch die Bahntrasse. Einen Realisierungswettbewerb für das erste neue Gebäude, das Philosophicum (Abschnitt Ost B), geplant für 700 Studierende. Dieser Komplex sollte das Scharnier mit seiner gläsernen Brücke zwischen bestehender Architektur – dem Nikolakloster – und neuem Campus bilden sowie gleichzeitig Ausgangspunkt für die Gestaltung der weiteren Bebauung sein[12]. Den zweiten und größeren Teil der Ausschreibung bildete ein Ideenwettbewerb, bei dem Grundkonzepte und Vorschläge für den Gesamtcampus für 4.000 Studierende

---

6   Johannes KLINGER, Architektur der Inn- und Salzach-Städte, Rimsting/Chiemsee 2006.
7   Die Beobachtung traf Susanne Schlatter in ihrer Masterarbeit und publizierte ihre Ergebnisse 2021. Susanne SCHLATTER, Das Philosophicum, in: Jörg Trempler (Hg.), Architektur am Campus Passau. Eine neue Universität entsteht, Passau 2021, S. 63–71. Die Bezeichnung „böhmisch-rot" findet sich bei Michael ROSNER, Die Planung und die bauliche Entwicklung der Universität Passau, in: Walter Schweizer (Hg.), Universität Passau gestern – heute – morgen. Festschrift für Karl-Heinz Pollok (= Schriften der Universität Passau), Passau 1997, S. 237.
8   Irmhild HECKMANN, Bauen im menschenfreundlichen Maßstab, Architektur und städtebauliches Konzept der Universität Passau, in: architectura 46 (2016), S. 264.
9   Ludger DROST, St. Nikola in Passau. Kunstgeschichte des einstigen Augustinerchorherrenstiftes von 1067 bis heute (= Neue Veröffentlichung des Instituts für Ostbairische Heimatforschung 52) Passau 2003, S. 273–282.
10 Ausschreibung (wie Anm. 1), S. 40 ff.
11 Vgl. hierzu Alexandra BINDER im selben Band.
12 Eine detaillierte Auseinandersetzung mit diesem Teil des Wettbewerbs bei Susanne SCHLATTER (wie Anm.7).

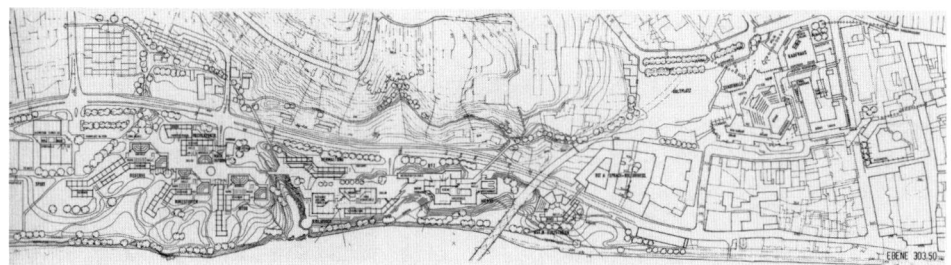

Abb. 2: Der Entwurf des ersten Preisträgers Krug, Maurer und Thyroff (Wettbewerbe Aktuell)

gesammelt wurden. Zur Teilnahme qualifizierten sich alle Architekt:innen und Landschaftsarchitekt:innen aus Bayern, die gleichzeitig Mitglieder der Bayerischen Architektenkammer waren. Vom Freistaat wurden 150.000 DM ausgelobt, aufgeteilt auf fünf Platzierungen für den Ideen- und fünf Platzierungen für den Realisierungswettbewerb sowie jeweils drei Ankäufe. Dafür stand den Interessierten ein Bearbeitungszeitraum von wenigen Wochen zur Verfügung[13]. 90 Mal wurden die Unterlagen angefordert, schließlich erreichten 50 Beteiligungen die Vorprüfer:innen. Im November fand die erste Preisrichtersitzung statt. Das Komitee bestand aus einer Mischung von Fach- und Sachpreisrichter:innen, neben Mitarbeiter:innen aus den beteiligten Behörden waren auch Architekt:innen und externe Berater:innen beteiligt[14]. Unter ihnen befand sich auch der Gründungspräsident der Universität Passau, Prof. Dr. Karl-Heinz Pollok. In drei Runden wurden 46 Wettbewerbseinreichungen beurteilt, wovon 17 Entwürfe in die engere Auswahl kamen[15].

Zwei Entwürfe lieferten sich ein enges Kopf-an-Kopf-Rennen mit sehr unterschiedlichen Ansätzen, die die Jury gleichsam überzeugten. Einer stammte von Jürgen Krug, Willi Maurer und Justus Thyroff.

Bei diesem Entwurf (Abb. 2) wurde deutlich, dass die noch sehr jungen Münchner Architekten stark vom vier Jahre zuvor eingeweihten Olympiapark geprägt waren, wo sie einen Teil ihrer ersten Berufsjahre verbrachten. Ein klares Bekenntnis zum Landschaftsbezug, keine Scheu vor Erdbewegungen, eine lockere Bebauung mit vielen Durchblicken und Sichtbezügen zeichneten diese Einreichung aus.

Der zweite Entwurf (Abb. 3), der großen Anklang beim Preisgericht fand, war von Heinz Hilmer und Christoph Sattler, ebenfalls aus München. Für Passau planten sie einen Campus, der die Form des Nikolaklosters aufnahm und erweiterte. Zweistöckige, gleichförmige, strenge Baukörper ohne Tiefgaragen, dafür mit Parkmöglichkeiten an der Innstraße im Norden, mit Verbindungsbrücken für Fußgänger:innen zwischen den

---

13 Elena Mühlbauer, Der städtebauliche Ideen- und Bauwettbewerb 1976–1977, in: Jörg Trempler (Hg.), Architektur am Campus Passau. Eine neue Universität entsteht, Passau 2021, S. 57.
14 Universitätsarchiv Passau, Nachlass Pollok, Protokoll zur Preisrichtersitzung vom 18.–20. November 1976.
15 Ein großer Dank geht hierbei an Michael Rosner, der Dias der Entwürfe anfertigte, die später digitalisiert werden konnten und einzige Zeugen vieler Einreichungen sind.

Studieren auf der grünen Wiese

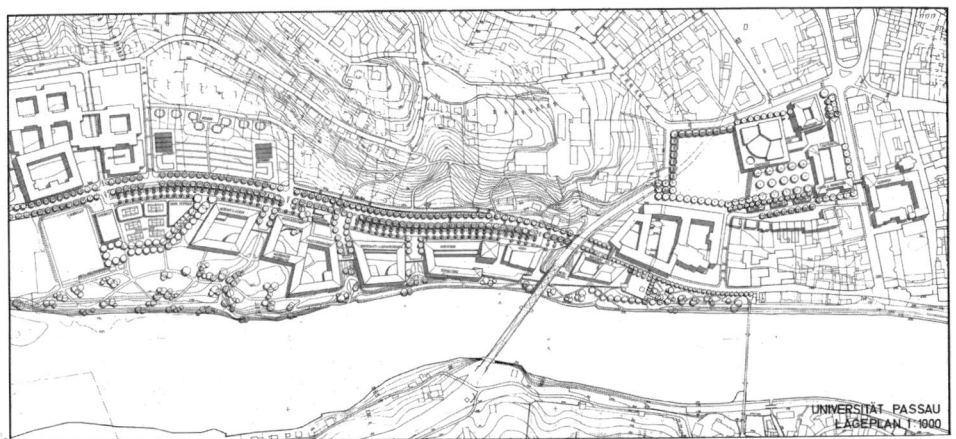

Abb. 3: Der Entwurf von Hilmer und Sattler landete auf Platz zwei (Hilmer Sattler Architekten Ahlers Albrecht, München)

Gebäuden zogen sich über den geplanten Campus. Konträr zum grünen, lockeren Landschaftsentwurf von Krug, Maurer und Thyroff, jedoch ebenso mit reichen Sichtbezügen zu Markern des Passauer Stadtbildes, wie dem Dom oder der Veste Oberhaus. Durch die höhere Qualität der Verflechtungsbereiche, insbesondere der Stadthalle, konnte jedoch das Trio um Jürgen Krug den Wettbewerb vorerst für sich entscheiden und verwies Hilmer und Sattler auf den zweiten Platz[16].

Drittplatziert wurden Josef Karg, Manfred Kessler und Hubert Schraud (Abb. 4), ebenso aus München, mit einem sehr begrünten Entwurf. Platz vier sicherte sich Werner Fauser (Abb. 5), der mit Lichtbändern arbeitete, um die Wegführung auch außen an den Gebäuden ablesbar zu machen. Er wurde Preisträger des Realisierungswettbewerbs und durfte seinen Entwurf für Ost B ausführen. 1983 zeichnete die Bayerische Architektenkammer das so entstandene Philosophicum mit dem BDA-Architekturpreis aus[17]. Volker Hagen und Klaus Uhlmann setzten auf zusammenhängende Gebäudekörper, die sich am Innufer entlangschlängeln, und erreichten den fünften Platz[18].

Da die Entscheidung so knapp ausfiel, empfahl das Preisgericht den Auslobenden, dass die ersten vier Preisträger des Ideenwettbewerbs ihre gesamten Entwürfe im neuen Jahr überarbeiten und erneut vorstellen sollten. Die Stadt Passau zog sich aus dieser Runde zurück, wodurch die Verflechtung mit dem nördlichen Stadtgebiet und somit einer potenziellen Konzerthalle entfiel. Durch klares Feedback und Hinweise der Jury überarbeiteten die Preisträger ihren Campusplan und glichen sich nach und nach

---

16 MÜHLBAUER, Wettbewerb (wie Anm. 13), S. 58.
17 SCHLATTER, Philosophicum (wie Anm. 7), S. 71.
18 Ausführliche Beschreibungen und Abbildungen der ausgezeichneten Entwürfe finden sich in Jörg TREMPLER (Hg.), Architektur am Campus Passau. Eine neue Universität entsteht, Passau 2021, Kat.8–17, S. 117–160.

Elena Mühlbauer

Abb. 4: Der stark begrünte Entwurf von Karg, Kessler und Schraud erreichte den dritten Platz (Wettbewerbe Aktuell)

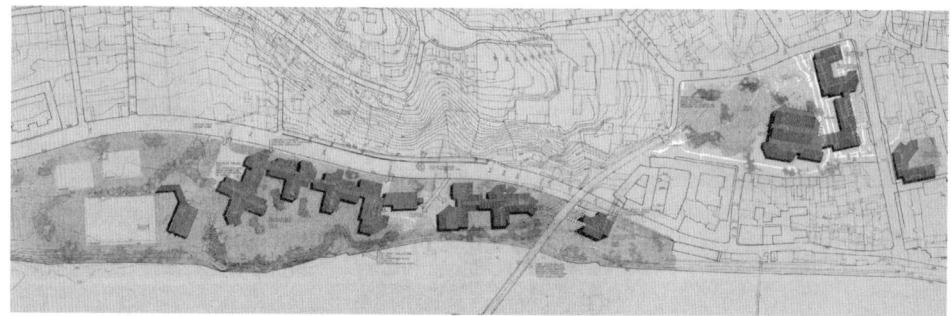

Abb. 5: Mit zusammenhängenden Gebäudekörpern überzeugte Fauser auf Platz vier (Werner Fauser, München)

deutlich an[19]. Anhand dieser Veränderungen lässt sich ablesen, was den Entscheidungsträger:innen wichtig war: eine Komprimierung der Baumassen, weniger Erdbewegungen, trotzdem eine klare Anlehnung an die vorgegebene Landschaft sowie ein konsequentes Konzept für den Gesamtcampus.

Der grüne Entwurf von Josef Karg, Manfred Kessler und Hubert Schraud wurde stark verdichtet, um der vorher kritisierten Weitläufigkeit entgegenzuwirken. An der Grundidee mit den hufeisenförmigen Innenhöfen, die aus verschiedenen Kuben bestanden, wurde festgehalten. Bei Hilmer und Sattler veränderte sich auf den ersten Blick wenig, sie blieben ihrem strengen Konzept treu. Lediglich die Anordnung zweier

---

19 Universitätsarchiv Passau, Nachlass Pollok, Niederschrift über Besprechung im Bayer. Staatsministerium der Finanzen vom 16. Dezember 1976; Universitätsarchiv Passau, Nachlass Pollok, Informationsgespräch mit den vier Preisträgern vom 24. Januar 1977.

Studieren auf der grünen Wiese

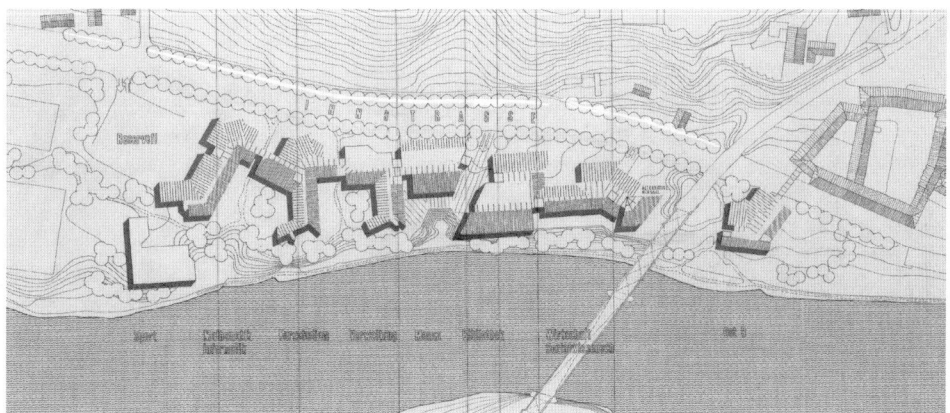

Abb. 6: In der Überarbeitung veränderte Fauser vor allem die Baukörperformen im Westen (Werner Fauser, München)

Gebäudeeinheiten wurde gedreht. Die neue Form nahm die Topografie besser auf und betonte den bestehenden Geländeeinschnitt an dieser Stelle. Fauser, der vorher auf Platz vier lag, rückte als Gewinner des Realisierungswettbewerbs wieder in den Fokus der Jury. Er arbeitete die Kritik des Preisgerichts ein, indem er die Nord-Süd-Durchlässigkeit seines Entwurfs verstärkte (Abb. 6).

So wurde eine Ausführung in Bauabschnitten besser möglich. Sein Grundkonzept, das bereits im Wettbewerb um Ost B überzeugte, wendete der Architekt nun auch auf den gesamten Campus an. Er setzte auf klar markierte zusammenhängende Verbindungswege aus Glas durch die Gebäudekörper und erschloss so das Hochschulgelände von innen.

Krug, Maurer und Thyroff (Abb. 7) veränderten die Baudichte stark, rafften das Gebiet, um den Grundstücksbedarf zu reduzieren und verzichteten auf aufwendigere Geländebewegungen, damit die Wirtschaftlichkeit erhöht werden konnte. Viele Gebäude wanderten nach Osten, wodurch die markante Fingerform der Körper am Campusende weiter betont wurde. Sie erhielten jetzt auch leichtere Dächer, um so die Passauer Inn-Salzach-Architektur aufzunehmen. Das Preisgericht beriet erneut und kam auch dieses Mal zu keinem klaren Ergebnis[20]: Man entschied sich dazu, keinen Gewinner zu küren[21].

Für die nächsten 25 Jahre – bis die damalige Ausschreibungsfläche durch das International House nach Westen ausgedehnt wurde – sollte das Konzept dicht an den Entwürfen der 1970er bleiben.[22] Dafür sorgte unter anderem Michael Rosner. Der Diplomarchitekt betreute – angefangen von der Vorplanung bis zur Durchführung der

---

20 Sieben Stimmen verteilten sich auf Krug, Maurer und Thyroff, vier Preisrichter stimmten für Fauser, zwei für Hilmer und Sattler.
21 Universitätsarchiv Passau, Nachlass Pollok, Protokoll der Sitzung der Preisrichter zur Bewertung der Überarbeitungen am 1. April 1977.
22 Zum selben Ergebnis kam auch Jörg TREMPLER, Campus West, in: Jörg Trempler (Hg.), Architektur am Campus Passau. Eine neue Universität entsteht, Passau 2021, S. 73–83.

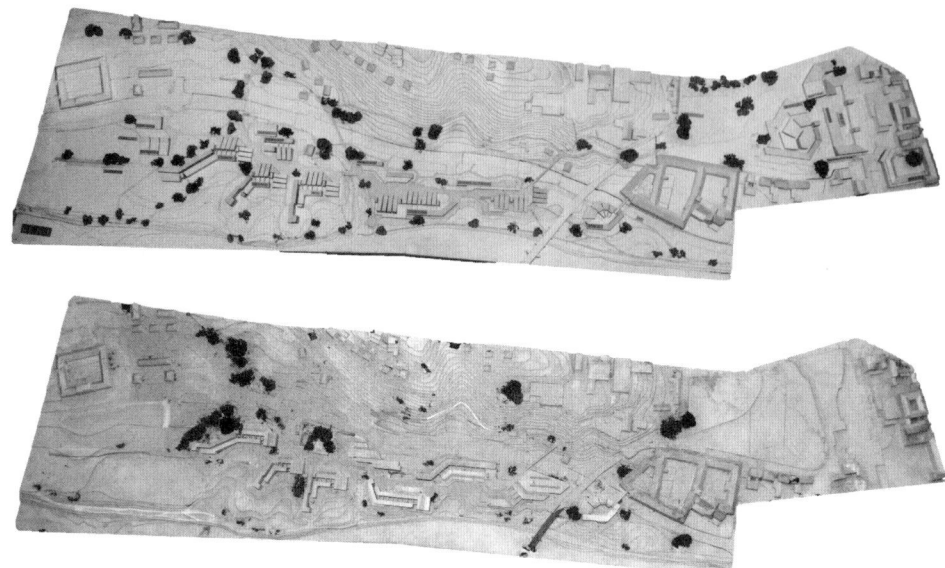

Abb. 7: Beide Modelle stammen vom Team um Jürgen Krug. Der obere Entwurf von 1976 zeigt noch die alte Bedachung und stärkere Erdbewegungen. Der untere Entwurf bildet die Überarbeitung aus dem Frühjahr 1977 ab (Jörg Trempler, Passau (bearbeitet von Susanne Schlatter))

Ausschreibung und des Wettbewerbs – den Prozess sehr engmaschig. Später begleitete Rosner über Jahrzehnte die Entstehung und Erweiterungen des Passauer Campus.

Bei einem Spaziergang über das Hochschulgelände ist die Verschmelzung der verschiedenen Entwürfe erlebbar. Über drei verschiedene Wege ist der Campus zugänglich. Studierende, Mitarbeiter:innen sowie Besucher:innen betreten die einzelnen Gebäude entweder von der Straße im Norden aus, vom Flussufer im Süden oder nutzen die beliebteste Variante: Sie wandeln auf Werner Fausers Idee des inneren Hochschulwegs und werden intuitiv durch Glaselemente von Gebäude zu Gebäude geleitet (Abb. 8).

Der Weg verläuft an der Bibliothek mit den Inn-Salzach-Arkaden und an der Mensa entlang. Hier mündet er auf einem zentralen Platz, den auch Heinz Hilmer und Christoph Sattler im Kopf hatten (Abb. 9). Wer diesem Pfad weiter folgt, wird von einem kleinen grünen Park der Kunstpädagogik empfangen, der stark an den Entwurf von Josef Karg, Manfred Kessler und Hubert Schraud erinnert (Abb. 10).

Schließlich erreichen die Menschen das Ende des alten Kerncampus im Gebäude für Mathematik und Informatik. Die Büros befinden sich – bereits von außen ablesbar, klar abgetrennt von den Hörsälen durch Glaselemente – in den Fingern von Jürgen Krug, Willi Maurer und Justus Thyroff, die die Formen der Vegetation an den Innauen aufgenommen haben (Abb. 11), denn „in jedem Fall sind die landschaftlichen Gegebenheiten besonders zu berücksichtigen"[23].

---

23 Wie Anm. 1.

Abb. 8: Das Philosophicum von Werner Fauser mit dem inneren Hochschulweg, gekennzeichnet durch Glaselemente (Universität Passau)

Abb. 9: Der Mensavorplatz und die Zentralbibliothek mit den Inn-Salzach-Arkaden. So eine zentrale Anlage hatte auch Hilmer und Sattler in ihrem Entwurf eingeplant (Universität Passau)

Elena Mühlbauer

Abb. 10: Der Ausblick aus den Räumen der Kunstpädagogik, vielleicht in Anlehnung an den Entwurf der Architekten Karg, Kessler und Schraud (Professur für Kunstpädagogik und Visual Literacy, Universität Passau)

Abb. 11: Die fingerartigen Gebäudekörper im westlichen Campusgebiet, die ebenso Krug, Maurer und Thyroff für ihre Entwürfe verwendeten (Universität Passau)

Nachhaltige Architektur für den Campus am Spitzberg

Alexandra Binder

Der Gewinnerentwurf des Realisierungswettbewerbes (2019–2021) für das Internationale Wissenschaftszentrum der Universität Passau von Riepl Riepl Architekten und Auböck + Kárász Landschaftsarchitekten in der Tradition der Vordenker Günther Grzimek und Aldo Rossi

Nachhaltiges Bauen in Verbindung mit Architekturwettbewerben hat seit der Gründungsphase in den 1970er Jahren Tradition an der Universität Passau. Mit dem Neubau am Spitzberg für das Internationale Wissenschaftszentrum (IWZ) wird diese nun weitergeführt. Der Grundstein dafür wurde im ursprünglichen städtebaulichen Ideen- und Bauwettbewerb 1976/77 gelegt. Bereits dieser setzte nachhaltige Potenziale frei und war Attraktor für Akteur:innen mit besonderer Expertise. Vordenker wie der Landschaftsarchitekt Günther Grzimek[1], der auch schon bei der „Olympiade im Grünen"[2] in München 1972 neben dem Designer Otl Aicher und dem Architektenteam Behnisch

---

1 Bereits vor seiner beratenden Tätigkeit in Passau beschäftigte sich Grzimek beispielsweise mit Schlüsselpublikationen der Nachhaltigkeit wie den „Grenzen des Wachstums" des Club of Rome. Daraus entwickelte sich nicht nur das Konzept für die damalige Ausstellung „Demokratisches Grün", sondern auch seine eigene nachhaltige Grundhaltung. Siehe u. a. in: Günther GRZIMEK, Gedanken zur Stadt- und Landschaftsarchitektur seit Friedrich Ludwig von Sckell (Bayerische Akademie der Schönen Künste München), Bd. 11, München 1973. Darin wird auch die Planung für den Olympiapark von ihm reflektiert.
2 Siehe „Spiel und Sport im Olympiapark München", in: Gerda Gollwitzer (Hg.), Spiel und Sport in der Stadtlandschaft: Erfahrungen und Beispiele für morgen (= Schriftenreihe der Deutschen Gesellschaft für Gartenkunst und Landschaftspflege 9), München 1972, S. 10, erklärt Günther Grzimek diesen Begriff: „‚Olympiade im Grünen' heißt nicht Olympiade auf der grünen Wiese. Vielmehr verstand sich Olympische Architektur – auch und im besonderen [sic] die Olympische Landschaftsarchitektur – als Fortsetzung und Akzentuierung der Stadtarchitektur."

Alexandra Binder

Abb. 1: Riepl Riepl Architekten, Internationales Wissenschaftszentrum der Universität Passau, Visualisierung mit Blick auf den Spitzberg (Staatliches Bauamt Passau, Darstellung: Riepl Riepl Architekten, 2023)

und Partner maßgeblich mitwirkte[3], und weitere bedeutende Akademiker wie der Stadtplaner Gerd Albers oder der Verkehrsplaner Karlheinz Schaechterle nahmen folglich wesentlichen Einfluss auf Grundhaltungen, die sich in der Gründungsphase des Passauer Campus im Grünen formierten und bis heute Bestand haben. Unter anderem die dem damaligen Wettbewerb zugehörigen Grundsatzuntersuchungen, die von diesen Sachverständigen verfasst wurden, verfolgten bereits nachhaltige Zielsetzungen wie zum Beispiel die Wahl des optimalen Standorts, die Nutzung dort vorhandener lokaler Energieressourcen, Energieeffizienz, Immissions- sowie Emissionsvermeidung, Autofreiheit zugunsten von Fußgänger- und Fahrradverkehr sowie öffentlichen Verkehrsmittel, Schutz und Erhalt von Klima, Pflanzen- und Tierwelt und zudem eine hochwasserangepasste Bauweise bei gleichzeitiger Schaffung von allgemeinen Erho-

---

3 Grzimek arbeitete in einem großen Team zusammen mit Behnisch und Partner Architekten an Olympia. Darunter auch Jürgen Krug, einer der späteren Preisträger des Ideenwettbewerbs, der schließlich sogar das Gebäude der Wirtschaftswissenschaften für die Universität Passau bauen sollte. Siehe auch: Christian KANDZIA und BEHNISCH & PARTNER, Architekten Behnisch & Partner: Arbeiten aus den Jahren 1952–1987, Stuttgart 1991, S. 265. Dieses ähnelt durch seinen zentralen Lichthof mit offener Galerie und Inszenierung des Treppenaufgangs unter anderem der Realschule in Lorch von Behnisch; auch Heckmann findet eine gestalterische Parallele in der Realschule Behnischs in Rothenburg ob der Tauber. In: „Bauen im menschenfreundlichen Maßstab, Architektur und städtebauliches Konzept der Universität Passau", in: Architectura /2 (2019), S. 272.

lungs- und Grünflächen innerhalb der Stadt[4]. Diese Intentionen wurden in die zugehörige Ausschreibung weitergetragen und schließlich über die später gebauten Entwürfe zur gelebten, nachhaltigen Realität am Campus. Die so verankerten Werte finden sich damit auch in der Auslobung des Realisierungswettbewerbes für die Campuserweiterung durch das neue IWZ am Spitzberg aus dem Jahr 2019[5]. Es soll eine nachhaltige und zugleich bedeutungsvolle Architektur entstehen, die qualitätvoll und präsent genug ist, um der hybriden Hauptnutzung gerecht zu werden, die für das neue Gebäude vorgesehen ist: ein Hör- und Konzertsaal in Union[6].

1. Raum für die Idee der Universität

Die neue Architektur für den Spitzberg hat demnach nicht nur eine funktionale Bedeutung als Erweiterungsfläche, sondern sie ist vor allem von sozio-kultureller Relevanz für Stadt und Universität. Ihr Präsident Ulrich Bartosch beschrieb letztere als „Ort des offenen, freien und kontroversen Diskurses"[7] in Anlehnung an die Theorien des Philosophen Karl Jaspers. Dieser Dialog benötigt einen Begegnungsraum, in dem Stadt und Universität in Kooperation und Kokreation treten können. Das neue IWZ wird also zu dieser zukünftigen Kommunikationsplattform, die über den Campus am Inn hinausgreift und mit der Stadt in Verbindung tritt. Es wird eine wechselseitige Beziehung – geprägt von Sichtbarkeit, Verflechtung, Transparenz und Durchlässigkeit, die vor allem auch von räumlicher Nähe profitiert. Die beschriebene Identität der Universität aus dem Stadtcampus heraus in einem neuen Gebäude weiterzuentwickeln ist die anspruchsvolle Aufgabe, der sich die Teilnehmer:innen im Wettbewerb für den Spitzberg stellten. Das Verfahren bot analog zum Campus einen Ideenraum, in dem diskursiv hochwertige Lösungen herausgearbeitet wurden. Ziel war es, nicht nur um des bloßen Raumschaffens willen zu bauen, sondern um dauerhaft qualitätvollen, nachhaltigen, sozio-kulturellen Raum für die Idee der Universität entstehen zu lassen, gleichzeitig aber auch in Verflechtung[8] mit dem innerstädtischen Kontext urbane Qualität und damit universitäre Identität zu erzeugen sowie zu festigen.

---

4 Die Grundsatzuntersuchungen und ihre nachhaltigen Aspekte wurden behandelt in Alexandra BINDER, Nachhaltigkeit. Ein grüner Campus für Passau. Mit der Universität beginnt die Zukunft…, in: Jörg Trempler (Hg.), Architektur am Campus Passau: Eine neue Universität entsteht, Passau 2021, S. 30–41.
5 Besonderer Wert wird auf die Qualität gelegt von Städtebau, Architektur, Freiraumplanung, Erschließung, Funktionalität, Baukonstruktion und Energie-/Gebäudetechnik bei gleichzeitiger sozio-kultureller Qualität, Wirtschaftlichkeit und Nachhaltigkeit. Ein Resümee findet sich in BINDER, Spitzberg (wie Anm. 4), S. 84–97.
6 Der Wunsch nach einem Konzertsaal für Passau besteht seit Jahrzehnten. Bereits im Wettbewerb 1976/77 war vorgesehen, für den Dultplatz am heutigen Klostergarten eine Stadthalle mit Konzertsaal zu planen.
7 Ulrich BARTOSCH, Ein Ort des offenen, freien und kontroversen Diskurses, in: Edith Rabenstein (Hg.), Passauer Almanach. 16. Chronik des Jahres 2020 zu Kunst, Universität, Natur, Theater, Musik, Kirche, Geschichte und Wirtschaft, Bd. 16, Passau/Regensburg 2020 (Passauer Almanach), S. 32.

2. Wettbewerb, Überarbeitungsphase und Ergebnis

Im Jahr 2019 wurde zunächst ein Realisierungswettbewerb für den Spitzberg ausgelobt, aus dem in der ersten Runde zwei Erstplatzierte hervorgingen: Riepl Riepl Architekten aus Linz und W&V Architekten aus Leipzig. Als markanter Unterschied zeigte sich in den Entwürfen der Umgang mit dem Hör- und Konzertsaal, der bei ersteren in einem zum Platz hin präsenten, verglasten Kubus ablesbar ist, wohingegen er bei Zweiteren in Hang und Gebäude einbeschrieben wurde[9]. Nach dem Unentschieden folgte eine Überarbeitungsphase, bei der beide ergänzende Unterlagen einreichen und zur „Weiterentwicklung des Entwurfskonzeptes, der auftragsbezogenen Organisation, Qualifikation" Stellung beziehen konnten[10]. Die Öffentlichkeit konnte sich begleitend zu den Verfahrensschritten von den Entwürfen aller 29 Beiträge in Form von Plänen und Modellen der ersten Runde in der Passauer X-Point-Halle im Juli 2020 ein Bild machen. Die vier daraus hervorgegangenen Anerkennungen wurden zusätzlich zu den beiden ersten Plätzen 2021 in der Ausstellung „Architektur am Campus Passau" in der Neuen Residenz erneut vorgestellt. Im Herbst 2021 wurde dann nach der zweiten Runde der endgültige Gewinnerentwurf von Riepl Riepl Architekten in Kooperation mit Auböck + Kárász Landschaftsarchitekten bekanntgegeben und bis 2022 in den dortigen Prunkräumen gezeigt (Abb. 1). Ihr Entwurf nimmt die eingangs angesprochenen, in der Auslobung enthaltenen Wertvorstellungen[11] auf und wurde unter anderem deshalb ausgewählt, die nachhaltige Bautradition der Universität Passau weiterzuführen.

---

8   Bereits der ausführliche Titel der Auslobung 1976/77 „Universität Passau. Städtebaulicher Ideenwettbewerb für die Gesamtplanung der Universität einschließlich der städtischen Verflechtungsbereiche und Bauwettbewerb für die Baustufe Ost B" zeigt den hohen Stellenwert dieses Kriteriums als Hauptanforderung. Siehe LANDBAUAMT PASSAU und STADT PASSAU, Auslobung zum städtebaulichen Ideenwettbewerb für die Gesamtplanung der Universität Passau einschließlich der städtischen Verflechtungsbereiche und Bauwettbewerb für die Baustufe Ost B, 04.1976, S. 1; im Allgemeinen lauteten die Kriterien zur Beurteilung: Verflechtungsbereiche, Universität, Landschaftsbezug und Verkehr – zusätzlich zum Bauwettbewerb. Laut PREISGERICHT, Bewertungen zum kombinierten Ideen- und Bauwettbewerb für die Universität Passau, 1976, Universitätsarchiv Passau, Nachlass Pollok.
9   Ablauf und Ergebnisse der ersten Phase sowie ein Vergleich der erstplatzierten Entwürfe finden sich in: Spitzberg. Internationales Wissenschaftszentrum der Universität Passau in der Stadtmitte. Die Universität wird größer... (wie Anm. 5).
10 Norbert STERL, Architektenwettbewerb entschieden, Staatliches Bauamt Passau, 2021, https://www.stbapa.bayern.de/service/medien/meldungen/2021/unipa-spitzberg (zuletzt aufgerufen am 20.12.2022): Das Vergabeverfahren wurde nach einer ersten Entscheidung im Anschluss an die Überarbeitungsphase für die Beauftragung des Architekturbüros Riepl Riepl auf Wunsch des Zweitplatzierten einer Nachprüfung unterzogen. Nach Beendigung dieses Verfahrens, bei dem beide Büros erneut ihre Angebote und Planung überarbeiten und zur Prüfung vorlegen konnten, erhielten im September 2021 schließlich Riepl Riepl Architekten den Zuschlag.
11 STAATL. BAUAMT PASSAU und BOHN ARCHITEKTEN GbR, Auslobung zum nicht offenen Realisierungswettbewerb (mit Ideenteil) für das neue Internationale Wissenschaftszentrum der Universität Passau, 2019. Dort heißt es: „Weiterhin ist die Universität Passau seit ihrer Gründung beispielhaft der Nachhaltigkeit und dem Umweltschutz verbunden. [...] Der Neubau soll diese Tradition fortführen."

3. Campusbezogener Städtebau – Verbundenheit mit Ort und Kontext

Obwohl das Baufeld zur Erfüllung des Raumprogrammes mit einem kompakten Volumen zu beplanen war, stellte die Ausformung des Neubaus im städtischen Kontext eine große entwerferische Herausforderung dar. Umgeben von einer vielfältig genutzten städtebaulichen Mischung aus Baudenkmälern wie dem Nikolakloster, der Villa Bergeat oder dem Löwenbräu-Palast auf der Krone des Berges bis hin zum zeitgenössischen Baukomplex der Neuen Mitte eignet sich der weithin einsehbare Bauplatz am Klostergarten, um mit dem IWZ dauerhaft an die über Jahrhunderte gewachsene Architektur der Stadt anzuknüpfen. Der urbane Standort wird durch seine Attraktivität und sein damit verbundenes Verflechtungspotenzial zum dafür wesentlichen Nachhaltigkeitsfaktor. Er ist durch seine zentrale Lage prädestiniert, um ein ikonisches[12] und doch integriertes Gebäude mit weitreichender Symbolfunktion zu tragen, das sich präsent und transparent zugleich zeigt. Dieses wird durch seine Exposition sowohl großzügige Ein- als auch Ausblicke bieten können. Aber es bedarf zudem einer gewissen Durchlässigkeit, die aufgrund der lockeren Setzungen und fließenden Wege als eine der Grundeigenschaften des Inn-Campus gilt. Diese entspricht auch im metaphorischen Sinne der kulturellen Portalfunktion, die der Neubau zwischen Stadt und Universität einnehmen wird. Darüber hinaus soll hier Architektur entstehen, die in ihrer urbanistischen Präsenz stark genug ist, um als der bisher fehlende Platzabschluss zu fungieren.

Die erhöhte Dichte der polymorphen, umliegenden Bebauung verlangt außerdem vom neuen Gebäude, sich in den städtebaulichen Kontext einzugliedern, um das nachhaltige Universitätsquartier[13] zu erweitern. Dieses entstand ab 1978 in mehreren Bauabschnitten. Während des Wachstums dieses nachhaltigen Organismus wurde stets die übergeordnete Gesamtidee im Blick behalten, um eine Entwicklung in korrelativer Verflechtung mit der Stadtarchitektur zu gewährleisten. Der erste Baukörper, der Ende der 1970er Jahre den Grundstein der neuen Universität markierte, war der neugestaltete Westteil des Nikolaklosters. Es nahm lange Zeit die Funktion des wichtigsten Gelenkes zwischen Stadt und Campus ein[14]. Allerdings war diese Schlüsselrolle aufgrund seiner nach außen hin zurückhaltenden, umgewidmeten Klosterarchitektur, in der nur ein einfacher Torbogen den Zugang zum ehemaligen Exerzierplatz markiert, lediglich

---

12 Auch Jörg Trempler stellt in seinem Interview mit Peter Riepl fest, dass es sich um einen ikonischen Ort handelt. Vgl. „Ein Gespräch über Nachhaltigkeit und Architektur zwischen Ulrich Bartosch, Peter Riepl und Jörg Trempler", in: Jörg Trempler (Hg.), Architektur am Campus Passau: Eine neue Universität entsteht, Passau 2021, S. 98–105.
13 Die Eigenschaften nachhaltiger Quartiere definieren Bott und Siedentop in „Handlungsfeld Regional-, Stadt- und Quartiersentwicklung", in: Helmut Bott/Gregor C. Grassl/Stephan Anders (Hg.), Nachhaltige Stadtplanung; lebendige Quartiere, Smart Cities, Resilienz, München 2018, S. 45. Dazu gehört für sie vor allem qualitätvoller Städtebau.
14 Siehe dazu insbesondere Ludger Drost, Das Nikolakloster. Die Integration der Universität Passau in das einstige Augustinerchorherrenstift St. Nikola 1974–1978, in: Jörg Trempler (Hg.), Architektur am Campus Passau: Eine neue Universität entsteht, Passau 2021, S. 43–53.

Alexandra Binder

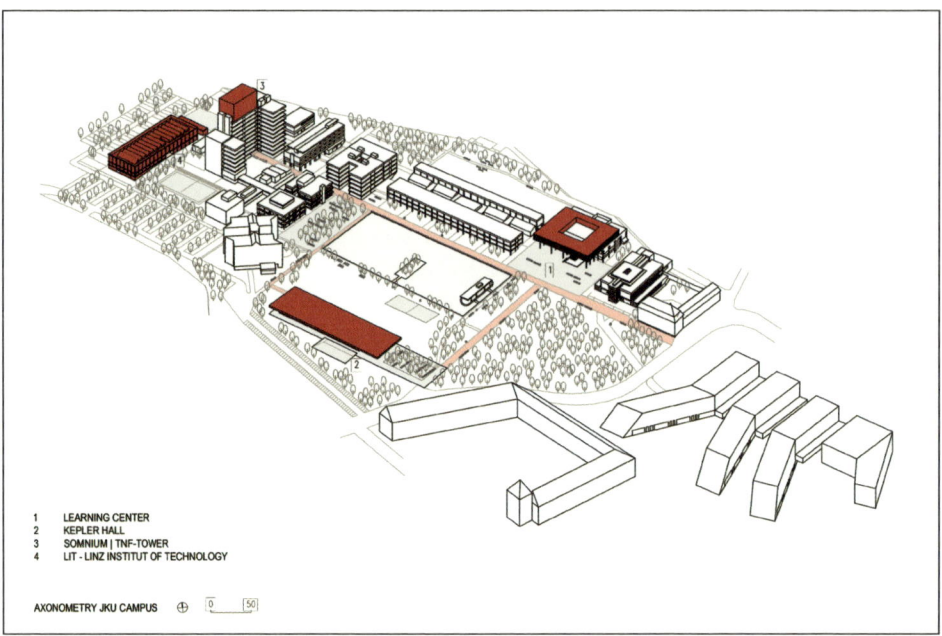

Abb. 2: Riepl Riepl Architekten, Axonometrie JKU Campus Linz mit dunkelroter Markierung der Ergänzungsbauten (Johannes Kepler Universität Linz, Darstellung: Riepl Riepl Architekten, 2020)

bedingt ablesbar. Das dazu nördlich gelegene, neue IWZ soll die Bedeutsamkeit dieser historischen Architektur ähnlich wie das Philosophicum auf seiner Südseite fortan nicht überdecken, aber zukünftig ein neues, präsenteres Portal[15] zur Stadt bilden. Nicht nur die Höhenstaffelung zum Spitzberg, sondern auch die Nähe zu kommerziell genutzten Konglomeraten wie der Stadtgalerie, zu Baumassen in Blockrandbebauung mit gemischter Nutzung aus Büro, Dienstleistung und Wohnen sowie zu erhöhten Teil-Solitären wie dem Stadtturm erfordern es, eine Balance der Ausdifferenzierung von Gebäudehöhe und -volumen zu finden. Auch den Graden der Öffentlichkeit innerhalb dieses Ensembles am Klostergarten gilt es dabei Beachtung zu schenken.

4. Gewinnerentwurf – eine Stadt in sich

Riepl Riepl Architekten behandeln den beschriebenen urbanen Kontext mit besonderer Sensibilität und integrieren ihren Preisträgerentwurf darin. Ihr Einfühlungsvermö-

---

15 Laut Ausschreibung bildet der Standort „für die Stadt ein Tor zur Universität und für die Universität ein Tor zur Stadt": Auslobung zum nicht offenen Realisierungswettbewerb (mit Ideenteil) für das neue Internationale Wissenschaftszentrum der Universität Passau (wie Anm. 11), S. 17.

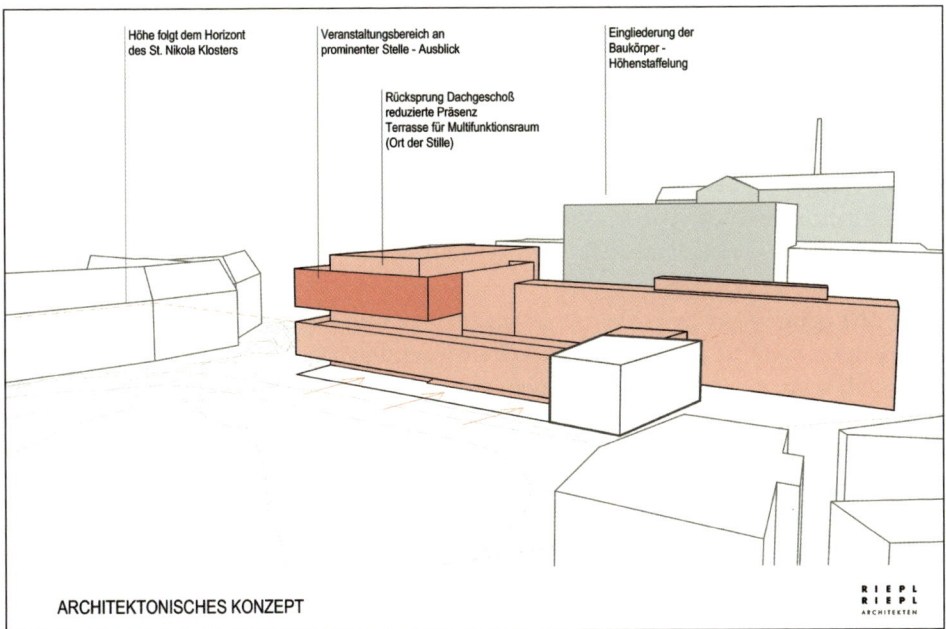

Abb. 3: Riepl Riepl Architekten, Internationales Wissenschaftszentrum der Universität Passau, Axonometrie des architektonischen Konzepts (Staatliches Bauamt Passau, Darstellung: Riepl Riepl Architekten, 2023)

gen in bestehende Strukturen haben sie zeitnah vor dem Passauer Wettbewerb im Zuge der „Attraktivierung"[16] des benachbarten Campus der Johannes Kepler Universität (JKU) in Linz bewiesen. Dessen bauliche Entstehung[17] setzte nur einige Jahre vor Passau ein und ist somit ebenso Bestandteil der Gründungswelle[18] neuer Hochschulen der 1960er und 1970er Jahre. Gemeinsam haben die beiden Universitätsgelände und ihre Bebauung außerdem ihren intensiven Landschaftsbezug. Der maßgebliche Unterschied besteht jedoch in ihrer Lage. Während sich der Campus Passau in naturnaher Altstadtrandlage befindet, liegt das Areal der JKU in der durchgrünten Peripherie von Linz.

---

16 Ein Überblick über die Gebäude und ihre Fertigstellungsdaten wird gegeben in: JKU Campus-Attraktivierung. Forschen, lernen und entspannen am JKU Campus. Pressemeldung, Johannes Kepler Universität Linz, Linz 2018. Online: https://www.jku.at/fileadmin/marketing/Presse_Savoy/News/2018/April/Campusattraktivierung_fuer_web_1.pdf (zuletzt aufgerufen am 25.07.2023). Die Realisierung der von Riepl Riepl Architekten geplanten Gebäude dauerte bis 2020 an.

17 Die Linzer Bauten entstanden ab 1964, beginnend mit dem heutigen Keplergebäude. Siehe dazu Hubert ZEITLHOFER, Das Baukonzept der Linzer Hochschule, in: Linzer Hochschulfonds (Hg.), Eröffnungsschrift Hochschule Linz, Linz 1966, S. 147 f.

18 Einen Einblick in diese Entwicklung gibt der ehemalige Bayerische Staatsminister für Unterricht und Kultus Hans MAIER, Die Universität gestern – Ein Rückblick auf die Gründungszeit, in: Walter Schweitzer (Hg.), 30 Jahre Universität Passau. Dies academicus 2008. Festreden, Bd. 30, Passau 2009 (Schriftenreihe der Universität Passau), S. 15 ff.

Riepls hallenartige[19] Ergänzungen[20] der größtenteils brutalistischen Bauten Artur Perottis, Helmut Eisendles und Franz Tremls intervenieren gegen das folglich geringere Maß an Urbanität (Abb. 2), womit sie die Attraktivität und die Nutzungsdauer der Campusarchitektur in nachhaltiger Weise steigern: „Diese sind örtlich so positioniert, dass sie von überall gut sichtbar eine gemeinsam wahrnehmbare, verbindende Konstellation bilden. Den Bestand überlagernd wird eine neue räumliche Dimension erlebbar. […] Es geht ums Weiterbauen, aber auch um neue Qualitäten. So entsteht lebendige, urbane Vielschichtigkeit anstelle der gewohnten Gleichförmigkeit rigid moderner Konzepte."

Diese Ergänzungen geschehen in „Bezugnahme und Eigenständigkeit und im Sinne des Temperament[s] einer hochentwickelten, lebendigen Demokratie: Wir finden es interessant, wenn ein Bauwerk trotz scheinbar maximaler Autonomie gelungene, ‚offene' Beziehungen zu leben, imstande ist. […] Unsere Bauten sollten einen – der Gesellschaft adäquaten – Rahmen bilden und die Menschen ermächtigen, indem wir ein breites Spektrum an Möglichkeiten bieten"[21].

Ihr architektonisches Konzept für das IWZ nimmt ebenfalls Bezug auf den Bestand, zeigt sich jedoch als eigenständige, im Stadtraum sozio-kulturell wirksame Struktur. In Passau geht es im Gegensatz zu Linz vorrangig um das Weiterbauen der nachhaltigen, architektonischen Grundidee mit Ursprung auf dem Inn-Campus und nicht um eine Attraktivierung dessen. Es werden dazu drei zu einem kohärenten Ganzen in sich verschränkte, in ihrer Höhe behutsam gestaffelte Gebäudeteile als Gesamtkomplex platziert, die sich um einen Innenhof gruppieren (Abb. 3). Dabei liegt ein Großteil der Seminarräume am Klostergarten vor dem erhöhten Kubus, der den großen Saal beherbergt, beziehungsweise vor dem mehrstöckigen Bürotrakt, der sich im Hintergrund entlang der Brauhausmauer erstreckt. Die Höhe der Traufe des Nikolaklosters wird von diesem liegenden Riegel respektiert. Gleichzeitig bewirkt die Abstufung ein Anschmiegen der Volumina an den ansteigenden Hang des Spitzbergs und gibt auch den Fassaden der weiter hinten liegenden Büros den Blick auf die Stadt frei. Am höchsten Punkt des größten Baukörpers verspringt das oberste Geschoss und nimmt sich zurück, um dem Raum der Begegnung mit einem vorgelagerten Freiraum Platz zu schenken. Eine weitere Untergliederung erfährt der Kubus über den Einschnitt einer Stadtloggia mit Dachterrasse. Der Unterschnitt des Seminarraumteils gibt gesäumt von

---

19 Peter Riepl beschreibt die Typologie der Neubauten als flexible, offene Halle. Diese können „mit unterschiedlicher Porosität und Differenzierungen, Arbeits- und Lernlandschaften […] generieren, die in feinen Abstufungen kommunikative wie geborgene Situationen bereitstellen." In: Gespräch der Autorin mit Peter Riepl zum Thema Internationales Wissenschaftszentrum und nachhaltige Campusarchitektur. Interview geführt von Alexandra Binder, 21.09.2023.
20 Auf dem Gelände der JKU wurden die hybride Sport- und Konzert-/Veranstaltungshalle, die Kepler Hall, sowie der Holzbau des Open Innovation Centers neu errichtet. Die Bibliothek wurde mit der filigranen Konstruktion des Learning Centers überbaut, ebenso der TNF-Turm mit dem skulpturalen Somnium. Ein kurzer Überblick findet sich u. a. bei Romana Ring, Campus der Johannes Kepler Universität Linz, Riepl Riepl Architekten, in: Architektur Aktuell; the art of building /10 (2020), S. 118–131.
21 Gespräch der Autorin mit Peter Riepl zum Thema Internationales Wissenschaftszentrum und nachhaltige Campusarchitektur (wie Anm. 19).

Stützenreihen die Verbindung vom Klostergarten zum „grünen Hof"[22] frei, der auch als Anlehnung an den Freibereich des Nikolaklosters gesehen werden kann. Die gedeckte Passage zu diesem zentralen Patio wirkt als „Loggia", wie sie Peter Riepl in Analogie zur italienischen Typologie bezeichnet[23]. Laut Riepl werden die Nutzer:innen im Bereich der überdeckten, verschatteten Kolonnaden durch die Helligkeit des Innenhofs förmlich in das Gebäude hineingezogen[24]. Sie ermöglichen einen fließenden Übergang vom halböffentlichen Atrium zum öffentlichen Platz und erweitern den Bewegungsraum entlang der Straße, wodurch die Möglichkeit eines wechselseitigen Austausches mit der Stadt entsteht.

Die beschriebene Vereinigung unterschiedlicher Nutzungen und Situationen stellt eine Herausforderung an die Architektur, doch sie führt auch zu einer spannenden Mischung. Peter Riepl nennt den Komplex sogar „eine kleine Stadt in sich"[25]. Diese Aussage lässt Assoziationen zu Rem Koolhaas' Betrachtungen zu, die ihn in großen, komplexen Bauten eine „Bigness" erkennen lassen, die eine Abschottung der Architektur von der Stadt bewirkt: „Bigness ist nicht mehr auf die Stadt angewiesen: Sie konkurriert mit der Stadt; sie vertritt die Stadt; sie belegt die Stadt mit Beschlag; oder, noch treffender, sie ist die Stadt. […] letztendlich ist sie ihre eigene raison d'être"[26]. Die beschriebenen Grundannahmen treffen auf das neue IWZ allerdings nicht zu. Es erreicht keine „kritische Masse", die es „big" werden lässt, bis sogar die Fassade keine Aussagekraft mehr über die innere Nutzung hat[27]. Höhenstaffelung und Patio sind die von Riepl Riepl Architekten gewählten Motive, die den kompakten Gebäudekomplex so untergliedern, dass die Innenräume ein ähnlich dem Stammgelände von Massivität und Transparenz geprägtes, umlaufendes Fassadenrelief erhalten und die Struktur des Gebäudes somit lesbar wird. Die aufgrund ihrer Materialeigenschaften konträren Baustoffe Ziegel und Glas in der Außenhaut des Neubaus interpretieren diese tradierten Charakteristika von Putz- und Glasfassade neu, was zur Vermittlung einer übergreifenden Campusatmosphäre führt. Über diese ausdifferenzierte Fassade tritt das Gebäudeinnere mit dem innerstädtischen Umfeld in Interaktion. Der Neubau am Spitzberg erhält demnach seinen eigenen Charakter und ist dennoch eine Hommage an den Campus am Inn. Dessen Architektursprache wird jedoch von Riepl Riepl nicht kopiert,

---

22 Wie von Riepl Riepl Architekten in ihren Plänen benannt.
23 Ein Gespräch über Nachhaltigkeit und Architektur zwischen Ulrich Bartosch, Peter Riepl und Jörg Trempler (wie Anm. 12), S. 101.
24 Gespräch der Autorin mit Peter Riepl zum Thema Internationales Wissenschaftszentrum und nachhaltige Campusarchitektur (wie Anm. 19).
25 Peter RIEPL, Gedanken zum Entwurf des IWZ, Internationales Wissenschaftszentrums der Universität Passau. Vortrag anlässlich des Jubiläums zu 400 Jahren Hochschulgeschichte in Passau. Transkript: Alexandra Binder; Text wird voraussichtlich 2024 erscheinen in: Universität nachhaltig bauen. Vom Architekturwettbewerb zur gebauten Realität am Campus Passau, Passau 30.03.2023.
26 Rem KOOLHAAS, Bigness, or the Problem of Large, in: Fritz Neumeyer (Hg.), Quellentexte zur Architekturtheorie: Nachdenken über Architektur, München, Berlin, London 2002 [1995], S. 575–581.
27 Die sehr bekannte, von Koolhaas in „Bigness" getroffene Aussage „f*** context" stammt aus diesem Manifest. Hierbei geht es vor allem um den „urbanen Zusammenhang", dem „Bigness" nicht mehr angehört: „Sie existiert; bestenfalls koexistiert sie."

Alexandra Binder

Abb. 4: Riepl Riepl Architekten, Internationales Wissenschaftszentrum der Universität Passau, Fassade des Büro- und Verwaltungsgebäudes mit Bewuchs (Staatliches Bauamt Passau, Darstellung: Riepl Riepl Architekten, 2023)

sondern in neue Konzeptionen übersetzt. Die Vorgehensweise lehnt sich gleichwohl an die Grundsätze der Passauer Universitätsarchitektur an, die simultan von Individualität und Zusammengehörigkeit geprägt ist.

Auf dem Campus besitzt jedes der im Grünen freistehenden Gebäude seine individuelle Form, und doch ähnelt sich ihr Stil. Ihn prägen hohe Anteile an verputzten Lochfassaden, die von verglasten Bewegungsräumen und Schaufenstern aufgebrochen werden. Betrachtet man im Vergleich dazu den brutalistischen, von Sichtbeton bestimmten, rasterbasierten Baustil anderer junger bayerischer Hochschulen wie Augsburg oder Regensburg, die ebenfalls in den 1970er Jahren gegründet wurden, so erscheint die teils postmoderne[28], teils kritisch regionalistische[29], landschaftsbezogene

---

28 Die postmoderne Architektursprache wird vor allem am von Kolonnaden begleiteten Hof von Mensa und Zentralbibliothek sichtbar. Diesen identifiziert Trempler als „postmodernen Klosterhof", unter anderem in Anlehnung an das Nikolakloster. Jörg TREMPLER, Campus West, in: Jörg Trempler (Hg.), Architektur am Campus Passau: Eine neue Universität entsteht, Passau 2021, S. 76 f.

29 Dieser ortsverbundene Stil wird vor allem dem Architekten des Philosophicums Werner Fauser zugeschrieben, der die Inn-Salzach-Bauweise neu interpretierte. Siehe: Hansgeorg BANKEL, Werner Fauser, in: Karl Kroupa (Hg.), Werner Fauser: Gebautes, Ungebautes; ein Werkbericht aus vier Jahrzehnten; [Ausstellung in der FH München, Fachbereich Architektur, Juni 1994], München 1994 (Schriftenreihe der FH München, Fachbereich Architektur), S. 9 f.

Architektur auf dem Passauer Hochschulgelände als außergewöhnlich. Sie zeigt sich in Verbindung mit ihrer visionären Haustechnik als eine für diese Zeit revolutionäre, bis heute werthaltige Konzeption.

5. Nachhaltigkeit über Langlebigkeit

Die zeitlose Architektur am Fluss, deren Nutzungsende[30] noch nicht in Sicht ist, ist ein Beispiel dafür, dass sich nachhaltige Gebäude insbesondere über ihre mögliche Lebensdauer auszeichnen[31]. Ihre Qualitäten in neuer Form wiederaufzunehmen ist folglich sinnfällig und impliziert eine positive Prognose für einen langen Lebenszyklus. Peter Riepl formuliert den beschriebenen Zusammenhang zwischen Dauerhaftigkeit und Nachhaltigkeit treffend: „Damit Gebäude möglichst lange bestehen können – das ist ein Grundaspekt von Nachhaltigkeit – braucht es Antworten auf vielerlei Fragen. Gebäude müssen sozialen und kulturellen Ansprüchen entsprechen und das möglichst in einer zukunftsfähigen Weise […]"[32]. Er spricht in diesem Zusammenhang auch die Wichtigkeit einer nachhaltigen Materialwahl bei der Konstruktion an. Der für die Fassade des Neubaus am Spitzberg geplante massive Ziegel hat für ihn nicht nur eine klimatische Funktion, sondern kann auch als Variable für eine „Balance zwischen Offenheit und Geschlossenheit" eingesetzt werden. Das Ziel ist „trotz Vielfalt […] ein kohärentes Ganzes" zu erhalten[33].

Dieser über eine rein funktionale Sichtweise hinaus gehende moderate Materialeinsatz verdeutlicht eine vorausschauende Haltung, die für die Lebensdauer eines Universitätsgebäudes mit hybrider Nutzung von entscheidender Bedeutung ist. Die sozio-kulturelle Qualität des Neubaus kann sich durch dieses gestalterische Einfühlungsvermögen unmittelbar positiv auf die Nutzer:innen auswirken und somit eine bedeutungsvolle, zukunftsfähige Architektur erzeugen. Diese Dauerhaftigkeit entsteht für Peter Riepl auch über die intensive Verbindung mit dem Ort: „Es gibt einen wesentlichen Konnex zwischen Ort und Nachhaltigkeit. Wenn es gelingt, sinnerfüllte, einprägsame Orte zu schaffen, liebenswerte Orte, deren Verlust schwer wiegen würde, dann ist Nachhaltigkeit garantiert. Unsere Altstädte sind eine dichte Ansammlung solcher Orte. Dabei geht es nicht nur darum, dass bestimmte Lebensvollzüge gut zu

---

30 Die wirtschaftliche Gesamtnutzungsdauer von Hochschulgebäuden beträgt gem. Bewertungsgesetz, Anlage 22 zu § 185 Abs. 3 Satz 3, § 190 Abs 2 Satz 2, 23.07.2021 50 Jahre. Viele Gebäude der Universität Passau nähern sich dieser Marke bereits und werden diese überschreiten.
31 Holger WALLBAUM/Susanne KYTZIA/Samuel KELLENBERGER, Nachhaltig bauen: Lebenszyklus, Systeme, Szenarien, Verantwortung, Zürich 2011, S. 54 ff. Die ökologische Lebenszyklus-Analyse von Gebäuden kann den Einsatz von Energie und Baustoffen rechtfertigen, wenn die energetische Rückzahldauer gering gehalten wird. Das heißt, dass die Lebensdauer oder der energiesparende Betrieb eines Gebäudes als Kompensation in der Ökobilanz wirksam werden kann.
32 Peter RIEPL in: Ein Gespräch über Nachhaltigkeit und Architektur zwischen Ulrich Bartosch, Peter Riepl und Jörg Trempler (wie Anm. 12), S. 99.
33 Ebd., S. 100.

erledigen sind, sondern auch um ein hinreichendes Potential an Identifikationsmöglichkeiten. Doch vieles von dem, was heute gebaut wird, dient der Befriedigung eng gesetzter, meist kurzfristiger Bedürfnisse. Es sind in der Regel Gebilde, die keine Wurzeln schlagen können"[34].

Seinen Entwurf für das IWZ verflechtet er daher als neues Entrée identitär mit dem Ort, der als städtebauliche Besonderheit bereits von ausdrucksstarken Bauten umgeben ist. Neben dem historischen Nikolakloster steht er als erster, großer Erweiterungsbau der Universität auch in direkter Nachfolge des ikonischen Philosophicums von Werner Fauser, das an der klösterlichen Südseite gelegen den östlichen Anfangspunkt des Campus markiert. Um an die Signifikanz dieses markanten Gebäudes anzuknüpfen, wurde für die Fassade des Neubaus am Spitzberg Klinker gewählt, um eine hohe Plastizität der Hülle des Hör- und Konzertsaales zu erzeugen. Die darüber hergestellte Präsenz des Neubaus ist in der Lage, an die Tradition der Ikone Fausers[35] anzuknüpfen. Bereits jener gestaltete seinen „böhmisch-roten"[36] Bau durch eine verputzte Lochfassade mit hohem, geschlossenem Anteil und einer überhöhten Attika als eine Abstraktion der umliegenden Inn-Salzach-Bauweise. Es entstand damit eine assoziative Verbindung zur Stadt. Auch der Entwurf von Peter Riepl und seinem Team ist eine individuelle Interpretation dieses historischen Kontexts – jedoch nicht in Rot, sondern in warmen, hellen Grautönen[37] – und somit ebenfalls Ausdruck der urbanen Passauer Identität, wie er darlegt: „Es gibt […] bei neueren Gebäuden durchaus eine freiere Interpretation, die […] möglich sein muss und soll. Man kann nicht 50 Jahre im gleichen Duktus bauen. Aber was allen […] gleich ist, ist eine gewisse Form von Orthogonalität, eine gewisse Form von Kräftigkeit des Körpers, eine gewisse Form von geschlossenen Flächen und Volumina, die gerade abgeschlossen sind – wie die Volumina, die bereits in der Stadt stehen. Was […] auch in der Stadt gut erkennbar ist, ist diese Porosität […], die haben wir versucht zum generellen Thema zu machen"[38].

Das geeignete Material, das diese Porosität, aber auch Plastizität erzeugen kann, ist der vorgeschlagene Klinker. Seine gestalterische Vielseitigkeit trifft den Kern der Bauaufgabe, die sich in einem Spannungsfeld zwischen historischer und zeitgenössischer

---

34 Gespräch der Autorin mit Peter Riepl zum Thema Internationales Wissenschaftszentrum und nachhaltige Campusarchitektur (wie Anm. 19).
35 Wie von Peter Riepl im Gespräch mit der Autorin bezeichnet.
36 In „Das Philosophicum", in: Jörg Trempler (Hg.), Architektur am Campus Passau: Eine neue Universität entsteht, Passau 2021, S. 63 und 69, analysiert Susanne Schlatter die Bauweise sowie die nicht gelistete, signifikante hellrote Farbigkeit des Philosophicums in Anlehnung an das Passauer Stadtbild. Gebäude besonderer Bedeutung zeigen sich dort oft in einem solchen Kolorit. Sie greift dabei auf die Erläuterungen des Architekten Michael Rosner zurück in „Die Planung und bauliche Entwicklung der Universität Passau", in: Walter Schweitzer (Hg.), Universität Passau gestern – heute – morgen, Festschrift für Karl-Heinz Pollok, Passau 1997 (Schriften der Universität Passau), S. 237.
37 Für Peter Riepl lehnt sich Grau an die Farbgebung regionaltypischer Stadtbilder an. Siehe dazu: Gedanken zum Entwurf des IWZ, Internationales Wissenschaftszentrums der Universität Passau. Vortrag anlässlich des Jubiläums zu 400 Jahren Hochschulgeschichte in Passau (wie Anm. 25).
38 Ebd.

Architektur mit jeweils unterschiedlichem Detaillierungsgrad bewegt. Die umgebende Bebauung ist vielschichtig strukturiert und reliefiert. Die Kleinteiligkeit des Klinkers ermöglicht ein entsprechend anpassungsfähiges, differenziertes Fassadenbild bei gleichzeitig ästhetischer, kohärenter Erscheinung als Antwort auf diesen städtischen Kontext. Es ist in der Lage, die erforderliche nutzungsspezifische Heterogenität der drei Baustrukturen, die sich beispielsweise in unterschiedlichen Fenstergrößen oder Brüstungshöhen zeigt, im Gegensatz zu großformatigen Bauelementen ohne Stöße mit homogener Wirkung herzustellen. Die gestaffelten Fassaden können so weiche, poröse Übergänge und Durchlässigkeit in einer Situation erhöhter urbaner Dichte erzeugen. Exemplarisch dafür ist die zweischichtige Fassade des Büroteils mit Fluchtbalkonen, deren klimatischen Abschluss Glas bildet, das von Klinker überlagert wird. Der „Dialektik von innen und außen wird über die lebendige Textur dieser perforierten Backsteinwand", die den großzügigen Öffnungen vorgelagert ist, Ausdruck verliehen (Abb. 4)[39]. Dieser äußere Layer inszeniert die stimmungsvolle Belichtung der Räume nicht nur gestalterisch, sondern auch konstruktiv als baulicher Sonnenschutz, der keiner mechanischen Lösung bedarf. Die nur teilmassiven Brüstungen mit einem aufgesetzten Edelstahlnetz runden diese Gestaltung ab, indem sie einen direkten Blick von den Arbeitsplätzen auf Hof und Stadt freigeben.

Peter Riepl spricht im Zusammenhang mit der Nachhaltigkeit der Fassade des Neubaus am Spitzberg aber nicht nur von einer „porösen, sondern auch von einer harten Schale"[40]. Diese stülpt sich schützend über den Neubau, um einer möglichen Verletzung oder Verschmutzung durch eine hohe Nutzungsfrequenz entgegenzuwirken. Der über Jahrtausende erprobte Baustoff Backstein eignet sich aufgrund seiner Langlebigkeit, Demontagefähigkeit und Wiederverwendbarkeit folglich insbesondere, um nachhaltig zu bauen. Zudem erlaubt er auch einen ökologisch wertvollen Bewuchs ohne zusätzliche Rankgitter.

Die Langlebigkeit des neuen IWZ soll aber nicht nur durch eine nachhaltig gewählte Materialität[41], sondern auch über einen hohen Grad an Flexibilität der Gebäudestruktur sichergestellt werden. Der geplante Stahlbetonskelettbau mit Ziegelausfachung[42] kann beides leisten. Zudem stellte sich Beton für die Hauptkonstruktion nach Prüfung eines möglichen Holzbaus als unerlässlich heraus, da das Gebäude von

---

39 Ebd.
40 Ebd.
41 Langlebigkeit wird in Bezug auf den Klinker von Peter Riepl auch am Beispiel der Gründerzeitbauten und ihrer Beständigkeit erläutert. Dabei tritt im Planungsprozess „Demontierbarkeit hinter Robustheit", also Dauerhaftigkeit, zurück. Auch die Überlegungen zum Aufwand an Energie und Kosten ordnen sich dabei während der auf Nachhaltigkeit ausgerichteten Planung dem Prinzip der Langlebigkeit unter.
42 Der nachhaltige Baustoff Ziegel wird im Passauer Raum produziert. Die Rohstoffgewinnung des Tons geschieht regional. Die Transportwege sind somit kurz. Das Material ist recyclingfähig und sehr dauerhaft. Zudem besitzt Ziegel die Fähigkeit zur Raumtemperierung beizutragen, indem Wärme zeitversetzt gespeichert und wieder abgegeben wird, was zu einer sehr guten Raumluftqualität beiträgt.. Erläuterungen dazu unter: BAYERISCHER ZIEGELINDUSTRIE-VERBAND E. V., NACHHALTIG Bauen mit Ziegel, 2022, https://www.bzv.bayern/pdf/2022-12-02-broschuere-nachhaltig-bauen-mit-ziegel.pdf (zuletzt aufgerufen am 08.12.2022).

den Schwingungen der unmittelbar anliegenden, teils ober-, teils unterirdischen Bahntrasse und dem Verkehrslärm der Innenstadt beeinflusst wird. Bei der Rezeptur soll auf Recyclingbeton oder vergleichbare Zusammensetzungen bei CO_2-reduzierter[43] Produktion geachtet werden. Die tragenden Strukturen bieten weiterhin den Vorteil der Möglichkeit zur Aufstockung über bereits berücksichtigte Lasten im Zuge einer flächensparenden Nachverdichtung. In diesem Gesamtsystem stellt der Innenausbau mit Holz eine nachhaltige Variable aus nachwachsenden Rohstoffen dar[44]. Holz ist zwar ebenso langlebig, regional und rezyklierbar wie Klinker, jedoch bei entsprechender Fügung einfacher und schneller demontierbar. Da Gebäude im Laufe der Zeit verschiedenen Anforderungen genügen müssen, ist damit die Möglichkeit zu einer sanften Transformation im Bereich der nicht tragenden Strukturen gegeben. Die flexible Gestaltung setzt sich vom Tragwerk bis zur Möblierung fort. Die Räume werden mit einer technischen Grundausstattung versehen, die es ermöglicht, sie zukünftig auf unterschiedliche Art und Weise mit verschiedenen Lern- und Arbeitsszenarien zu bespielen.

Da der Neubau als Kommunikationsraum[45] für alle zugänglich sein soll, wird abgesehen von dieser Flexibilität das Augenmerk auf durchgängige Barrierefreiheit und auf die wechselnden Bedürfnisse der Nutzer:innen gelegt. Dazu ist laut Peter Riepl ein zeitgemäßes Verständnis von Raum und Zwischenraum nötig: „Wir sind der festen Überzeugung, dass es im 21. Jahrhundert […] andere Räume braucht […], die nicht so, wie es in der Klassischen Moderne war, sehr funktionalistisch waren […][,] sondern dass es vermischte Raumsituationen geben muss, die flexibel auf Dauer bespielbar sind. Es gibt gerade im Bürogebäude ein gewisses Maß an Flexibilität, auch im Seminarbereich, sodass […] das ganze Gebäudegefüge nachhaltiger sein kann. Was unsererseits wichtig ist, ist, dass es nicht nur um diese eigentlichen Räume geht, sondern es geht um das alles, was zwischen diesen eigentlichen Räumen ist. Das soll stimulieren oder anregen zur Kommunikation, zum Austausch und zur Begegnung. […] Aber es soll natürlich auch diese Rückzugsorte geben, diese Nischen geben. Von daher war es uns wichtig, ein komplexes, differenziertes Gefüge zu entwickeln, das die Benutzer in einem gewissen Maße auf die Reise schickt, wie auch immer sie das benutzen"[46].

---

43 Das angestrebte Ideal ist eigentlich Klimaneutralität. Eine CO_2-freie Betonherstellung wird im Zuge einer Bauwende angestrebt, ist allerdings technisch noch nicht durchführbar.

44 Gedanken zum Entwurf des IWZ, Internationales Wissenschaftszentrums der Universität Passau. Vortrag anlässlich des Jubiläums zu 400 Jahren Hochschulgeschichte in Passau (wie Anm. 25).

45 Besonders das Motiv der Himmelsleiter unterstreicht die kommunikative Funktion des Gebäudes durch die von ihr geschaffenen Raumsequenzen und Durchblicke. Sie findet sich sowohl in repräsentativer Form als Zugang zum großen Saal als auch als Verbindungsstück zwischen den Etagen im Büro- und Verwaltungstrakt sowie als Freitreppe. Auch auf dem Stammgelände gibt es in verschiedenen Gebäuden derartig inszenierte Treppen, so zum Beispiel im Gebäude der Fakultät für Mathematik und Informatik, im Juridicum oder Philosophicum.

46 Gedanken zum Entwurf des IWZ, Internationales Wissenschaftszentrums der Universität Passau. Vortrag anlässlich des Jubiläums zu 400 Jahren Hochschulgeschichte in Passau (wie Anm. 25).

6. Grün und Klima

Die Staffelung der Gebäudeteile, die hauptsächliche Nord-Ost-Orientierung der Fassadenöffnungen und die großflächig mit klimatisch wirksamem Backstein verblendeten Oberflächen beeinflussen den Komfort im Innenraum des IWZ und simultan das Stadtklima. Dabei kommt nicht nur den bewachsenen Teilen der Klinkerfassaden, an denen sich Pflanzen ohne zusätzliche Gerüste je nach Wuchsart entweder hinab- oder hinaufranken können, sondern auch den begrünten Flachdächern, Innenhöfen und Zwischenräumen eine entscheidende Bedeutung in Bezug auf Ökologie, Ästhetik und Aufenthaltsqualität zu.

Über die Landschaftsarchitektur wird der neue Gebäudekomplex somit auch klimatisch wirksam, was zur Erfüllung der Ziele des Regierungsprogramms „Klimaland Bayern" beiträgt. Eigentlich lässt ein kompakt zu bebauender urbaner Standort wenig Potenzial für Begrünung vermuten, doch Riepl Riepl Architekten nutzen in Zusammenarbeit mit Auböck + Kárász Landschaftsarchitekten jede Möglichkeit, um Grün in die Stadt zu bringen, ohne dabei an Urbanität einzubüßen. Die Begrünung präsentiert sich zu den unterschiedlichen Jahreszeiten in immer neuen Farben, mit wechselnden Blütenständen und Blattwerk. Durch wilden Wein und Winterjasmin an den Fassaden, Blasenbäume entlang der Dr.-Hans-Kapfinger-Straße, ergänzt mit Spitzahornen den Hang hinauf sowie Zierkirschen im Innenhof soll eine „subtile landschaftliche Akzentuierung"[47] stattfinden. Der dem Spitzberg zugewandte, ebenerdige Bereich zwischen dem Neubau – insbesondere den Seminarräumen – und der Stützmauer entlang der Löwenbrauerei soll zudem durch die Schaffung von Aufenthaltsmöglichkeiten und die Bepflanzung mit Ahornen, Zierkirschen und Wildrosen eine atmosphärische Verbindung zu den ähnlich gestalteten Platzflächen im Patio erhalten. Die „Bastion"[48] – wie sie Peter Riepl auch bezeichnet – lässt über den behauenen Fels der historischen Mauer Assoziationen an das Stammgelände zu. Dort wurden Felsen vom Innufer zur Landschaftsgestaltung genutzt und beispielsweise zu Stützmauern geformt – wie bereits von Günther Grzimek in der Grundsatzuntersuchung vorgeschlagen. In Anknüpfung an damalige Konzepte soll zudem die geplante fußläufige Verbindung zum Campus, der Philosophensteig, nun realisiert werden. Dieser würde in besonderer Weise das Konzept „Gebäude ohne Rückseite"[49] untermauern, dem Riepl Riepl Architekten bei der Planung des Neubaus folgen. Parallelen zu den Freibereichen und zur Durchwegung des Universitätsareals werden im IWZ, das laut Christof Pernkopf von Riepl Riepl Architekten dicht mit der bestehenden Universität vernetzt ist, über kommunikative Begegnungsräume innen wie außen gezogen. Exemplarisch dafür sind die ebenerdig gelegenen Seminarräume mit den vorgelagerten Aufenthaltsbereichen zur Mauer.

---

47 Laut Erläuterungen auf den Plänen des Wettbewerbsbeitrages von Riepl Riepl Architekten und Auböck + Kárász Landschaftsarchitekten, 2021.
48 Ein Gespräch über Nachhaltigkeit und Architektur zwischen Ulrich Bartosch, Peter Riepl und Jörg Trempler (wie Anm. 12), S. 101.
49 Wie von Peter Riepl im Gespräch mit der Autorin bezeichnet.

Abb. 5: Universität Passau, Luftbild grüner Campus Passau (Universität Passau, Foto: Weichselbaumer, 2020)

Nicht nur vertikaler Bewuchs oder Baumsetzungen entlang der Gebäudekanten sowie Pflanzungen in den Zwischenbereichen zur Brauhausmauer, sondern auch Dachgärten machen den Gebäudekomplex somit zur Erweiterung des grünen Campus am Inn, da all diese Motive dort ebenfalls zu finden sind (Abb. 5).

Auböck + Kárász können nicht nur besondere Referenzprojekte wie den Hof des Joseph Pschorr Hauses in München oder die Dachbegrünung des sog. „Erste Campus" in Wien vorweisen, sondern haben das Thema in einem Traktat intensiv studiert: „Dachlandschaften sind ein uralter Topos, eine Ergänzung und Bereicherung des Hauses[.]"[50] und ihre Eigenschaften „ergeben sich aus baulichen und funktionalen Merkmalen: in der jeweils besonderen Verbindung von Elementen der Architektur UND Freiraumgestaltung"[51].

Diese Symbiose wird auch am Spitzberg eingegangen. Die Dächer der Büro- und Seminarraumtrakte sowie des Hör- und Konzertsaales werden intensiv begrünt und sind damit zugleich konstruktive wie landschaftsarchitektonische Elemente (Abb. 6). Es bilden sich hochqualitative Aufenthaltsräume in urbaner Umgebung und zugleich kleine Biotope, die der Artenvielfalt zugutekommen und als außenliegender Sonnenschutz vor direkter Einstrahlung und Hitze schützen. Auch hier lässt sich wieder eine starke Verbindung zu den Anfängen der Planung für den grünen Campus Passau unter Günther Grzimek herstellen. Bereits in seinen Analysen aus dem Jahr 1975 hatte ein

---

50 Maria Auböck und János Kárász, Dachlandschaften, Landeshauptstadt München, Referat für Stadtplanung und Bauordnung, Hauptabteilung Stadtplanung, Abteilung Grünplanung, München 2012, S. 8.
51 Ebd., S. 14.

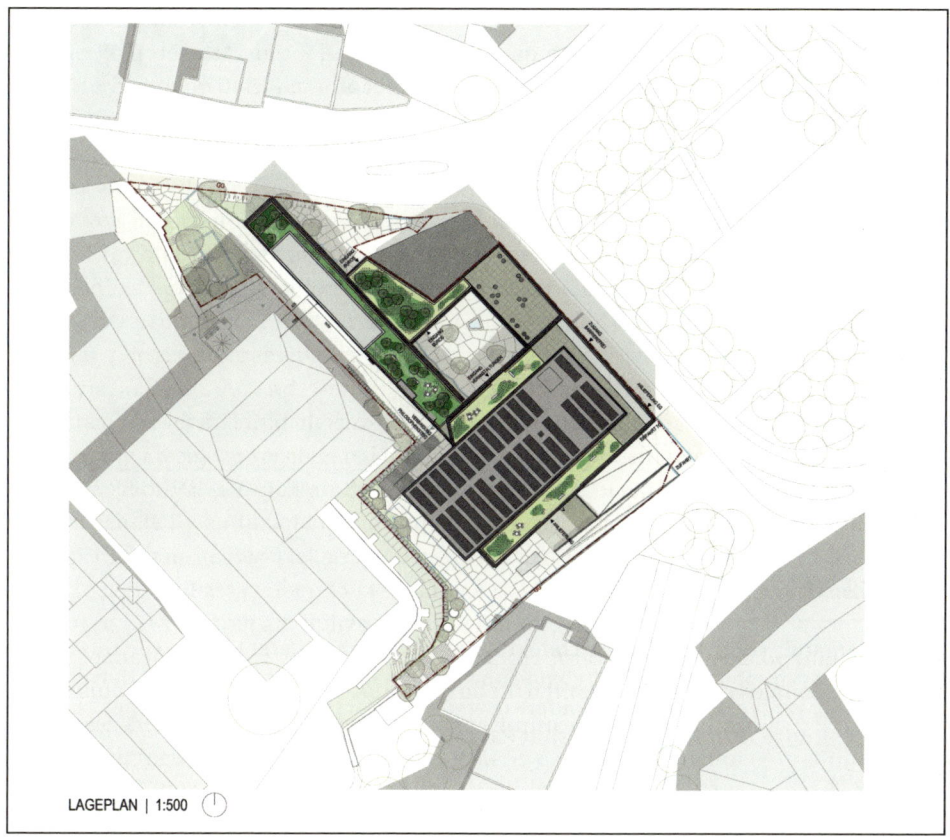

Abb. 6: Riepl Riepl Architekten, Internationales Wissenschaftszentrum der Universität Passau, Lageplan mit Dachaufsicht (Staatliches Bauamt Passau, Darstellung: Riepl Riepl Architekten, 2022)

gesundes Mikroklima bei der Auswahl potenzieller Bepflanzungen und Oberflächen Priorität. Auswirkungen auf Verschattung, Temperaturausgleich, Staubfilterung und Wasserdurchlässigkeit waren beispielsweise von großer Bedeutung, genauso wie die Regionalität von Vegetation und Belägen. Auch die haptische und gestaltpsychologische Ausformung zählte zu den wichtigsten Kriterien für eine weitere Planung[52]. Die Flächen sollten „öffentlichen Charakter" erhalten und zudem für „städtisch orientierte Nutzungen mit ergänzender Funktion" zur Naherholung beispielsweise als Liegewiesen oder Kleingärten verwendet werden[53]. Das bereits erfolgreich an der Universität

---

[52] Aus dem 5. Kapitel „Konzeptionen" in Günther GRZIMEK, Universität Passau, Grundsatzuntersuchung Grünplanung, Lehrstuhl für Landschaftsarchitektur der Technischen Universität München, München 1975, S. 60–102.
[53] Während diese teilweise noch als Zwischennutzungen gedacht waren, prägen sie heute dauerhaft den Campus. Ebd., S. 90.

Alexandra Binder

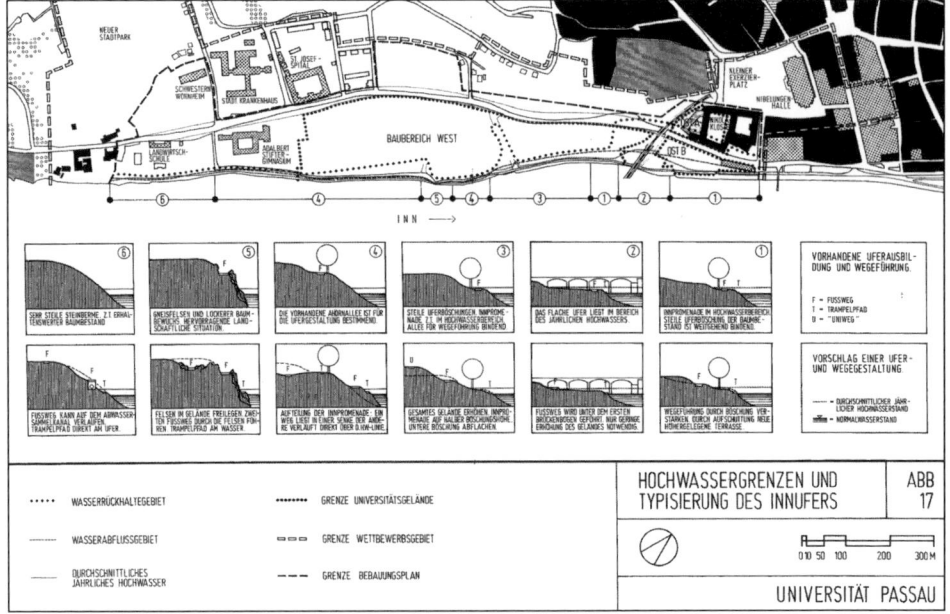

Abb. 7: Lehrstuhl für Landschaftsarchitektur der TU München unter Leitung von Günther Grzimek, Ausschreibung zum städtebaulichen Ideen- und Bauwettbewerb der Universität Passau, Abb. 17: Typisierung des Innufers (bereits mit Darstellung des „Uniweges" unter Abschnitt 3), 1976 (Archiv der Universität Passau)

Passau praktizierte Urban Gardening passt also darüber hinaus sehr gut in das tradierte Konzept und kann folglich auch am Spitzberg weitergeführt werden[54].

Am höchsten Punkt des hybrid genutzten Kubus, der den Saal in sich trägt, lässt die Gestaltung mit Grün jedoch Platz zur solaren Energiegewinnung über eine Photovoltaikanlage. Immer wieder gibt es außerdem Wege und Terrassen, die eine Erschließung sowie den Ausblick und Aufenthalt mit Sitzplätzen im Freien ermöglichen. Die Dächer der Gebäudeteile wirken folglich in einer nachhaltigen Trias aus ökologisch-technisch-sozialer Qualität und vertiefen gleichzeitig die Bindung zwischen Stadt und Universität. Sie führen die Grundkonzeption des Stammgeländes als Reflexion der extensiven Begrünung bestehender Bauten wie des IT-Zentrums[55] und der durchgrünten Freiraumgestaltung über den Parkgeschossen weiter. Originäre Leitideen der universitären Landschaftsarchitektur, die bereits Günther Grzimek 1975 in seinen Untersuchun-

---

54 Nachhaltigkeitsbericht 2021/22. Daten und Fakten zur Nachhaltigkeit an der Universität Passau, Universität Passau, 2022: Die Universität unterhält als Teil eines Programms der Landesanstalt für Weinbau und Gartenbau Demogärten auf dem Campus.
55 Das IT-Zentrum wurde 2006 als einer der letzten Neubauten auf dem Campus am Inn errichtet. Es bildet eine Art westlichen Abschluss des Geländes und folgt mit seiner mäandrierenden Form als erstes nicht mehr streng den städtebaulichen Vorgaben, die über die Ergebnisse des Ideenwettbewerbs 1976/77 gemacht wurden.

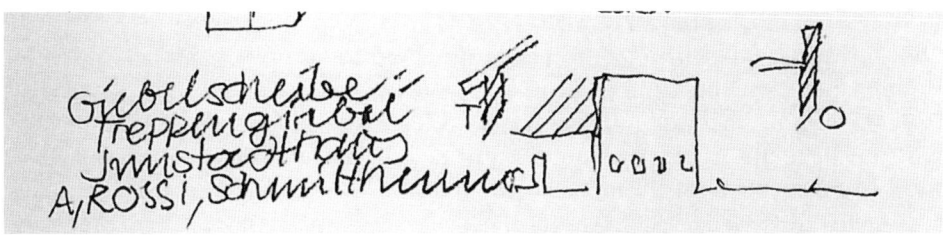

Abb. 8: Werner Fauser, Konzeptskizze zum Thema „Körper" (Bildarchiv Fachhochschule München, Fachbereich Architektur, in: Karl Kroupa, Werner Fauser: Gebautes, Ungebautes. Ein Werkbericht aus vier Jahrzehnten, München 1994, S. 117)

gen zur Grünplanung für den landschaftlich geprägten Campus am Fluss setzte (Abb. 7), werden als nachhaltige Ziele demnach durch den Neubau des IWZ im verdichteten Stadtgebiet erfüllt: „[…]Verknüpfung von Stadt und Landschaft durch ein zusammenhängendes Grünflächen- und Wegesystem, […] Verbesserung des Grünflächenangebotes für die umliegenden Stadtteile [sowie] […] des Angebotes an Freizeit- und Erholungseinrichtungen [und] […] [l]andschaftliche Einbindung der Universitätseinrichtungen"[56].

7. Nachhaltiges Stadtschauspiel

Es entsteht daraus ein Wechselspiel zwischen Stadt, Universität, Architektur und Grün. Auböck und Kárász sprechen sogar von einer „Dramaturgie", die „aus dem Zusammenspiel von Freiflächen unterschiedlicher Ausprägung in Sichtweite" entstehen kann[57]. Als „Stadtschauspiel" beschreiben Riepl Riepl Architekten diese bildgewaltige Beziehung in der Planung ihres Wettbewerbsbeitrages, bei der der Entwurf mit der urbanen Kulisse Passaus in Dialog tritt. Dies geschieht besonders über die mehrgeschossige Verglasung des Foyers vor dem Konzertsaal, die als Schaufenster wirkt. Von oben kann sogar Himmelslicht über den verglasten Dachversprung einfallen. Die Architektur des Neubaus wird durch diese Inszenierung selbst zur Bühne. In Assoziation an die Schlüsselpublikation „l'architettura della città" Aldo Rossis, der mit seinen urbanistischen Theorien aus den 1960er und 1970er Jahre auch Peter Riepl inspirierte[58], offenbart sich die „Stadtarchitektur als […] beständige […] Bühne des menschlichen Lebens"[59].

---

56 Universität Passau, Grundsatzuntersuchung Grünplanung (wie Anm. 51), S. 39 f.
57 Dachlandschaften (wie Anm. 49), S. 14.
58 Peter RIEPL/Gabriele RIEPL/Robert FABACH, Orte, Serien, Möglichkeiten. Gespräch mit Gabriele und Peter Riepl, in: Riepl Riepl Architekten: Sites, Wien 2008, S. 16. Peter Riepl spricht hier über die architektonische Postmoderne und Rossis Theorien, die „den Ort als komplexe Realität" thematisierten: „Das scheinbar Nebensächliche, das Anonyme wurde damals zur Instanz, erhielt Gewicht. Was uns daran interessierte, war, dass es da plötzlich viel differentere Zusammenhänge gab, dass alles viel optionaler, somit chancenreicher und viel weniger linear zu sehen war. Insofern ist das mit der Postmoderne ein kultureller Gewinn."
59 Aldo ROSSI, L'architettura della città. Die Architektur der Stadt: Skizze zu einer grundlegenden Theorie des Urbanen (Bauwelt-Fundamente), Gütersloh/Berlin 2015 [1966], S. 13.

Peter Riepl möchte mit seinem Team „vielschichtige, verdichtete Orte" entwickeln über Architektur, die mit der Umgebung „als unlösbares Ganzes verstrickt" ist, wie er betont. Über Aldo Rossis Einfluss auf ihr Architekturverständnis sagt er: „Anders als in der Bewegung, die Aldo Rossi seinerzeit in Gang gesetzt hat, geht es dabei nicht so sehr um sichtbare Analogien, sondern um tieferliegende Bezüge, die an der Oberfläche auf den ersten Blick kaum ablesbar sind. Das bewahrt klar erkennbare Eigenständigkeit trotz vielfältiger Verflechtungen, ein – aus unserer Sicht – erstrebenswertes Paradoxon. Die Pole bleiben möglichst wirksam und werden produktiv in Balance gesetzt. Aldo Rossi hat mit seinen Schriften wesentliche Anstöße gegeben. Die Abkehr vom Dogma des naiven Funktionalismus, wie er ihn nannte, wurde durch ihn befeuert. Er hat erkannt, dass das bloße, gute Funktionieren eines Gebäudes zu wenig und in letzter Konsequenz zu einschränkend ist. Zu technokratisch, zu eindimensional ist die Vorstellung eines Hauses als primär perfekter Mechanismus. Es geht nicht darum, vorgedachte Abläufe festzusetzen, sondern im Gegenteil, anzuregen, zu ermöglichen und Spielräume zu eröffnen. Dabei geht es aus meiner Sicht gerade nicht um Neutralität, sondern um stimulierende Atmosphären, die dem Leben eine sanft wirksame Choreografie hinterlegen"[60].

Riepl Riepl Architekten weisen vor diesem architekturtheoretischen Hintergrund folglich als Choreografen dem neuen IWZ eine bislang in der Stadtmitte einzigartige Konnotation zu. Die im Neubau enthaltene Bühne stellt nicht nur ein physisch bedeutsames Bauteil dar, sondern steht darüber hinaus auch sinnbildlich für die gesellschaftliche Funktion des Komplexes. Während Stadtturm und Stadtgalerie als größte Bauten der Umgebung hauptsächlich kommerziell orientierte Orte der Begegnung beherbergen, kommt dem neuen Wissenschaftszentrum eine kulturelle Schlüsselfunktion zu, ähnlich wie vormals das Philosophicum von Werner Fauser als urbanistischer Gelenk- und Startpunkt eine Hauptrolle auf dem Campus übernahm. Eine Skizze Fausers (Abb. 8) zeigt, dass sein Bauwerk der Tradition des Typus Innstadthaus folgt und seine Formensprache dem historischen Umfeld entlehnt wurde. Jedoch erst durch die universitäre Nutzung und kollektive Funktion innerhalb der Stadt im Sinne des von Aldo Rossi definierten Begriffs der *Permanenz*[61] erhielt es eine eigene architektonische Qualität und reihte sich damit in die Serie ikonischer Bauten der Altstadt Passaus, die jeweils ihren individuellen Wiedererkennungswert besitzen, ein. Rossis Einfluss auf Fauser geht demzufolge ebenso wie bei Peter Riepl weit über die eindimensionale Sichtweise einer bloßen Reproduktion historischer Formensprache – in diesem Fall sinnbildlich dafür der Blendgiebel – hinaus und führt zur Entstehung

---

60 Gedanken zum Entwurf des IWZ, Internationales Wissenschaftszentrums der Universität Passau. Vortrag anlässlich des Jubiläums zu 400 Jahren Hochschulgeschichte in Passau (wie Anm. 25).
61 Dabei wird dieser urbanistische Begriff hier so verwendet, wie ihn Aldo Rossi in architettura della città hinreichend definiert hat. Für ihn ist Permanenz zum einen „Vergangenheit, die wir heute erfahren", aber nicht zwangsläufig gleichzusetzen mit der „Kontinuität einer Stadt": „Denn nicht alles in einer Stadt überdauert oder es überdauert in so gewandelter Form, daß die Permanenz als solche nicht mehr erkennbar ist." Die Architektur der Stadt (wie Anm. 58), S. 42 f.

architektonisch sowie städtebaulich bedeutsamer Gebäude in Passau. Der ideelle Wert des Neubaus am Spitzberg und seiner besonderen dualen Nutzung für Stadt und Universität macht ihn dauerhaft reizvoll und damit nachhaltig. Er wirkt entsprechend identitätsstiftend und profilstärkend als architektonisches Zeichen für eine kulturell offene, gastfreundliche Universität.

Als Ausdruck dieser besonderen Gebäudefunktion wurde das Motiv der Holzlamellen zur komfortablen, akustisch wirksamen Innenraumgestaltung gewählt. Der regionale, nachwachsende und rezyklierbare Baustoff Holz[62] steht für die Ortsverbundenheit und die Ökologie des Neubaus am Spitzberg im Sinne des „Klimalandes Bayern"[63], aber auch für ein neu etabliertes Element des erweiterbaren universitären Corporate-Designs. Als innenarchitektonischer Baustein kann es an ausgewählten Stellen auf den Campus und bestehende Universitätsgebäude zurückgespiegelt werden. Die so entstandene haptisch-visuelle Verknüpfung signifikanter räumlicher Punkte vermittelt zum einen den Aspekt Nachhaltigkeit als zentralen Schwerpunkt im Selbstverständnis der Universität Passau, transportiert aber ebenso ein übergreifendes Campusgefühl im Sinne einer ganzheitlichen Philosophie[64], die Identitätsstärkung und Umweltfreundlichkeit vereint.

Die Verarbeitung von Holz hat eine lange Tradition in Niederbayern. Heute basiert sie allerdings nicht mehr nur auf Handwerkstechniken, sondern ebenfalls auf Digitalisierung. Auch an dieser Stelle findet sich demnach ein Konnex mit einer der Prioritäten aus dem Leitbild der Universität Passau. Ähnlich wie Peter Riepl die Schaffung liebenswerter Orte als Grundlage nachhaltigen Städtebaus beschreibt, legt der Grazer Architekt Urs Hirschberg die Wertsteigerung des Werkstoffs Holz bis hin zum „Artefakt"[65] unter Verwendung von digitaler Technik dar: „Aus der Geschichte lernen wir, dass

---

62 Rahel MARTI/Axel SIMON, Klima bauen: Ein Lexikon zu Architektur, Landschaftsarchitektur und Raumplanung unterwegs zu Netto-Null, Zürich 2021, S. 63 f.: „Holz leistet einen zentralen Beitrag zu den Klimazielen. Das Material reduziert die CO_2-Bilanz bei den meisten Konstruktionen entscheidend […]." Natürlich müssen dazu gewisse Voraussetzungen wie zum Beispiel Regionalität und Reinheitsgrad entsprechend erfüllt sein.

63 Der Freistaat Bayern hat seine Klimaziele 2021 in der Regierungserklärung „Klimaland Bayern", 21.07.2021, formuliert. Dazu gehören auch die Grundsätze „Klima-Bauen und Klima-Architektur", deren wesentlicher Bestandteil die Verwendung des Baustoffes Holz ist.

64 Seit 2022 stellt der neu gegründete Nachhaltigkeits-Hub der Universität die Bewahrung solcher übergeordneten Ziele auf dem Campus, im Betrieb und in der Forschung sicher. Siehe UNIVERSITÄT PASSAU, Nachhaltigkeits-Hub, https://www.uni-passau.de/nachhaltigkeit/nachhaltigkeits-hub (zuletzt aufgerufen am 07.12.2022) unter Leitung von Werner Gamerith. Die Grundsätze des Hubs fixieren unter anderem folgende Werte und Ziele: „Die Universität Passau etabliert einen nachhaltigen Campus im Sinne der Verantwortung der Menschen für den Schutz der Umwelt und für ein Miteinander geprägt durch Menschlichkeit. Die Menschen an unserem nachhaltigen Campus leben, forschen, lehren und lernen zusammen in Respekt vor der Natur und im Bewusstsein um die Bedeutung der Nachhaltigkeit menschlichen Denkens, Handelns und Wirtschaftens."

65 Urs Hirschberg, Professor für Darstellung der Architektur und Neue Medien an der Architekturfakultät der TU Graz, sieht in Holz das Potential zur Verbindung von „digitaler Verfeinerung und Nachhaltigkeit" über die kulturelle Dimension. In: „Wood, Digitally Refined", in: Wood: Rethinking Material, Berlin 2021, S. 109.

Objekte mit einem hohen Identifikationswert, die mit Liebe und Sorgfalt gestaltet wurden, auch zumeist diejenigen sind, die mit der Zeit an Würde und gesellschaftlicher Wertzuschreibung gewinnen"[66].

Diese langfristige Attraktivität kann über die digitale Simulation von Geometrie, Querschnitt, Anordnung, Rhythmisierung und Akustik des Materials geschehen, was zur Optimierung der Planung und Fertigung des großen Hör- und Konzertsaales (Abb. 9) und des davor liegenden Foyers mit begehbarer Galerie (Abb. 10) beiträgt. Das Ergebnis ist ein individuell auf den Campus Passau abgestimmtes, ökologisches und ökonomisches Signature-Design. Dies kommt Akustik und Komfort des für 800 Personen ausgelegten Saales zugute: Dessen Figuration mit gestaffelten Logen wird zugunsten sehr guter Sichtverhältnisse und Akustik – anders als im Wettbewerbsbeitrag – nicht mehr orthogonal realisiert. Sie nähert sich nun im Bereich der Logen einem segmentierten Oval an. Sukzessive werden auf dieser Galerieebene Blicke freigegeben, die laut Peter Riepl die Logik des Saalbaus in der Annäherung spürbar machen. Die polygonale Rundung ist als Besonderheit einem rechteckigen Baukörper einbeschrieben – ähnlich wie bei dem elliptischen Pierre-Boulez-Saal der Barenboim-Said-Akademie in Berlin. Dieser wurde von Frank Gehry designt und nachträglich in einen neoklassizistischen Altbau eingebaut[67]. Im Gegensatz dazu erhält der Passauer Konzertsaal allerdings nicht die Form einer Arena, bei der das Podium im Zentrum positioniert ist, sondern eine Bühne am Spitzberg.

8. Lebenszyklus und Energie

Einen maßgeblichen Nachhaltigkeitsfaktor innerhalb des Lebenszyklus des neuen IWZ stellt darüber hinaus der Campusbetrieb dar. Dieser wird nach der Fertigstellung der thermisch wirksamen Hülle über das Energiekonzept und die zugehörige technische Gebäudeausrüstung sichergestellt. Auch hier wird der Neubau am Spitzberg die energieeffiziente Bauweise des Stammgeländes fortführen. Auf keinem der Dächer ist dort ein Schornstein zu finden, da bereits in der Gründungsphase keine Feuerungsanlagen auf dem Gelände eingebaut wurden. Es wurde unter anderem auf Wärmepumpen und die Nutzung der lokalen Ressourcen Wasser und Luft gesetzt. Das Gesamtsystem der Wärme- und Kälteversorgung auf dem Campus ist einzigartig. Es wurde stetig weiterentwickelt und besitzt seit seiner Planung in den 1970er Jahren Vorbildcharakter im Hochschulbau. Das Vorhaben, Oberflächenwasser thermisch nutzbar zu machen, in die Tat umzusetzen, war zur Gründungszeit der Universität noch revolutionär und exzeptionell in Bayern. Während am Campus Passau damals schon Innwasser in der Wärme- und Kälteversorgung zum Einsatz kam, gab es ein ähnliches Konzept erst wieder an der über 400 km entfernten Reformuniversität Konstanz am Bodensee. Dort wird Seewasser

---

66 Ebd., S. 108 f.
67 Doris Kleilein, Die Barenboim-Said Akademie, in: Bauwelt /4 (2017) S. 20–29.

seit den 1970er Jahren zur Kühlung verwendet[68]. So groß die Gemeinsamkeiten zwischen den beiden Energiekonzepten auch sein mögen, so unterschiedlich ist die Architektur: Konstanz zeigt sich im Gegensatz zum durchgrünten Passauer Stadtcampus, der hauptsächlich von solitären Bauten mit verputzten Lochfassaden und teilweise großen Glasanteilen geprägt ist, als zusammenhängende Gebäudestruktur überwiegend in Sichtbeton-Fertigteilbauweise mit Bandfassaden als peripherer Campus im Grünen[69].

Der langjährige Leiter des Referats für Betriebstechnik in Passau, Ludwig Zistler, der 2022 für sein Lebenswerk im Bereich Nachhaltigkeit und für seine herausragenden Bemühungen um eine klimaneutrale Energietechnik von der Universität geehrt wurde, betreute die Anlagen viele Jahrzehnte lang und hielt sie nicht nur instand, sondern entwickelte sie auch mit hohem Innovationsgrad weiter[70]. Wichtige Indikatoren wie CO_2-Emissionen, Stromverbrauch und Wärmeenergieverbrauch werden von der Universität fortlaufend ausgewertet und verbessert[71]. Unter anderem deswegen wurde die Nachhaltigkeitsstrategie im Bereich der Gebäudetechnik der Universität Passau im Abschlussbericht zum Stand der Umsetzung von Prinzipien der nachhaltigen Entwicklung an bayerischen Hochschulen aus dem Jahr 2017 im Vergleich zu mehr als zehn anderen bayerischen Hochschulen als „innovativ und ressourceneffizient" hervorgehoben[72].

Das neue IWZ will daran anknüpfen und seinen Energiebedarf ebenfalls über regenerative Quellen decken. Riepl Riepl Architekten legen dabei Wert auf die Grundsätze einer nachhaltigen Planung und die Reduktion von CO_2-Emissionen. Unter Sicherstellung des bestmöglichen Komforts für die Nutzer:innen sollen ökonomische und ökologische Interessen unter Beachtung der lokalen Rahmenbedingungen gewahrt werden, um zum effizientesten haustechnischen System zu gelangen, das dann von den entsprechenden Experten umgesetzt wird. Das authentische „Green Image" der Universität Passau – wie es von Riepl Riepl Architekten genannt wird – kann so weiter ausgebaut werden[73].

---

68 Maria SCHORPP, In Kooperation mit der Umwelt, in: uni'kon, Magazin der Universität Konstanz /#72 (2020). Online: https://www.campus.uni-konstanz.de/uni-leben/in-kooperation-mit-der-umwelt (zuletzt aufgerufen am 18.02.2023).
69 Eine Beschreibung der Architektur am Campus Konstanz findet sich z. B. in Anne SCHMEDDING und Constanze von MARLIN, Gebaute Reform: Architektur und Kunst am Bau der Universität Konstanz, München 2016.
70 Siehe u. a. UNIVERSITÄT PASSAU, Nachhaltigkeit: Ehrungen, https://www.uni-passau.de/nachhaltigkeit/ehrungen-und-preise/preise/preis-fuer-nachhaltigkeitsaktivitaeten-am-campus (zuletzt aufgerufen am 07.12.2022).
71 Nachhaltigkeit im Betrieb in: Nachhaltigkeitsbericht 2021/22. Daten und Fakten zur Nachhaltigkeit an der Universität Passau (wie Anm. 53).
72 Befragt und gegenübergestellt wurden Hochschulen in Amberg-Weiden, Augsburg, Bayreuth, Deggendorf, Eichstätt, Hof, Landshut, München, Neu-Ulm, Nürnberg, Regensburg, Weihenstephan, Würzburg. Siehe Ludwig SPAENLE, Abschlussbericht zum Landtagsbeschluss „Stand der Umsetzung von Prinzipien der nachhaltigen Entwicklung an bayerischen Hochschulen" vom 18. Juli 2017 Drucksache 17/17880, Bayerisches Staatsministerium für Bildung und Kultus, Wissenschaft und Kunst, München 26.10.2017, S. 13 f. Online: https://www.nachhaltigehochschule.de/nachhaltige-hochschulen/stand-der-umsetzung-2018/ (zuletzt aufgerufen am 18.02.2023).
73 Das Energiekonzept wurde den Plänen des Wettbewerbsbeitrags und der folgenden, überarbeiteten Entwurfsplanung von Riepl Riepl Architekten entnommen. Darin wird auch der Vorteil der Unabhängigkeit von fossilen Energieträgern und den entsprechenden Preissteigerungen behandelt. Heute erlangt dieser Zusammenhang aufgrund der Ukrainekrise zusätzliche Bedeutung.

Der Neubau wird an das bereits vorhandene Fernwärmenetz der Universität angeschlossen. Aber auch die anliegende Brauerei bietet mögliche Potenziale für Synergieeffekte durch eine zukünftige Abwärmenutzung. Der Strombedarf für die eingesetzten Wärmepumpen und die Lüftung sowie Raumkonditionierung des Saales soll größtenteils über die Photovoltaikanlage auf dessen Dach gedeckt werden. Ergänzt werden diese technischen Systeme durch natürliche Lüftung der Büro- und Seminarräume über Fenster, Durchströmung über Deckenöffnungen und eine entsprechende Nachtauskühlung bei sommerlichen Temperaturen. Letzteres Konzept kommt insbesondere im Büro- und Verwaltungstrakt zum Tragen. Im Bereich der davor liegenden mehrschichtigen Fassade konnten bewegliche Teile zur Verdunkelung, die einer Energiezufuhr bedürfen, reduziert werden, da die von der Brauereiseite einhüftig erschlossenen Räume nur bis zu maximal drei Stunden der Sonneneinstrahlung ausgesetzt sind und sich somit nicht stark aufheizen. Diese Systeme spielen mit der energieeffizienten Bauweise des Neubaus zusammen. Das Ensemble der Baukörper erreicht ein sehr günstiges A/V-Verhältnis von 0,2, was geringe Wärmeverluste über die Hüllfläche vorhersagen lässt. Diese günstige Kubatur wird zusätzlich durch die thermisch wirksame Gebäudehülle mit wärmedämmenden und klimatisch wirksamen Baustoffen unterstützt[74].

9. Nachhaltige Architektur, bunter Campus

Auch die Prozessqualität von Planung, Umsetzung und Betrieb trägt zu einem nachhaltigen Lebenszyklus der Architektur bei. Dabei interagieren viele Akteure und Ressorts. Planer, Politiker und Universitätsangehörige arbeiten dazu in enger Kommunikation zusammen. Bei allen Schritten bis hin zur Realisierung und dem darauffolgenden Betrieb steht das Erreichen nachhaltiger Ziele in partizipatorischer Zusammenarbeit im Fokus. Eines der wichtigsten Instrumente zur Lösung komplexer Bauaufgaben im Bildungsbereich sind Wettbewerbe. Sie bilden einen der ersten Meilensteine auf dem Weg zu nachhaltiger Campusarchitektur. Ihre Anforderungen sind die Quintessenz einer intensiven Vorbereitung und Analyse der Gegebenheiten durch Experten und die Ergebnisse ihres vielfältigen Diskurses können optimale und zugleich spezifisch auf die Universität Passau zugeschnittene Lösungen liefern. Sie bilden die Grundlage einer demokratischen, offenen Architektur, die sich einer polychromen Divergenz von Interessen unterschiedlichster Nutzer:innen nicht verschließt. Dies entspricht auch der Philosophie eines weiteren Bausteins der DNA der Universität Passau gleichrangig mit Nachhaltigkeit: Diversity. Am Spitzberg entsteht also neue Architektur für einen nicht nur grünen, sondern bunten Campus Passau.

---

74 Das Energiekonzept ist insbesondere den Plänen der Überarbeitungsphase zu entnehmen.

Abb. 9: Riepl Riepl Architekten, Internationales Wissenschaftszentrum der Universität Passau, Visualisierung Saal (Staatliches Bauamt Passau, Darstellung: Riepl Riepl Architekten, 2021)

Abb. 10: Riepl Riepl Architekten, Internationales Wissenschaftszentrum der Universität Passau, Visualisierung Foyer (Staatliches Bauamt Passau, Darstellung: Riepl Riepl Architekten, 2021)

Nachhaltigkeit als weicher Standortfaktor und potenzieller Imageträger von Stadt und Universität Passau

Jörg Scheffer, Werner Gamerith

1. Einleitung

Städte kommunizieren. Sie teilen ihren Besucher:innen nicht nur mit, wie alt, wie groß oder wie schön sie sind, sondern liefern darüber hinaus auch zahlreiche Informationen über die Menschen vor Ort. So informieren Gebäude über den Geschmack ihrer Bewohner:innen, aus dem Erscheinungsbild einer Fußgängerzone lassen sich Rückschlüsse auf den wirtschaftlichen Erfolg der Geschäftsinhaber ziehen, Grünflächen künden von der stadtpolitischen Relevanz der Ökologie, und das Kulturangebot repräsentiert einen entsprechenden Rückhalt in der Bevölkerung. Erscheinungen werden zu Statements. In einer Zeit, in der sich Städte in einem permanenten Wettbewerb um den Zuspruch von Investoren, Neubürgern, Studierenden oder Touristen befinden, kommt diesem in allen Stadträumen kommunizierten Selbstverständnis ein besonderer Stellenwert zu. Eine positive und möglichst originelle Ansprache der Zielgruppen wird zum Standortfaktor. Das Image, die Qualität oder die wahrgenommene Atmosphäre nehmen auf die zukünftige Entwicklung der Stadt ebenso Einfluss wie die durch zahlreiche städtische Erscheinungen vermittelte Kreativität und Innovationskraft.

Entsprechende Maßnahmen sind in der Regel an gesellschaftlichen Bedürfnissen ausgerichtet und orientieren sich übergreifend an aktuellen Leitbildern. Dem Begriff der Nachhaltigkeit kommt mit seiner ökologischen, sozialen und ökonomischen Dimension derzeit ein herausragender Stellenwert zu, und es verwundert nicht, dass das Selbstverständnis und die Außenkommunikation von Städten, Orten und Institutionen auf die zahlreichen Facetten von Nachhaltigkeit in wachsendem Maße Bezug nehmen. Nachhaltiges Handeln ist primär als eine notwendige Reaktion auf die zahlreichen Herausforderungen unserer Zeit zu verstehen. Es nimmt großen Einfluss auf unsere zukünftigen Lebensbedingungen und fungiert als zentrale Richtschnur für kommende Entwicklungen. Gelingt es einer Stadt, überzeugend für Nachhaltigkeit zu stehen, so kann damit gleichzeitig aber auch eine überaus positive Konnotierung mit hoher Außenwirkung verbunden werden. Eine solche Stadt kommuniziert zeitgemäß, zukunftsgerichtet und innovativ. Sie ist sich der Verantwortung für die nachfolgenden Generationen bewusst, und sie signalisiert eine entsprechende Haltung all ihrer Bewohner:innen, die entsprechende Maßnahmen weitgehend mittragen und mit Leben füllen.

In dieser Perspektive lohnt es, über Passaus Potenziale zu reflektieren, die mit sicht- und kommunizierbarer Nachhaltigkeit in Verbindung stehen oder zukünftig stehen könnten. Dabei soll der Blick zunächst auf die gesamte Stadt mit ihren ausbaufähigen Grün- und alternativ nutzbaren Wasserflächen fallen. Anschließend wird kleinräumiger die Universität fokussiert. Da sich die Universität Passau seit mittlerweile mehr als drei Jahren (Herbst 2020) ausdrücklich und mit beträchtlichem Mittel- und Personaleinsatz der Nachhaltigkeit sowohl in Wissenschaft und Lehre als auch im Betrieb der Einrichtung verschrieben hat, lassen sich hier gesellschaftlich notwendige, aber eben auch imagefördernde Maßnahmen der konkreten Ausgestaltung besonders gut nachvollziehen.

2. Bilder der Nachhaltigkeit und die Gunst Passaus

„Die Städte der Zukunft sind grün und blau oder sie sind gar nicht mehr"[1], konstatieren Scheub und Schwarzer in ihrer Auseinandersetzung mit der aktuellen Erderwärmung und den künftigen Herausforderungen. Wie zahlreiche andere Wissenschaftler betonen auch sie die Notwendigkeit eines urbanen Umbaus, der die Entsiegelung von Flächen, eine notwendige Erhöhung der Speicherfähigkeit der Städte („Schwammstadt"), eine wachsende Durchgrünung sowie eine generelle Renaturierung von Wasser- und Grünflächen erfordert[2]. „Blau" und „grün" werden mit einer nachhaltigen Stadtentwicklung in enge Verbindung gesetzt. Betrachtet man daraufhin die Stadt Passau, so könnte sich der Eindruck aufdrängen, dass die blaue Dreiflüssestadt mit ihrem grünen Umland bereits die wesentlichen Kennzeichen einer nachhaltigen Stadt aufweist. Ihre mittlere Größe scheint zudem weniger Handlungsbedarf anzuzeigen, als dies in dichter besiedelten Gebieten oder in größeren Metropolregionen mit ihren stärkeren Umweltbelastungen der Fall ist. Allerdings würde ein solcher Befund über zahlreiche Defizite hinwegtäuschen, die Passau als hochwassergefährdeter, in Teilen stark versiegelter und in den Innenbereichen wenig durchgrünter Ort aufweist. Darüber hinaus erschöpft sich die Bewertung der Nachhaltigkeit keineswegs auf die Bilanzierung von Flächenanteilen oder naturgeographischen Gunstfaktoren. Vielmehr sind es zweifellos die konkreten Maßnahmen der

---

1   Stefan Schwarzer und Ute Scheub, Aufbäumen gegen die Dürre, München 2023.
2   Im Überblick Matthias Stier, Die nachhaltige Stadt (= Initiativen zum Umweltschutz, 89), Berlin 2016; Robert C. Brears, Blue and Green Cities. The Role of Blue-Green Infrastructure in Managing Urban Water Resources, Cham 2023.

Stadt, die in zahlreichen Bereichen – etwa bei innovativen Verkehrskonzepten, alternativen Formen der Energienutzung, Modellen einer Kreislaufwirtschaft („Circular Economy"), Inklusionsprojekten im Sinne einer sozialen Nachhaltigkeit oder Ressourceneinsparung durch Digitalisierungsprozesse („Smart City")[3] – den Willen zur Umgestaltung nachdrücklich unter Beweis stellen. Ohne hier eine Bewertung der entsprechenden Bemühungen in Passau vorzunehmen, lässt sich für die Dreiflüssestadt gegenwärtig zumindest feststellen, dass eine überörtliche Wahrnehmung als ausgewiesene „nachhaltige Stadt" oder als Referenzort für innovative Lösungen im Feld der Nachhaltigkeit oder Resilienz (noch) nicht gegeben ist – während die Universität Passau seit geraumer Zeit durchaus solche Ziele in den Blick genommen hat und sich dem nationalen und internationalen Wettbewerb und der Konkurrenz um Aufmerksamkeit stellt[4]. Gilt es in diesem Sinne, Passau zukünftig stärker zu positionieren, könnten die Flüsse und die grüne Umfassung allerdings günstige Ansatzpunkte bilden: Das bestehende naturnahe Image wäre dafür mit Ideen zu kombinieren, die das städtische Bekenntnis zur Nachhaltigkeit im Stadtraum belegen. Es geht um Ideen, die kontextbezogen die besondere Topographie der Stadt aufgreifen, die naturgeographischen Gunstfaktoren weiterentwickeln und die dazu geeignet sind, ein Bewusstsein für den natürlichen Gesamtraum zu schaffen. Gleichzeitig sollte die Umsetzung idealerweise eine positive Außenkommunikation unterstützen, was mit gut wahrnehmbaren Projekten vergleichsweise leicht erreicht werden kann. Die für eine nachhaltige Stadtentwicklung wichtigen immateriellen Prozesse, die u. a. mit Bildung, Vermittlung und Austausch im Zusammenhang stehen, werden daher im Folgenden zugunsten einer Betrachtung des unmittelbar Sicht- und Erfahrbaren zurückgestellt. Angesichts der kommunikativen Wirkung von Orten, Flächen und Einrichtungen und ihrem Einfluss auf den Zuspruch von Bevölkerungsgruppen in und außerhalb Passaus sollen also „Grün" und „Blau" als bereits präsente, aber noch unzureichend genutzte Attribute der Stadt weiter ausgeführt werden[5].

3. Passau als durchgrünte Stadt

Die extrem heißen und trockenen Sommer der vergangenen Jahre haben erneut vor Augen geführt, wie hoch die Belastungen in vielen Städten Deutschlands durch die Klimakrise werden können. Hohe Temperaturen in den Innenstädten, die durch den

---

3 Vgl. Satu Paiho u. a., Towards circular cities – Conceptualizing core aspects. Sustainable Cities and Society Volume 59, August 2020, S. 1–19; Pradeep Kumar Singh u. a., Sustainable Smart Cities: Theoretical Foundations and Practical Considerations, Cham 2022.
4 Vgl. beispielsweise Werner Gamerith und Jörg Trempler, Green University – Nachhaltig seit Anbeginn. Die Wiederentdeckung der baulichen Standards der Universität Passau aus der Zeit ihrer Gründung, in: Edith Rabenstein (Hg.), Passauer Almanach 19. Chronik des Jahres 2023 zu Kultur, Universität, Natur, Religion, Gesellschaft, Geschichte und Wirtschaft, Regensburg 2023, S. 28–37.
5 Einzelne Vorschläge knüpfen an ein Projekt mit Studierenden und weiteren Ideengebern aus Passau an und wurden in einem Sammelband publiziert: Jörg Scheffer (Hg.), Innovativ, Nachhaltig, Urban. Entwicklungsperspektiven für die Stadt Passau, Passau 2023.

urbanen Wärmeinseleffekt noch verstärkt werden, führten zu erheblichen Gesundheitsbeeinträchtigungen und nachweislich zu einer deutlich erhöhten Mortalität. Besonders vulnerable Bevölkerungsgruppen werden künftig durch die zunehmenden Wetterextreme starken Gesundheitsrisiken ausgesetzt sein. Gleichzeitig wird auch die Anfälligkeit der Vegetation, insbesondere der Bäume, und der Tierwelt im Zeichen des Klimawandels zunehmen.

Längst wird von wissenschaftlicher Seite eine entsprechende Anpassung der Stadtlandschaft gefordert, bei der Bäumen und Pflanzen insgesamt eine zentrale Rolle zukommt: Gebäude und Freiräume sind so zu begrünen, dass neben dem ökologischen Mehrwert und der Speicherung von Wasser deutliche Kühlungseffekte erreicht und gleichzeitig Schattenspender geschaffen werden. Zahlreiche Projekte machen weltweit anschaulich, wie die urbane Transformation konkret aussehen kann. Von spektakulären Neubauten, die Grün in ihre Fassaden integrieren, über die Anlage von Stadtwäldern und grünen Verkehrsbändern für den Fußgänger- und Fahrradverkehr bis hin zur Entsiegelung öffentlicher Plätze und der Schaffung von Gründächern – die Anpassungsmöglichkeiten an den Klimawandel sind vielfältig[6].

Obgleich die Stadt Passau aufgrund ihrer relativ kompakten Größe und der ausgleichenden Wirkung der Wasserflächen im Vergleich weniger stark von Hitzewellen heimgesucht wird, ist auch hier eine schrittweise Anpassung an den zunehmenden Hitzestress unumgänglich. Die Notwendigkeit eines Reagierens auf den Klimawandel lässt sich in eine aktive Passauer Stadtpolitik übersetzen, die frühzeitig und entschlossen die ökologische Umgestaltung des Stadtraumes in Angriff genommen hat und innovative Maßnahmen als Vorreiter für mittelgroße Städte für sich beanspruchen kann. Dabei ist es bedeutsam, dass mit der Durchgrünung zugleich eine sichtbare Aufwertung des Stadtraumes verbunden ist, die über die stadtökologische und gesundheitsbezogene Bedeutung hinaus Lebensqualität, Umweltbewusstsein und klimabezogenes Engagement repräsentiert. In dieser Perspektive lässt sich der Passauer Stadtraum im Inneren wie in den Randgebieten an zahlreichen Orten weiterentwickeln. In den intensiv genutzten zentralen Bereichen der Stadt werden einer Durchgrünung mittels Entsiegelung oder Baumpflanzungen u. a. durch Denkmalschutzauflagen und ungeeignete Dachflächen engere Grenzen gesetzt, wenngleich beispielsweise die Vision eines partiell bewaldeten und zugänglichen Seminargrundstücks oder die eines stark begrünten Domplatzes reizvoll erscheint. Immerhin haben denkmalgeschützte Metropolen wie das innere Paris bereits vor Jahren ambitionierte Durchgrünungs- und Bewaldungsmaßnahmen in Angriff genommen[7].

Einen interessanten Ansatzpunkt für eine konzentrierte grüne Aufwertung könnte in Passau speziell der Bereich der Neuen Mitte darstellen. Nicht nur die zahlreichen

---

6   Ogenis Brilhante und Jannes Klaas, Green city concept and a method to measure green city performance over time applied to fifty cities globally. Influence of GDP, population size and energy efficiency, in: Sustainability 10, 6 (2018), S. 1–23.
7   Weitere Beispiele finden sich u. a. in der Publikation von Jürgen Breuste, The Green City. Urban Nature as an Ideal, Provider of Services and Conceptual Urban Design Approach, Berlin, Heidelberg 2022.

Flachdächer bieten sich für eine stärkere Bepflanzung an, auch die großflächigen Fassaden könnten für eine horizontale Begrünung gut genutzt werden. Auf eine solche Umgestaltung im östlichen Teil des Klostergartens könnten im Westen die Erweiterungsgebäude der Universität zumindest in Teilen Bezug nehmen. Zusammen mit weiteren Aufwertungen in der Fläche ließe sich ein innerstädtisches Gebiet schaffen, das einen ganz neuen Raumtyp repräsentiert. Auch wenn der hohe Nutzen des Stadtgrüns zweifellos auf die gesamte Stadt zu beziehen ist, erscheint die Entwicklung eines größeren durchgrünten Referenzraumes in der Neuen Mitte besonders attraktiv: Erfolgreiche Klima- und Gesundheitspolitik wird gerade hier zu einem sichtbaren Bekenntnis der Stadt.

Ein dezentrales Projekt für Passau, das ökologische und soziale Ziele vereint, könnte sich auf das derzeit zunehmend verbreitete Urban Gardening beziehen[8]. Zahlreiche Stadtbewohner:innen richten aktuell Gärten im urbanen Raum ein. Sie bringen damit nicht nur das gesellschaftliche Bedürfnis nach grüner Umgebung mit ökologischen Funktionen zum Ausdruck, sondern proben gleichzeitig neue Formen des sozialen Miteinanders, erwirken eine Re-Sensibilisierung für natürliche Abläufe und stehen für Bildungsprozesse, Austausch und den bewussten Konsum von umweltfreundlichen Erzeugnissen. Darüber hinaus werten urbane Gärten den Stadtraum optisch auf und erhöhen dessen Attraktivität. Diese Funktionen könnte auch die Dreiflüssestadt aufgreifen, indem an unterschiedlichen Orten Dachflächen (z. B. Stadtgalerie, Shell-Garage), Straßen (z. B. Fußgängerzone, Domplatz, Klostergarten) oder bestehende Freiflächen (z. B. Teile der Ortspitze) mit Hochbeeten aufgewertet werden. Den Leitlinien der Nachhaltigkeit kann über die Urban Gardening-Projekte auf verschiedene Weise entsprochen werden. Während einzelne Beete stärker auf die soziale Dimension abzielen und Integrationsprojekte befördern, legen andere Flächen den Schwerpunkt auf Bildung (für nachhaltige Entwicklung) oder stehen für ihren ökologischen Wert. Für die übergreifende Wahrnehmung Passaus als „grüne Stadt" wäre es wesentlich, die einzelnen Projekte als ein Gesamtnetz mit unterschiedlichen Schwerpunkten zu kommunizieren. Die bereits existierenden Urban Gardening-Projekte im Passauer Stadtraum (etwa auf dem Universitätsgelände oder am Römermuseum) ließen sich hier gut einbinden und die Marke einer „gärtnernden Stadt" mit wenig Aufwand entwickeln.

4. Passau als blaue Stadt

Wie andere Städte auch, sucht Passau vor dem Hintergrund eines wachsenden Städtewettbewerbs seine besonderen Alleinstellungsmerkmale nach außen zu tragen und diese einprägsam zu kommunizieren. Neben dem besonderen historischen Ambiente der „Barockstadt" drängt sich das topographische Phänomen der dreifachen Flusslage an Donau, Inn und Ilz hier regelrecht auf. Mit „Leben an drei Flüssen" und „die

---

8 Vgl. hierzu für die Universität Passau Alexandra Binders Beitrag „Nachhaltige Architektur für den Campus am Spitzberg" in diesem Band.

Dreiflüssestadt" wird seit Jahren erfolgreich Werbung betrieben, wobei die grundsätzlich positive Konnotation des Wassers – sehen wir von den Überschwemmungskatastrophen einmal ab – einem positiven Image zuarbeitet, das sich gleichzeitig auch gut mit dem flussbezogenen Fahrrad- und dem Kreuzfahrttourismus verbinden lässt. Doch obwohl es über die Jahrzehnte gelungen ist, die Dreiflüssestadt als solche überregional zu positionieren, ist zu fragen, ob mit den Flüssen nicht noch weitere Potenziale im Zusammenhang stehen, die bislang vernachlässigt wurden. Insgesamt ist erkennbar, dass die Flüsse in jüngerer Zeit durch menschliche Aneignung kaum weiter aufgewertet werden und sie folglich umgekehrt auch nur sehr bedingt für kreative Ideen stehen und eine innovative Inwertsetzung der verantwortlichen Entscheidungsträger kommunizieren können. Die Nutzung des Wassers beschränkt sich vornehmlich auf seinen optisch-ästhetischen Beitrag, das „Leben an drei Flüssen" verweist eher auf deren Ränder, und die natürliche Qualität des Wassers mit seiner wichtigen ökologischen Funktion tritt in der Wahrnehmung weit hinter die Nutzung des Wassers als Verkehrsader zurück.

Die Rezeption einer Stadt erfolgt über das Zusammenwirken unserer Sinnesmodalitäten. Das Element Wasser kann grundsätzlich über alle Sinne wahrgenommen werden, was einer Sensibilisierung für dessen besondere Qualität zahlreiche Vorlagen beschert. Dass bislang eher die Ästhetik des Wassers die Wahrnehmung bestimmt, hat viel mit dessen Unzugänglichkeit zu tun. Wasser als spannendes oder aufregendes Element zu nutzen, seine Riechbarkeit herzustellen und es haptisch erfahrbar zu machen, setzt physische Nähe voraus. Eine Möglichkeit, sich dem Wasser anzunähern, könnte über schwimmende Pontons erreicht werden. Diese können grüne Inseln darstellen, die die Flusslandschaft noch einmal anders inszenieren und als kleine schwimmende Gärten oder Parkflächen gleichzeitig einen ökologischen Wert haben. Auch ein schwimmendes Café, ein Restaurant oder ein Freiluftkino würde zu einer neuen Erfahrbarkeit der Flüsse beitragen. Wünschenswert wäre in diesem Zusammenhang auch eine Bucht, ein Strand oder ein Kneippbecken im Fluss, die den direkten Kontakt mit dem Flusswasser ermöglichen. Die geschaffenen Attraktionen würden den Erlebniswert der Stadt steigern und den Passauern und Besuchern der Stadt vor Ort dienen. Gleichzeitig kommunizieren sie in origineller Ausführung den Anspruch und den Einfallsreichtum der Stadt.

Nachhaltiges Wirtschaften ließe sich gut mit der energiespendenden Strömung der Flüsse in Verbindung bringen. In jüngster Zeit kommen erste Flussbojen als schwimmende Wasserkraftwerke zum Einsatz (etwa in der Donau bei Weißenkirchen, Österreich), die mit Hilfe der kinetischen Energie des Wassers Strom erzeugen. Sie sind über ein Ankerseil mit dem Boden verbunden und gegenüber Pegelschwankungen unempfindlich[9]. Diese Form der nachhaltigen Energiegewinnung hätte direkt vor Ort zahlreiche Stromabnehmer und könnte der Stadt nicht zuletzt einen wertvollen Imagegewinn bescheren.

---

9   Vgl. dazu auch Md. NAJIBULLAH u. a., An environment friendly combined method of axial hydro floating and kinetic river turbine based on water depth, in: AIP Conference Proceedings 2825, 1 (2023).

Setzt man die Lage am Wasser als Gunstfaktor für Wohnen, Arbeiten und Freizeit ein, so fallen zahlreiche Stadtgebiete ins Auge, die daraufhin noch unzureichend genutzt werden: Entlang der Regensburger Straße bis zum Donauhafen Racklau ließe sich mit der Verlegung der Straße ein neues ufernahes Stadtquartier realisieren, das der Stadt attraktive Erweiterungsflächen beschert. In prominenter Lage könnten gerade hier ökologische Bauformen erprobt und demonstriert werden. Flussabwärts am Passauer Anger unterhalb des Georgsbergs würde die Überdeckelung der Angerstraße (B 12) einer neuen innerstädtischen Wohn- und Parklandschaft Raum geben. Die Donau würde damit in die Mitte der Stadt rücken und weniger als Grenze zwischen Stadtteilen fungieren. Darüber hinaus könnten die Passauer Wasserflächen für Inszenierungen und (Kultur-)Events unterschiedlichen Zuschnitts Berücksichtigung finden, die zwar nicht unmittelbar die Nachhaltigkeit adressieren, jedoch stets für die besondere Qualität des Wassers sensibilisieren. Ein Schiff mit Sitzreihen könnte sich die Kulisse der Altstadt zum Bühnenbild machen und dem Publikum mit wechselnden Perspektiven auf die Stadt ein innovatives Theaterstück bieten. Die akustisch tragende Eigenschaft der Wasserflächen ließe sich in einem weiteren Projekt für Konzerte über große Distanzen nutzen. Da Passau als Schauplatz der Europäischen Wochen und weiterer Musikevents bereits auf eine Tradition als Musikstadt zurückblicken kann, erscheint eine experimentelle Weiterentwicklung mit einem neuen Musikformat auf und über die Flüsse vielversprechend. Ein alljährliches – vielleicht bewusst auf nachhaltigen Konsum ausgerichtetes –Picknick am Inn, das die gesamte Stadtbevölkerung sowie die Touristen anspricht und das durch wechselnde musikalische Einlagen noch aufgewertet wird, ließe sich als weiteres Event am Wasser realisieren. Bei großer Beteiligung würde ein Superlativ geschaffen, der sich auch im Marketing hervorragend verwerten lässt. Angesichts der vielfältigen Erfahrbarkeit des Wassers und dessen enormen Potenzials, Menschen in und um Passau positiv anzusprechen, erscheint es insgesamt lohnenswert, für diese „blaue Perspektive" weitere Projekte auszuarbeiten.

5. Nachhaltigkeit als Standortfaktor der Universität Passau

Die Universität Passau hat die Nachhaltigkeit in ihrer gesamten Breite im Sinne eines *Whole Institution Approach*, also unter Berücksichtigung der Haupthandlungsfelder *Governance* und *Betrieb*, *Forschung*, *Lehre*, *Studierendenbelange* sowie *Transfer*, erst vergleichsweise spät, im Laufe des Jahres 2020, zu einem ihrer zentralen Anliegen und Schwerpunkte gemacht, diese seither aber konsequent weiterentwickelt. Damit nimmt sie ein essenzielles Bekenntnis im Sinne des Bayerischen Hochschulinnovationsgesetzes als eigene Herausforderung an, das seinerseits erstmals 2023 formuliert, dass Hochschulen „dem Erhalt der natürlichen Lebensgrundlagen und der Biodiversität, dem Klimaschutz und der Bildung für nachhaltige Entwicklung verpflichtet" (BayHIG Art. 2, Abs. 7, Satz 1) sind.

Genau genommen ist dieses Bekenntnis zur Nachhaltigkeit an der Universität Passau wohlbegründet und bereits seit ihrem Bestehen 1978 in der Architektur und

Jörg Scheffer, Werner Gamerith

Landschaftsplanung des Campus angelegt. Schon damals, lange vor dem Aufstieg sozial-ökologischer Bewegungen und einem gesellschaftlichen Konsens zur klimaneutralen Transformation, und motiviert von den aufrüttelnden Formulierungen des Club of Rome-Berichts von 1972[10], legten sich die politisch Verantwortlichen auf ein nachhaltiges Konzept in zentrumsnaher, wenngleich nicht durchgehend hochwassersicherer Lage am linken Ufer des Inns kurz vor seiner Mündung in die Donau fest. Mit dem Universitätsneubau konnte zudem ein Stadtsanierungsprojekt mit der Beseitigung kleinteiliger, sozial umstrittener Architekturen verfolgt werden. Es entstand – ausgehend vom Nikolakloster innaufwärts und schrittweise aus einem Guss errichtet – ein mit vielen lokal-regionalen Anleihen und funktionalen Zuschreibungen versehenes Ensemble einer Campusarchitektur. Das Nikolakloster gewährleistet, jedenfalls seit Fertigstellung der „Neuen Mitte", eine fußläufige Anbindung an das Geschäftszentrum der Passauer City und bildet das Scharnier und den Ankerpunkt eines Campusbereichs, der es an Fläche mit der Passauer Altstadt zwischen den beiden großen Flüssen aufnehmen kann. Er ist gleichzeitig ein mit Bedacht auf die Ansprüche und Erfordernisse von Studierenden erstellter, sozialer Ermöglichungsraum, dessen Pluspunkte – zahlreiche Grünflächen, Priorisierung des Fußgänger- und Radverkehrs, Verbannung des Pkw-Verkehrs aus dem Weichbild des Campus, energiebewusste, bereits auf Klimaneutralität ausgerichtete Heiz- und Energietechnik – über die Jahrzehnte gleichsam zu einer Selbstverständlichkeit an der Universität Passau geworden sind, über die kein großes Aufheben gemacht wurde. Erst jüngst (2021) ist diese auf ökologische und soziale Nachhaltigkeit orientierte „DNA" der Universität Passau durch eine im Kontext der Planungen für das Internationale Wissenschaftszentrum „Spitzberg" entstandene, vom Lehrstuhl für Kunstgeschichte und Bildwissenschaften kuratierte Ausstellung freigelegt worden[11].

Die Universität Passau ist in eine Reihe einschlägiger Netzwerke der Nachhaltigkeit eingebunden, von denen auf lokal-regionaler Ebene die Zusammenarbeit mit dem Verbund BNE macht Schule (Staatliche Schulämter der Stadt und im Landkreis Passau) und im bayerischen Maßstab der Austausch mit dem Zentrum Hochschule & Nachhaltigkeit Bayern (BayZeN) genannt werden müssen, das nahezu alle Hochschulen für Angewandte Wissenschaften und Universitäten in Bayern vereinigt, den Austausch zu Themen einer nachhaltigen Transformation befördert und personell von mittlerweile acht Hochschuleinrichtungen getragen wird. Die Universität Passau stellt eine dieser Trägerinstitutionen dar und koordiniert bayernweit das Handlungsfeld „Betrieb".

Die Verfolgung nachhaltiger Ansätze in Forschung, Lehre und Betrieb wird für Universitäten zusehends zu einem wichtigen Attraktionsfaktor bei der Akquise von Erstsemestern. Angehende Studierende berücksichtigen in immer größerem Ausmaß bei der Wahl ihres Studienstandorts auch Überlegungen zur Nachhaltigkeit und zum Klimabewusstsein. Einer von Bewegungen wie Fridays for Future geprägten Studierenden-

---

10 Vgl. Dennis MEADOWS, Die Grenzen des Wachstums. Bericht des Club of Rome zur Lage der Menschheit, Stuttgart 1972.
11 Vgl. Jörg TREMPLER (Hg.), Architektur am Campus Passau. Eine neue Universität entsteht, Passau 2023.

schaft ist eine mit sozio-ökologischen Gütesiegeln vielfältiger Art zertifizierte Universität wichtiger denn je. Fast 50 % einer repräsentativen Studie von 3.151 internationalen angehenden Studierenden gaben an, bei der Standortsuche berücksichtigt zu haben, ob die jeweilige Hochschule „environmentally friendly" eingestellt sei, und mehr als ein Drittel dieser befragten Studierenden hatten ein öffentliches Bekenntnis derjenigen Einrichtung, der sie schließlich den Zuschlag gegeben hatten, zu den SDGs (sustainable developments goals) in Betracht gezogen[12].

Der Campusbereich der Universität Passau mit seiner nach Vorgaben der Landschaftsplanung gestalteten Ästhetik, die auf größere Beton- und Asphaltflächen verzichtet, lässt sich ebenso wie seine intakte Gebäudestruktur idealtypisch mit den auf Nachhaltigkeit abzielenden Rekrutierungsmaßnahmen für Studienanfänger:innen kombinieren. Ein Blick auf die entlang der Donauufer der Stadt zur ungefähr gleichen Zeit verbauten Areale, die vorwiegend dem Individualverkehr dienen und eine selten einhellige brutalistische Architektursprache mit viel Beton verwenden, zeigt, dass es mit den Universitätsgebäuden auch eine ganz andere Wendung hätte nehmen können – mit für die Zukunft unheilvollen Konsequenzen für eine Nachhaltigkeitsbilanz der Gebäude.

So aber wurde die Universität Passau städtebaulich entlang des Ufers des Inns entwickelt, offen und mit Bezug zu diesem, eine Universität, die zentrumsnah im Grünen liegt. Durch eigene Nahwärme- und Kältenetze sowie großvolumige Kältespeicher, die Ende der 1970er Jahre errichtet wurden, kann die Universität heute große Flexibilitätspotenziale in der Wärme- und Kälteversorgung nutzen.

In den fast fünf Jahrzehnten seither hat die Betriebstechnik die Gebäudetechnik kontinuierlich verbessert. So wurde eine eigens entwickelte Gebäudeleittechnik installiert, welche die Visualisierung und Fernsteuerung aller Heizungs- und Lüftungsanlagen sowie aller Wärme- und Kältenetze ermöglichte, lange bevor der Begriff „digitaler Zwilling" geboren wurde. Durch den konsequenten Einbau von Lüftungsanlagen mit Wärmerückgewinnung kann die Universität sechs Prozent ihres Wärmebedarfs durch Wärmerückgewinnung decken: Studierende und Professoren:innen heizen Vorlesungssäle und Seminarräume durch ihre menschliche Abwärme. Für die Bewässerung des Sportplatzes wird das Wasser aus dem Inn entnommen, das zuvor die Kühlung eines benachbarten Rechenzentrums unterstützt.

Mittlerweile dient die ausgeklügelte Gebäudetechnik der Forschung im Bereich Nachhaltigkeit als Reallabor: Aktuelle Themen der Energiewende wie die Abwärmenutzung von Rechenzentren und das Zusammenspiel von Gesetzgebung, Regulierung, Technik und menschlichem Verhalten werden fakultätsübergreifend erforscht. Die Forschungsergebnisse werden wiederum auf dem Campus durch das Facility Management umgesetzt und verbessern die Klimabilanz und Nachhaltigkeit der Universität Passau.

Die sukzessive Wahrnehmung der Universität Passau als Ort, an dem sich die Bemühungen um Nachhaltigkeit in verschiedenen relevanten Handlungsfeldern zu konkre-

---

12 Vgl. TIMES HIGHER EDUCATION, Students, Sustainability, & Study Choices. Findings from a Survey of 3.151 Prospective International Students, 2022, S. 23.; www.timeshighereducation.com/student/students-sustainability-survey (zuletzt aufgerufen am 27.02.2024).

ten Resultaten auf dem Wege zur einer gesamtgesellschaftlichen Transformation verdichten, spielt für nachfolgende Kohorten von Studierenden eine zunehmende bedeutendere Rolle. Gleichzeitig bildet sich dieses geänderte Bewusstsein auch bereits bei den hier Studierenden ab, wie aus den Ergebnissen der Bayerischen Absolventenstudie 2021[13] ersichtlich wird. Von 338 insgesamt befragten Personen mit BA- oder MA-Studienabschluss in Passau[14] haben nur 7,0 % die Universität Passau als „in eher geringem Maße" und weitere 3,7 % als „in geringem Maße" nachhaltig wahrgenommen. 9,7 % wussten auf diese Frage nicht zu antworten, während 33 % einen mittleren Wert für die Nachhaltigkeit an der Universität Passau beanspruchten und ihr gar 30,5 % „in eher hohem Maße" bzw. 8,0 % „in hohem Maße" Nachhaltigkeitsbemühungen attestierten, in Summe also beinahe 40 % aller Absolvent:innen ein positives oder sogar sehr positives Bild vom Stellenwert der Nachhaltigkeit an der Universität Passau zeichneten. Aus diesen Zahlen spricht eine hohe „Awareness" der (ehemaligen) Passauer Studierenden über sozial-ökologische Problemlagen und Herausforderungen, die wiederum durch mehrere repräsentative und einschlägige Studien- und Rankingergebnisse auch auf internationaler Ebene dokumentiert ist[15].

6. Nachhaltigkeit als universitäres Leitbild im Kontext der Stadt Passau

Sowohl von Seiten der Universität Passau als auch mit Blick auf die Stadt Passau können Potenziale zur weiteren Verbesserung der Nachhaltigkeit identifiziert werden, die teilweise bereits in wechselseitigen Kooperationen angegangen werden, teilweise aber auch noch ihrer weiteren gemeinsamen Erschließung harren. So zählt die Universität als staatliche Behörde nicht zu den schnellsten Protagonisten der Energiegewinnung aus erneuerbaren Ressourcen, wie das Beispiel der lange Zeit vermissten Photovoltaikanlagen auf den Dächern der Universitätsgebäude zeigt. 2023 ging das erste Pilotprojekt zur Stromgewinnung auf einem Universitätsdach ans Netz. Weitere Gebäude werden im Laufe des ersten Halbjahrs 2024 folgen, die große Tranche der Umstellung auf Photovoltaik im Bereich des Campus wird nach einer intensiven Planungs- und Abstimmungsphase mit den Stadtwerken Passau zwecks Stromeinspeisung voraussichtlich in den Jahren 2025 und 2026 erfolgen können.

---

13 Vgl. BAYERISCHE ABSOLVENTENSTUDIE (BAS) 2021, Ergebnisbericht, Zusammenfassung für die Universität Passau, Juli 2022 [unveröff. Statistik Universität Passau, Tanja Nesterova, Referat Qualitätsmanagement].
14 Befragt werden die Absolvent:innen insgesamt dreimal: erstmals rund eineinhalb Jahre nach dem Studienabschluss (für 2021 also der Abschlussjahrgang des Sommers 2020), ein zweites Mal nach vier Jahren und ein drittes und letztes Mal acht Jahre nach dem Studienabschluss (im Jahr 2021 also der Jahrgang 2013).
15 Aus dem Stand heraus gelang der Universität Passau 2021 im GreenMetric-Ranking als bester Neuzugang die hervorragende Positionierung auf Platz 185 unter 956 Hochschulen und Universitäten weltweit. Die Ergebnisse konnten in den Folgejahren 2022 und 2023 noch weiter verbessert werden, nämlich auf Rang 129 (von 1.050 akademischen Einrichtungen) bzw. auf Rang 134 aus 1.183 weltweit teilnehmenden Hochschulen und Universitäten (https://www.uni-passau.de/rankings/ui-greenmetric-ranking, zuletzt aufgerufen am 27.02.2024).

Bemerkenswerte und vielversprechende „grüne" Impulse für die Stadtbevölkerung Passaus resultieren hingegen aus dem 2021 im Bereich des Mensavorplatzes angesiedelten Projekt des Urban Gardening. Dieses Vorhaben firmierte bayernweit unter der Ägide der Bayerischen Landesanstalt für Weinbau und Gartenbau und sah die Einrichtung eines Mustergartens je Regierungsbezirk vor. Oft bildeten, wie in Passau, Universitäten die Ankerpunkte dieser Initiativen, welche die innovativen Potenziale der kleinstrukturierten Pflanzung von Obst oder Gemüse auf kollektiven Flächen im öffentlichen Raum oder in kleinen, oft versteckten und marginalen Ecken und Winkeln des privaten Alltagsraums (Kleinbalkone, Fensterbänke, Innenhöfe, Vorgärten usw.) einem über Studierende hinausgehenden, größeren Kreis von Interessierten näherbringen sollte[16]. Ende 2022 zog sich die Landesanstalt für Weinbau und Gartenbau aus den Urban Gardening-Projekten aller Regierungsbezirke zurück. Die niederbayerische Gartenfläche verblieb als eine von wenigen bei der Universität Passau, die sie ab 2023 unter der Bezeichnung „Studierendengarten" einer Studierendeninitative zur Bewirtschaftung überließ. Die Vorzüge einer gärtnerischen Tätigkeit für Studierende (und alle weiteren Interessierten) sind zahlreich und liegen auf der Hand: Stärkung des Natur- und Verantwortungsbewusstseins, Bereitschaft zur Solidarität mit regionalen Produzenten, Freude an Selbstgeschaffenem und Selbstgezogenem, eine positive Einstellung zu einer gesünderen Ernährung und das Gefühl, der Ausbeutung von Natur und Ressourcen wenn nicht Abhilfe geschaffen, so ihr doch einen Kontrapunkt gesetzt zu haben – all dies mit dem Potenzial, es auch in praktisch-didaktischen Kursen im Rahmen der Lehrkräfteausbildung in umfassendere Bildungsprozesse einzuspeisen und damit auch der Bildung für nachhaltige Entwicklung Vorschub zu leisten.

Urban Gardening an der Universität Passau soll mit Stand Frühjahr 2024 zwei weitere Flächen erhalten: Ein Grünareal im Innenstadtbereich, das von Bürogebäuden umgeben ist, in denen auch die Universität einen beträchtlichen Teil an Flächen angemietet hat, soll interessierten Mitarbeiter:innen, die privat über keinen Garten verfügen, und studentischen Gruppen zur Pflege und einschlägigen Nutzung (etwa zur Anlage eines Kräutergartens oder einer beschatteten Ruheoase mit hoher Aufenthaltsqualität) überantwortet werden. Auf der vergleichsweise großen Fläche soll zudem auch das Konzept eines Literaturgartens für die Öffentlichkeit mit thematischen Bezügen etwa zu Werken aus der deutschen Klassik unter entsprechender didaktischer Anleitung Platz finden. An einem anderen Ort der Universität, im Bereich des Hauptcampus und in unmittelbarer Umgebung zu einem „experimentellen" Gebäude, das unter dem neuen Namen „KulturtranspOrt" firmiert und als Ort für kreative Aktionen vor allem studentischer Provenienz dient, wird eine Kooperation mit der Institution der CampusAckerdemie[17] vorangetrieben, die das Betätigungsfeld Gemüseanbau mit Bildung für nachhaltige Entwicklung verknüpft und dementsprechende Qualifikationen

---

16 Auf die pädagogische Bedeutung dieser Projekte weisen zunehmend Studien hin. Z. B. Lauri Macmillan JOHNSON, Creating Outdoor Classrooms. Schoolyard Habitats and Gardens for the Southwest, Austin 2008; Donald Andrew RAKOW, Public Gardens and Livable Cities. Partnerships Connecting People, Plants, and Place. Ithaca 2020.
17 Vgl. www.acker.co/Programme (zuletzt aufgerufen am 27.02.2024).

für zukünftige Lehrkräfte im Sinne eines konkreten und ganz praktischen Lernorts „Acker" auf dem Campus selbst bereitstellt und gemeinsam mit Lehrenden der Universität Passau weiter entwickelt. Im Gegensatz zu diesem Low-Budget-Projekt mit kurzer Anlaufzeit umfasst das vom Bayerischen Staatsminisierum für Digitales finanzierte Vorhaben eines Bavarian Green Data Center einen mehrjährigen Entstehungszeitraum und ein Finanzvolumen von rund drei Millionen Euro, die verwendet werden, um ein Modell für ein nachhaltiges Rechenzentrum zu errichten, dessen Abwärme effizient in ein zusätzliches Gewächshaus eingespeist werden soll. Dadurch rückt nicht nur ein klimaneutraler, sondern sogar ein klimapositiver Betrieb eines Rechenzentrums in Reichweite. Die Server des neuen Rechenzentrums werden mit Strom aus Photovoltaikanlagen betrieben, und mit Hilfe von Künstlicher Intelligenz soll die Auslastung der Rechenkapazitäten weiter optimiert und damit auch wissenschaftliche Fragestellungen adressiert werden.

Im Sektor der Mobilität geht die Universität Passau ebenfalls beispielhaft unter möglichst klimaneutralen Gesichtspunkten voran und bietet sich der Stadt als Partner für nachhaltige Verkehrskonzepte unter besonderer Berücksichtigung des Radfahrverkehrs an. Zahlreiche mobilitätsbezogene Impulse, wie etwa die als Semesterticket für die Busse der Stadt Passau nutzbare CampusCard für Studierende oder die finanzielle Förderung von (E)Diensträdern, unterstützen den klimafreundlichen Verkehr in einer Stadt, die durch ihre Topographie und durch die spezifische Siedlungsstruktur ihrer Region noch immer ausgeprägter vom motorisierten Individualverkehr abhängig ist als andere Städte vergleichbarer Größenordnung. Mit knapp unter 30 E-Ladestationen für private E-Autos von Mitarbeiter:innen der Universität in allen größeren Tiefgaragen wird eine tragfähige Infrastruktur zur E-Mobilität vorgehalten. Ein Teil der Wagenflotte der Universität fährt mit Strom, einschließlich des Dienstwagens des Präsidiums, der Anfang 2022 bayernweit als erstes E-Auto einer Universitätsleitung eingesetzt wurde. Von Studierenden wird die Infrastruktur für den Fahrradverkehr gut nachgefragt, der Campus entlang des Inn bietet hierzu das ideale Umfeld. In den engen Straßen der Passauer Altstadt hingegen tritt der Fahrradverkehr in Flächenkonkurrenz zum fahrenden und parkenden Automobilverkehr sowie zum Fußgängerverkehr und muss dabei zugunsten des einen wie des anderen zurückstecken. Temporäre Fahrverbote für Fahrräder in der Ludwigstraße und ihren Seitengassen schränken die Attraktivität des Fahrrads zusätzlich ein. Aufgrund der physischen Gegebenheiten wird Passau niemals zur Fahrradstadt par excellence werden. Eine weitere Zusammenarbeit mit der Universität zugunsten der Mobilitätsbelange von Studierenden, die in vielen Fällen eine andere als die reine Autofahrerperspektive einnehmen, wird den Nachhaltigkeitsbemühungen der „Universitätsstadt Passau" ein größeres Gewicht verleihen.

Insgesamt wird ein überzeugendes und überregional wahrnehmbares Engagement der Universität das Bild einer „nachhaltigen Stadt Passau" zweifelsohne mitbeeinflussen, so wie umgekehrt alle sichtbaren Anstrengungen der Stadt auch die Wahrnehmung der Universität betreffen. Insofern kann eine doppelte Anstrengung aller Beteiligten ein konsistentes, glaubwürdiges und zukunftsgerichtetes Bild der Universitätsstadt nur stärken.

Die Autorinnen und Autoren

ALEXANDRA BINDER betreut als Dipl. Ing. Univ. Architektin und Stadtplanerin (ByAK) den Bereich Hochbau an der Universität Passau und ist zugleich Doktorandin am Lehrstuhl für Kunstgeschichte und Bildwissenschaft an der Universität Passau mit Schwerpunkt nachhaltige Architekturgeschichte.

HELMUT BÖHM, Dr. phil., Oberstudiendirektor a. D., ehemaliger Leiter des Gymnasiums Untergriesbach und Lehrbeauftragter für Neuere und Neueste Geschichte an der Universität Passau.

MARKUS EBERHARDT, Dr. phil., ist Leiter der Gisela-Schulen Passau-Niedernburg (Gymnasium und Realschule der Diözese Passau), Vorsitzender des Vereins für Ostbairische Heimatforschung e. V. und Dirigent des Orchesters des Passauer Konzertvereins.

WERNER GAMERITH, Dr. phil., ist Professor für Regionale Geographie und Vizepräsident für Transfer und Nachhaltigkeit an der Universität Passau sowie Präsident von GeoComPass (Geographische Gesellschaft Passau e. V.) und Vorsitzender von GeoComPass SALZBURG (Geographische Gesellschaft Salzburg).

Christian HANDSCHUH, Dr. theol., ist Professor für Kirchengeschichte und christliche Identitäten an der Universität Passau.

MARTIN HILLE, Dr. phil., ist apl. Professor und Lehrbeauftragter für Neuere und Neueste Geschichte an der Universität Passau.

BRITTA KÄGLER, Dr. phil., ist Professorin für Bayerische Landesgeschichte und europäische Regionalgeschichte an der Universität Passau sowie gemeinsam mit Prof. Dr. Martin Ott Vorsitzende der Konferenz der Landeshistoriker an den bayerischen Universitäten.

GÜNTER KOCH, Dr. phil., ist als Privatdozent Lehrkraft für besondere Aufgaben am Lehrstuhl für Deutsche Sprachwissenschaft an der Universität Passau.

HANS-CHRISTOF KRAUS, Dr. phil., ist seit 2007 Professor und Lehrstuhlinhaber für Neuere und Neueste Geschichte an der Universität Passau.

SANDRA KRUMP, Dr. phil., leitet das Ressort Bildung der Erzdiözese München und Freising und ist Vorsitzende des Verwaltungsrats des Katholischen Schulwerks in Bayern sowie der Konferenz der katholischen Schulträger in Deutschland.

ELENA MÜHLBAUER ist seit April 2022 wissenschaftliche Mitarbeiterin am Lehrstuhl für Kunstgeschichte und Bildwissenschaft an der Universität Passau.

MARIO H. PUHANE, M. A., ist Universitätsarchivar in Passau, ehrenamtlicher Stadtarchivar von Schärding am Inn (Oberösterreich), Vorsitzender des Fördervereins Oberhausmuseum Passau e. V. und Vorstandsmitglied des Vereins für Ostbairische Heimatforschung e. V.

Die Autorinnen und Autoren

HANNELORE PUTZ, Dr. phil., ist Archivdirektorin des Archivs des Bistums Passau, apl. Professorin für Bayerische Landesgeschichte und europäische Regionalgeschichte an der Universität Passau und zweite Vorsitzende des Vereins für Ostbairische Heimatforschung e. V.

JÖRG SCHEFFER, Dr. phil., ist apl. Professor im Bereich Geoinformatik und Geographie an der Universität Passau und im Vorstand des Vereins „Impulse für Passau".

WALTER SCHWEITZER, Dr. oec. publ., Universitätsprofessor em., Lehrstuhl für Statistik an der Wirtschaftswissenschaftlichen Fakultät der Universität Passau und Präsident a. D. der Universität Passau.

MATTHIAS STICKLER, Dr. phil., ist apl. Professor am Lehrstuhl für Neueste Geschichte der Universität Würzburg und Wissenschaftlicher Leiter des Instituts für Hochschulkunde an der Universität Würzburg.